高等院校公共基础课规划教材

法律基础

张雁飞　乌玉洁　于国维　编著

清华大学出版社
北京

内容简介

本书根据《中共中央国务院关于进一步加强和改进大学生思想政治教育的意见》中“以大学生全面发展为目标，深入进行素质教育。加强民主法制教育，增强遵纪守法观念”以及《中共中央关于全面推进依法治国若干重大问题的决定》的指示精神，结合高等学校大学生生活、学习、未来职业岗位工作常见的法律问题编写而成。以真实、典型的案例为载体，选取最具普适性的法律法规、司法解释进行解读，旨在提高学生理解和应用法律基础知识的实践能力，达到自觉遵守法律，正确行使权利、履行义务的目的。

本书可作为本科院校、高职院校法律基础课程的教材和教学参考书，也可作为社会各界普及法律基础知识的教材。

图书在版编目(CIP)数据

法律基础/张雁飞，乌玉洁，于国维编著.—北京：清华大学出版社，2017(2022.1重印)
(高等院校公共基础课规划教材)
ISBN 978-7-302-44777-1

Ⅰ.①法… Ⅱ.①张… ②乌… ③于… Ⅲ.①法律－中国－高等学校－教材 Ⅳ.①D92

中国版本图书馆CIP数据核字(2016)第189802号

责任编辑：张龙卿
封面设计：徐日强
责任校对：袁 芳
责任印制：刘海龙

出版发行：清华大学出版社
网 址：http://www.tup.com.cn，http://www.wqbook.com
地 址：北京清华大学学研大厦A座 **邮 编**：100084
社 总 机：010-62770175 **邮 购**：010-62786544
投稿与读者服务：010-62776969，c-service@tup.tsinghua.edu.cn
质量反馈：010-62772015，zhiliang@tup.tsinghua.edu.cn
课件下载：http://www.tup.com.cn，010-62770175-4278
印 装 者：三河市龙大印装有限公司
经 销：全国新华书店
开 本：185mm×260mm **印 张**：16 **字 数**：361千字
版 次：2017年1月第1版 **印 次**：2022年1月第4次印刷
定 价：49.00元

产品编号：064538-02

前言

《中共中央国务院关于进一步加强和改进大学生思想政治教育的意见》(中发〔2004〕16号文)指出："大学生是十分宝贵的人才资源，是民族的希望，是祖国的未来"，"以大学生全面发展为目标，深入进行素质教育。加强民主法制教育，增强遵纪守法观念"。2005年教育部就将"思想道德修养和法律基础"这门课作为高校学生的公共必修课之一，其宗旨是培养具有自觉守法意识、诉求法律保护意识的高素质的中国特色社会主义建设人才。

为实现中华民族伟大复兴的中国梦，建设社会主义法治中国，习近平总书记在十八届四中全会重要讲话中指出："全面推进依法治国是关系我们党执政兴国、关系人民幸福安康、关系党和国家长治久安的重大战略问题，是完善和发展中国特色社会主义制度、推进国家治理体系和治理能力现代化的重要方面。"2014年10月中共中央十八届四中全会审议通过的《中共中央关于全面推进依法治国若干重大问题的决定》对加强高校青年学生法治教育，不断提高师生的法治意识及公民意识，提出了新的要求。在传授给学生专业知识的同时，加强对大学生法律意识的培养已成为现代大学生立足社会不可或缺的基本要件。

作为承担培养技术技能型人才的高等院校，加强大学生法律意识的教育应是素质教育的关键一环。本书的设计与编写是几位作者多年在高校从事"法律基础"课程一线教学经验的总结。本书从大学生生活、学习、未来职业岗位工作常见的法律问题中提炼出"八个项目"，有针对性地选取最具普适性的法律法规，以典型案例、小思考等形式阐释法律概念和法律理论，并针对各项目的学习目标编选了大量形式多样的知识性练习题，设计相应的实践性训练项目以提高学生理解和应用法律基础知识的实践能力，达到自觉遵守法律，正确行使权利、履行义务的目的。

本书由张雁飞、乌玉洁、于国维编著。具体分工如下：张雁飞编写项目1、项目3、项目6和项目8；乌玉洁编写项目2、项目4和项目7；于国维编写项目5。乌玉洁完成本书的统稿工作。

在编写的过程中，参考了大量书籍、报刊文献和网络资料，吸收了国内同行学者、专家最新的研究成果，在此一并致谢。

本书可作为本科院校、高职院校法律基础课程的教材和教学参考书，也可作为社会各界普及法律基础知识的教材。

由于编者水平和时间所限，难免有疏漏和不足之处，敬请广大读者和同人批评、指正。

编　者

2016年10月

目录

项目1 法与宪法基础知识

学习目标

- 掌握法的概念及各层级法(法律)的制定程序;
- 了解法律体系的构成;
- 熟知法律权利及法律义务的含义;
- 能正确理解法律责任与法律制裁的关系;
- 熟知宪法的效力及地位;
- 掌握我国选举制度的基本原则并能正确行使选举权;
- 熟悉我国国家机构构成体系;
- 能够正确分析"守法"与"违法"之间的界限;
- 明确法与道德、情理之间的区别和联系。

案例导入

2009年10月24日下午,长江大学的15名学生在长江宝塔湾河段救起两名少年,不幸的是有3名大学生被江水吞噬。打捞船赶到后,船主陈某"活人不救,只捞尸体,打捞一个1.2万元,先交钱,后打捞",并且把打捞上来的一名大学生遗体用绳子绑住,以索要更高的捞尸费。令人心寒的是,在打捞英雄遗体时,面对同学们的"跪求",个体打捞者不仅不为所动,而且挟尸要价,一共收取了36 000元的捞尸费。①

问题:针对长江大学学生为救落水者遭遇不幸,而打捞尸体的人却要求先交钱再捞人,而且在已经将人捞起后因钱不够竟拒绝将尸体送到岸上,并挟尸要价的行为,谈谈行为人的行为是否涉及违法问题。

1.1 认识生活中的法

1. 法的基本原理

(1) 法的概念。如何界定法的概念?在理论上有很多不同看法。我们所要学习的"法"是指"国法"(国家的法律),在此意义上法的概念可以表述如下:

法是由一定的物质生活条件所决定的,由国家制定或认可并由国家强制力保证实施的

① http://baike.baidu.com/link?url=aw45asflmKJfnriTBRXHDvWTDlhkgOMhM79A0r0KBmocDsHC6zVk1icrdqUqZjETUAkn28l9kFXm2sMKfv.

具有普遍效力的行为规范体系，其目的在于维护、巩固和发展一定的社会关系和社会秩序。

(2) 法的特征。与其他相近的社会现象如道德、宗教、政策相比，法的外在特征表现在如下四个方面。

第一，法是调整人们行为(或社会关系)的规范。法首先是一种规范，但与其他规范如思维规范、语言规范、技术规范不同。当人们使用语言表达某种意思时，它应当遵循语言规范(语法)。当人们从事生产活动，生产某种产品时，应该遵循一定的技术规范，它调整的是人与自然(自然客体)的关系。而法则是一种社会规范，它所调整的是人们之间的相互关系(社会关系)或交互行为。法的规范性是指法所具有的规定人们行为模式、指导人们行为的性质。

第二，法是由国家制定或认可的社会规范。法是由国家制定或认可的，这与同是社会规范的道德、宗教不同。法是由国家制定的，是指国家立法机关按照法定程序创制规范性文件的活动。通过这种方式产生的法，称为制定法或成文法。法是由国家认可的，是指国家通过一定方式承认其他社会规范(道德、宗教、风俗、习惯等)具有法律效力的活动。

第三，法是由国家强制力保证实施的社会规范。一切社会规范(道德、教规、纪律、习惯等)都具有强制性，即借助一定的社会力量强迫人们遵守的性质。但法的强制性具有特殊性，即国家强制性。也就是依靠国家的强制力保证实施、强迫人们遵守的性质。不管人们的主观愿望如何，人们都必须遵守法律，否则将招致国家强制力的干涉，受到相应的法律制裁。

第四，法是具有普遍约束力的社会规范。任何社会规范都是有约束力的，也就是规范的效力。但是法的约束力有自己的特点：一是法的约束力与法的强制性相关联，以国家的强制力为后盾，以相应的法律制裁措施来保证(外在的强制力)。而其他社会规范的约束可能以内在的强制为主，如道德主要依靠社会舆论和传统的力量以及人们的自觉维护，是内在的精神上的强制。二是法的约束力具有普遍性。其约束的范围是国家权力管辖范围内的一切成员，在形式上不分阶级、阶层、个人社会地位、民族、性别等多方面的差别而要求一律平等适用。其他规范只对一国内部分人有效。如道德往往是不统一的，不同阶级或民族的道德只是在一定范围内对社会成员有约束力。当然，法的效力的普遍性也是相对的，即使是在国家权力的管辖范围内，法也只调整人们之间的一定的社会关系或社会关系的某个方面，并不是也不可能是规范人们的一切行为。除了法的调整之外，道德、习惯、宗教等多种社会规范，也在调整着人们的行为。因此，法只有在其所调整的社会关系的范围内才具有普遍的效力。

【小思考】

(1) 公共汽车站贴有“请自觉排队上车”的提示，这是否是行为规范？它与法有什么不同？

(2) 政党党章、宗教的教义对其成员是否有拘束力？它与法的拘束力有何不同？

2. 法的制定与法律体系

(1) 法的制定。法的制定包括立法权限的划分和法的制定程序两个方面。

① 立法权限的划分。资本主义国家实行代议民主制度，按照三权分立的原则使立法

权、司法权、行政权相互独立和制衡，有专门的立法机关、明确的立法权和严格的立法程序。我国是单一制的国家，根据《中华人民共和国宪法》(以下简称《宪法》)的规定，我国是一元性的立法体制，全国只有一个立法体系，同时又是多层次的。

提示：本书以后提到的我国的各种法律名称都将"中华人民共和国"几个字省略，采用简称。

全国人民代表大会及其常务委员会行使国家立法权，制定宪法、法律。国务院根据宪法和法律制定行政法规。国务院下属的部委根据法律和行政法规制定规章。省、直辖市的人民代表大会及其常务委员会在不同宪法、法律、行政法规相抵触的前提下，可以制定地方性法规。民族自治地方的人民代表大会有权制定自治条例和单行条例。省、自治区的人民政府所在地的市和经国务院批准的较大的市的人民代表大会及其常务委员会，在不同宪法、法律、行政法规相抵触的前提下，可以制定地方性法规。省、自治区、直辖市人民政府及省、自治区的人民政府所在地的市和经国务院批准的较大的市的人民政府，可以根据法律和国务院的行政法规，制定规章。

此外，按照"一国两制"的原则，特别行政区实行的制度(包括立法制度)由全国人民代表大会通过法律规定。

② 法的制定程序。法的制定程序是指有关国家机关制定、修改和废除法律和其他规范性法律文件的法定步骤和方式。我国法的制定程序主要有以下四个步骤。

第一，法律议案的提出。根据《宪法》和法律的规定，有提案权的个人和组织包括，全国人大代表和全国人大常委会组成人员(全国人大代表 30 人以上或一个代表团可以提出法律议案，全国人大常委会委员 10 人以上可以向全国人大常委会提出议案)。全国人大主席团、全国人大常委会可以向全国人大提出法律议案。全国人大各专门委员会可以向全国人大或全国人大常委会提出法律议案。国务院、最高人民法院、最高人民检察院可以向全国人大或全国人大常委会提出法律议案。

第二，法律草案的审议。全国人民代表大会对法律草案的审议，一般经过两个阶段：一是由全国人大有关专门委员会审议；二是立法机关全体会议审议。审议的结果有以下几种，提付表决、修改后提付表决、搁置、否定。

第三，法律草案的表决和通过。我国《宪法》规定，宪法的修改由全国人民代表大会以全体代表 2/3 以上的多数通过，法律草案要经过全国人大或全国人大常委会以全体代表的过半数通过。

第四，法律的公布。我国《宪法》规定，中华人民共和国主席根据全国人民代表大会的决定和全国人民代表大会常务委员会的决定，公布法律。公布后的法律生效问题，依照法律规定。我国公布法律的公报是《全国人大常委会公报》和《国务院公报》。

我国法律的制定及其效力见表 1-1。

表 1-1 我国法律的制定及其效力

法律形式	制定机关	效力
宪法	全国人民代表大会	最高
法律	全国人大及其常委会	次于宪法
行政法规	国务院	次于法律

续表

法律形式		制定机关	效　力
地方性法规		省、自治区、直辖市的人大及其常委会，省、自治区人民政府所在市的人大及其常委会，国务院批准的较大市的人大及其常委会	次于行政法规
规章	部门规章	国务院各部、委	本部门有效
	政府规章	省、自治区、直辖市的人民政府，省、自治区的人民政府所在地的市和经国务院批准的较大的市的人民政府	本辖区内有效
自治条例和单行条例		民族区域自治地方的人民代表大会	在自治地方有效
特别行政区法		特别行政区立法会	特别行政区内有效

【小思考】

通过互联网或有关法律方面的报刊，查找我国“反国家分裂法”的制定过程（制定的主体、表决通过的过程及公布实施）。

（2）法律体系。法律体系是指一国全部现行法律规范，按照一定的标准和原则，划分为不同的法律部门而形成的内部和谐一致、有机联系的整体。法律体系对于科学地进行立法预测、立法规划，正确地适用法律解决纠纷，全面地进行法律汇编、法典编纂，合理地划分法律学科、设置法学课程等都具有重要意义。

法律体系可以划分为不同的相对独立的部分，这就是法律部门。法律部门，也叫部门法，是根据一定标准和原则所划定的调整同一类社会关系的法律规范的总称。一般认为划分法律部门的主要标准是法律所调整的不同社会关系，即调整对象，其次是法律的调整方法。

我国的法律部门通常包括《宪法》《行政法》《民法》《经济法》《刑法》《诉讼法》《劳动合同法》与《社会保障法》《环境法》《国际法》等。

3．法律权利与法律义务

（1）法律权利概述

① 法律权利的概念。法律权利是指国家通过法律规定，对法律关系主体可以自主决定为或不为某种行为的许可和保障手段。

法律权利是一个和法律义务相对应的概念，是指法律关系主体依法享有的某种权能或利益，它表现为权利享有者可以自己做出一定的行为，也可以要求他人做出或不做出一定的行为。一切法律权利都受到国家的保护，当权利受到侵害时，权利享有者有权向人民法院或者有关主管机关申诉或请求保护。

② 法律权利的特点。它来自法律规范的规定；得到国家的确认和保障；它是保证权利人利益的法律手段，它是与义务相关联的概念，离开义务就无法理解权利，它得到义务人的法律义务的保证，否则权利人的权利不可能行使；它确定权利人从事法律所允许的行为的范围，在这一范围内，权利人满足自己利益的行为或者要求义务人从事一定行为是合法的，而超过这一范围，则是非法的或不受法律保护的。

③ 权利的成立要素。对于一项权利的成立来说，有如下五个要素是最基本的、必不可少的。

第一个要素是利益。一项权利之所以成立，是为了保护某种利益。利益既可能是个人的，也可能是社会的；既可能是物质的，也可能是精神的；既可能是权利主体自己的，又可能是与权利主体有关的他人的。不过，利益只能用来说明权利本质的一个方面，而不是全部。单纯的利益或对利益的需要本身并不能成为权利。第二个要素是主张。一种利益若无人提出对它的主张或诉求，就不可能成为权利。一种利益之所以要由利益主体通过意思表达或其他行为来主张，是因为它可能受到侵犯或随时处在受侵犯的威胁中。当然，主张也只是权利本质的一个方面。如精神病人享有权利，但不可能通过他自己的意思表示来享有或行使。第三个要素是资格，就是要有法律上的资格提出主张或要求。第四个要素是权能，包括权威(power，authority)和能力(ability，capacity)。一种利益、主张或资格必须具有相应的权能才能成立。权威也有道德和法律之分。由道德来赋予权威的利益、主张或资格，称道德权利。由法律来赋予权利的利益、主张或资格，称法律权利。这两种权威和与之相适应的两种权利既可以结合，也可以分离，人权在获得法律认可之前是道德权利，由于仅有道德权威，侵害它，并不招致法律处罚。在获得法律确认后，人权既是道德权利，又是法律权利。因而，侵犯人权会导致法律后果。除了权威的支持外，权利主体还要具备享有和实现其利益、主张或资格的实际能力或可能性。第五个要素是自由。这里的自由，指的是权利主体可以按个人意志去行使或放弃该项权利，不受外来干预或胁迫。如果某人被强迫去行使或放弃某种利益或要求，那么，这种主张或放弃本身就不是权利，而是义务。

(2) 法律义务概述

① 法律义务概念。法律义务是指法律关系主体依法承担的某种必须履行的责任。是设定或隐含在法律规范中、实现于法律关系中的、主体以相对抑制的作为或不作为的方式保障权利主体获得利益的一种约束手段，是指法律关系的主体依据法律规范必须为一定行为或不为一定行为，以保证权利人的权利得以实现，当负有义务的主体不履行或不适当履行自己的义务时，要受到国家强制力的制裁，承担相应的责任。

② 法律义务的特点。法律义务是属于观念形态的现象，是对某种行为的做(或不做)的要求。法律义务作为一种关于行为的要求，表面上是由法律规则所规定的，法律义务作为一种关于行为的要求，实际上是由社会和国家向法律主体提出来的，法律义务之所以代表着社会和国家的要求，就是因为规定义务的法律规则实际上是社会和国家对个人(法律主体)做出的关于在一定条件下要对个人提出做(或不做)特定行为的要求的预先约定。法律义务有时与权利人的权利对称，此时，法律义务是在实践中由权利人的要求而履行的，但并不是说，一定要权利人提出要求，才有法律义务。即使权利人没有提出要求，也不能排除义务人的义务。社会、国家向义务人提出行为要求的目的在于防止义务人做与义务要求相反的行为选择时所必然带来的对他人、或对社会、或对国家的非损他性利益的必然性损害。法律义务所代表的社会和国家的要求指示着义务主体只能就某种行为做或者不做，法律义务作为一种要求，对义务人而言只是在形式上减少了在做和不做之间进行行为选择的自由。但减少这种自由并不是对义务人不利。

4. 法律责任与法律制裁

(1) 法律责任概述

① 法律责任概念。法律责任是指由于违法行为引起的依法应承担的带有强制性的

责任。

如“欠债还钱”是人们对法律责任的通俗理解，“还钱”对责任人来说就是一种强制性的责任。其行为是否属于违法，只能根据法律规定的各种违法行为的构成要件来确定。

② 违法法律责任的构成要件。

第一，违法的客体。即法律所保护的而为违法行为所损害的一定的社会关系。

第二，违法的客观要件。即构成违法所必须具备的外部条件，如行为、结果、行为与结果之间的因果关系、违法的时间，违法的对象等。

第三，违法的主体。即实施违法行为并要对其承担责任的人，但任何主体都必须具备相应的责任能力，才应承担责任。

第四，违法的主观要件。即实施违法行为的人在实施违法行为时的心理状态（在《刑法》中称为罪过，在其他部门法中称为过错）。违法行为按其对社会所造成的危害程度的大小，可以区分为一般的违法行为和严重的违法行为（犯罪）。违法行为按其所违反的法律的性质，可分为刑事违法行为、民事违法行为和行政违法行为。

行为违法是承担法律责任的前提，没有违法行为就不发生承担法律责任的问题。承担法律责任的原因可能各种各样，但其最终的依据是法律。因为一旦法律责任不能顺利承担或履行，司法机关就要裁断，司法机关只能依据法律做出最终的裁决。同时法律责任又具有国家强制性，即法律责任的履行由国家强制力保证。法律责任有各种表现形式，根据不同的标准，可以作不同的划分。比如，以责任的内容为标准，有财产责任和非财产责任；以责任的程度为标准，有有限责任与无限责任；以责任的人数不同，有个人责任与集体责任；以行为人有无过错为标准，有过错责任与无过错责任。以引起责任的性质为标准，可划分为民事责任、刑事责任、行政责任、违宪责任等。

（2）法律制裁概述

① 法律制裁概念。法律制裁是指由特定的国家机关对违法者依其法律责任而实施的强制性惩罚措施。

法律制裁与法律责任有着紧密的联系。法律制裁是承担法律责任的重要方式。法律责任是前提，法律制裁是结果。法律制裁的目的是强制责任主体承担否定的法律后果，惩罚违法者，恢复被侵害的权利和法律秩序。同时，法律制裁与法律责任又有明显的区别。有法律责任不等于有法律制裁，如在民事法律中民法规定了承担民事责任的方式包括两种：一种是对一般的侵权行为的民事制裁；另一种是违约行为和特殊侵权责任的法律后果。前者司法机关通过诉讼程序追究侵权人的民事责任，给予民事制裁；在后一种情况下，如果违约方根据对方的要求履行了合同义务，或采取了补救措施，或向对方赔偿可支付违约金，违约方以自己的行为主动实现了自己的法律责任，就不会再有民事制裁。

② 法律制裁的种类。根据违法行为和法律责任的性质不同，法律制裁可以分为司法制裁（包括民事制裁、刑事制裁）和行政制裁、违宪制裁。

民事制裁是由人民法院依法给予民事违法行为者依其应承担的民事责任而进行的法律制裁。其形式主要有停止侵害、排除妨碍、消除危害、返还财产、恢复原状、赔偿损失、支付违约金、消除影响、恢复名誉、赔礼道歉等。民事制裁是适用范围最为广泛的法律制裁。

刑事制裁或称刑罚，它是人民法院对于犯罪行为者根据其所应承担的刑事责任而实施的惩罚措施。

行政制裁是指国家行政机关对行政违法者所实施的强制性惩罚措施。根据行政违法的社会危害程度、实施制裁的方式等不同,行政制裁又可分为行政处分、行政处罚(劳动教养于 2013 年被废止)两种。

违宪制裁是对违宪行为所实施的法律制裁。措施主要有撤销同宪法相抵触的法律、行政法规、地方性法规、行政规章,罢免国家机关的领导成员。违宪制裁是具有最高政治权威的法律制裁。①

1.2 宪法基础知识

1. 宪法的含义及特征

(1) 宪法的含义。《宪法》是规定一个国家的根本制度和根本任务、具有最高法律效力的国家根本法。它所解决的根本问题是如何正确处理个人权利和国家权力的关系,即如何有效限制国家权力、保障公民个人权利的顺利实现。

(2) 宪法的特征。宪法与普通法律一样,都是统治阶级意志的体现,是统治阶级治理国家、实现阶级统治的重要工具。但是,宪法作为国家的根本大法,被称为"法律的法律",其与普通法律相比较,具有特殊性。

① 在内容上,宪法规定国家生活中带有根本性的问题,如国家的性质、国家的政权组织形式、国家结构形式、国家的经济制度、公民的基本权利和义务等;而普通法律只是就国家生活或社会生活中某一方面的问题作出规定。如刑法只规定什么是犯罪以及对犯罪行为如何适用刑罚;行政法主要规定有关国家行政管理活动方面的问题;民法主要是规定平等民事主体间的人身关系和财产关系;诉讼法则规定有关诉讼活动的原则和程序问题。显然,宪法的内容比较宏观、抽象,其他法律的内容比较细致、具体。

② 在效力上,宪法具有最高的法律效力。由于宪法是规定国家的根本制度和根本问题,这些问题对于国家来说是至关重要的,所以必须由具有最高法律效力的宪法加以规定。在一个国家的法律体系中,宪法是制定其他普通法律的依据,其他各种普通法律都必须根据宪法的规定或宪法所确定的原则来制定,并且不得违背宪法,否则就必须修改或废除。

③ 宪法在制定和修改的程序上,要比其他普通法律更为严格。作为国家的根本法,为保证其严肃性、权威性和稳定性,世界各国都对宪法的制定和修改规定了比普通法律更为严格的程序,而且通常设立专门的机构来负责宪法的起草和修改工作。如美国、法国、意大利等国的宪法都是由专门召开的制宪会议制定的。我国宪法由全国人民代表大会制定。制宪机关或立法机关在通过宪法草案或宪法修正案时,通常要得到全体成员 2/3 以上的多数通过才能生效,有的国家还要举行全民投票表决。而普通法律只要立法机关过半数的成员通过即可生效。我国《宪法》第六十四条规定:"宪法的修改须由全国人民代表大会常务委员会或者 1/5 以上的全国人民代表大会代表提议,并由全国人民代表大会以全体代表的

① http://baike.baidu.com/link?url=7uky_Zxsi4UZA9scxrkXOM2OigNMKXmiKu2utRTTgYBcTjIM3H0Y.

2/3 以上的多数通过。”

【阅读资料】

当代宪政国家中，绝大多数宪法是成文宪法，只有少数国家的宪法为不成文宪法。如英国虽然是宪法的发源地，却没有一部统一的、完整的、法典形式的宪法文件，有关英国国家制度和社会制度的许多问题，分别由一系列宪法法案、宪法性的习惯和宪法性的判例加以规定。

中华人民共和国成立以来，已经颁布过一个宪法性文件和四部宪法，即《中国人民政治协商会议共同纲领》和 1954 年《宪法》、1975 年《宪法》、1978 年《宪法》和现行的 1982 年《宪法》。1982 年《宪法》是一部比较完备的宪法，该宪法继承和发展了 1954 年《宪法》的内容，集中反映了全国各族人民的共同意志和根本利益，明确把经济建设作为国家的中心任务，坚持四项基本原则，体现了改革开放，强化了对公民权利与自由的保障，进一步完善了国家机构体系。

1982 年《宪法》公布实施以前，我国对宪法的修改采取以新宪法取代旧宪法的形式。随着我国改革开放的深化和扩大，为使宪法适应社会主义建设事业的需要和改革开放进一步发展的需要，并且把已经取得的改革成果用根本法的形式固定下来，国家曾以宪法修正案的方式对现行的 1982 年《宪法》进行过四次修改和补充。

(1) 1988 年 4 月第七届全国人大通过的宪法修正案中，确立了土地使用权可以有偿转让的制度，确认了私营企业的法律地位。

(2) 1993 年 3 月第八届全国人大第一次会议通过的宪法修正案总结了中国十几年来改革开放的全部重大成果。如：把“建设有中国特色的社会主义”理论写进了根本法；增加了“中国共产党领导的多党合作和政治协商制度将长期存在和发展”；把“实行计划经济”修改为“国家实行社会主义市场经济”；把“国营企业”改为“国有企业”等。

(3) 1999 年 3 月第九届全国人大第二次会议通过的宪法修正案提出了“社会主义初级阶段”的论断；将邓小平理论确立为指导我国社会主义建设的基本理论；第一次将“依法治国，建设社会主义法治国家”写入宪法；肯定了个体经济、私营经济等非公有制经济的合法权利和利益，将“镇压反革命的活动”修改为“镇压危害国家安全的犯罪活动”。

(4) 2004 年 3 月第十届全国人大第二次会议通过的《宪法修正案》，确定了“三个代表”重要思想在国家政治和社会生活中的指导地位，增加了推动物质文明、政治文明和精神文明协调发展的内容；在统一战线的表述中增加了“社会主义事业的建设者”；完善了土地征收与征用制度；进一步明确了国家对发展非公有制经济既鼓励、支持和指导，又依法监督和管理的方针；完善了对私有财产保护的规定，确立了“公民的合法的私有财产不受侵犯”的宪法原则，增加了对私有财产的征收、征用和补偿制度的规定；完善了全国人民代表大会组成的规定，在关于全国人民代表大会组成的规定中增加了“特别行政区”；将“戒严”修改为“紧急状态”；关于国家主席职权的规定中增加了“进行国事活动”；把乡（镇）人大的任期由三年改为五年；增加了对国歌的规定。

我国现行《宪法》由序言及总纲，公民的基本权利和义务，国家机构，国旗、国歌、国徽、首都四章组成，共 138 条。

2. 我国的国家性质

国家性质简称国体，是指社会各阶级在国家中的地位，即在一个国家中哪个阶级是统治阶级，哪个阶级是被统治阶级。它所反映的是一个国家的阶级本质。

我国《宪法》第一条规定："中华人民共和国是工人阶级领导的、以工农联盟为基础的人民民主专政的社会主义国家。"

(1) 我国是人民民主专政的社会主义国家。《宪法》第一条清楚地表明，我国的国家性质是工人阶级领导的、以工农联盟为基础的人民民主专政。我国人民民主专政的国家性质包括以下内容。

① 工人阶级的领导是人民民主专政的根本标志，而工人阶级的领导是通过自己的政党——中国共产党来实现的。

② 工农联盟是人民民主专政的基础。工人阶级要完成自己的历史使命必须依靠广大的农民阶级，没有巩固的工农联盟，工人阶级的领导权便要落空，人民民主专政就不能巩固。

③ 人民民主专政是民主和专政的结合，即人民内部的民主和对敌人专政的结合。只有在人民内部实行广泛的民主，才能调动广大人民的积极性，形成强大的阶级力量，对敌人实行有效的专政，也只有这样，才能反过来保障人民的民主地位。

④ 人民民主专政实质上即无产阶级专政。我国的人民民主专政同无产阶级专政无论是在领导力量上还是从政权的阶级基础上，无论从政权的职能上还是从所肩负的历史使命上看，两者都具有一致性。但是考虑到我国的阶级状况和政权基础，在我国一致沿用人民民主专政的提法，这样也可以表明我国政权的民主性质。

【阅读资料】

"无产阶级专政"本是马克思主义的概念。我国在1949年的《共同纲领》、1954年《宪法》，以及1956年党的第八次全国代表大会的文件中，一直称我国的国家性质为人民民主专政。1957年《宪法》和1978年《宪法》关于我国的国家性质提的是无产阶级专政。而现行《宪法》又恢复了人民民主专政的提法。采用人民民主专政的提法，也可以防止对无产阶级专政的歪曲和滥用，在当时有助于肃清极左思想的影响。

(2) 我国的爱国统一战线和共产党领导的多党合作和政治协商制度。我国的统一战线，是中国革命和建设取得成功的重要法宝。现阶段的爱国统一战线，是由中国共产党领导的、有各民主党派和各人民团体参加的、包括全体社会主义劳动者和社会主义事业的建设者、拥护社会主义的爱国者和拥护祖国统一的爱国者的广泛的爱国统一战线。

中国共产党领导的多党合作和政治协商制度，是我国的一项基本政治制度。中国共产党是我国社会主义事业的领导核心，是执政党。各民主党派是接受中国共产党领导、同中国共产党通力合作、共同致力于社会主义事业的亲密友党，是参政党。"长期共存，互相监督，肝胆相照，荣辱与共"是中国共产党同各民主党派合作的基本方针。政治协商，就是中国共产党和各民主党派、无党派民主人士以及各个方面的代表人物，对有关国家事务的重大问题展开充分的讨论，把正确的意见集中起来，达成比较圆满的协议。实践证明，政治协商制度是一种具有中国特色的实行社会主义民主的重要制度。

中国人民政治协商会议是我国的爱国统一战线组织，也是共产党领导的多党合作和政治协商的重要组织形式。目前参加人民政协的除中国共产党的代表外，还有八个民主党派和其他无党派民主人士、人民团体、各少数民族和社会各界的代表、中国台湾同胞、中国港澳同胞和归国侨胞的代表以及特别邀请的人士。他们对国家的大政方针、地方的重要事务、群众生活和统一战线内部关系等重要问题，进行政治协商，并通过建议和批评，发挥民主监督作用。但人民政协不是国家权力机关，它的监督在性质上不同于人民代表大会的监督，而是集中地反映统一战线各方面意见的群众监督，是一种民主监督。

3．我国的政权组织形式

政权组织形式又称为根本政治制度，简称政体，是指统治阶级所采取的用以实现其国家权力的形式，即统治阶级为了反对敌人、保护自己而组织起来的国家政权机关。政体反映着政权组织内部的结构状况以及各个组成部分之间的关系，是一个国家民主制度最基本的表现。

任何一个国家都是国体与政体的统一，二者之间有不可分割的联系。国家性质与政权组织形式之间是内容与形式的关系。首先，内容决定形式，有什么性质的国家，就必然会有与之相适应的政权组织形式，否则，掌握国家政权的阶级就无法行使其国家权力，实现其阶级统治。其次，政权组织形式对国家性质具有反作用，当其适合于国家性质时，对统治阶级实现其国家权力起推动作用，当其不适合于国家性质时，则表现为阻碍作用，必须对政权组织形式进行改善，以适应统治需要。

我国《宪法》第二条规定：“中华人民共和国一切权力属于人民。”“人民行使国家权力的机关是全国人民代表大会和地方各级人民代表大会。”

(1) 人民代表大会制度是我国的根本政治制度。所谓人民代表大会制度，是指我国的一切权力属于人民，根据民主集中制的原则，通过普选，组成全国人民代表大会和地方各级人民代表大会，作为行使国家权力的机关，并在此基础上建立全部国家机构，实现人民当家做主的一种政权组织形式。

我国的人民代表大会制度直接反映了我国人民民主专政的国家性质，是我国其他制度赖以建立的基础。而且，与其他制度如立法制度、行政制度等相比，只有人民代表大会制度体现了我国政治生活、社会生活的全貌。所以，人民代表大会制度是我国的根本政治制度。也是实现社会主义民主的最基本的形式。

(2) 我国的选举制度。选举制度是关于选举国家代表机关应遵循的各项制度的总称，包括选举的基本原则、选举资格的确定、组织选举的程序和方法、选民与代表的关系等内容。选举制度是国家政治制度的重要组成部分。

根据《宪法》和《选举法》的规定，我国选举制度包括以下原则。

① 选举的普遍性原则。在我国，凡年满 18 周岁的公民，不分民族、种族、性别、职业、家庭出身、宗教信仰、教育程度、财产状况、居住期限，都有选举权和被选举权（但依照法律被剥夺政治权利的人除外），从而保证了绝大多数公民都能享有选举权和被选举权。

② 选举权的平等性原则。我国《选举法》第四条规定，每一选民在一次选举中只有一个投票权。这表明每个选民在选举时和其他选民有同等的投票权，同时，也保证所有的选民都在同等的基础上参加选举。

③ 直接选举和间接选举并用的原则。直接选举是指人民代表大会的代表由选民直接选举产生。间接选举是指上一级人民代表大会的代表由下一级人民代表大会选举产生。目前,我国只有乡、镇、县、市辖区、不设区的市人民代表大会的代表由直接选举产生,其他人民代表大会的代表以间接选举的办法产生。这是由于我国人口众多、地域广大,各地区经济文化发展极不平衡,又缺乏民主传统,选民素质有待提高,因此还不适于普遍地采用直接选举的方式。直接选举和间接选举并用,更能着眼于实际民主。

④ 无记名投票原则。无记名投票也叫秘密投票,是指选票上不记载投票人的名字,由选民按照自己的意愿填写选票,并亲自投入票箱的投票方式。目前,全国和地方各级人民代表大会代表的选举,一律采用无记名投票的方法。

⑤ 代表向选民或原选举单位负责并受其监督的原则。各级人民代表大会的代表受选民和原选举单位的监督,选民和原选举单位有权罢免自己选出的代表,从而更加确保公民选举权的实现。

⑥ 选举的物质保障和法律保障的原则。《选举法》规定,选举经费由国库开支,国家提供选举所需要的一切物质设施。对以暴力、威胁、欺骗、贿赂等非法手段破坏选举或妨碍选民自由形式选举权和被选举权的人,将依法承担行政责任或刑事责任。这些规定为公民真正行使民主选举的权利提供了保证。

【阅读资料】

我国《选举法》对各级人民代表大会的名额和代表的产生,均规定以一定的人口比例作为基础,但同时又在城市和乡村之间、汉族和少数民族之间作了不同比例的规定。例如,《选举法》第十六条规定:“省、自治区、直辖市应选全国人民代表大会代表的名额,按照农村每一代表所代表人口数八倍于城市每一代表所代表的人口数的原则分配。”《选举法》第十八条规定:“在少数民族聚居的地方,每一聚居的民族都应有代表参加当地的人民代表大会,聚居境内同一少数民族的总人口不及境内总人口数的百分之十五的,每一代表所代表的人口数可以比当地人民代表大会代表所代表的人口数少二分之一。”这种城乡之间、汉族与少数民族之间按照不同的人口比例产生代表名额的规定,虽然不是完全平等的,但只有这样,才能使全国各民族、各地区、各方面在各级人民代表大会中,都能有适当数量的代表,从而有利于加强工人阶级对国家的领导,有利于加强各民族的团结,因而是完全合理且必要的。

4. 我国的国家结构形式

国家结构形式是调整国家政体与其组成部分之间的关系的形式,即调整国家与其所属区域之间的关系的形式。

(1) 我国是统一的多民族国家。《宪法》序言指出:“中华人民共和国是全国各族人民共同缔造的统一的多民族国家。”这表明,我国采取的是单一制的国家结构形式。这是我国民族关系历史发展的必然趋势,有利于国家的统一、人民的团结以及国内各民族的团结。

行政区域是国家领土内划分的各级行政单位所管辖的区域。在我国,考虑到便于人民群众参加国家管理、有利于发展经济建设事业和促进各民族的共同繁荣以及我国的历史传统等因素,将行政区域划分如下:

① 全国分为省、自治区、直辖市。

② 省、自治区分为自治州、县、自治县、市。

③ 县、自治县分为乡、民族乡、镇。

④ 直辖市和较大的市分为区、县。

⑤ 自治州分为县、自治县、市。

(2) 我国的民族区域自治制度。民族区域自治,就是在我国的领土内,在中央的统一领导下,按照宪法和法律的规定,以少数民族聚居的地区为基础,建立民族自治地方、自治机关,由少数民族自主地管理本民族、本地区的事务。民族区域自治制度是结合我国各民族的历史特点和现实状况而实行的解决我国民族问题的基本政策,也是国家的一项重要的政治制度。

民族区域自治地方是自治区、自治州和自治县。在民族自治地方按照民主集中制原则建立自治机关。自治机关是自治区、自治州、自治县的人民代表大会和人民政府。

自治区、自治州、自治县的人民代表大会常务委员会委员中应当有实行区域自治的民族公民担任主任和副主任。自治区主席、自治州州长、自治县县长由实行区域自治的民族的公民担任。

民族自治地方的自治机关除行使《宪法》规定的地方国家机关的职权外,还享有自治权。主要有以下方面:制定自治条例和单行条例;对上级国家机关的决议、决定、命令和指示,可以变通执行和停止执行;自主地管理地方财政;自主地安排和管理地方经济建设事业;自主地管理本地方的教育科学、文化、卫生、体育事业;组织本地方的公安部队;使用和发展当地通用的一种或几种语言文字;培养干部、专业人才和技术工人等。

(3) 特别行政区制度。特别行政区是指在我国版图内,根据我国《宪法》和其他法律规定特别设立的,具有特殊法律地位,实行特别的政治、法律和经济制度的行政区域。

特别行政区享有高度的自治权,除享有行政管理权外,还享有立法权及独立的司法权和终审权,还可依据中央人民政府的授权自行处理有关对外事务。特别行政区直辖于中央人民政府。中央人民政府负责管理特别行政区有关的外交事务及特别行政区的防务,人民特别行政区长官和行政机关的主要官员。全国人大常委会有权决定特别行政区进入紧急状态,享有对特别行政区基本法的解释权及修改权。

特别行政区制度是在“一国两制”基本方针指导下解决我国历史遗留问题、和平实现祖国统一的重要举措。我国政府已于1997年12月31日和1999年12月20日分别对我国香港、澳门恢复行使主权,并设立中国香港特别行政区和中国澳门特别行政区。将来,我国台湾地区在回归祖国后,也可以作为特别行政区,享有高度的自治权。

【阅读资料】

世界各国的国家结构形式主要有单一制和复合制两种。在复合制中,又可分为联邦制和邦联制。目前,具有普遍意义的国家结构形式是单一制和联邦制。单一制是指由若干行政单位或自治单位组成的单一主权国家,如中国及日本、韩国等;联邦制是指由两个以上的成员国结合组成的国家,如美国、印度等,其成员国分为州、邦或共和国等。二者的主要区别是:①单一制国家只有一部宪法,立法机关依照《宪法》制定各种法律;而联邦制国家除了有联邦宪法之外,每一个成员国都有自己的宪法。②单一制国家只有一个最高立法机关、一个中央政府、一套司法体系；而联邦制国家除了设联邦立法机关、中央政府和司法系统外，各成员国还有自己的立法机关、政府、司法系统。③从中央与地方的权力划分看，单一制国家的地方政府要接受中央政府的统一领导，地方政府的权力是中央政府授予的，地方行政单位和自治单位没有脱离中央而独立的权力；而联邦制国家虽然其成员国也要服从国家的统一领导，但各成员国都有较大的自治权。从理论上说，联邦的权力是各成员国让与的，有的国家还规定成员国有退出联邦的权利。④在国际上，单一制国家是国际法上的唯一主体；而联邦制国家不仅联邦是国际法上的主体，有的国家某些成员国也是国际法上的主体。⑤单一制国家的公民只有一个国籍；而联邦制国家的公民除了具有联邦的国籍外，还有所在成员国的国籍。从以上比较可以看出，单一制和联邦制各有所长，一个国家采取何种结构形式，是由其具体国情决定的。

5. 我国的国家机构体系

国家机构是统治阶级为实现国家权力而建立起来的一整套国家机关体系的总称，是实现国家职能的重要工具。

我国的国家机构由权力机关、国家主席、行政机关、审判机关、检察机关、中央军事机关等组成。

(1) 全国人民代表大会及其常务委员会。全国人民代表大会是我国的最高国家权力机关。它代表全国人民统一行使国家最高权力，其他最高国家机关均由它产生，并受它监督，因而具有全权性。全国人大由省、自治区、直辖市、特别行政区和军队的代表组成，各少数民族都应当有适当名额的代表。全国人大的任期为每届五年，每年举行一次会议。

全国人大的职权主要有立法权，选举、决定和罢免国家领导人，决定国家生活中的重大问题，最高监督权等。

(2) 国家主席。国家主席是国家的元首、国家的代表，同全国人大结合行使国家元首的职权。国家主席是国家机构中的重要组成部分。中华人民共和国主席、副主席由全国人大产生，对其负责，受其监督。每届任期同全国人大相同，连续任职不得超过两届。

国家主席根据全国人大的决定和全国人大常委会的决定，公布法律，任免国务院组成人员，授予国家的勋章和荣誉称号，代表国家进行国事活动，接见外国使节，副主席协助主席工作，受主席委托，可以代行主席的部分职权。主席缺位时，由副主席继任主席的职位。

(3) 国务院。国务院即中央人民政府，是最高国家权力机关的执行机关，是最高国家行政机关。它对全国人大负责并报告工作；在全国人大闭会期间，对全国人大常委会负责并报告工作。国务院由总理、副总理若干人，国务委员若干人、各部部长、各委员会主任、审计长、秘书长组成，每届任期同全国人大相同。总理、副总理、国务委员连续任职不得超过两届。

总理领导国务院工作。副总理、国务委员协助总理工作。总理、副总理、国务委员、秘书长组成国务院常务会议。总理召集和主持国务院常务会议和国务院全体会议。国务院工作中的重大问题，必须经国务院常务会议或国务院全体会议讨论决定。

国务院担负着组织执行最高国家权力机关的法律和决议的繁重任务，因而，它的职权非常广泛。其职权包括根据宪法和法律规定行政措施、制定行政法规、发布决定和命令。

组织和领导全国性行政工作；领导和管理各行业、各部门的行政工作。保护公民正当合法的权益；监督各部委和下级人民政府的工作。全国人民代表大会及其常务委员会授予的其他职权。

国务院施行总理负责制。各部、各委员会都是在国务院统一领导下负责某一方面国家行政工作的中央国家行政机关，实行部长、主任负责制。根据法律和国务院的决定，主管部、委可以在本部门的权限内发布命令、指示和规章。

(4) 中央军事委员会。中央军事委员会是全国武装力量的最高领导机关。中央军委由主席、副主席若干人、委员若干人组成，每届任期同全国人大相同。中央军委实行主席负责制。中央军委主席有权对中央军委职权范围内的事务作出最后决策。

(5) 地方各级人民代表大会和地方各级人民政府。

① 地方各级人民代表大会及其常务委员会。地方各级人民代表大会是地方国家权力机关。它包括省、自治区、直辖市、自治州、县、自治县、市、市辖区、乡、民族乡、镇的人民代表大会。各级人民代表大会每届任期同全国人大相同。县级以上地方各级人民代表大会设置常务委员会，其成员包括主任、副主任若干人和委员若干人，均由同级人大选举产生。常委会成员不得担任国家行政机关、审判机关和检察机关的职务。

地方各级人大的职权主要有：保证宪法、法律、行政法规的遵守和执行，保护机关、组织和个人的合法权利，选举和罢免地方国家机关负责人，决定重大的地方性事务，监督其他地方国家机关的工作，制定地方性法规。

② 地方各级人民政府。地方各级人民政府是地方国家权力机关的执行机关，是地方各级国家行政机关。地方各级人民政府对本级人大负责并报告工作。全国地方各级人民政府都是国务院统一领导下的国家行政机关，都服从国务院。其每届任期同本级人大的任期相同。

地方各级人民政府的职权主要有，依照法律规定的权限，管理本行政区域内的经济、教育、科学、文化、卫生、体育事业，管理城乡建设事业和财政、民政、公安、民族事务、司法行政、监察、计划生育等行政工作，发布决定和命令，任免、培训、考核和奖惩行政工作人员。

中央国家机构体系如图 1-1 所示。

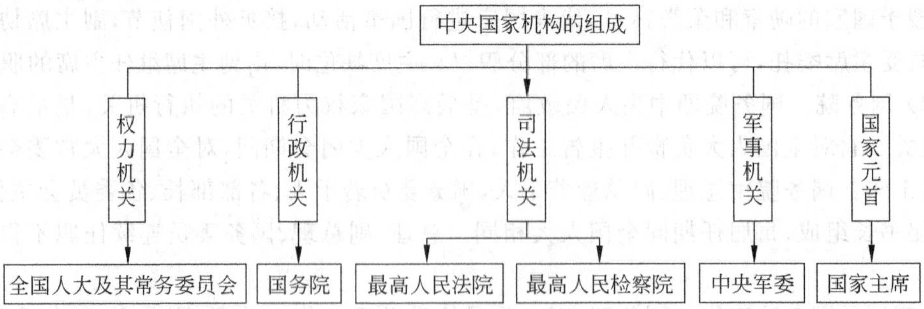

图 1-1　中央国家机构体系

(6) 人民法院。人民法院是国家审判机关，它依法行使审判权，依照法律审理和判决刑事案件、民事案件和行政案件。最高人民法院院长每届任期同全国人大代表每届任期相同，连续任职不得超过两届。

我国审判机关由下列人民法院组成。

最高人民法院。是国家最高审判机关，对全国人大及其常委会负责，并监督地方各级人民法院和专门人民法院的审判工作。

地方各级人民法院。是地方各级国家审判机关。包括基层人民法院（县、自治县、市、市辖区人民法院），中级人民法院（在省、自治区内按地区设立的中级人民法院和在直辖市设立的中级人民法院），高级人民法院（省、自治区、直辖市高级人民法院）。地方各级人民法院对产生它的国家权力机关负责，上级人民法院监督下级人民法院的审判工作。

专门人民法院。包括军事法院、海事法院、铁路法院等专门人民法院。

人民法院组织体系如图1-2所示。

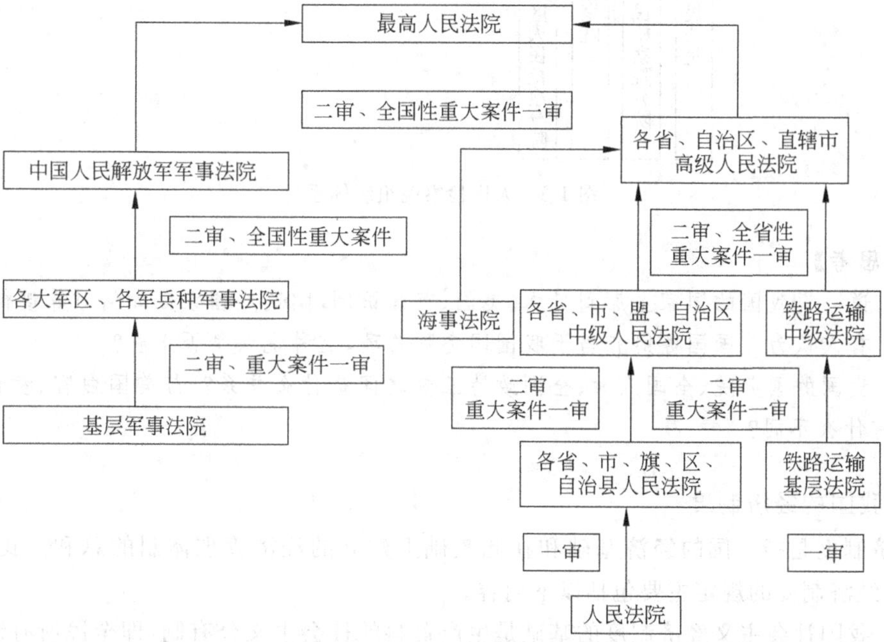

图1-2　人民法院组织体系

（7）人民检察院。人民检察院是国家的法律监督机关，它依法行使检察权，对宪法、法律的实施进行监督。最高人民检察院检察长每届任期同全国人大代表每届任期相同，连续任职不得超过两届。人民检察院依照法律规定独立行使检察权。

我国检察机关由下列人民检察院组成。

最高人民检察院。是最高国家检察机关，对全国人大及其常委会负责，并领导地方各级人民检察院的工作。

地方各级人民检察院。是地方各级国家检察机关。包括：省、自治区人民检察院分院，自治州和省辖市人民检察院；县、市、自治县和市辖区人民检察院。地方各级人民检察院对产生它的国家权力机关和上级人民检察院负责。

专门人民检察院。包括军事检察院等专门人民检察院。

人民检察院组织体系如图1-3所示。

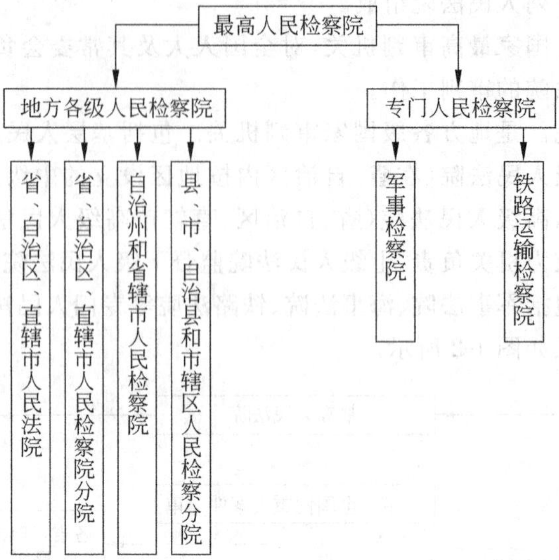

图 1-3　人民检察院组织体系

【小思考】

(1) 说一说我国的国家主席到日本、美国、英国访问时,这些国家应如何对等接待。

(2) 有人认为美国国务卿相当于我国国务院总理,这种说法是否正确?

(3) 我国的国务院、全国人大、全国政协三者之间是什么关系?与美国白宫、参议院和众议院有什么不同?

6. 我国的经济制度

经济制度是指一国的经济基础和在此基础上建立的经济管理体制的总和。我国《宪法》关于经济制度的规定主要包括以下内容。

(1) 我国社会主义经济制度的基础是生产资料的社会主义公有制,即全民所有制和劳动群众集体所有制。

(2) 国家实行社会主义市场经济,坚持按劳分配为主体,各种分配方式并存的分配制度。

(3) 坚持公有制为主体,多种所有制经济共同发展的基本经济制度,国家对不同所有制经济平等予以保护。《宪法》规定,国有经济是国民经济中的主导力量,国家保障国有经济的巩固发展;国家保护城乡集体经济组织合法的权利和利益,鼓励、指导和帮助集体经济的发展。在我国,还存在个体经济和私营经济等非公有制经济,它们是社会主义市场经济的重要组成部分。国家保护个体经济、私营经济的合法的权利和利益,并对其实行引导、监督和管理。同时宪法还允许外国的企业和其他经济组织或个人在中国投资,同中国的企业和其他经济组织或个人进行各种形式的经济合作,从而确定了外商投资企业在中国的法律地位。

(4) 社会主义公共财产神圣不可侵犯。国家保护社会主义的公共财产,禁止任何组织或个人用任何手段侵占或者破坏国家和集体的财产。

(5) 国家保护公民合法的私有财产的所有权。

7. 公民的基本权利和义务

公民是指具有一个国家国籍的自然人。我国《宪法》规定："凡具有中华人民共和国国籍的人都是中华人民共和国公民。"一个人作为某国公民，就要受到该国《宪法》和法律的保护和约束，即在法律上享有权利和承担义务。

《宪法》作为国家根本法，规定了我国公民的基本权利和义务。公民的基本权利也称宪法权利或基本人权，是指由《宪法》规定的公民享有的主要的、必不可少的权利。这是公民在社会生活领域中应有的最基本的和最低限度的权利。公民的基本义务也称宪法义务，是指由宪法规定的公民必须遵守和应尽的根本责任。

【阅读资料】

与"公民"有关的几个概念

(1) 国籍。是指一个人隶属于某个国家的法律上的身份，一个人一旦具有某国国籍，就享有该国《宪法》和法律规定的义务。同时，该国对侨居他国的本国公民也有义务给予外交保护，并在必要时接纳其回国。

(2) 人民。在我国，公民与人民是两个不同的概念。首先表现在性质上，公民是与外国人(包括无国籍人)相对应的法律概念，人民则是与敌人相对应的政治概念；其次表现在范围上，公民的范围比人民的范围更加广泛，公民除包括人民外，还包括人民的敌人；最后表现在后果上，公民中的人民，享有《宪法》和法律规定的一切公民权利并履行全部义务，公民中的敌人，则不能享有全部的公民权利，也不能履行属于公民的某些义务。此外，公民所表达的一般是个体概念，而人民所表达的往往是群体概念。

(3) 选民。是指依法享有选举权和被选举权的公民。

(1) 公民的基本权利。《宪法》规定公民基本权利有以下几方面。

① 平等权。平等权的基本含义是公民在法律面前一律平等。具体来说就是任何人都平等地享有《宪法》和法律规定的权利，平等地履行义务，任何人的合法权益都平等地受到保护，任何公民都不得有超越宪法和法律的特权，公民的违法行为平等地依法予以追究和制裁。

② 政治权利和自由。这是《宪法》规定的公民参与国家政治生活的民主权利以及在政治上享有表达个人见解和意愿的自由。具体包括以下两方面。

第一，选举权和被选举权。

第二，政治自由权。即公民有言论、出版、集会、结社、游行、示威的自由。政治自由权是公民表达个人见解和意愿、进行正当社会活动、参加国家管理的一项基本权利。但是公民必须在法律规定的范围内依法行使这些权利和自由，不得损害国家、社会、集体的利益和其他公民的合法权利和自由。

【案例分析】

王某是某地农民，高中文化，好吃懒做，不愿在农村务农。1998年到县城当上了小报"编辑"。他凭着一把剪刀和一瓶胶水，将其他报刊上的文章剪贴后，找个体印刷厂私自印成小报。由于小报充斥色情暴力内容，能迎合一些低级趣味的人的喜好，很快遍布大街小巷。2000年10月，经缜密调查，当地文化部门和公安部门依法取缔了这些小报，并对王某进行法律制裁。王某辩解道："《宪法》规定公民有言论、出版的权利和自由。办报是我应享有的政治自由，我没有被剥夺政治权利，你们对我的处罚是违反《宪法》的。"

问题：请运用宪法知识分析王某的说法是否正确。

③ 宗教信仰自由。公民有信仰宗教与不信仰宗教的自由，有信仰这种宗教的自由，也有信仰那种宗教的自由，在同一宗教中，有信仰这个教派的自由，也有信仰那个教派的自由，有过去信教而现在不信教的自由，也有过去不信教而现在信教的自由。国家保障正常的宗教活动，任何人不得利用宗教进行破坏社会秩序，损害公民身体健康，妨碍国家教育制度的活动。国家反对和依法打击邪教。

④ 人身自由权。具体包括以下五点。

第一，公民的人身自由不受侵犯。任何公民，非经人民检察院批准或者人民法院决定，并由公安机关执行，不受逮捕。禁止非法拘禁和以其他方法剥夺或者限制公民的人身自由。

第二，公民的人格尊严不受侵犯。人格是指公民作为权利和义务的主体的独立资格。公民的人格权包括生命权、健康权、姓名权、名誉权、荣誉权、肖像权等。《宪法》禁止用任何方法对公民进行侮辱、诽谤和诬告陷害。

第三，公民的住宅不受侵犯。公民的住宅是人身的延伸。我国《宪法》规定，禁止非法搜查或非法侵入公民的住宅。任何机关或个人，非经法律许可并依法定程序，不得随意进入或搜查公民的住宅，更不允许以任何形式加以强占。

第四，公民的通信自由和通信秘密受法律保护。除因国家安全或者追查刑事犯罪的需要，公安机关或者检察机关有权依照法律规定的程序对通信进行检查外，其他任何组织或个人不得以任何理由侵犯公民的通信自由和通信秘密。

第五，社会经济权利。这是指公民享有的经济物质利益方面的权利。其内容如下。

公民个人的合法的私有财产不受侵犯，国家依照法律规定保护公民的私有财产权和继承权。

公民的劳动的权利和义务。国家通过各种途径，创造劳动就业条件，加强劳动保护，改善劳动条件，并在发展生产的基础上提高劳动报酬和福利待遇。

劳动者的休息权。国家规定了职工的工作时间和休假制度，并发展劳动者休息和休养的设施。

物质帮助权。公民在年老、疾病或者丧失劳动能力的情况下，有从国家和社会获得物质帮助的权利。国家发展为公民享受这些权利所需要的社会保险、社会救济和医疗卫生事业。

⑤ 文化教育权利和自由。首先，公民有受教育的权利，是指公民（无论成年、未成年）有权接受文化、科学、品德、体质等方面的教育训练。其次，受教育作为公民的一项义务，是指公民达到一定年龄后，必须接受规定年限的学校教育。最后，公民还有进行科学研究、文学艺术创作和其他文化活动的自由。

⑥ 特定公民享有的权利。国家保障妇女的权益，保护婚姻、家庭、母亲、儿童和老人。国家和社会保障残废军人的生活，抚恤烈士家属，优待军人家属。国家和社会保护残疾人

的合法权益，保护华侨、归侨和侨眷的权利和利益。

⑦ 监督权和获得赔偿权。监督权是指我国《宪法》规定的，公民对于任何国家机关和国家工作人员的违法失职行为，有向有关国家机关提出申诉、控告或者检举的权利。但公民在行使监督权的时候，不得捏造或者歪曲事实进行诬告陷害。对于公民的申诉、控告或者检举，有关国家机关必须查清事实，负责处理，任何人不得压制和打击报复。获得赔偿权是指由于国家机关和国家工作人员侵犯公民权利而受到损失的人，有依照法律规定取得赔偿的权利。

(2) 公民的基本义务。《宪法》规定，我国公民的基本义务主要有以下6点。

① 维护国家统一和民族团结。

② 遵守宪法和法律。

③ 维护国家安全、荣誉和利益，保守国家机密。

④ 遵守公共秩序，尊重社会公德。

⑤ 保卫祖国，依法服兵役和参加民兵组织。

⑥ 依法纳税。

【阅读资料】

公民基本权利和义务的关系

我国公民享有的基本权利是广泛的和现实的，但任何权利都是相对的，不是绝对的和随心所欲的。《宪法》在赋予公民自由和权利的同时，也规定了公民的基本义务，这是公民对国家和社会应尽的责任。

首先，公民的基本权利和义务具有统一性。没有无义务的权利，也没有无权利的义务。我国《宪法》规定，任何公民享有宪法和法律规定的权利，同时必须履行《宪法》和法律规定的义务。

其次，公民行使自由和权利的时候要受到法律的限制，而不能滥用自由和权利。《宪法》规定，公民在行使自由和权利的时候，不得损害国家的、社会的、集体的利益和其他公民的合法的自由和权利。可见，任何权利和自由都是有限度的，必须以不损害公共利益和其他公民合法权益为前提，不受限制的自由和权利是不存在的。

最后，公民的有些权利和义务是一致的。如《宪法》规定，公民有劳动的权利和义务，公民有受教育的权利和义务。这表明公民参加劳动和受教育既是享受权利，又是履行义务，权利和义务高度地结合在一起。

【小思考】

公民如何正确地行使权利？

知识小结

- 《宪法》。《宪法》是规定一个国家的根本制度和根本任务、具有最高法律效力的国家根本法。

- 我国的国体。我国的国体是工人阶级领导的、以工农联盟为基础的人民民主专政的社会主义国家。
- 我国的政体。我国的政体中华人民共和国一切权力属于人民。人民行使国家权力的机关是全国人民代表大会和地方各级人民代表大会。
- 我国的国家结构形式。我国是统一的多民族国家,采取单一制的国家结构形式。在民族聚居地区实行民族区域自治制度,在我国香港、澳门实行特别行政区制度。
- 我国的经济制度。我国实行社会主义公有制为主体,多种所有制经济共同发展的基本经济制度,国家对不同所有制经济平等予以保护。实行按劳分配为主体,各种分配方式并存的分配制度。国家保护公民合法的私有财产的所有权。
- 我国的国家机构。我国的国家机构由权力机关、国家主席、行政机关、审判机关、检察机关、中央军事机关等组成。
- 公民的基本权利和义务。我国公民依照《宪法》享有私有财产的所有权、政治权利和自由、宗教信仰自由、人身自由权、社会经济权利、监督权和获得赔偿权等基本权利,国家保护特定公民的合法权益。同时还要依法履行宪法规定的公民义务。公民在享有《宪法》和法律规定的权利和自由时,不得损害国家的、集体的利益和其他公民的合法的自由和权利。

项目训练

项目名称:组织辩论赛

1. 主题

将学生分成两组,每组选出五名辩手,以“法与道德”为主题开展辩论赛。正方辩题“法律更重要”,反方辩题“道德更重要”。

2. 形式

以群辩为主,学生正反双方分成两组;辩论时采取自由辩论,各抒己见。最后双方各选派一名选手作总结发言。

3. 要求

搜集、整理、阅读有关辩论赛的技巧、规则及流程,查询“法与道德”方面的资料,为辩论赛做准备。

4. 目的

培养学生的逻辑思考能力,语言表达能力,组织能力。建设社会主义法治国家过程中,应该正确认识法律与道德的关系。治国安邦既需要法治,也需要德治。它们是人类社会最主要的管理工具,是社会秩序的两根支柱,二者各有所长,也各有所短,它们相辅相成,相互促进。随着社会文明的发展道德和法律更呈现融合的趋势。

课后练习

1. 熟记下列法律知识

法、法律部门、法律责任、《宪法》、国体、政体、公民的基本权利和义务、国家结构形式、法的特征、宪法是国家根本大法的含义、我国公民享有的基本权利。

2. 选择题

(1) 我国的最高权力机关是(　　)。

A. 国务院　　B. 全国人民代表大会

C. 最高人民法院　　D. 国家主席

(2)《宪法》是国家的根本法,与普通法律相比,其特点为(　　)。

A.《宪法》规定的内容与普通法律不同

B.《宪法》的效力与普通法律不同

C.《宪法》的阶级本质与普通法律不同

D.《宪法》的制定和修改程序与普通法律不同

(3) 我国现阶段的爱国统一战线为中国共产党领导的、有各民族党派和各人民团体参加的、包括全体(　　)的广泛的爱国统一战线。

A. 拥护社会主义的爱国者　　B. 拥护祖国统一的爱国者

C. 社会主义事业的建设者　　D. 社会主义劳动者

(4) 我国采取(　　)的国家结构形式。

A. 单一制　　B. 复合制　　C. 联邦制　　D. 邦联制

(5) 以下既是公民基本权利又是公民基本义务的为(　　)。

A. 劳动权　　B. 人身权　　C. 受教育权　　D. 选举权

3. 辨析题

(1) 法就是约束人们行为的规范,与其他规范相比,并无特殊之处。(　　)

(2) 既然《宪法》规定公民享有人身自由和结社自由,那就可以想成立什么组织就成立什么组织,想干什么就干什么。(　　)

(3)《宪法》赋予公民以物质帮助权,那么公民就可以不工作,完全靠社会救济生活了。(　　)

4. 案例分析

案例1　张某原就职于某大酒店,后辞职应聘于另外一家公司,恰巧这家公司的办公地点就在张某原就职的大酒店内。当他欲前往公司上班而进入该酒店时,却被酒店阻挡在外。其理由为,该酒店在员工手册第9条中规定:“辞职、辞退员工,6个月内不得以任何理由进入本酒店。”而张某新就职的公司要求他在规定的期限内上班,否则将不予录用。

问题：

(1) 大酒店是否有权阻止张某进入酒店？

(2) 大酒店的做法侵犯了张某哪些基本权利？

案例2 2004年7月30日，上海市消保委发出当年第8号消费警示，指出部分经营者在介绍商品时混淆商标名称、品牌，试图用“傍名牌”的手法销售其产品，比如“大金阪本”牌空调混淆日本著名品牌“大金”空调等现象。为此，“大金阪本”状告市消保委名誉侵权。

上海二中院审理后认为，该消费警示主观上不存在侵权的故意，客观上揭示了同类产品商标上的区别，其内容客观真实，并无诋毁、诽谤原告的内容，故不构成对原告名誉权的侵害。

问题：从违法行为的构成角度分析一下，法院为什么会认定上海市消费者权益保护委员会的行为不属于违法行为？

案例3 2003年5月中旬，全国各新闻媒体竞相报道了一则震惊全国的新闻事件，武汉青年孙志刚在广州被错误收容并被故意伤害致死。

27岁的孙志刚2001年在武汉科技学院艺术设计专业结业，2003年2月24日受聘于广州达奇服装有限公司。3月17日晚10时许，孙志刚因未携带任何证件上街，被执行统一清查任务的天河区公安分局黄村街派出所民警带回询问，随后被错误地作为“三无”人员送至天河区公安局收容待遣所，后转送广州市收容遣送中转站。3月18日晚，孙志刚称有病，被送往市卫生部门负责的收容人员救治站。3月20日凌晨1时13分至30分期间，孙志刚遭同病房的8名被救治人员两度轮番殴打，于当日上午10时20分因大面积软组织损伤性休克死亡。①

问题：

(1) 请问该案发生后，侵犯了孙志刚哪些权利？

(2) 涉案人员的行为违反了哪些法律的规定？

5．问答题

(1) 请举例说明《宪法》规定的公民的平等权在社会生活中的具体体现。

(2) 试找出生活中的一些道德规范，并比较道德规范与法律规范的异同。

6．实操题

(1) 请到户籍或学校所在地若干执法部门进行一次小型社会调查，了解他们各自的职权，并能识别他们的执法徽章或标志。

(2) 组织一次以“《宪法》作为国家根本法”为主题的讨论会，阐述其在社会生活中的重要作用。

(3) 在网络上查找我国近几年有关地方人大代表贿选的典型案例，运用《宪法》《选举法》知识分析其贿选的实施主体、贿选手段、贿选目的。

---

① http://www.360doc.com/content/10/1027/23/3232818_64606917.shtml.

项目2　民法基础知识

学习目标

- 掌握我国民法的基本原则；
- 掌握我国民法有关法定监护人的范围及监护顺序；
- 熟知宣告失踪与宣告死亡条件；
- 能够正确分析判断未成年人的法定监护人；
- 能够正确分析判断限制行为能力人的法定监护人；
- 掌握特殊侵权的归责原则；
- 掌握承担民事侵权责任的方式；
- 能够正确分析高度危险责任主体；
- 能够正确分析物件损害责任主体。

案例导入

张无信与李真心通过网络相识，因双方意气相投，彼此相互倾慕，于是互留地址，互传照片并决定交友。但双方一直未见面。某日，张无信邀请李真心在玫瑰餐厅见面，李非常高兴，专门到美容厅做了美容，并新买了服装和挎包，共花费了3000多元。约会当日，李真心从早等到晚，也未见到张无信。非常生气，按地址找到张质问，原来张因害怕此事被女友知道，没敢赴约。双方争吵起来。怒气冲冲的李真心打车回家，结果将挎包忘在了出租车上，被司机王守财捡到，但王守财要求李真心必须给付酬谢费500元才肯返还。

李怒而诉至法院，认为：①张无信看不起自己，污辱了自己的人格，要求张赔偿因此次约会造成的财产损失3000元，精神损失费2000元；②要求王守财返还挎包。

问题：请问上述案例中哪些是民事纠纷？

2.1　民法的概念及原则

1. 民法概念

《民法通则》第二条规定："中华人民共和国民法调整平等主体的公民之间、法人之间、公民和法人之间、公民法人和其他组织的财产关系和人身关系。"

据此，民法的概念可以定义为，民法是调整平等主体间的财产关系和人身关系的法律规范的总称。

平等主体是指当事人之间法律地位是平等的，不存在命令与服从、领导与被领导的关系。财产关系是指人们在占有、支配、交换和分配物质财富中所形成的具有经济内容的社会关系。如财产所有权和与财产所有权有关的财产权、债权、知识产权等。人身关系是指基于人格权和身份权产生的与人身不可分离并以特定精神利益为内容的社会关系。如生命健康权、肖像权、名誉权等。

【小思考】

李某租用张某房屋开设一家小饭店，税务机关依税法有关规定核定其每月应纳税500元，但李某认为纳税太多，为此他找到税务机关，想要协商少交50元，被拒绝，双方发生争议。同时，张某认为李某在装修房屋时，破坏了房屋的结构，要求其赔偿200元，李某认为只应赔偿100元，双方也发生了争议。

问题：请问两种纠纷是否都应适用民法来解决？

2. 民法的基本原则

民法的基本原则是民事立法、民事行为和民事司法的基本准则，是体现民法精神、指导民事立法、司法和民事活动的基本原则。主要包括以下四个方面。

(1) 平等原则。《民法通则》第三条规定："当事人在民事活动中的地位平等。"这是民法的最根本的原则。在民事关系中以权欺人、以强凌弱等行为都是违反这一原则的。

(2) 自愿、公平、等价有偿原则、诚实信用原则。《民法通则》第四条规定："民事活动应当遵循自愿、公平、等价有偿原则、诚实信用原则。"这是前一原则的具体化。只有坚持自愿、公平、等价有偿原则，双方当事人才能在民事活动中地位平等。

【小思考】

① 甲春节回家途中在火车站附近"好再来"拉面馆用餐，只吃了一碗牛肉拉面。结账时，服务员却要30元。甲认为太贵，至多8元就够了。这时，饭店里冲出来几个人，将甲团团围住，并说不拿钱就别想走。甲害怕，只好交了30元。

问题：本案中，拉面馆违反了哪些民法基本原则？

② 某房地产公司在其售楼广告中宣称：本公司所建"诺亚方舟花园"地理位置绝佳，距火车站只有300米，距市内大商场只有500米。甲入住后才发现，由于火车道的阻隔，到火车站需绕道而行，至少要坐40分钟的公交车，到商场也十分不便。于是拿着广告找到了售楼商，商家回答说，广告上所说的300米和500米，是指直线距离，并没有任何错误。

问题：上述房地产公司违反了哪些民法基本原则？

(3) 合法民事权益受保护原则。《民法通则》第五条规定："公民、法人的合法的权益受法律保护，任何组织和个人不得侵犯。"凡是合法的民事权益受到侵犯的人，都有权请求国家有关机关依法保护，有权向人民法律起诉；凡是侵犯他人的合法民事权益的人，都应承担民事责任，受到民事制裁。

【案例分析】

熊进财家住北京丰台区，一日开车回家时，突然从小巷里窜出3条大狗，熊进财立即刹车，但还是轧死了一条狗。狗的主人是熊进财的老邻居李海，为看家护院共养了3条狗，都是名犬，被轧死的是其中最好的一条，此前有人出2000元李海都没舍得卖。李海要求赔偿3000元，熊进财只答应赔偿1500元，双方协商未成，李海表示不拿钱车不能开走。几天后，熊进财将李海告上了丰台区法院，要求其赔偿因扣车造成的损失，每天100元，精神损失费1000元。李海认为，轧死我的狗还告我，一气之下又将熊进财告上了法庭，要求其赔偿轧死狗的损失5000元。

分析：丰台区法院在庭审调查中发现，李海没有合法的养犬证，而按照《北京市严格限制养犬的规定》，没有许可证是不能养狗的，于是作出判决，由于李海异地养犬，而且没有实行拴养或圈养，违反了《北京市严格限制养犬的规定》，造成的损失不受法律保护，李海赔偿熊进财扣车损失210元，驳回两人其他的诉讼请求，事后双方均未上诉。

(4) 遵守法律、不得损害社会公共利益原则。《民法通则》第六条规定："民事活动必须遵守法律，法律没有规定的，应当遵守国家政策。"《民法通则》第七条规定："民事活动应当尊重社会公德，不得损害社会的公共利益，破坏国家经济计划，扰乱社会经济秩序。"

【阅读资料】

民事活动应当尊重社会公德，不得损害社会的公共利益，但"社会公德""社会公共利益"的含义却十分丰富，具有弹性，对此可结合下面的案例加以理解。

(1) 2004年，有关媒体报道了一起下岗女工讨工资讨得骨灰盒的事件。辽宁省某市下岗女职工任某，2002年经人介绍曾在该市一家殡仪福利厂工作半年，但直到离开该厂，厂方一直未付其工作期间的2400元工资。任某无奈之下，诉至法院。虽然她打赢了官司，法院判决被告支付拖欠的工资，但最终执行时，任某得到的却是用以抵工资的24个骨灰盒。检察机关认为，以骨灰盒抵工资，违背公序良俗，建议重新执行。

(2) 2002年1月，四川省泸州市中级人民法院对被称为"公序良俗第一案"的张某诉蒋某遗产继承纠纷案作出判决。立遗嘱人黄某系蒋某丈夫，后与张某同居，黄某在病故前立下遗嘱将部分遗产赠与张某，因黄某之妻蒋某不肯执行遗嘱，张某遂诉至法院。法院认为，遗嘱虽然经过公证机关办理了公证手续，但因该遗嘱行为本身违反了社会公德，损害了社会公共利益，属无效民事行为，故对张某的诉求不予支持。

2.2 民事法律关系

民法所确认和保护的关系是民事法律关系，民法在调整社会关系、规范人们行为时，是通过规定民事权利和民事义务，确定当事人之间的民事权利义务关系来实现的。因此，当事人之间是否存在民事法律关系是解决其民事纠纷，适用民法的前提。

民事法律关系是指民事主体之间发生的以民事权利和民事义务为内容的社会关系。主体也称民事主体，是指在民事法律关系中享有民事权利和承担民事义务的人；内容是指民事法律关系所包含的权利和义务。权利、义务所指向的对象称为民事法律关系的客体，包括物、行为和智力成果。主体、客体、内容是构成民事法律关系的三个要素。

例如，甲房地产公司通过招标购买了一块土地，开发建设了十几幢住宅楼。乙购买了其中的一套两室一厅的房子。这里发生了四个民事法律关系：通过招标购买土地，在公司与国家之间产生了买卖土地使用权的法律关系；公司建成住宅楼，取得了所建楼房的所有权，产生了所有权关系；乙购买甲公司一套住房，与之形成了买卖关系，这是由合同产生的债务关系；乙通过买卖取得了该套房的所有权，这又是所有权关系。在乙与甲公司的买卖合同关系中，乙和甲公司就是这一民事法律关系的主体；甲公司有要求乙按合同约定交付房款的权利，也有按约定交付房屋及其所有权的义务。乙有要求甲公司按期交付房屋的权利，也有按约定交付房款的义务。这些权利和义务构成了该民事法律关系的内容。这些权利和义务所指向的对象、房屋及其所有权和房价就是该民事法律关系的客体。

1. 民事主体

【小思考】

(1) 试列举出一个法人的实例，说出法定代表人及该法人的类型。校园周围开设的拉面馆、小卖部是否是法人？

(2) 吴某的亲姨因可怜吴某年幼丧母，赠给他一套70平方米的房子。后来吴某的父亲又续娶了李某，继母与吴父共同抚养吴某，但继母在吴父死亡后，却将该套房子转到其亲生女儿名下，并办理了过户手续。吴某成年后知道此事，向继母索要被拒绝，于是起诉到法院。人民法院认为，李某的行为侵害了被监护人吴某的财产权(房屋所有权)，根据《民法通则》第十八条规定，认定房屋所有权变更无效，房屋应归还吴某。你认为人民法院作出此项决定的依据是什么？

民事主体是指根据法律规定，能够参与民事法律关系，享有民事权利和承担民事义务的当事人。能够充当民事法律关系主体的包括公民、法人和其他组织。

(1) 公民。公民是指基于自然状态出生而具有一国国籍的人。我国公民是指具有中华人民共和国国籍的人。

① 公民的民事权利能力。一个人要参加民事活动的首要条件，是法律许可他参加这种活动并为自己取得权利和设定义务，法律赋予的这一资格就是权利能力。公民的民事权利能力是指法律赋予公民享受民事权利和承担民事义务的资格。《民法通则》第九条规定："公民从出生时起到死亡时止，具有民事权利能力。"

公民的民事权利能力从出生开始，"出生时间以户籍证明为准。没有户籍证明的，以医院出具的出生证明为准。没有户籍证明和医院证明的，参照其他有关证明认定。"(《民法通则若干意见》第一条)公民的民事权利能力终于死亡，死亡包括自然死亡和宣告死亡。

【阅读资料】

宣告失踪和宣告死亡

宣告失踪是指《民法通则》规定的，公民下落不明满两年的，利害关系人可以向人民法院申请宣告他为失踪人。战争期间下落不明的，下落不明的时间从战争结束之日起算。宣告死亡是指《民法通则》规定的，公民有下列情形之一的，利害关系人可以向人民法院申请宣告该对象人死亡：第一，下落不明满4年的；第二，因意外事故下落不明，从事故发生之日起满两年的。战争期间下落不明的，下落不明的时间从战争结束之日起计算。被宣告死亡的人重新出现的或者确知他没有死亡的，经本人或者利害关系人申请，人民法院应当撤销对他的死亡宣告，有民事行为能力人在被宣告死亡期间实施的民事法律行为有效。被撤销死亡宣告的人有权请求返还财产。依照继承法取得的财产的公民或者组织，应当返还原物；原物不存在的，给予适当补偿。

② 公民的民事行为能力。公民要参加民事活动，自己的身体、智力也要达到一定的条件，这一条件在法学上称为行为能力。公民的民事行为能力是指公民能够以自己的行为参与民事法律关系，取得民事权利和承担民事义务的能力。

与民事权利能力不同，民事行为能力不是自然人从出生就有的，而是根据公民对自己的行为及其可能产生的后果的认识和判断能力，以及处理自己的事务的能力来确定的。按《民法通则》的规定，可以划分为三类：第一，完全行为能力人，18 周岁以上的公民即成年人；16 周岁以上不满 18 周岁的公民，以自己的劳动收入为主要生活来源的，视为完全民事行为能力人。第二，限制民事行为能力人：10 周岁以上的未成年人，可以进行与他的年龄、智力相适应的民事活动；不能完全辨认自己行为的精神病人可以进行与他的精神健康状况相适应的民事活动。第三，无民事行为能力人，不满 10 周岁的未成年人和不能辨认自己行为的精神病人。

【阅读资料】

监护制度

对于大多数的民事活动，无民事行为能力人和限制行为能力人都不能独立地进行，也缺乏自我保护能力，所以必须为他们设立监护人，对其进行必要的监督和保护，代理他们进行民事活动，以保证他们的权益不受侵害。《民法通则》对有关监护的设定、终止、撤销、职责等作出了明确的规定，综合起来就是监护制度。监护是指法律规定的公民或单位对无民事行为能力的人或限制民事行为能力人的人身、财产和其他合法权益的监管和保护的一种制度。

未成年人的监护。《民法通则》第十六条规定，未成年人的父母是未成年人的法定监护人，未成年人的父母已经死亡或者没有监护能力的，则由下列人员中有监护能力的人担任监护人：祖父母、外祖父母；兄、姐；关系密切的其他亲属或朋友愿意承担监护责任，经未成年人的父、母所在单位或者未成年人住所地的居民委员会、村民委员会同意的。没有第一款、第二款规定的监护人的，由未成年人的父、母所在单位或者未成年人住所地的居民委员会、村民委员会或者民政部门担任监护人。

精神病人的监护。《民法通则》第十七条规定，无民事行为能力或者限制行为能力的精神病人，由下列人员担任监护人：配偶；父母；成年子女；其他近亲属；关系密切的其他近亲属或朋友愿意承担监护责任，经精神病人所在单位或者住所地的居民委员会、村民委员会同意的。没有近亲属或者近亲属不宜作监护人的，由他所在的单位或基层组织或民政部门担任监护人。

监护人的职责。《民法通则》第十八条规定：监护人应当履行监护职责，保护被监护人的人身、财产及其他合法权益，除为被监护人的利益外，不得处理监护人的财产。监护人不履行监护职责或者侵害被监护人的合法权益的，应当承担责任；给被监护人造成财产损失的，应当赔偿损失。人民法院可以根据有关人员或者有关单位的申请，撤销监护人的资格。

(2) 法人。法人是指具有民事权利能力和民事行为能力，依法独立享有民事权利和承担民事义务的社会组织。

① 法人的民事权利能力。法人的民事权利能力是指法人进行民事活动，取得民事权利和承担民事义务的能力或资格，也就是法人的业务范围。在其业务范围内，法人有权进行各种民事活动，取得民事权利和承担民事义务；超过了这个范围，就没有这种资格或能力了，要承担相应的法律责任。也就是说法人的民事权利能力的内容是由法人成立的宗旨和业务范围决定的。法人不得进行违背其宗旨和超越其业务范围的活动，在需要超过其原有的业务范围时，应通过法定程序变更其业务范围。民事权利能力起于法人成立，在法人解散、被撤销、被宣告破产或其他原因终止时消灭。

② 法人的民事行为能力。法人的民事行为能力是指法人在自己的民事权利能力范围内，以自己的行为进行民事活动，取得权利并承担义务的能力或资格。法人的行为能力是由法人的机关来实现的，法人机关是指法人的最高管理机构。在法人机关中，只有法人的主要负责人，才是法人法定代表人。《民法通则》第三十八条规定："依照法律或者法人组织章程规定，代表法人行使职权的负责人是法人的法定代表人。"如工厂的厂长、公司的董事长、学校的校长等。

③ 法人成立的条件。按《民法通则》规定，要取得合法有效的法人资格，必须具备下列条件：依法成立，有必要的财产和经费，有自己的名称、组织机构和场所，能够独立承担民事责任。

④ 法人的类型。一是企业法人。是指以生产经营为其活动内容，实行独立经济核算，自负盈亏，向国家纳税的单位。主要包括：全民所有制企业法人、集体所有制企业法人、私营企业法人、个人独资企业法人、联营企业法人、中外合营企业法人、外资企业法人。二是非企业法人。是指不直接从事生产和经营活动，而以国家管理和非经营性的社会活动为其内容的法人。因此，非企业法人也可以称为非营利法人。它主要包括国家机关法人、事业单位法人、社会团体法人等。

2. 民事法律行为

【小思考】

2003年年初，任某在某集市上发现陈某所牵"灵蹄"犬与自己前不久丢失的那只极为相似，遂与陈某交涉。陈某称该犬系为黄某代买，于是任某要求陈某一起去找黄某。见到黄某后，黄某称该犬系其家雌犬所生，但任某认为没有证据，由此引发争执。后双方协商，由陈某作为证人，双方在野外放犬，犬跑到谁家，谁就拥有所有权，如果该犬跑到一方家中，由另一方给付对方现金1万元。任某、黄某各拿出1万元交给陈某后，双方到野外放犬，结果该犬跑到黄某家中，陈某遂将2万元一并交给黄某。任某向法院提起诉讼，要求被告黄某返还其现金1万元。对此，引发以下三种不同意见。

第一种意见认为，原告与被告协商在野外放犬决定犬的归属并由一方给付另一方1万元的约定，是双方当事人的合意，不违反法律规定，法院应认定约定有效，驳回原告要求被告返还1万元的诉讼请求。

第二种意见认为,原告与被告的约定虽是出于两人当时的真意,但所约定的1万元给付具有赌金的性质,违背了社会的善良风俗,依据民法通则之规定,应认定该民事行为无效,应由被告返还所得1万元给原告。

第三种意见认为,被告所得具有"赌金性质",属非法所得,应依法没收。[①]

问题:你支持哪一种观点?"狗"案之约是否具有法律效力?

(1) 民事法律行为的概念与特征。民事法律行为是以意思表示为要素,并且依意思表示的内容发生法律效力的合法行为。

① 民事法律行为是一种发生法律后果的合法行为。民事法律行为是民事法律事实之一种,能够发生一定的法律后果。它属于民事法律事实中的行为,而不属于事件。同时它又属于行为中的合法行为。

② 民事法律行为以意思表示为要素。意思表示指当事人将希望发生一定法律后果的内在意思表示于外部的行为。

③ 民事法律行为基于意思表示的内容发生法律后果。即民事法律行为发生当事人追求的法律后果。

(2) 民事法律行为的形式。

① 口头形式。是指以谈话的形式进行的意思表示。如电话交谈、托人带口信、当众宣布自己的意思等。

② 书面形式。是指以文书形式进行的意思表示。书面形式有一般书面形式与特殊书面形式之分。特殊书面形式指当事人的意思表示获得有关国家机关承认的文字记载形式。其中有公证形式、鉴证形式、审核登记形式及公告形式。

③ 视听资料形式。即通过录音、录像等视听资料形式进行意思表示。《民通意见》第六十五条规定:"当事人以录音、录像等视听资料形式实施的民事行为,如有两个以上无利害关系人作为证人或者其他证据证明该民事行为符合《民法通则》第五十五条规定,可以认定有效。"

④ 推定形式。指当事人通过有目的、有意义的积极行为将其内在意思表现于外部,使他人可以根据常识交易习惯或相互间的默契,推知当事人已作出某种意思表示,从而使法律行为成立。

⑤ 沉默形式。是指既无语言表示又无行为表示的消极不作为。《民通意见》第六十六条规定:"不作为的默示只有在法律有规定或者当事人双方有约定的情况下,才可以视为意思表示。"如继承法中规定,受遗赠人没有明确表示是接受还是放弃遗赠的,视为放弃。这就属于法律直接规定的情况。

(3) 民事法律行为的生效。民事法律行为生效要件。行为人应当具有相应的行为能力,当事人的意思表示真实自由。真实指内在意思与外在表示相一致,自由指行为人不是出于外在的强制而为意思表示,不违反法律强制性规定及社会公共利益,形式符合法律规定。

(4) 无效、可变更、可撤销的民事行为。无效民事行为是指因欠缺民事法律行为的有

---

① http://www.lawtime.cn/info/hetong/xljf/20110926142311.html.

效要件，完全不发生法律效力的民事行为。包括无民事行为能力人实施的民事行为，限制民事行为能力人依法不能独立实施的民事行为，因受欺诈而为的民事行为，因受胁迫而为的民事行为，因乘人之危使对方违背真实意思而为的民事行为，恶意串通、损害国家、集体或者第三人利益的民事行为，违反法律或者社会公共利益的行为，以合法形式掩盖非法目的的民事行为。

《民法通则》第五十八条规定："无效的民事行为，从行为开始起就没有法律约束力。"

可变更、可撤销民事行为是指依照法律的规定，可由当事人请示法院或仲裁机关予以变更或撤销的民事行为。包括：重大误解的民事行为；显失公平。依《民通意见》第七十二条规定："一方当事人利用优势或者利用对方没有经验，致使对方的权利与义务明显违反公平、等价有偿原则的，可以认定为显失公平。"实践中判断民事行为是否显失公平的主要标准是权利义务是否对等。

《民法通则》第五十九条规定："被撤销的民事行为从行为开始起无效。"

民事行为无效或被撤销的法律后果。民事行为无效并不是不发生任何法律效果，而是不发生当事人追求的法律效果。依《民法通则》第六十一条规定："民事行为被确认为无效或者被撤销后，当事人因该行为取得的财产，应当返还给受损失的一方。有过错的一方应当赔偿对方因此所受的损失，双方都有过错的，应当各自承担相应的责任。双方恶意串通，实施民事行为损害国家的、集体的或者第三人的利益的，应当追缴双方取得的财产，收归国家、集体所有或者返还第三人。"归纳起来，有三种处理方式，返还财产、赔偿损失、追缴财产。

2.3 代　理

对于各种民事行为，当事人可以亲自进行，也可以请比自己更内行的、更有能力的亲属、朋友或具有专业知识的律师、专家代为进行。如各种诉讼、交税、申请专利、注册商标等。这种方式可以更好地保护自己的权益，这些活动在民法中则表现为代理。

代理是某人(代理人)依据本人(被代理人)的委托或者法律规定以及人民法院或有关单位的指定，以本人名义与第三人所实施的民事法律行为，其后果直接由本人承担的制度。如甲请乙在上海为自己买一套房子，乙按照甲的要求，同房地产公司进行谈判，以甲的名义签订了买房合同。该合同的权利义务均由甲承担，则乙的行为构成了代理。

1. 代理的特征

(1) 代理人必须是以被代理人的名义进行的活动，如果是以自己的名义所为的行为则不是代理。如甲将自行车放在乙商店代卖，乙商店卖给了丙。则乙商店的行为是以自己的名义将自行车卖给了丙，该行为不是代理。其产生的权利义务由商店承担。

(2) 代理人在被代理人授权范围内独立作出意思表示。

(3) 代理人必须是具有法律意义的行为，即能够在被代理人与第三人之间发生变更和终止某种民事权利和民事义务。如代人抄书稿、代人清算账目等活动不和第三人发生关系，则不是代理；再如请人传达口信代人招待朋友也不是代理。

（4）代理行为产生的法律后果直接由被代理人承受。如上面的例子中，买卖房屋的合同的权利义务应由甲和房地产公司承担。

2．代理的种类

按照代理权产生的根据不同，可以分为以下3种。

（1）委托代理，是指代理人根据被代理人的授权行为所产生的代理，又称为授权代理。

（2）法定代理，是指法律根据一定的社会关系的存在而设立的代理。它主要是为无行为能力人和限制行为能力人所设立的一种代理方式。

（3）指定代理，是指根据指定单位或人民法院的指定而产生的代理。一般是对无法定代理人的未成年人和丧失行为能力人，有关指定机关和未成年人的父母所在单位或住所地的居民委员会等可以为其指定监护人代理参与民事活动。

3．代理关系的消灭

代理关系是根据一定的法律事实产生，也可以根据一定的法律事实的出现而消灭。

有下列情形之一的，委托代理终止。代理期间届满或者代理事务完成，被代理人取消委托或者代理人辞去委托，代理人死亡，代理人丧失民事行为能力，作为被代理人或者代理人的法人终止。

下列情形之一的，法定代理或者指定代理终止。被代理人取得或者恢复民事行为能力，被代理人或者代理人死亡，代理人丧失民事行为能力的或指定代理的人民法院或者指定单位取消指定，由其他原因引起的被代理人和代理人之间的监护关系消灭。

2.4 民事权利

【小思考】

王颖和倪培璐于2011年12月23日下午到北京惠康超市购物。离开市场时，被工作人员追出拦住责问："小姐，你们有没有拿什么东西？"两人告知所购相框已付款。但工作人员仍继续追问："你们有没有拿别的东西？"两人回答："没有。"工作人员将两人带到收银台，要其看所张贴的告示："本公司保留在收银台处查看带进本店各类袋之权利。"两人气愤地打开所带的手袋让对方检查，并坚持说没拿。后工作人员将两人带到办公室，继续质问盘查。两人在此压力下，气愤地摘下帽子、解开衣服、打开包袋，由市场工作人员检查，并伤心地掉了眼泪。最后并未检查出拿了什么东西，才向两人道歉并放行。两人回家后，精神受到很大刺激，不想出门，并有轻生念头。2012年6月3日，两人向北京市朝阳区人民法院提起诉讼，认为被告侵犯了她们的名誉权，要求其赔礼道歉，消除影响，赔偿精神损失。被告惠康超市辩称，根据超市所张贴的告示，其对原告所采取的行为不构成侵权。

问题：超市工作人员根据其商场所贴的告示，拦截被怀疑偷拿商品的消费者，并进行盘问和检查，不让离开市场，是否构成侵害消费者的名誉权？

提示：被告的行为是否构成侵害原告的名誉权，要看其行为是否符合名誉侵权的构成要件。《宪法》第三十七条规定："公民的人身自由不受侵犯。""禁止非法搜查公民的身体。”被告拦截、盘问检查原告的行为是限制人身自由和搜查的行为，我国法律并没有赋予企业这种限制公民人身自由和搜查的权利，因此被告的行为具有违法性。《民法通则》第一百零一条规定：“公民、法人享有名誉权，公民、法人的人格尊严受法律保护，禁止用污辱、诽谤等方式损害公民、法人的名誉。”被告主观上具有过错，行为具有违法性，损害他人名誉权的事实存在，损害行为和后果之间有因果关系，因此其行为已侵害了原告的名誉权。

由于被告的告示内容具有违法性，是无效的民事行为，被告不能因为此告示的内容而享有检查消费者的权利，消费者也不因去该商场而负有接受检查的义务。即使消费者偷拿了商品，商场工作人员也只能在其作案时予以抓获，送交公安机关，而不能自行检查。更不能仅凭怀疑就随便拦截消费者进行检查盘问。①

1. 财产所有权

财产所有权是财产所有人依法对自己的财产所享有的占有、使用、收益和处分等权利。包括：①占有是指所有权人对财产进行管领、控制。②使用是指按照物的性能和用途加以利用，以满足生产和生活需要。③收益是指收取原物产生出来的新增经济价值。新增经济价值在民法上主要是指孳息，包括天然孳息与法定孳息。天然孳息是指原物因自然规律而产生的，或者按物的用法而收获的物，如母鸡生蛋、树上结的果实。法定孳息是指根据法律的规定，由法律关系所产生的收益，如出租房屋的租金，借贷的利息。④处分是指依法对物进行处置，从而决定物的命运，包括事实上的处分和法律上的处分。

【阅读资料】

财产共有权

财产共有权是指同一财产属于两个或两个以上法律主体所有的一种财产所有权形式。按照《民法通则》规定，它可以采用按份共有和共同共有两种形式。按份共有是指两个或两个以上法律主体就同一财产按照份额享有权利和承担义务的共有。这种形式的共有有明确的份额之分。按份共有人只对属于自己份额内的共有财产享受权利和承担义务。

共同共有是指两个或两个以上法律主体基于某种法律关系，共同享有同一财产的所有权。这种形式的共有是不分份额的。只要共有关系存在，就无法划分出任何共有人享有多少份额。只有共有关系终止时，才可以确定共有人各自的份额。共同共有人对共有财产享有共同的权利，承担共同的义务。在共同共有关系存续期间，部分共有人擅自处分共有财产的，一般认定无效。共同共有产生的主要根据是夫妻关系和血缘关系，它的主要表现形式是夫妻共同共有和家庭成员共同共有。按份共有人在将自己的份额分出或转让时，不得损害其他人或有人的利益，其他共有人在同等条件下有优先购买的权利。只有在共有人不愿意购买时，才可以卖给其他人。共同共有人在出卖自己分得的共同财产时，如果属于一个整体或者配套使用，其他原共有人主张优先购买权的，应当予以支持。

(1) 不动产所有权。财产所有权按不同的标准可以有不同的分类，根据其客体是动产还是不动产可分为动产所有权和不动产所有权。

---

① 中国应用法学研究所. 人民法院案例选[M]. 北京：人民法院出版社，1997.

不动产是性质上不能移动其位置，或非经破坏、变更则不能移动其位置的物，一般指土地及其定着物(主要指房屋)，主要包括以下几大类。

① 土地所有权。土地所有权是指土地所有人对土地享有的独占的支配权，即土地所有权人在法律规定的范围内，可以对其所有的土地进行占有、使用、收益、处分并排除他人干涉的权利。我国土地所有权只有两类，国家土地所有权与集体土地所有权。

② 房屋所有权。房屋所有权是指房屋所有权人对其所有的房屋享有的独占的支配权，即房屋所有权人在法律规定的范围内，可以对其所有的房屋进行占有、使用、收益、处分并排除他人干涉的权利。我国的城镇房屋与农村房屋适用的法律有所差异。

房屋所有权有三种形态，即单独所有、共有、区分所有。

③ 相邻权。相邻权是指相邻不动产所有人或占有、使用人，为行使自己的权利而对相邻的他人的不动产所享有的一定的利用或限制的权利。

从本质上讲，相邻权是一方财产所有人或使用人财产权利的延伸，同时又是对他方所有人或使用人财产权利的限制，是保障所有权和与之相联系的财产权的正常行使的客观需要。

《民法通则》第八十三条规定了处理相邻关系的总的原则："不动产的相邻各方，应当按照有利生产、方便生活、团结互助、公平合理的精神，正确处理截水、排水、通行、通风、采光等方面的相邻关系。给相邻方造成妨碍或者损失的，应当停止侵害，排除妨碍，赔偿损失。"

第一，相邻土地使用、通行关系。相邻一方因生产或生活的需要，必须使用他方土地的，他方应当允许。如因一方施工临时占用他方土地的，如需埋设管道、电缆或空中拉线等，应当允许。但占用一方如未按照双方约定的范围、用途和期限使用的，应当责令其及时清理现场，排除妨碍，恢复原状，赔偿损失。再如，相邻一方除了从他方土地上通行外别无选择的，他方应当予以准许。因此造成损失的，应当给予适当补偿。对于一方所有或者使用的建筑物范围内历史形成的通道，所有权人或者使用权人不得堵塞，因堵塞影响他人生产、生活，他人要求排除妨碍或者恢复原状的，应当予以支持。但有条件另开通道的，也可以另开通道。

第二，相邻用水排水关系。相邻各方使用同一水源的，上游或高地的人不得截流、独占，影响下游的邻人使用。相邻一方必须用另一方的土地排水的应当准许，但应当在必要的限度内使用并采取适当的保护措施排水，如仍造成损失的，由受益人合理补偿。

第三，相邻防危关系。一方在自己的土地上生产、施工等，不得危及相邻方。如在自己的使用的土地上挖水沟、水池、地窖等，或者种植的竹木根枝延伸，危及另一方建筑安全的或正常使用的，应当分别情况，责令消除危险，恢复原状，赔偿损失。

第四，相邻通风、采光关系。一方建造房屋、植树造林等，不得影响邻方的通风、采光否则受害人有权请求拆除妨碍，赔偿损失。

(2) 动产所有权。动产是指改变空间位置而不会影响其性质和用途的物。动产所有权是指以动产为标的物的所有权。

① 善意取得。原物由占有人转让给善意第三人时，善意第三人一般可取得原物的所有权，原所有人只能要求无权处分人赔偿损失，不能要求善意第三人返还原物。善意第三

人是指不知占有人为非法转让而取得原物的第三人。

在我国司法实践中，根据既要保护所有人的合法权益，又要维护第三人的合法利益，稳定民事流转的原则，决定是否返还原物。若第三人是无偿地从无权转让该项财产的占有人那里取得的财产，所有人在任何情况下都有权向第三人请求返还原物。例如，甲将照相机寄存在乙处，乙私自将照相机赠给丙，不论丙在接受赠与时是否知道乙是非法转让，所有人甲都有权请求丙返还照相机。若第三人是有偿并善意地从占有人处取得财产，则要看占有人的占有是否是基于所有人的意思取得。

如果不是基于所有人的意思取得的（如遗失、被盗等），占有人非法转让，善意第三人不能取得原物的所有权，所有人有权向第三人请求返还原物（但第三人如果是从出卖同类物品的公共市场上买得的，即使是盗窃物、遗失物，所有人也无权向第三人请求返还）。

如果占有人的占有是基于所有人的意思取得的（如借用、保管等），而占有人滥用所有人的信任非法出让，这时善意第三人取得原物的所有权，所有权人无权要求第三人返还原物，只能要求非法转让人赔偿损失。例如，甲将电视机存放于乙处，乙未经甲的许可，将电视机卖给丙，丙并不知道乙是无权转让，在这种情况下，甲就只能向乙要求赔偿损失，而不能要求丙返还电视机。

② 先占。先占是指因最先占有无主财产而取得所有权。先占必须具备三个条件。其一必须是对无主物的占有，其二必须有取得所有权的意思，其三必须是现实的占有。我国立法上没有规定先占制度。

③ 拾得遗失物。遗失物是某人遗忘于某处，不为任何人占有的物。遗失物不同于无主物，它是所有人丧失了对物的占有，不为任何人占有的物。《民法通则》将漂流物、失散的饲养动物也视为遗失物。漂流物是指所有人不明，漂流于江、河、湖、海、沟上的物品。而饲养的动物多是指人们饲养的家禽、家畜，如鸡、鸭、牛、马、羊等，这类动物如果走失，所有人丧失对物的占有，就是遗失物。

对于遗失物、漂流物及失散的饲养动物，《民法通则》规定，拾得人应当将其归还失主。拾得的遗失物毁损、灭失，拾得人如果不是故意的，不承担民事责任。拾得人将遗失物据为己有，拒不返还的，应当承担侵权责任。

【小思考】

李某出国回来时，不慎将装有两万元现金及护照和各种证件的皮包忘在了出租车上，十分着急。于是在报纸上刊登启事，称有拾到者送回将重谢5000元。司机张某在自己的车上发现了李某的皮包。就与李某联系送还，但提出李必须支付5000元的酬谢费。李某认为5000元太多，只是因为自己想尽快找到皮包才写这么多钱，故只同意支付2000元。为此双方发生争议。

问题：请问该案应如何解决？

④ 发现埋藏物、隐藏物。埋藏物是指包藏于他物之中，不容易从外部发现的物。隐藏物是指放置于隐蔽的场所，不易被发现的物，如天花板上搁置物，屏风中夹带物。

根据《民法通则》的规定，所有人不明的埋藏物与隐藏物归国家所有。但这并不是说埋藏物或隐藏物一经发现，都毫无例外地归国家所有，而是在埋藏物或隐藏物被发现后，如果埋藏或隐藏该物之人或其继承人能够证明其合法的所有权或继承权时，应当将发现的埋藏物或隐藏物交还给埋藏或隐藏该物的人或者其继承人，以保护合法财产权利。只有确实查证发现的埋藏或隐藏物的所有人不明时，才归国家所有。

依《民法通则》第七十九条规定，所有人不明的埋藏物、隐藏物归国家所有后，接收单位应当对上缴单位或个人，给予表扬或物质奖励。在埋藏物、隐藏物中，有些是具有历史、艺术和科学价值的文物，这些文物并不是所有人不明之物，而是国家所有的财产。

【小思考】

村民王某在翻建房屋时挖出一坛银元和一幅古画，并发现一张字条，上写“留给李家后代，李大明”。该房是王某10年前购买李小明的房子，李大明是李小明的爷爷，李家再无其他后人。村民王某认为，银元和古画是在自己的房子下挖出来的，当然归自己所有。李小明认为这是爷爷留给李家后代的，应该归自己所有。村委员会认为宅基地是村集体的，银元和古画应归村集体所有。

问题：请问银元和古画究竟应归谁所有？

(3) 添附。添附作为取得所有权的基本方法之一，是一种基本的民事制度。添附制度是大陆法系国家物权法中所规定的取得财产权的重要的方法和制度。

所谓添附，是指不同所有人的物结合在一起而形成不可分离的物或具有新物性质的物，如果要恢复原状，在事实上不可能或者在经济上不合理，在此情况下，确认该新财产的归属问题。添附制度是各国物权法中的一项确认产权的重要规则，也是物权变动的一种重要规则。

添附包括三种情况：附合、混合、加工。附合是指不同所有人的财产紧密结合在一起而形成的新的财产，虽未达到混合程度但非经拆毁不能达到原来的状态。主要包括动产与动产的附合、动产与不动产的附合、不动产与不动产的附合(如承租人、借用人在租借来的楼房平台上加盖一层楼房或者兴建一间房屋等)。混合是指不同所有人的不同财产互相渗合，难以分开并形成新财产。混合发生在动产之间，它与附合的不同之处在于，附合(指动产的附合)的数个动产在形体上可以识别、分割，只是分离后要损害附合物的价值，出于社会利益考虑不许分割，而混合则是数个动产混合于一起，在事实上不能也不易区别。

2. 债权

债权是按照合同的约定或者依照法律的规定，在当事人之间产生的特定的权利和义务关系。享有权利的人是债权人，负有义务的人是债务人。债的发生必须以一定的法律事实为根据，引起债发生的主要根据有：合同之债、不当得利之债、无因管理之债、侵权行为之债。其中合同之债是债发生的最重要、最普遍的根据。

(1) 不当得利之债。不当得利是指没有法律上或合同上的根据，取得不应获得的利益而使他人受到损失的行为。当这种法律事实发生后，即在不当得利者与利益损失人之间形成了相对应的债权债务关系，称之为不当得利之债。

由于不当得利没有合法的根据，因而虽属既成事实，也不受法律保护。在不当得利之债中，受益人负有利益返还的义务，如果原物存在，应当返还原物，原物不存在则应折价补偿。如属善意受益，则仅以现存利益负返还义务，如利益已不存在，则不负返还义务。如属恶意受益，则应返还全部利益及其孳息；受益人在取得利益时为善意，后来为恶意的，其返还范围应以恶意开始之时存在的利益为准。

例如，甲卖给粮库350公斤大豆，但收购员却写成了3500公斤，甲因此多得了2000多元。这里甲多得的2000多元钱没有法律上或合同上的根据，粮库因此受到了损失，则甲多得的财产即为不当得利。粮库是债权人，有权要求甲返还多得的钱款，甲为债务人，有义务返还。

【小思考】

某建筑公司到水泥厂购买水泥200袋，装车时由于装运工疏忽多装了20袋，当时建筑公司并未发现。在回公司途中装运水泥的货车突遇车祸翻入河中，结果水泥大部分报废。第二天水泥厂发现给建筑公司多装了水泥，马上派人到公司协商，要求返还多装的20袋水泥或给付相应的货款。经查的确多装了20袋水泥，但建筑公司认为，多装水泥自己并不知情，况且现在水泥已经因车祸毁损，故不同意水泥厂的要求，双方发生争议。

问题：请问该案应如何解决？

(2) 无因管理之债。无因管理是指没有法定的或者约定的义务，为避免他人利益遭受损失，自愿为他人管理事务的行为。管理人与本人之间原不存在权利义务关系，但因发生无因管理行为，管理人和本人之间就产生了债权债务关系，即无因管理之债。管理人是债权人，本人是债务人。

例如，1999年，王某出海打渔，第二天气象台预报晚间将有强台风，邻居李某见王某的房子年久失修，便主动找了几名村民，自己出钱购买了材料，将房子加固。王某本以为房子可能已经被风刮塌，但回来后见已被加固，安然无恙。便登门道谢，李某提出可以不要工钱，但希望王某支付材料钱500元。王某认为价格太高，自己事先也并未让其加固，钱可给可不给。这里李某的行为就是无因管理。首先，李某为王某加固房子，管理的是他人的事务。其次，双方是邻居，李某并无为王某加固房子的法定义务，双方也未就此加以约定，李某也无约定的义务。最后，李某加固房子的管理行为是为避免王某的财产损失。因此李某的行为符合无因管理条件。

在无因管理之债中，管理人的权利是偿还管理人的管理事务所支出的必要费用及其利息。管理人为本人负担必要的债务时，本人应清偿该债务。管理人因管理事务而遭受损失时，本人负责赔偿。管理人的义务是负有与一般债务人同等的注意义务进行管理。通知、报告及返还义务。本人的义务是应偿付管理人因管理行为而支付的必要费用。包括管理本人事务直接支出的费用，为本人谋利益而负担的债务，以及在管理活动中受到的直接损失。

在上述案例中，由于李某的行为构成了无因管理，双方因此产生了债的关系，债权人为李某，债务人为王某。王某应偿付管理人李某因管理行为而支付的必要费用，包括材料费及劳务费等。由于李某只要求对方支付材料费，王某应当按债权人的要求支付。

【小思考】

林某承包了一大片果园，正值收果季节，林某却因重病住院。此时气象台预报将有十级左右的大风，邻居孙某为避免果园受损，连忙找了几个帮工抢收苹果。恰巧第二天有高价收果商收果，考虑到林某在外地住院还要几个月，无法回来照看，为防果烂孙某又将苹果卖出得款7000多元，大大高于林某以前收入。林某回来后向孙某索要果款，孙某认为正因为自己的大力帮助，才多卖了近2000多元，而且自己为收果和卖果也花费了近300元，因此只同意给林某5000元。

问题：请问孙某应当给林某多少钱？

(3) 侵权行为之债。侵权行为是指侵害他人财产权利或人身权利的不法行为。发生侵权行为，依照法律规定，侵害人和受害人之间就产生债权债务关系，受害人有权要求加害人赔偿损失，加害人必须依法承担民事责任。由侵权行为产生的债称为侵权行为之债(有关内容在民事责任部分做详细介绍)。

3. 人身权

人身权是指法律赋予民事主体所享有的、与其人身不可分离而无直接财产内容的民事权利。人身权是民事主体享有的最基本的民事权利，它与财产权构成民法的两大基本民事权利。人身权通常分为人格权与身份权两大类。

(1) 人格权。人格权是法律赋予民事主体以人格利益为内容的，作为一个独立的法律人格所必须享有且与其主体人身不可分离的权利。只要自然人出生、法人成立，无需任何意思表示或经过特别授权，就当然取得人格权并受法律保护，其实质是国家通过法律赋予的一种资格。

人格权一般可分为一般人格权和具体人格权。一般人格权是以民事主体全部人格利益为标的的概括性权利。通常包括人身自由、人格尊严、人格独立与人格平等。人格权具体包括以下几种。

① 生命健康权。生命健康权包括生命权、身体权、健康权；根据《民法通则》和有关司法解释的规定：侵害公民身体造成伤害的，应当赔偿医疗费、因误工减少的收入、残废者生活补助费等；造成死亡的，并应当支付丧葬费、死者生前扶养的人必要的生活费等费用，同时还可要求精神损害赔偿。

② 姓名权与名称权。姓名权是自然人依法享有的决定、使用、改变自己姓名并排除他人侵害的权利。名称权则是法人、个体工商户、个人合伙等社会组织依法享有的决定、使用改变其名称，并排除他人侵害的权利。

侵犯他人姓名、名称的情况主要有以下几种形式。干涉，如强迫他人改变姓名或名称，强迫他人使用或不使用某个姓名、名称等。盗用，如不经他人同意，也无法律许可，使用他人姓名发布非法言论，盗用他人名称参加社会活动等。假冒，如假冒他人姓名发表作品，假冒他人名称缔结合同等。

自然人的姓名权、法人的名称权受到侵害的，有权要求停止侵害，恢复名誉，消除影响，赔礼道歉，并可以要求赔偿损失。如果侵害他人的姓名权、名称权而获利的，侵权人除应适当赔偿受害人的损失外，其非法所得应当予以收缴。但是根据最高人民法院《关于确定民事侵权精神损害赔偿责任若干问题的解释》，自然人的姓名权受到侵害的可以主张精神损害赔偿；法人或者其他组织以名称权遭受侵害为由向人民法院起诉请求赔偿精神损害的，人民法院不予受理。

③ 名誉权。名誉权是公民或法人对自己在社会生活中获得的社会评价、人格尊严享有的不可侵犯的权利。

名誉权主要包括公民名誉权和法人名誉权两种。公民名誉权通常表现在如下几个方面。任何新闻报道、书刊进行真人真事的报道都不得与事实不符,影响公民原有的社会评价。公民的个人隐私受法律保护,任何人和组织都无权向社会公开或传播。任何人都不得以侮辱、诽谤的方法,损害他人名誉。任何人不得捏造事实,陷害他人损害其名誉。法人名誉权虽其本身无直接的经济内容,但往往对法人活动的社会效益和经济效益有重大影响。机关事业法人的名誉权受到侵害,其社会威信就可能降低,工作计划可能受阻;企业法人的名誉权受到侵害,就可能使其生产、经营、销售受到影响,甚至可能导致企业破产倒闭。

公民名誉权、法人名誉权受到侵害的,有权要求停止侵害,恢复名誉,消除影响,赔礼道歉,并可以要求赔偿损失。同时公民的名誉权受到损害的还可提起精神损害赔偿。

④ 肖像权。肖像权是指公民通过各种形式在客观上再现自己形象而享有的专有权。《民法通则》第一百条规定:"公民享有肖像权,未经本人同意,不得以营利为目的使用公民的肖像。"因此,对公民肖像权的侵犯需具备两个构成要件:其一,使用公民肖像未经其同意;其二,以营利为目的进行使用。对公民肖像权的保护也有一定的限制,为了社会公共利益的需要,或为了科学艺术上的目的,或为了宣传报道而制作和使用的公民的肖像,可以不征得公民同意,但同时不应侵害公民的合法权益。为了职务上的目的或公共利益而依法制作、使用他人肖像的,则不需通过本人同意,如通缉逃犯、张贴寻人启事等。

⑤ 隐私权。隐私权又称个人生活秘密权,是指公民不愿公开或让他人知悉个人秘密的权利。公民为了维持正常的生活和精神安宁,往往希望保护自己私生活中的秘密,这些秘密包括通信秘密权与个人生活秘密权。通信秘密权是指公民对其在信件、电报、电话中的内容享有保密权,未经允许不得非法公开。个人生活秘密权是指公民对其财产状况、生活经历、个人资料等私人信息享有的禁止他人非法利用的权利。

(2) 身份权。身份权是民事主体基于特定的身份享有的民事权利。它不是每个民事主体都享有的权利。只有当民事主体从事某种行为或因婚姻、家庭关系而取得某种身份时才能享有。

身份权包括亲权、配偶权、亲属权 荣誉权。其中主要是荣誉权。荣誉权是指公民、法人所享有的因自己的突出贡献或特殊劳动成果而获得光荣称号或其他荣誉的权利。如对科学技术事业做出杰出贡献被授予国家荣誉称号。

【小思考】

某报社在一篇新闻报道中披露未成年人甲是乙的私生子,致使甲倍受同学的嘲讽与奚落,甲因此而精神痛苦,自残左手无名指,给学习和生活造成重大影响。

问题:请问某报社是否侵权?如侵权又侵害了甲的哪些权利?

4. 知识产权

(1) 知识产权的概念

知识产权是指人类智力劳动产生的智力劳动成果所有权。它是依照各国法律赋予符合条件的著作者、发明者或成果拥有者在一定期限内享有的独占权利。在我国，知识产权是指民事主体对智力劳动成果依法享有的专有权利。知识产权包括：著作权、专利权、商标权。

(2) 知识产权法律特征

① 无形财产权。知识产权不发生有形控制的占有，由于智力成果不具有物质形态，不占有一定的空间，人们对它的占有不是一种实在而具体的占据，而是表现为对某种知识、经验的认识与感受。

② 法律的确认性。知识产权权利的确认或授予必须经过国家专门立法直接规定。

③ 权利的双重性。既有某种人身权（如签名权）的性质，又包含财产权的内容。但商标权是一个例外，它只保护财产权，不保护人身权。

④ 专有性。知识产权为权利主体所专有。权利人以外的任何人，未经权利人的同意或者法律的特别规定，都不能享有或者使用这种权利。

⑤ 地域性。某一国法律所确认和保护的知识产权，只在该国领域内发生法律效力。

⑥ 时间性。法律对知识产权的保护规定一定的保护期限，知识产权在法定期限内有效。

2.5 侵权的民事责任

【小思考】

(1) 甲忘记带家门钥匙，邻居乙建议甲从自家阳台攀爬到甲家，并提供绳索以备不测，丙、丁在场协助固定绳索。甲在攀爬时绳索断裂，从三楼坠地致重伤。各方当事人就赔偿事宜未达成一致，甲诉至法院。

问题：请问本案的责任应由谁承担？

(2) 甲、乙等四人同住一女生寝室，两人素有矛盾。甲经常对他人讲，本寝室有一高个人，经常穿白色运动服，此人常去宾馆，深夜还有男人开车送回来，不知有什么事。家里是农村，却总买名牌服装。而乙恰好高个，经常穿白色运动服而且在宾馆打工。经甲的宣传，很多人都对乙另眼相看。乙的心理压力很大，找甲质问。甲说，自己并未指名说乙，乙是没事找事，乙无话可答。于是甲又在宿舍门口贴出了告示，让大家注意有人败坏了大学生的名誉，此人"高个""常穿白色运动服"。乙无法忍受大家的异样眼神，精神出现恍惚，被迫休学。

问题：本案该如何认定甲的行为？

1. 民事责任的概念

民事责任是民事法律责任的简称，是指民事主体在民事活动中，因实施了民事违法行为，根据民法所承担的对其不利的民事法律后果或者基于法律特别规定而应承担的民事法律责任。民事责任属于法律责任的一种，是保障民事权利和民事义务实现的重要措施，是民事主体因违反民事义务所应承担的民事法律后果，它主要是一种民事救济手段，旨在使受害人被侵犯的权益得以恢复。

可以根据不同的标准作不同的分类，根据产生责任的法律根据的不同，可分为违反合同的民事责任与侵权的民事责任两大类。

违反合同的民事责任即违约责任(此内容将在合同法部分讲述)。

侵权的民事责任，产生的根据是违反了合同之外的民事义务，是指非法侵害公民、法人等的财产所有权(及与所有权有关的财产权)，知识产权和人身权即应承担相应的民事责任。

2．一般侵权民事责任的构成要件

在一般情况下，构成侵权的民事责任必须具备四个要件，即损害事实、违法行为、违法行为与损害事实之间有因果关系、侵权人有主观过错。缺少任何一个要件，就不能构成侵权民事责任，致损人不必承担民事责任。但法律有特别规定的除外。一般的侵权行为构成要件包括以下 4 个方面。

(1) 损害事实。损害事实既包括对财产的损害，也包括对人身的损害。对财产的损害，包括直接的与间接的损害，前者是指现有实际财产的减少，如房屋被侵占，动产被毁损。后者是指受害人可得利益的减少，比如租金收入的减少。对人身的损害包括对生命、健康、名誉、荣誉等的损害。

(2) 违法行为。行为的违法性是指行为人实施的行为违反了法律的禁止性规定或强制性规定。根据违法行为的表现形式，又可以分为作为的违法行为与不作为的违法行为。如法律规定禁止毁损他人的财产，行为人实施了毁损他人财产的行为。后者如法律规定在公共场所安装地下设施应按规定设置警示标志，如果施工者没有采取该措施，就构成不作为的违法行为。

(3) 因果关系。即损害事实必须是由违法行为所造成的，只有当两者之间存在因果关系时，行为人才应承担相应的民事责任。民事主体只能为自己实施的行为的损害后果承担责任，没有因果关系的侵权责任是不成立的。

(4) 主观过错。即使具备了损害事实，有违法行为，损害事实也是由违法行为造成的，但如果行为人没有主观过错，一般也不构成侵权责任。行为构成中的主观条件，反映了行为人实施侵权行为的心理状态。

主观过错可分为故意与过失。故意是指行为人预见到自己的行为可能产生的损害结果，仍希望其发生或放任其发生。如明知诽谤他人会侵害他人的名誉权仍为之等。过失是指行为人对其行为结果应预见或能够预见而因疏忽未预见，或虽已预见，但因过于自信，以为不会发生，以致造成损害后果。如快餐店应当预见到其热饮可能烫伤顾客，但因疏忽大意未采取防范措施，导致烫伤事件发生。根据法律对行为人要求的注意程度不同，过失又分为一般过失与重大过失。一般过失是指行为人没有违反法律对一般人的注意程度的要求，但没有达到法律对具有特定身份人的较高要求。重大过失是指行为人不仅没有达到法律对他的较高要求，甚至连法律对普通人的一般要求也未达到。

【案例分析】

甲骑自行车上班，在一拐弯处，甲未减速，将一行人乙撞倒在地，但乙爬了起来，毫发无伤，拍了拍身上的灰便走了。则甲的行为是否是侵权行为？

以下哪个是正确的答案？

(1) 甲的行为是侵权行为，因为他将乙撞倒在地。

(2) 甲的行为不是侵权行为，因为甲的行为没有造成乙的损害，无损害则无责任。

(3) 甲的行为是侵权行为，因为他骑车未拐弯减速，违反了相关的交通法规。

(4) 以上说法都不对。

3. 共同侵权行为与共同危险行为

(1) 共同侵权行为。共同侵权行为是指两个或两个以上的行为人，基于共同的故意或过失，侵害他人人身或财产权利的行为。如《民法通则意见》第一百四十八条规定，教唆、帮助他人实施侵权行为的人，为共同侵权人，应当承担连带民事责任。教唆、帮助无民事行为能力人实施侵权行为的人，为侵权人，应当承担民事责任。教唆、帮助限制民事行为能力人实施侵权行为的人，为共同侵权人，应当承担主要民事责任。《民法通则》第一百三十条规定，两人以上共同侵权造成他人损害的，应当承担连带责任。

(2) 共同危险行为。共同危险行为是指两个或两个以上的行为人，共同实施可能导致他人权利受损的危险行为，造成了损害后果，但不能准确判定谁为加害人的行为。如甲乙共同向空中抛掷石块，导致丙受伤，但加害人与受害人均不能证明是甲还是乙的石块将丙击伤，甲、乙两人的行为即为共同危险行为。

确立共同危险行为，可以更充分地保护受害人，不会因实际加害人的无法确定而使受害人的权利无法得到救济，也能更有效地遏制侵权行为。

4. 几种常见的特殊侵权行为及责任

(1) 网络侵权责任及网络用户提供者的连带责任。

网络侵权行为是指一切发生于互联网空间的侵权行为。《侵权责任法》第三十六条规定："网络用户、网络服务提供者利用网络侵害他人民事权益的，应当承担侵权责任。网络用户利用网络服务实施侵权行为的，被侵权人有权通知网络服务提供者采取删除、屏蔽、断开链接等必要措施。网络服务提供者接到通知后未及时采取必要措施的，对损害的扩大部分与该网络用户承担连带责任。网络服务提供者知道网络用户利用其网络服务侵害他人民事权益，未采取必要措施的，与该网络用户承担连带责任。"

根据上述规定，首先，网络用户、网络服务提供者利用网络侵害他人民事权益，应当承担侵权责任，这是一般侵权行为。例如，一个网友在网上发帖子去诽谤他人，如果知道他是谁，他应该承担侵权责任。

其次，网络用户、网络服务提供者承担部分连带责任(提示规则)。网络用户利用网络服务，实施侵权行为的，被侵权人有权通知网络服务提供者采取删除、屏蔽、断开链接等必要措施。如果网络服务提供者，也就是网站，他接到通知以后，没有及时地采取必要措施，使损害后果扩大了，对损害扩大的部分，网站要与该网络用户一起承担连带责任。

最后，承担全部连带责任(明知规则)。网络服务提供者，知道网络用户利用其网络服务，侵害他人民事权益，未采取必要措施的，与该网络用户承担连带责任。

(2) 违反安全保障义务的侵权责任。公共场所的管理人、群众性活动的组织者必须对他人负担安全保障义务。《侵权责任法》第三十七条规定，宾馆、商场、银行、车站、娱乐场所等公共场所的管理人或者群众性活动的组织者，未尽到安全保障义务，造成他人损害的，应当承担侵权责任。因第三人的行为造成他人损害的，由第三人承担侵权责任；管理人或者组织者未尽到安全保障义务的，承担相应的补充责任。

据此，安全保障义务人直接侵害他人民事权益的，应当承担侵权责任。如饭店地板上有油渍，客人来了以后摔倒了，则是饭店服务管理没有尽到安全保护义务，应当承担责任。

【案例分析】

2002年，北京的浙江大厦即将开业，为此举行了一个盛大的招待会，邀请在京工作的浙江名人参加，宴会盛况空前。中央电视台的一个女主持人参加了这个宴会。在吃饭时接手机电话，当时有点听不清楚，就向座位边上的一个安全门走去，这个安全门是消防通道。她推开门以后，只顾着打电话，没有看清外面的情况。而这个楼梯还没有安装栏杆，她一下从二楼就掉到一楼去了。过了很长时间被人发现时已经死亡。后来通过诉讼，法院判决赔偿40多万元。这是一个典型的公共场所设施、设备没有尽到安全保护义务的侵权责任。

安全保障义务人间接侵害他人民事权益的，应当承担相应的补充责任。这种补充责任有两个特点，第一，应先由第三人承担侵权责任，在无法找到第三人或者第三人没有能力全部承担侵权责任时，才由安全保障义务人承担侵权责任；第二，安全保障义务人承担的是在其未尽到安全保障义务范围内容承担相应的补充责任，而不是全部责任。

【案例分析】

深圳医药公司的王某到上海出差，住在银河宾馆。银河宾馆是上海的一家四星级的宾馆。到了银河宾馆住下以后，就被一个罪犯给盯上了。根据录像的记载，就在王某进到这个饭店以后的几个小时之内，这个罪犯上上下下跟踪了王某8次。到了下午4时左右，罪犯上王某的房间敲门，王某一听有人敲门，就去开门，一开门罪犯就闯进来，把门一关，然后就开始抢王某的钱。王某跟他搏斗，最后这个罪犯就把王某杀了。后来罪犯被抓住了，最后这个罪犯被判死刑。

分析：本案中，罪犯是直接侵权人，应当承担民事赔偿责任。当其不能完全赔偿时，宾馆应承担相应的补充责任，并在其未尽到安全保障义务的过错范围内承担相应的责任。[①]

(3) 饲养动物损害责任。饲养动物损害责任是指饲养的动物造成他人损害，动物饲养人或管理人应当承担民事责任。其构成要件是，第一，致害的动物是饲养的动物。第二，饲养的动物对他人造成了损害，包括人身和财产损害。第三，加害行为与损害事实之间存在有因果关系。饲养动物损害责任一般适用无过错责任，但在特定的情形下也适用过错推定责任。如动物园的动物造成他人损害的，动物园应当承担侵权责任，但能够证明尽到管理职责的，不承担责任。动物饲养人或管理人依法用于减轻可免除自己侵权责任的情形包括：其一，被侵权人故意或者重大过失；其二，第三人过错。

① http://blog.sina.com.cn/s/blog_b1026a5f0101djq1.html.

【小思考】

小女孩甲(8岁)与小男孩乙(12岁)放学后常结伴回家。一日,甲对乙讲:“听说我回家途中的王家昨日买了一条狗,我们能否绕道回家?”乙答:“不要怕!被狗咬了我负责。”后甲和乙路经王家同时被狗咬伤住院。

问题:该案赔偿责任应如何承担?

① 甲和乙明知有恶犬而不绕道,应自行承担责任。

② 乙自行承担责任,乙的家长和王家共同赔偿甲的损失。

③ 王家承担全部赔偿责任。

④ 甲、乙和王家均有过错,共同分担责任。

(4) 物件损害责任概述。

① 物件损害责任的概念。物件损害责任是指建筑物、构筑物或者其他设施及其搁置物、悬挂物、堆放物、妨碍通行物和林木等由于存放缺陷或者疏于管理、维护造成他人损害,责任人应当承担的侵权责任。

② 物件损害责任的构成要件。第一,存在物件致害行为。如倒塌、脱落等。第二,存在被侵权人遭受损害的事实。第三,物件致害行为与损害事实之间存在因果关系。第四,物件所有人或者管理人主观上存在过错。如设置、管理、设计、施工等存在缺陷。

物件损害适用过错推定责任,即除非物件所有人或者管理人能够证明自己对物件致害没有过错,否则需要承担侵权责任。

③ 物件损害责任的类型。第一,建筑物、构筑物或者其他设施及其搁置物、悬挂物发生脱落、坠落致人损害责任。第二,建筑物、构筑物或者其他设施倒塌致人损害责任。第三,建筑物中抛掷物品或者建筑物上坠落的物品致人损害责任。

对于难以确定具体侵权人的,除能够证明自己不是侵权人以外,由可能加害的建筑物使用人给予补偿。建筑物的使用人则指侵权行为发生时建筑物的实际使用人。

【小思考】

在重庆有一个人走到一幢住宅楼下的时候,突然从这个楼里头扔出一个烟灰缸,把这个人脑袋给砸伤了。经抢救没有死亡,但已经成了植物人。受害人家属向法院起诉,将楼上所有人都告上法院。重庆法院做了判决,除两个人能够证明自己当时不在家的,家里没有人,把他们排除在外,剩下20多户人家承担连带责任。

问题:该案发生在《侵权责任法》生效之前,请问如果按《侵权责任法》现在的规定,上述案例判决有什么问题?

④ 物件损害责任的承担。《民法通则》第一百二十六条规定,建筑物或其他设施以及建筑物上的搁置物、悬挂物发生倒塌、脱落、堕落造成他人损害的,它的所有人或者管理人应当承担民事责任,但能够证明自己没有过错的除外。

《最高人民法院关于审理人身损害赔偿案件适用法律若干问题的解释》第十六条规定,下列情形,适用《民法通则》第一百二十六条的规定,由所有人或者管理人承担赔偿责任,但能够证明自己没有过错的除外。

第一,道路、桥梁、隧道等人工建造的构筑物因维护、管理瑕疵致人损害的。

第二，堆放物品滚落、滑落或者堆放物倒塌致人损害的。

第三，树木倾倒、折断或者果实坠落致人损害的。

前款第一项情形，因设计、施工缺陷造成损害的，由所有人、管理人与设计、施工者承担连带责任。

⑤ 物件致人损害责任的适用范围。依照《民法通则》《最高人民法院关于审理人身损害赔偿案件适用法律若干问题的解释》上述两个条文，物件致人损害责任的适用情形包括以下四种。

第一，建筑物，其他设施以及建筑物上的搁置物、悬挂物发生倒塌、脱落、坠落致人损害的，简称"建筑物致人损害"。

第二，人工建筑的构筑物因维护、管理瑕疵致人损害的，简称"构筑物致人损害"。

第三，堆放物品滚落、滑落或者堆放物倒塌致人损害的，简称"堆放物致人损害"。

第四，树木倾倒、折断或果实坠落致人损害的，简称"树木致人损害"。

⑥ 物件致人损害归责原则。物件致人损害采用过错推定责任原则。依此原则，如果被告不能证明自己没有过错，法律上就推定他有过错并确认他应承担民事责任。反之，当受害人请求赔偿时，只需举证证明物件等管理瑕疵造成损害的事实，以及所有人、管理人对这些物件存在支配关系，无需证明所有人、管理人在主观上存在过错。

知识小结

- 民法。民法是调整平等主体之间财产关系和人身关系的法律规范的总称。
- 民事法律关系。民事法律关系是指由民法调整所形成的具有以民事权利和义务为内容的财产关系和人身关系。包括主体、客体、内容三要素。
- 民事法律事实。民事法律关系的产生、变更和消灭必须基于一定的民事法律事实。民事法律行为是主要的民事法律事实。
- 民事法律关系主体。主要是公民和法人。其成为民事法律关系主体的前提是具有民事权利能力和民事行为能力。
- 民事法律关系客体。民事法律关系客体是指民事法律关系主体之间的权利义务所指向的对象。包括物、行为和智力成果。
- 民事权利。民事权利主要有物权、债权、人身权、知识产权（著作权、专利权、商标权）、亲属权（婚姻权、继承权）。

项目训练

项目名称：组织辩论赛

1. 主题

将学生分成两组，每组选出5名辩手，以"专修公司主体责任"为主题展开辩论赛。正方辩题“装修公司应当承担赔偿责任”,反方辩题“装修公司不应当承担赔偿责任”。

背景：一对准备结婚的青年王为和赵丽在A市新买了一套住房,入住前与一装修公司签订合同,由该装修公司负责装修。为便于装修公司工作,王为将新房的钥匙交给了公司负责人,后在装修完后,王为和赵丽去新房时,突然发现该装修公司雇佣的一名工人因失恋,有思想包袱,在该房内上吊自杀。为此,王为和赵丽认为在他们的新房内发生这种事情极不吉利,要求装修公司退还所购房屋的价款及装修费用,而装修公司认为发生这种事情与公司无关,不同意赔偿。[①]

2. 形式

以群辩为主,学生正反双方分成两组;辩论时采取自由辩论,各抒己见。最后双方各选派一名选手做总结发言。

3. 要求

搜集、整理、阅读有关辩论赛的技巧、规则及流程,查询“侵权法律责任”方面的资料,为辩论赛做准备。

4. 目的

培养学生参与相应的法律实践交流活动能力,使学生通过自己的阅读理解,能够学到相应的民事法律理论以外的司法实务知识、能力和技巧,使学生被动式接受理论转变为主动性学习法律和运用法律。有助于学生思辨能力和交际口才能力的提高。

课后练习

1. 熟记下列法律知识

民事主体、民事法律行为、民事权利、代理、宣告失踪、宣告死亡、特殊侵权民事责任主体。

2. 选择题

(1) 张家为孙子张明过生日,却为确定出生日期犯愁。张明的父亲记得儿子是8月28日傍晚出生,医院的接生记录簿上记载的是8月29日,出生证上记载的是8月30日,而户口簿上记载的是9月1日。依照有关法律,张明的出生时间应以(　　)为准。

A. 8月28日　　B. 8月29日　　C. 8月30日　　D. 9月1日

(2) 甲为一儿童影星,片酬颇丰,乙为甲的监护人。乙的下列哪些行为在征得甲同意时,属于合法有效的民事行为?(　　)

A. 因甲的侵权行为给他人造成损失,用其片酬予以支付的行为

B. 用甲的片酬赠与他人的行为

① http://wenku.baidu.com/link?url=fSKrPH3YDmC2H1kdSCQSGxRHaI.

C. 用甲的片酬为甲购买人身保险的行为

D. 用甲的片酬为乙母购买房产的行为

(3) 甲为一乘客(老烟民,熟知烟的价格),乙为一小贩。乙在火车车厢叫卖:“红塔山香烟,10元一条。”甲欣然买之。经查,该烟为假烟。甲与乙之间的行为性质应如何认定?( )

A. 无效民事行为,理由为欺诈

B. 可撤销民事行为,理由为欺诈

C. 无效民事行为,理由是违反法律规定

D. 有效民事行为,理由是双方达成合意

(4) 某医院在一优生优育图片展中,展出了某一性病患者的照片,并在说明中用推断的语言表述该患者系生活不检点所致。虽然患者眼部被遮,也未署名,但仍有些观众能辨认出该患者是谁。患者得知这一情况后精神压力过大,悬梁自尽。为此,患者亲属向法院提起诉讼,状告该医院。医院侵害了患者( )。

A. 生命权　　B. 肖像权　　C. 名誉权　　D. 隐私权

(5) 在下列民事纠纷中,哪些应按相邻关系处理?( )

A. 甲在乙的房屋后挖窖,造成其房屋基础下沉,墙体裂缝,引起纠纷

B. 甲村为了取水浇地,在乙、丙两村的土地上修建引水渠,引起纠纷

C. 甲新建的房屋滴水滴在乙的房屋上,引起纠纷

D. 甲村在河流上游修建拦河坝,使乙村用水量骤减,引起纠纷

(6) 甲不慎落水,乙奋勇抢救,抢救过程中致甲面部受伤,同时乙丢失手机一部。下列表述中哪一说法是正确的?( )

A. 乙应赔偿甲面部受伤的损失,甲不应赔偿乙失落手机的损失

B. 乙应赔偿甲面部受伤的损失,甲应赔偿乙失落手机的损失

C. 乙不应赔偿甲面部受伤的损失,甲不应赔偿乙失落手机的损失

D. 乙不应赔偿甲面部受伤的损失,甲应赔偿乙失落手机的损失

3. 辨析题

(1) 具有完全民事行为能力的人必须年满18周岁。( )

(2) 因道路施工所致伤害必须由施工单位承担损害赔偿责任。( )

(3) 饲养动物致人损害的,饲养人必须承担民事赔偿责任。( )

(4) 未成年人致人损害,学校、幼儿园、家长承担连带赔偿责任。( )

(5) 在我国民间有句话为“养(子)不教父之过”。( )

(6) 我国民间有一种说法为“嫁出去的女儿,泼出去的水”。( )

4. 案例分析

案例1　2004年5月,重庆张某将某商场告上法庭。张某诉称,该商场在周年庆典时承诺,在场女顾客如果脱下衣服只剩“三点式”,可任意在商场拿走一件衣服,她立即照办并选走一件价值千元的貂皮大衣,但出门时却被拦下,商场称其内衣并非“三点式”,故不能拿走衣服。法院经审理认为,商场的承诺违背公序良俗原则和民法的立法精神,属无效的民

事行为，当事人行为由此引发纠纷不受法律保护，故驳回张某的诉讼请求。

问题：请问法院判决的法律依据是什么？

案例 2　2004 年 1 月 29 日晚，在广东省梅州市大埔县城某酒吧内，一伙年轻人正兴高采烈举杯庆新年，气氛热闹非凡，但谁也没想到，就在这觥筹交错中，一场悲剧随之发生。

这天下午约 5 时，赖某、郑某、郑某某一家到城新中路一家小食店吃豆腐干及牛杂，席间饮完了一瓶金奖白兰地酒。因为下雨，并且酒酣耳热之余，赖某、郑某、郑某某又转到刘某所经营的酒吧，继续饮酒。不久，郑某某约女朋友到酒吧，4 个人你一杯我一杯地开怀畅饮。在喝酒过程中，赖某又邀请吴某、张某一同饮了两瓶红葡萄酒。喝得正兴时，赖某又叫服务员送上 8 瓶小瓶装金奖白兰地酒，与张某相互敬酒，各饮了一大杯金奖白兰地酒，此时赖某感觉不适，发生了呕吐现象。刘某见赖某已不能走动，便让赖某躺在店中的沙发上休息。其他人先后离去，第二天上午，赖某在该酒吧死亡。

同年 2 月 9 日大埔县公安局进行了尸检，认定："死者赖某系因呕吐物进入气管、支气管导致机械性窒息死亡，排除外加暴力致死。"赖某死后，刘某等人曾与死者亲属协商关于死亡损害赔偿问题，但没有达成一致意见。死者的家属认为，死者是在酒吧喝酒过量致死的，作为该酒吧的消费者，酒吧对客人负有安全的责任，遂向法院起诉，要求几个劝酒者共同赔偿补偿费、丧葬费、被抚养人生活费合计人民币 13 万元。

法院认为：该案中死者本人对自己的死亡承担主要责任，张某、郑某的行为只是该严重后果发生的次要原因。故判决几个劝酒人共赔偿给死者家属 2.2 万元。

问题：请问法院作出此判决的依据是什么？

案例 3　李某在教室中自习时，发现一部价值 3000 多元的手机无人认领，便带回宿舍，并写了一份招领启事。第二天，李某在收拾床时，不慎将手机碰到地上，恰巧掉在水盆中。第三天，失主张某来找手机，但发现已经不能使用，便要求李某赔偿。

问题：李某是否应当赔偿？依据是什么？

案例 4　张甲（20 岁）与张乙（14 岁）走到张丙家门口，见张丙家门口卧着一条花狗睡觉，张甲对张乙说，你拿一块石头去打花狗，看它有何反应，张乙照此做了。花狗被打以后朝张乙追去，张乙见势不妙忙躲在迎面走来的张丁身后，花狗咬伤了张丁。张丁为此花去医药费 500 元。

问题：对此费用应如何承担？

案例 5　一天夜晚，甲开车逆行迫使骑车人乙为躲避甲向右拐，跌入修路挖的坑里（负责修路的施工单位对该坑未设置保护措施），造成车毁人伤。

问题：对乙的损失应如何承担责任？

案例 6　甲、乙两家的承包地相邻，甲地地势低洼。一日突降大暴雨，甲为排涝必须从乙地挖一条沟，才能将水引入河中。但乙坚决不同意，认为挖沟会毁坏自己的庄稼。甲提出给予适当的赔偿，乙仍不同意。

问题：甲是否有权在乙的承包地上挖沟排水？

5．问答题

（1）民事法律关系三要素之间的关系是什么？

（2）民事法律行为与民事行为在现实生活中的表现是什么？

6. 实操题

（1）请你到户籍或学校所在地的社区，就邻里之间的常见纠纷进行一次社会调查，归纳总结纠纷的类型，并提出解决的办法和法律依据。

（2）以学习小组为单位，为你所在学校周边的居民（包括小学、幼儿园）进行一次常见特殊侵权的普法宣传，并归纳整理特殊侵权的常见形式。

项目 3　婚姻法基础知识

学习目标

- 理解和掌握婚姻的法律要件；
- 掌握无效婚姻和可撤销婚姻的法定情形；
- 掌握事实婚姻、非法同居、重婚的法律后果；
- 能够正确地区分夫妻婚前财产、婚后财产；
- 能够正确分析判断未成年人的法定监护人；
- 能正确区分直系血亲及三代以内旁系血亲；
- 熟知兄弟姐妹之间、祖孙之间扶养的条件。

案例导入

汪某，男，24 岁。刘某，女，23 岁。刘某是汪某舅父的女儿，两人在技校念书时是同学，同是班干部，在一起的学习中，两人互相帮助、互相关照，感情十分融洽，1988 年他们毕业分配在同一个单位工作，在工作中两人关系更加密切，感情进一步加深。汪某、刘某两人知道我国《婚姻法》禁止三代以内的旁系血亲结婚，但他们思忖再三，依然决定不顾父母反对，向婚姻登记机关说明自愿不生育子女，申请结婚。1990 年 9 月，汪某、刘某两人正式到婚姻登记机关办理结婚登记手续，他俩表示，虽然他们是表兄妹，但自愿不生育子女，婚后可以抱养一个孩子，希望准予登记。

问题：表兄妹是否可以结婚？

3.1　婚姻概述

婚姻是男女双方以永久共同生活为目的，依法自愿缔结的具有权利义务内容的两性结合。婚姻是男女两性的合法结合，强调婚姻须合法，换而言之，即只有合法才能称其为婚姻。

1. 结婚的条件

结婚是指男女双方依照法律规定的条件和程序，确立夫妻关系的民事法律行为。结婚的条件包括积极条件和消极条件。

(1) 积极条件。必须男女双方完全自愿。法律并不排除父母或第三人出于关心，对当事人提出意见和建议。但是结婚最终应由当事人自己决定。必须达到法定的结婚年龄。法定婚龄是法律规定准予结婚的最低年龄。根据《婚姻法》第六条规定，结婚年龄，男性不得早于22周岁，女性不得早于20周岁。但根据《婚姻法》第五十条规定，民族自治地方的人民代表大会基于本民族、宗教、风俗习惯等实际情况，可以对法定婚龄作变通性规定。必须符合一夫一妻制规定。

(2) 消极条件。禁止一定范围内的血亲结婚。《婚姻法》第七条规定，直系血亲和三代以内的旁系血亲禁止结婚。这样规定是基于社会伦理道德、优生优育等因素的考虑。男女一方或双方患有医学上认为不应当结婚或暂缓结婚的疾病时，禁止或暂缓结婚。

2. 结婚的程序

结婚登记是我国公民结婚的法定形式要件，是确立夫妻关系的法定程序。根据《婚姻法》第八条的规定，要求结婚的男女必须亲自到婚姻登记机关进行结婚登记。符合法定实质条件的，予以登记，发给结婚证；取得结婚证，即确立夫妻关系。而是否举行结婚仪式，与婚姻成立无关。

结婚登记程序分为申请、审查和登记三个环节。

(1) 申请。自愿结婚的男女，必须亲自到一方户口所在地的婚姻登记管理机关申请结婚登记，填写结婚申请书。结婚申请必须双方当事人亲自到场，不能由一方单独申请，也不能委托他人代理申请。申请时应当持下列证件和证明：户口证明、居民身份证、婚姻状况证明。

(2) 审查。婚姻登记管理机关应当依法对当事人的结婚申请和相关证件进行全面审查核实。同时要审查当事人双方是否都符合结婚的法定实质要件。

(3) 登记。婚姻登记管理机关对当事人结婚申请进行审查后，对符合结婚条件的，应当予以登记，发给结婚证。对不予登记的，应当以书面形式说明不予登记的理由。结婚当事人认为符合婚姻登记条件而婚姻管理机关不予登记的，可以依据行政复议法的规定申请复议；对复议决定不服的，可依行政诉讼法的规定提起行政诉讼。当事人也可直接提起行政诉讼。

办理结婚登记的机关，内地居民办理婚姻登记的机关是县级人民政府民政部门或者乡(镇)人民政府，省、自治区、直辖市人民政府可以按照便民原则确定农村居民办理婚姻登记的具体机关。户口不在同一地区的结婚双方当事人可以到任何一方户口所在地的婚姻登记机关办理结婚登记。

3. 无效婚姻与可撤销婚姻

(1) 无效婚姻。无效婚姻是指不符合结婚的实质条件的男女两性结合，在法律上不具有合法效力的婚姻。无效婚姻包括重婚的、有禁止结婚的亲属关系的、患有禁止结婚疾病的、未达到法定婚龄的。

无效婚姻自始无效，在当事人之间不产生夫妻人身及财产方面的权利义务关系。同居期间所得的财产，除有证据证明为当事人一方所有的外，按共同共有处理。当事人所生的子女为非婚生子女，与婚生子女享有同等的权利。

无效婚姻不发生合法婚姻的效力，但要对双方当事人在同居期间的人身关系和财产关系进行处理，因而其认定须经法定程序。在我国无效婚姻通过司法或行政程序予以确认。

【案例分析】

某村村民杨某(男)与王某(女)于1998年按农村习俗举行结婚仪式后即以夫妻名义共同生活,因杨某未达法定婚龄而未办理结婚登记手续。同年7月23日,杨某欲外出到外企务工,双方分别到各自所在的村民委员会开具了婚姻状况证明,并到镇人民政府办理结婚登记手续,但杨某所填婚姻状况证明书将其出生日期由1976年8月8日更改为同年7月23日,即杨某在婚姻登记时实际年龄比法定婚龄差15天。婚姻登记机关除对双方原非法同居关系处以200元罚款外,未发现杨某虚填年龄一事,仍发给了结婚证。1999年2月2日,杨某务工时死亡,获死亡补偿费用人民币15万元,杨某另有遗产人民币4934元、美元1740.80元。王某要求分割夫妻共同财产和继承杨某遗产,遭杨某父母拒绝。镇人民政府以杨某结婚时未达婚龄为由,确认杨某与王某的婚姻关系无效,撤销双方办理的结婚证。王某不服,提起行政诉讼。法院经审理判决维持镇政府处理决定。

分析:对于本案来说,杨某死亡发生遗产等纠纷时,杨某早已达到法定婚龄,在这种情况下,应认为婚姻无效的原因已经消除。这绝不是对当事人的违法行为的肯定和保护,而是出于稳定婚姻关系的需要。对于过去的违法行为固然应当予以批评教育,甚至给予处罚,但再去确认其无效未免多此一举。

若按2001年修正后的婚姻法衡量,杨某在婚姻登记时实际年龄比法定婚龄差15天,但杨某死亡时已达到法定婚龄,这时的婚姻应视为合法有效婚姻,受法律保护,不得再以过去未到法定婚龄结婚、违反结婚实质要件为现在确认婚姻无效的根据。故王某对于杨某的死亡补偿费用和遗产应享有分配的权利。

(2) 可撤销婚姻。可撤销婚姻是指已成立的婚姻关系,因欠缺结婚的真实意思表示,受胁迫一方当事人可依法向婚姻登记机关或人民法院请求撤销的婚姻。因胁迫结婚的,受胁迫的一方可以向婚姻登记机关或人民法院请求撤销的该婚姻,而且应当自结婚登记之日起一年内提出,被非法限制人身自由的当事人,应当自恢复人身自由之日起一年内提出。若在法定期间内不行使权利,该权利则归于消灭。该法定期间的性质为除斥期间,因而不适用诉讼时效中止、中断或延长的规定。仅有可撤销的事由而无撤销行为的,其婚姻效力并不消灭。可撤销婚姻的法律后果与无效婚姻相同。

【案例分析】

1999年,某外企一姓郑的部门经理在一次公司聚会中,因多喝了几杯,稀里糊涂地被女助理李某扶到宾馆"休息",次日凌晨,酒醒后的郑某发现李某与自己同床共枕,惊得夺门而逃。一个月后,李某带着两个哥哥找上门来,称已怀上郑某的孩子,如果郑某不与她结婚,将告他强奸罪。郑某被逼无奈只得与李某匆匆登记结婚。婚后不到半年,李某即生下一子。郑某怀疑宾馆一夜乃李某设下圈套,愤而向法院起诉离婚,请求解除婚姻关系。

分析:郑某与李某的婚姻是典型的胁迫婚姻,可以撤销。提出撤销婚姻的前提是结婚时一方受到另一方胁迫,一般表现为以暴力、威胁、恐吓等,以给对方或对方的亲友的自由、健康、荣誉、名誉、财产等造成损害为要挟,迫使对方违背自己的真实意愿而与之结婚。郑某可以向婚姻登记机关或者向人民法院提出撤销该婚姻。

【阅读资料】

事实婚姻与非法同居关系

根据我国现行法律与司法解释的规定，未办理结婚登记同居生活的男女两性结合形成的关系可分为两种：一是事实婚姻关系；二是非法同居关系。

事实婚姻关系是指没有配偶的男女虽未办理结婚登记，但符合结婚实质条件，并且以夫妻名义同居生活所形成的男女两性的结合。事实婚姻具有以下特征。未依法办理结婚登记手续而欠缺结婚的法定形式要件，有目的性和公开性。即双方当事人具有终生共同生活的目的，并以夫妻名义公开共同生活，群众也认为是夫妻关系，这区别于临时和隐蔽性的通奸、姘居等非法两性关系。符合结婚的实质条件，即符合结婚的法定条件和禁止条件，从而有别于非法同居关系。

对事实婚姻关系的处理原则。事实婚姻关系具有婚姻的效力，双方当事人的关系适用婚姻中有关夫妻权利义务的规定。审理事实婚姻案件，应当先进行调解。经调解和好或撤诉的，确认婚姻关系有效，发给调解书或裁定书，经调解不能和好的，应判决准予离婚。事实婚姻关系离婚时，子女的扶养、财产分割及对生活困难一方的经济帮助等问题，适用《婚姻法》第三十六条至第四十二条的有关规定。同居生活期间一方死亡的，另一方要求继承死者遗产，如果认定为事实婚姻关系的，可以配偶身份按继承法的有关规定处理。

非法同居关系是指均无配偶的男女双方在未办结婚登记，又不符合结婚实质条件时，以夫妻名义共同生活，或有配偶者与他人同居所形成的两性关系。“有配偶者与他人同居”是指有配偶者与婚外异性，不以夫妻名义，持续稳定地共同居住。

非法同居关系处理原则。经查属非法同居关系的，应一律判决解除。离婚后，双方未再婚的，未履行复婚登记手续，又以夫妻名义同居生活，一方起诉“离婚”的，一般应解除非法同居关系。人民法院审理非法同居关系的案件，如涉及非婚生子女扶养和财产分割问题，应一并予以解决。具体分割财产时，应照顾妇女、儿童的利益，考虑财产的实际情况和双方的过错程度，妥善分割。解除非法同居关系时，同居期间双方共同所得的收入和购置的财产，一般按共有财产处理。在此期间双方各自继承和受赠的财产，一般按个人财产对待。男女双方在同居期间双方均符合结婚的实质条件但不办理结婚登记的，应被认定为非法同居关系，在此同居生活期间一方死亡，另一方要求继承死者遗产的，在符合《继承法》第十四条规定时，可根据相互扶养的具体情况，作为法定继承人以外的人分得适当的遗产。

3.2 夫妻关系

夫妻是男女双方以共同生活为目的而依法结合的伴侣，男女因结婚而成为夫妻。夫妻关系就是婚姻法规定的夫妻之间的权利义务关系。夫妻人身关系和夫妻财产关系是夫妻关系的主要内容。

1. 夫妻人身关系

夫妻人身关系是指夫妻双方在婚姻中的身份、地位、人格等多方面的权利义务关系。

(1) 夫妻地位平等、独立。《婚姻法》第十三条规定:“夫妻在家庭中地位平等。”这是《宪法》中男女平等原则的体现。其核心是指男女双方在婚姻、家庭生活中的各个方面都平等地享有权利,负担义务,互不隶属、支配。夫妻双方地位平等贯穿于整个婚姻法,是一个总的规定。

(2) 夫妻双方都享有姓名权。《婚姻法》第十四条规定:“夫妻双方都有各用自己姓名的权利。”作为人身权的姓名权由夫妻双方完整、独立地享有,不受职业、收入、生活环境变化的影响,并排除他人的干涉。在婚姻家庭生活中,夫妻一方可合法、自愿地行使、处分其姓名权。这还体现在子女姓名的确定上,对子女姓名的决定权,由夫妻双方平等享有,即子女既可随父姓,也可随母姓,还可姓其他姓。

(3) 夫妻之间的忠实义务。《婚姻法》第三条第二款规定:“禁止重婚。禁止有配偶者与他人同居。”第四条规定:“夫妻应当相互忠实,互相尊重……”这是对夫妻双方所负的忠实义务的规定,忠实义务主要是指保守贞操的义务,专一的夫妻性生活义务,不为婚外性行为。其具体包括:不重婚,不与配偶以外的第三人以夫妻名义持续、稳定地共同居住,一般包括通奸与姘居,不从事性交易等。违反忠实义务不仅伤害夫妻感情,还不利于一夫一妻制度的维护。法律对忠实义务的规定为追究各种侵犯婚姻的违法行为提供了法律依据。

(4) 夫妻双方的人身自由权。《婚姻法》第十五条规定:“夫妻双方都有参加生产、工作、学习和社会活动的自由,一方不得对他方加以限制或干涉。”这是夫妻双方各自充分、自由发展的必要和先决条件。夫妻一方行使人身自由权以合法、合理为限,并应互相尊重,反对各种干涉行为。

(5) 夫妻住所选定权。《婚姻法》第九条规定:“登记结婚后,根据男女双方的约定,女方可以成为男方家庭的成员,男方可以成为女方家庭的成员。”夫妻一方可以成为另一方家庭的成员,夫妻应有权协商决定家庭住所,可选择男方或女方原来住所或另外的住所。

(6) 禁止家庭暴力、虐待、遗弃。禁止夫妻一方以殴打、捆绑、残害、强行限制人身自由或者其他手段给对方的身体或精神方面造成一定伤害后果的暴力行为;禁止构成虐待的持续性、经常性的家庭暴力;禁止有扶养义务的一方不尽扶养义务的违法行为。《婚姻法》第三条规定:“禁止家庭暴力。禁止家庭成员间的虐待和遗弃。”

(7)《婚姻法》第十六条规定:“夫妻双方都有实行计划生育的义务。”实行计划生育,这是我国的一项基本国策,也是夫妻的法定义务。义务的主体是夫妻双方,而非仅仅是女方。《妇女权益保障法》第四十七条明确规定,妇女有按照国家有关规定孕育子女的权利,也有不生育的自由,即妇女有生育权。对于男性生育权,学界意见不一,法律对此也未做明确规定。不过,作为夫妻生活重大事项之一的生育应由夫妻双方协商,共同决定,同时还应符合国家相关法律的规定。

【案例分析】

刘某(51岁)与其丈夫王某(57岁)是某工厂的退休工人,他们的两个子女都已成家。夫妇俩退休后,于2000年3月开了一家小吃店,收入虽不多,但日子也过得平平安安。2000年11月,刘某与王某在赡养公婆问题上产生了严重的分歧,双方固执己见谁也不肯让步。丈夫王某一怒之下打起铺盖携自己的父母回了老家,扔下与之相携相伴几十年的老伴,小吃店也撂给刘某独自经营。王某因有技术,回老家后有时外出打工贴补家用。小吃店生意本来就较为清淡，自王某回老家后，由于刘某患有风湿病，不能正常营业，收入就更加微薄。而刘某本人退休金每月只有108元，体弱多病加上收入微薄，致使基本生活都成问题。虽然王某的退休工资每月有460元，可他自回老家后就对老伴不闻不问。刘某曾多次要求丈夫予以经济资助，王某却认为刘某自己有退休金，且经营着小吃店，即使生活有困难，也应由两个子女负担，而不应由他尽扶养妻子的义务，况且自己还要赡养年事已高的父母。刘某认为丈夫对她不负责任，双方多次接触，都以王某拒绝承担扶养义务而告终。无奈，刘某一气之下一纸诉状将老伴告到了法院，要求法院依法判令丈夫承担扶养自己的义务。

法院查明，原告刘某每月退休金108元，小吃店收入也不稳定，并患有疾病，生活比较困难。被告王某的父母有一定经济收入，且有兄弟俩赡养。法院根据以上事实认为，夫妻有依法相互扶养的义务，一方不履行扶养义务时，需要扶养的一方有要求对方给付扶养费的权利，王某需要赡养父母，无力承担对妻子的扶养义务的理由不能成立。因此，法院判决王某每月给付妻子扶养费50元整；诉讼费由王某承担。

分析：夫妻关系存续期间，即使是分居时，如一方生活困难，有向另一方要求给予扶养费的权利。另一方不得以应由子女扶养为由而拒绝，夫妻间相互扶养应先与子女对父母的赡养，如果夫妻之间的确无法相互扶养，才能由子女来尽赡养的义务。

2. 夫妻财产关系

夫妻财产关系是指夫妻双方在财产、抚养和遗产继承等方面的权利义务关系。这些权利义务源于夫妻的人身关系，是夫妻人身关系的直接后果。是夫妻在家庭财产方面的权利义务关系。我国《婚姻法》对夫妻财产制度采取了法定夫妻财产制和约定夫妻财产制相结合的模式。

(1) 法定夫妻财产制。法定夫妻财产制是指夫妻双方在婚前、婚后都没有约定或约定无效时直接适用有关法律规定的夫妻财产制度。

《婚姻法》第十七条规定，夫妻在婚姻关系存续期间所得的下列财产，归夫妻共同所有。

① 工资、奖金。

② 生产、经营的收益。

③ 知识产权的收益。

④ 继承或赠与所得的财产，但《婚姻法》第十八条第三项规定的除外。

⑤ 其他应当归共同所有的财产。

《婚姻法》第十八条则明确了一方所有的财产范围，包括以下五点。

① 一方的婚前财产。

② 一方因身体受到伤害获得的医疗费、残疾人生活补助费等费用。

③ 遗嘱或赠与合同中确定只归一方的财产。

④ 一方专用的生活用品。

⑤ 其他应当归一方的财产。

夫妻财产除了包括积极财产外，还包括消极财产，即对外负担的债务。夫妻共同负担债务，由夫妻共同所有的财产清偿，夫妻一方所负的债务，由其个人所有的财产清偿。如果夫妻在婚姻关系存续期间所得的财产约定归各自所有，而第三人又不知道该约定的，则以夫妻在婚姻关系存续期间所得的财产清偿。

(2) 约定夫妻财产制。约定夫妻财产制是相对法定财产制而言的，是依据不同的发生原因作出的划分。它是指夫妻双方通过协商对婚前、婚后取得的财产的归属、处分以及在婚姻关系解除后的财产分割达成协议，并优先于法定夫妻财产制。约定的内容，夫妻财产所有形式可是各自所有、共同所有或部分各自所有、部分共同所有。约定的财产范围，包括婚前和婚后取得的各种财产。约定的形式，法律明确要求采取书面形式。约定的生效条件，首先，必须具备民事法律行为的生效要件，合法、自愿、真实。其次，符合特别法上的要求，如男女双方平等，保护妇女、儿童和老人的合法权益。约定内容在第三人知晓时，其对外具有对抗的效力；否则，无对抗的效力。对内则对夫妻处理财产的行为产生约束力。

【案例分析】

刘莉和张先华结婚已有4年，结婚前，两人非常理性地对个人婚前财产进行了公证，并约定婚后的共有财产一人一半。从结婚那天起，张先华就非常自觉地将每月的工资、奖金如数上交给刘莉，由刘莉负责家庭开支和储蓄。张先华每月的零花钱，都由刘莉从他交来的工资里返给他。每月，刘莉都会用一个小本记下自己和张先华的所得，以及家庭开支情况和储蓄情况，给张先华过目。今年1月21日，刘莉在家里大扫除时，在丈夫的工具箱隔层里发现了一张存单，存款人为丈夫，金额是11万元。刘莉让张先华把钱拿出来，说这应算夫妻共有财产，张先华不干。他说他的工资和奖金都上缴了的，这笔钱是他私下炒股的收入，是他的私房钱，不应该算共有财产。

分析：此例中，夫妻对婚前财产进行了公证，并约定婚后的财产一人一半。但是，对未约定的财产，按照婚姻法，凡是在夫妻婚姻关系存续期间无约定的财产，都应该属于夫妻共同的财产。所以，丈夫以自己私下炒股的收入不算是共有财产的理由不能成立。[①]

【阅读资料】

最高人民法院关于适用《中华人民共和国婚姻法》若干问题的解释(一)

第五条　未按婚姻法第八条规定办理结婚登记而以夫妻名义共同生活的男女，起诉到人民法院要求离婚的，应当区别对待：

1994年2月1日民政部《婚姻登记管理条例》公布实施以前，男女双方已经符合结婚实质要件的，按事实婚姻处理。

第八条　当事人依据婚姻法第十条规定向人民法院申请宣告婚姻无效的，申请时，法定的婚姻无效情形已经消失的，人民法院不予支持。

【阅读资料】

最高人民法院关于适用《中华人民共和国婚姻法》若干问题的解释(二)

第一条　当事人起诉请求解除同居关系的，人民法院不予受理。但当事人请求解除的同居关系，属于《婚姻法》第三条、第三十二条、第四十六条规定的"有配偶者与他人同居"

① http://www.4oa.com/bggw/sort02910/sort03087/sort03128/215469.html.

的，人民法院应当受理并依法予以解除。

当事人因同居期间财产分割或者子女抚养纠纷提起诉讼的，人民法院应当受理。

第八条　离婚协议中关于财产分割的条款或者当事人因离婚就财产分割达成的协议，对男女双方具有法律约束力。

第十一条　婚姻关系存续期间，下列财产属于《婚姻法》第十七条规定的“其他应当归共同所有的财产”：

（一）一方以个人财产投资取得的收益。

（二）男女双方实际取得或者应当取得的住房补贴、住房公积金。

（三）男女双方实际取得或者应当取得的养老保险金、破产安置补偿费。

第十五条　夫妻双方分割共同财产中的股票、债券、投资基金份额等有价证券以及未上市股份有限公司股份时，协商不成或者按市价分配有困难的，人民法院可以根据数量按比例分配。

第十九条　由一方婚前承租、婚后用共同财产购买的房屋，房屋权属证书登记在一方名下的，应当认定为夫妻共同财产。

第二十条　双方对夫妻共同财产中的房屋价值及归属无法达成协议时，人民法院按以下情形分别处理：

（一）双方均主张房屋所有权并且同意竞价取得的，应当准许。

（二）一方主张房屋所有权的，由评估机构按市场价格对房屋作出评估，取得房屋所有权的一方应当给予另一方相应的补偿。

（三）双方均不主张房屋所有权的，根据当事人的申请拍卖房屋，就所得价款进行分割。

第二十二条　当事人结婚前，父母为双方购置房屋出资的，该出资应当认定为对自己子女的个人赠与，但父母明确表示赠与双方的除外。

当事人结婚后，父母为双方购置房屋出资的，该出资应当认定为对夫妻双方的赠与，但父母明确表示赠与一方的除外。

第二十三条　债权人就一方婚前所负个人债务向债务人的配偶主张权利的，人民法院不予支持。但债权人能够证明所负债务用于婚后家庭共同生活的除外。

第二十四条　债权人就婚姻关系存续期间夫妻一方以个人名义所负债务主张权利的，应当按夫妻共同债务处理。但夫妻一方能够证明债权人与债务人明确约定为个人债务，或者能够证明属于婚姻法第十九条第三款规定情形的除外。

【阅读资料】

最高人民法院关于适用《中华人民共和国婚姻法》若干问题的解释（三）

第四条　婚姻关系存续期间，夫妻一方请求分割共同财产的，人民法院不予支持，但有下列重大理由且不损害债权人利益的除外：

（一）一方有隐藏、转移、变卖、毁损、挥霍夫妻共同财产或者伪造夫妻共同债务等严重损害夫妻共同财产利益行为的。

（二）一方负有法定扶养义务的人患有重大疾病需要医治，另一方不同意支付相关医疗费用的。

第五条　夫妻一方个人财产在婚后产生的收益，除孳息和自然增值外，应认定为夫妻共同财产。

第七条　婚后由一方父母出资为子女购买的不动产，产权登记在出资人子女名下的，可按照《婚姻法》第十八条第(三)项的规定，视为只对自己子女一方的赠与，该不动产应认定为夫妻一方的个人财产。

第十条　夫妻一方婚前签订不动产买卖合同，以个人财产支付首付款并在银行贷款，婚后用夫妻共同财产还贷，不动产登记于首付款支付方名下的，离婚时该不动产由双方协议处理。

3.3　父母子女关系

父母子女关系是指父母、子女间在法律上的权利义务关系，又称为亲子关系。根据血亲形成的性质，可分为自然血亲和拟制血亲的父母子女关系。自然血亲的父母子女关系是基于子女出生的法律事实而在子女与父母亲之间形成的法律上的权利义务关系，自然血亲分为婚生和非婚生的亲子关系。拟制血亲的父母子女关系包括继父母子女关系和养父母子女关系。

1. 婚生父母子女关系

婚生父母子女关系是指在婚姻关系存续期间受胎或出生的子女与父母形成的权利义务关系。婚生父母子女关系的形成须具备下列条件。该婚姻关系合法有效，该子女的血缘必须来自合法配偶身份的男女双方，该子女的出生时间在法定时间内。在现代科技条件下，受孕既包括传统的自然受精，又包括人工授精(母体内受孕)与试管婴儿(母体外受精)。在夫妻关系存续期间，双方一致同意进行人工授精，所生子女应视为夫妻双方的婚生子女。

(1) 父母的权利义务。《婚姻法》第二十一条第一款规定："父母对子女有抚养教育的义务。"在人身方面，一是抚养的权利义务；二是管理教育的权利和义务；三是法定代理义务，父母可作为子女的法定代理人代理子女的各种行为。在财产上，主要表现为对子女财产的管理；未成年人给他人造成的损失，父母须承担赔偿责任。

(2) 子女的权利义务。《婚姻法》第二十一条第二款规定："父母不履行抚养义务时，未成年或不能独立生活的子女，有要求父母给付抚养费的权利。"其中不能独立生活的子女指尚在校接受高中及其以下学历教育或者丧失部分劳动能力并非主观原因而无法维持正常生活的成年子女。"抚养费"则包括子女的生活费、教育、医疗费等。同时，根据《婚姻法》第二十一条第一款、第三款规定，子女对父母有赡养扶助的义务，子女不履行赡养义务时，无劳动能力或生活困难的父母，有要求子女给付赡养费的权利。此外，子女给付赡养费的义务，并且不因父母的婚姻关系变化而终止。《婚姻法》第三十条规定："子女有义务尊重父母的婚姻权利，不得干涉父母再婚以及婚后的生活。"子女应该尊重父母婚姻自由的权利。

(3) 父母子女间有相互继承遗产的权利。《婚姻法》第二十四条第二款规定："父母和子女有相互继承遗产的权利。"

2. 非婚生父母子女关系

非婚生子女是指没有婚姻关系的男女所生的子女。未婚男女或者已婚男女与第三人发生性行为所生的子女；无效婚姻当事人所生的子女；妇女被强奸后所生的子女，都属于非婚生子女。

《婚姻法》第二十五条规定："非婚生子女享有与婚生子女同等的权利，任何人不得加以危害和歧视。不直接抚养非婚生子女的生父或生母，应当负担子女的生活费和教育费，直至子女能独立生活为止。"在此，法律强调了对非婚生子女的保护，我国的非婚生子女与婚生子女的法律地位完全相同，法律有关父母子女间的权利和义务，同样适用于非婚生父母子女间。

3. 继父母子女关系

继父母是指子女对父母一方后婚的配偶的称谓；继子女则是指夫妻一方在其前婚中所生子女，是相对于现行婚姻中夫妻另一方而言的。继父母子女关系是指由于生父母一方死亡，另一方带子女再婚或生父母离婚后另行再婚形成的权利义务关系。

根据继子女与继父母之间是否形成了抚养关系，其可分为以下两类：一是由共同生活的法律事实形成的拟制血亲的继父母子女关系。二是直系姻亲的继父母子女关系，这仅是一种伦理上的意义。这两类继父母子女关系的法律后果、形成事由是不同的。拟制直系血亲的继父母子女关系的形成除了父母的再婚行为外，还须有共同生活的条件，其产生的法律后果与血亲关系的父母子女间的权利义务关系相同。《继承法》第十条规定，有抚养关系的继父母子女间有继承权，且继子女对继父母有赡养的义务。而仅为直系姻亲的继父母子女间没有法定的权利义务关系。

没有抚养关系的继父母子女关系随生父母与继母、继父间婚姻关系的消灭而消灭。有抚养关系的继父母子女关系原则上不能解除，且不受继子女的生父与继母、继父与生母间婚姻关系消灭的影响，因为其已形成了拟制血亲的父母子女关系。但生父与继母或继父与生母离婚时。对受其抚养的继子女，继父或继母不同意继续抚养的，则继父、继母与继子女间的拟制血亲关系解除，仍由生父母抚养。但是生父母死亡的，继母或继父仍有义务继续抚养继子女。

继父母子女关系受到我国法律的保护。《婚姻法》第二十七条规定："继父母与继子女间，不得虐待或歧视。继父或继母和受其抚养教育的继子女间的权利和义务，适用本法对父母子女关系的有关规定。"此外，在遗产继承上，继子女继承了继父母的遗产，不影响其继承生父母的遗产。继父母继承了继子女的遗产，不影响其继承生子女的遗产。

4. 养父母子女关系

养父母子女关系是通过收养的法律行为在收养人与被收养人之间形成的权利义务关系。收养是指自然人依照法律规定，领养他人的子女为自己的子女，在本无自然血亲关系的收养人与被收养人间形成拟制血亲的父母子女关系的民事法律行为。

养子女是指被非亲生父母收养的子女。养子女的法律地位与婚生子女、非婚生子女、有抚养教育关系的继子女相同，均享有父母子女之间的权利并承担相应的义务。养父母子女关系是一种独立的法律关系，必须符合法定的收养条件、程序才能形成并且可以依法解除。我国《婚姻法》第二十六条规定：“国家保护合法的收养关系。养父母和养子女间的权利和义务，适用本法对父母子女关系的有关规定。养子女和生父母之间的权利和义务，因收养关系的成立而消除。”

3.4 离　婚

离婚是指夫妻双方依照法定的条件和程序解除婚姻关系的法律行为。离婚的方式分为协议离婚和诉讼离婚。

1. 协议离婚

协议离婚是指夫妻双方依据法律规定合意解除婚姻关系的法律行为。根据《婚姻法》第三十一条的规定，男女双方自愿离婚的，双方必须到婚姻登记机关申请离婚登记。婚姻登记机关经过形式审查和实质审查，确认双方自愿并对子女和财产问题已经有适当处理的，应当办理离婚登记并发给离婚证。

有下列情形的，婚姻登记机关不予受理。一方当事人请求登记离婚的，双方当事人请求离婚，但对子女抚养、夫妻一方生活困难的经济帮助、财产分割、债务清偿未达成协议的，双方或一方当事人为限制民事行为能力人或无民事行为能力人的，双方当事人未办理过结婚登记的。

协议离婚须经过申请、审查、登记三个环节。婚姻登记机关经审查后，对于符合离婚条件的，应予登记，发给离婚证，注销结婚证；对于不符合法定条件不予登记的，应以书面形式说明不予登记的理由。夫妻关系从当事人领取离婚证时起解除，离婚的当事人一方不按照离婚协议履行应尽义务的，另一方可向人民法院提起民事诉讼。

2. 诉讼离婚

诉讼离婚是指夫妻双方对离婚或离婚后子女抚养或财产分割等问题不能达成协议，由一方向人民法院起诉，人民法院依诉讼程序审理后，调解或判决解除其婚姻关系的法律制度。

人民法院审理离婚案件时，应当进行调解，如感情确已破裂，调解无效，应当准予离婚。有下列情形之一经调解无效的，应视为感情确已破裂。

(1) 重婚或有配偶者与他人同居的。

(2) 实施家庭暴力或虐待、遗弃家庭成员的。

(3) 有赌博、吸毒等恶习屡教不改的。

(4) 因感情不和分居两年的。

(5) 一方有生理缺陷或其他原因不能履行夫妻同居义务且难以治愈的。

(6) 婚前缺乏了解，草率结婚，婚后未建立起夫妻感情而难以共同生活的。

(7) 婚前隐瞒了精神病史，婚后又久治不愈的。离婚前知道对方患有精神疾病而与其结婚或一方在夫妻共同生活期间患精神病，久治不愈的。

(8) 双方在办理结婚登记后未同居生活,无和好可能的。

(9) 因感情不和,在人民法院判决不准离婚后分居满1年,互不履行夫妻义务的。

(10) 一方与他人通奸、非法同居,经教育仍无悔改表现,无过错一方提起诉讼离婚。或过错方起诉离婚,对方不同意,经批评教育,在人民法院判决不准离婚后,过错方又起诉离婚,确无和好可能的。

(11) 一方被依法判处长期徒刑或其违法犯罪行为严重伤害夫妻感情的。

(12) 一方宣告失踪,另一方提出离婚诉讼的。因其他原因导致夫妻感情确已破裂的。

【案例分析】

原告吴某(男)与被告肖某(女)于1985年经人介绍相识恋爱,1989年双方登记结婚,1990年生育一子,现已读小学。原被告一直夫妻感情很好,在共同生活中互相帮助,互相鼓励,家庭和睦,受到外人称赞。1999年5月,原告担任一家公司经理,应酬增多,经常回家很晚,被告不满,双方为此发生争吵。原告一气之下搬到公司里住。被告认识到错误,托朋友讲和,原告也表示了原谅,搬回家与原告一起生活。1999年7月,原被告因琐事发生口角,原告遂起诉到法院要求离婚。被告不同意离婚,认为双方感情一直很好,虽然有过摩擦,但已经和好,原告应珍惜家庭关系,珍惜夫妻感情。

法院经审理认为,原被告经人介绍相识后,自由恋爱,相互了解了四年多才结婚,婚姻基础较好。双方婚后10年夫妻感情一直非常好,后由于原告应酬多,回家晚,双方争吵,虽然发生矛盾,但很快就和解了。只要双方能够相互谅解,以诚相待,共同为家庭和孩子着想,夫妻关系是能够和好如初的。法院认为原告的离婚请求不能支持,于是判决不准原被告离婚。

3. 离婚的法律后果

离婚作为导致婚姻关系终止的法律事实,必然产生一系列的相应的法律后果。这表现在当事人人身和财产关系两方面。

(1) 夫妻人身关系方面。因夫妻身份而确定的相互扶养的权利和义务、相互继承的权利、监护关系、共同生活关系均因离婚而消灭,同时当事人获得再婚的权利。离婚对父母子女关系并无影响,父母子女间的关系不因离婚而消灭。离婚后,子女无论由父方或母方抚养,仍是父母双方的子女,父母对子女有抚养教育的义务。养父母与养子女间的身份关系及其权利义务关系,也不因养父母离婚而消灭;养父母离婚后,养子女不管是由养父还是养母抚养,仍是双方的养子女。

(2) 夫妻财产关系方面。离婚中止了夫妻之间的财产关系,发生夫妻共同生活财产与个人财产的认定和分割、债务的定性与清偿、特定情形下的经济补偿,对生活困难一方的经济帮助等法律后果。

【案例分析】

张某(男)、谢某(女)于1997年8月5日经判决离婚,儿子张强由谢某抚养,张某每月支付抚养费200元。一年后,谢某未与张某协商,让儿子随自己的姓,张某得知儿子改名为谢强后,以“儿子不姓谢、不是自己的儿子为由”拒付抚养费。谢某于是向法院请求强制执行。

分析：离婚后抚养方改变子女的姓氏，一般应先征得非抚养方的同意，但是未经非抚养方同意单方面改变子女姓氏，在法律上也是允许的。首先，女方有权让子女随母姓。《婚姻法》第十六条规定："子女可以随父姓，也可以随母姓。"而不是子女一定要随父姓或者是随母姓。母亲有权让子女随母姓。其次，父母对子女的抚养义务，是基于子女关系上的法定义务。父母子女关系，是一种法律关系，是基于子女出现这一事实而产生的身份关系。这一身份关系，不因婚姻关系解除而消灭，也不因姓氏改变而改变。只要父母子女这一身份关系存在，父母对子女就必须承担抚养义务。由此可见，在没有对子女的姓氏进行约定或判决的情形下，谢某有权改变子女的姓氏，张某不得以孩子不随自己姓就不是自己的孩子为由拒绝支付抚养费。

4. 离婚的损害赔偿

离婚的损害赔偿是指因夫妻一方有特定侵权行为导致离婚，另一方当事人有权依法请求损害赔偿。该损害赔偿包括物质损害赔偿和精神损害赔偿。

(1) 离婚请求损害赔偿主体。只能是合法婚姻关系中的无过错方，且必须是由于对方的过错导致离婚的。而承担损害赔偿责任的主体仅为离婚诉讼当事人中无过错方的配偶。

(2) 离婚损害赔偿的依据。第一，重婚的。第二，有配偶者与他人同居的。第三，实施家庭暴力的。第四，虐待、遗弃家庭成员的。

上述情形不仅是判决离婚的法定事由，还是无过错方请求损害赔偿的依据。当事人有上述情形的即被视为有过错，即须对无过错方承担损害赔偿责任。如果当事人有上述情形之外的其他过错的，无过错方不得请求离婚损害赔偿。

(3) 离婚损害赔偿的提出。无过错方作为原告向人民法院提起的损害赔偿请求，必须与离婚诉讼同时提出，由人民法院在判决离婚时一并作出裁决。原告不提出请求的，视为对权利的放弃，并丧失请求损害赔偿的权利。如无过错方作为被告并且同意离婚的，可以在离婚诉讼中要求损害赔偿。一审时被告未提出赔偿请求而在二审期间提出的，人民法院应当进行调解，调解不成的，当事人可以在离婚后1年内对损害赔偿另行起诉；如果被告不同意离婚也不提起损害赔偿诉讼的，被告可以在人民法院判决准予离婚后1年内就此单独提起诉讼。

知识小结

- 结婚。结婚是指男女双方依照法律规定的条件和程序，确立夫妻关系的民事法律行为。
- 无效婚姻。无效婚姻是指不符合结婚的实质条件的男女两性结合，在法律上不具有合法效力的婚姻。
- 可撤销婚姻。可撤销婚姻是指已成立的婚姻关系，因欠缺结婚的真实意思表示，受胁迫一方当事人可依法向婚姻登记机关或人民法院请求撤销的婚姻。
- 事实婚姻。事实婚姻是指没有配偶的男女虽未办理结婚登记，但符合结婚实质条件，并且以夫妻名义同居生活所形成的男女两性的结合。

• 夫妻财产关系。夫妻财产关系是指夫妻双方在财产、抚养和遗产继承等方面的权利义务关系。

• 父母子女关系。父母子女关系又称为亲子关系，是指父母、子女间在法律上的权利义务关系。

项目训练

项目名称：模拟角色扮演

1. 主题

根据下述背景资料，学生选择自己要扮演的角色，围绕"婚姻、重婚、遗产、继承"的主题，从自身利益寻找解决纠纷的法律依据。

背景：四川省泸州市某公司职工黄某和蒋某1963年结婚，但是妻子蒋某一直没有生育，后来只得抱养了一个儿子。由此给家庭笼罩上了一层阴影。1994年，黄某认识了一个姓张的女子，并且在与张某认识后的第二年同居。黄某的妻子蒋某发现这一事实以后，进行劝告但无效。1996年年底，黄某和张某租房公开同居，以"夫妻"名义生活，依靠黄某的工资(退休金)及奖金生活。

2001年2月，黄某到医院检查，确认自己已经是肝癌晚期。在黄某即将离开人世的这段日子里，张某面对旁人的嘲讽，以妻子的身份守候在黄某的病床边。黄某在2001年4月18日立下遗嘱："我决定，将依法所得的住房补贴金、公积金、抚恤金和卖泸州市江阳区一套住房售价的一半(即4万元)，以及手机一部遗留给我的朋友张某一人所有。我去世后骨灰盒由张负责安葬。"4月20日黄某的这份遗嘱在泸州市纳溪区公证处得到公证。4月22日，黄某去世，张某根据遗嘱向蒋某索要财产和骨灰盒，但遭到蒋某的拒绝。张某遂向纳溪区人民法院起诉，请求依据《继承法》的有关规定，判令被告蒋某按遗嘱履行，同时对遗产申请诉前保全。

从5月17日起，法院经过4次开庭之后(其间曾一度中止，2001年7月13日，纳溪区司法局对该公证遗嘱的"遗赠抚恤金"部分予以撤销，依然维持了住房补贴和公积金中属于黄某部分的公证。此后审理恢复)，于10月11日纳溪区人民法院公开宣判，认为：尽管《继承法》中有明确的法律条文，而且本案中的遗赠也是真实的，但是黄某将遗产赠送给"第三者"的这种民事行为违反了《民法通则》第七条"民事活动应当尊重社会公德，不得损害社会公共利益，破坏国家经济计划，扰乱社会经济秩序"，因此法院驳回原告张某的诉讼请求。[①]

根据所学法律知识，对上述案例进行分析。

2. 形式

学生每五人一组，组合成利益相对的两组，从扮演的不同角色的立场出发阐明观点。

---

① http://wenku.baidu.com/link?url=HUT-RpFlzQzGOiY4H_PXNEv-NhYjQWxWm8PSF03cdiSU1BVANVN.

3. 要求

搜集、整理、阅读有关婚姻法关于财产归属方面的资料，法律依据要确凿，论据要充分，判例要具体明确。

4. 目的

正确分析判断事实婚姻和重婚行为，区分个人的遗嘱自由和合法婚姻家庭财产保护的关系，将法律知识准确地应用于生活实践中，化解矛盾，解决纠纷。

课后练习

1. 熟记下列法律知识

结婚的条件和程序、无效婚姻和可撤销婚姻的情形、离婚的条件和程序、事实婚姻与非法同居的区别。

2. 选择题

(1) 甲被宣告死亡后，其妻乙改嫁于丙，其后丙死亡。一年后乙确知甲仍然在世，遂向法院申请撤销对甲的死亡宣告。依我国法律，该死亡宣告撤销后，甲与乙原有的婚姻关系如何？(　　)

A. 自行恢复　　B. 不得自行恢复

C. 经乙同意后恢复　　D. 经甲同意后恢复

(2) 解除非法同居生活关系时，同居生活期间双方共同所得的收入和购置的财产，按(　　)处理。

A. 夫妻共同财产　　B. 一般共有财产

C. 家庭共有财产　　D. 双方个人财产

3. 辨析题

(1) 我国一律禁止直系血亲和旁系血亲之间结婚。(　　)

(2) 有配偶者重婚即构成重婚罪，但犯重婚罪的人不一定都是有配偶者。(　　)

(3)《婚姻法》规定只要双方愿意就可以结婚。(　　)

4. 案例分析

根据 2011 年 8 月公布的最高人民法院《婚姻法解释》(三)有关规定，分析下列案例。

案例 1　婚前个人购房，婚后按揭还款，离婚时房产归谁？

2005 年小王在父母的帮助下贷款买了一套房子。2006 年与小成结婚居住，两人一起承担月供。2010 年取得了房产证。现两人要离婚，小成主张房本是婚后取得的，应以夫妻共同财产分割，小王认为房子是其婚前个人财产，现房屋增值了两倍，也与小成无关。

问题：请问谁的主张具有法律依据？

案例 2 婚后父母赠房如何分割？

小王结婚 3 年后，父母给他买了一套房子，产权证上写的是小王的名字。

问题：小王的妻子小赵是该房屋的共有权利人吗？

5．问答题

(1) 在什么情况下，离婚诉讼的一方当事人有权向对方请求损害赔偿？

(2) 婚前财产与婚后财产的界定是什么？

(3) 父母对未成年子女的权利义务，除因死亡或收养外，是不能消除的吗？

6．实操题

(1) 以学习小组为单位，在亲属、社区居民、婚姻登记机关中进行离婚案件的调研，分析总结离婚的主要原因。

(2) 上网查找有关"夫妻离婚时房屋权属纠纷"的典型案例，分组讨论离婚时房屋的归属以及与最高人民法院《关于适用〈中华人民共和国婚姻法〉若干问题的解释》(一)、(二)、(三)的关系。

项目 4　继承法基础知识

学习目标

- 掌握法定继承人的范围和继承顺序；
- 掌握遗产的构成范围；
- 掌握代位继承与转继承的条件；
- 掌握法定遗嘱形式及效力；
- 能够依具体案例情况正确分割遗赠扶养协议、遗赠、遗嘱继承、法定继承的涉案财产。

案例导入

王某、孙某夫妇共生育子女三人，长子王华、长女王琳、次女王珍，1970 年王某、孙某夫妇在本村购买房屋两间，土瓦结构，建筑面积 34 平方米，1985 年 1 月，王华结婚，并于 8 月搬出分家另过。同年 9 月，王某病故，其遗产未作处理。王某去世后，孙某与女儿王琳、王珍共同生活。1991 年，王琳结婚，搬出另过。1994 年王珍亦出嫁，孙某独立生活。1995 年 6 月孙某病故。其病故前，于 1995 年 5 月 10 日经龙南县公证处立下遗嘱，“将房屋(未曾分割)都留给我的大女儿王琳”，并将房屋产权证交给了王琳。王华认为，自己也是家庭成员，理应分得部分遗产，遂起诉到法院。

本案在审理过程中存在两种不同意见。第一种意见认为，本案应按遗嘱继承办理，根据“遗嘱在先”原则，讼争房屋应当完全由王琳继承，原告的诉讼请求应予驳回。第二种意见认为，本案不能完全按照“遗嘱在先”原则处理，应当部分支持原告的诉讼请求。①

问题：本案中，孙某以公证遗嘱的形式处分了讼争房屋，王琳是否可以依据“遗嘱在先”原则取得该房屋所有权呢？

4.1　继承概述

1. 继承概念

在民法学上，继承是指将死者生前所有的于死亡时遗留的财产依法转移给他人所有的制度。在这一制度中，因死亡而将生前所有的财产转移给他人的死者称为被继承人；被继承人死亡时遗留的财产称为遗产；依照法律规定或者被继承人生前所立的合法遗嘱承接被

① http://wenku.baidu.com/link?url=JzwYTnudDS4rGzKpb53JLPvRmZVNLFoJdYe5h3NOwqU.

继承人遗产的人称为继承人。依照我国法律的有关规定，继承人只能是自然人；继承人依照法律的直接规定或被继承人所立的合法遗嘱享有的继承被继承人遗产的权利就是继承权。

2. 继承的特点

(1) 继承基于自然人的死亡而发生。继承是因自然人死亡(自然死亡和宣告死亡)这一事实的发生，继承只能从自然人死亡时开始，所以只有因自然人死亡而发生的财产转移才引起继承的开始。

(2) 法定继承、遗嘱继承的主体只能是与死者具有一定身份关系的近亲属。法定继承人是被继承人的配偶、子女、父母、兄弟姐妹、祖父母、外祖父母。《继承法》第十条规定，遗产按照下列顺序继承。第一顺序：配偶、子女、父母。第二顺序：兄弟姐妹、祖父母、外祖父母。继承开始后，由第一顺序继承人继承，第二顺序继承人不继承。没有第一顺序继承人继承的，由第二顺序继承人继承。《继承法》第十一条规定："被继承人的子女先于被继承人死亡的，由被继承人的子女的晚辈直系血亲代位继承。代位继承人一般只能继承他的父亲或者母亲有权继承的遗产份额。"代位继承人必须是被代位人的直系晚辈血亲。

根据《继承法》第十六条的规定，公民可以立遗嘱指定由法定继承人的一人或数人继承，也可以立遗嘱将个人财产赠给国家、集体或法定继承人以外的人继承。国家、集体及其他社会组织都不能作为继承人，而只能作为受遗赠人。

(3) 继承的客体只能是死者的个人合法财产。继承的客体是遗产，遗产以财产利益为内容，身份利益不能作为继承的对象。我国《继承法》第三条规定，遗产是公民死亡时遗留的个人合法财产(包括动产、不动产、知识产权等)。他人的财产，国家、集体的财产都不能成为遗产。

(4) 继承导致财产权利发生转移。自然人死亡后，通过继承方式财产由被继承人转移给继承人，继承人成为被继承人死亡后财产权的主体。

3. 我国继承法的基本原则

继承法是调整因自然人的死亡而发生的财产继承关系的法律规范的总称。继承法是民法的一个重要组成部分。我国继承法的基本原则主要包括：保护公民合法继承权的原则，继承权平等的原则，养老育幼、互助互济原则和互谅互让、团结和睦原则。

(1) 保护公民合法财产继承权的原则。我国《继承法》第一条规定："根据《中华人民共和国宪法》规定，为保护公民的私有财产的继承权，制定本法。"由此可见，继承法的宗旨就是保护公民的私有财产继承权。保护公民私有财产的继承权既是继承法立法的目的和任务，也是继承法的首要原则。

在继承法上，保护私有财产继承权主要表现在以下方面：凡自然人死亡时遗留的个人合法财产均为遗产，全得由其继承人继承。继承人的继承权不得非法剥夺或者限制。继承权为绝对权，任何人都负有不得侵害的义务。

(2) 继承权平等原则。继承权平等原则是民法的平等原则在继承法中的具体体现。在继承法上，主要体现在以下方面。

第一，在继承人的范围和法定继承的顺序、份额上，男女平等。

第二，夫妻在继承上有平等的权利，有相互继承遗产权利。

第三，非婚生子女与婚生子女享有平等继承遗产权利。

第四，养子女与亲生子女享有平等继承遗产权利。

第五，丧偶儿媳与女婿享有平等继承遗产权利。

第六，同一顺序的继承人继承遗产的权利平等。

(3) 养老育幼、互助互济原则。养老育幼原则是保护老人和儿童合法权益的需要，也是实现家庭职能的需要。为实现保护老人、妇女、儿童和残疾人的合法权益的法律任务，继承法必然确认养老育幼原则。这一原则主要体现在以下几方面。

第一，按照《继承法》第十三条规定，在遗产分配中，对生活有特殊困难的缺乏劳动能力的继承人，应当予以照顾；对被继承人尽了主要扶养义务或者与被继承人共同生活的继承人，分配遗产时，可以多分。有扶养能力和有扶养条件的继承人，不尽扶养义务的，分配遗产时，应当不分或者少分。

第二，遗产的分配有利于养老育幼。依《最高人民法院关于贯彻执行〈中华人民共和国继承法〉若干问题的意见》第三十七条规定，遗嘱人未保留缺乏劳动能力又没有生活来源的继承人的遗产份额，遗产处理时，应当为该继承人留下必要的遗产，所剩余的部分，才可参照遗嘱确定的分配原则处理。

第三，遗产分割不能侵害未出生人的利益。《最高人民法院关于贯彻执行〈中华人民共和国继承法〉若干问题的意见》第四十五条规定，应当为胎儿保留的遗产份额没有保留的，应从继承人所继承的遗产中扣回。

为胎儿保留的遗产份额，如胎儿出生后死亡的，由其继承人继承；如胎儿出生时就是死体的，由被继承人的继承人继承。

(4) 互谅互让、团结和睦原则。互谅互让、团结和睦是处理继承关系的基本要求，也是我国处理继承纠纷的司法实践中一直坚持的一项原则。这一原则体现在遗产分割的时间、办法和份额上，由继承人平等协商解决。

4. 继承权的接受、放弃、丧失与保护

(1) 继承权的接受。《继承法》第二十五条做出了明确规定："继承开始后，继承人放弃继承的，应当在遗产处理前，作出放弃继承的表示。没有表示的，视为接受继承。"继承权的接受是指享有继承权的继承人参与继承、接受被继承人遗产的意思表示。因此，继承人无须作出接受继承的意思表示，即可行使继承权。

《继承法》第六条对无行为能力人、限制行为能力人继承权的接受也做了相应规定："无行为能力人的继承权、受遗赠权，由他的法定代理人代为行使。限制行为能力人的继承权、受遗赠权，由他的法定代理人代为行使，或者征得法定代理人同意后行使。"法定代理人代为行使继承权、受遗赠权明显损害被代理人利益的，应认定其代理行为无效。

(2) 继承权的放弃。继承权的放弃是指继承人作出的放弃其继承被继承人遗产的权利的意思表示。

继承权只能于继承开始后遗产分割前放弃。继承权的放弃应以明示方式作出，《最高人民法院关于贯彻执行〈中华人民共和国继承法〉若干问题的意见》第四十九条，继承人放弃继承的意思表示，应当在继承开始后、遗产分割前作出。遗产分割后表示放弃的不再是继承权，而是所有权。第五十二条规定，继承开始后，继承人没有表示放弃继承，并于遗产分割前死亡的，其继承遗产的权利转移给他的合法继承人。

(3) 继承权的丧失。继承权的丧失又称为继承权的剥夺，是指依照法律规定在发生法定事由时取消继承人继承被继承人遗产的权利。继承权的丧失必须有法定事由，并且继承权的丧失是客观意义上的继承权的丧失，也就是继承权的依法剥夺，而不是由继承人的意志所决定。

我国《继承法》第七条规定，继承人有下列行为之一的，丧失继承权。

第一，故意杀害被继承人的。这里的故意杀害是故意杀人，继承人故意杀害被继承人不论动机如何，不论是既遂还是未遂，均应确认其丧失继承权。如继承人故意伤害被继承人致死，其故意是伤害，死亡不是所追求的目的，死亡多为意外或过失，因此故意伤害致死不构成继承权丧失事由。继承人正当防卫或防卫过当致被继承人死亡的，因没有杀人故意，不构成继承权丧失事由。

第二，为争夺遗产而杀害其他继承人的。构成这一法定事由，需要具备两个条件。其一，继承人杀害的对象是其他继承人。继承人杀害其他继承人，包括法定继承人杀害遗嘱继承人，也包括遗嘱继承人杀害法定继承人，既包括第一顺序继承人杀害第二顺序继承人，也包括第二顺序继承人杀害第一顺序继承人。其二，杀害的目的是为了争夺遗产。若不是为了争夺遗产，而是出于其他动机而杀害其他继承人的，也不构成该行为。只要具备以上条件，不论继承人的杀害行为既遂或是未遂，也不论其是否被追究刑事责任，均丧失继承权。

第三，遗弃被继承人的，或者虐待被继承人情节严重的。遗弃被继承人是指依法负有法定义务且具有扶养能力的继承人，对没有劳动能力又没有生活来源的被继承人拒不履行扶养义务。如果继承人本身没有能力和条件尽扶养义务，则其不履行扶养义务不构成遗弃。虐待被继承人是指是指对被继承人的身体或精神进行摧残或折磨。

遗弃被继承人，不论情节是否严重，即丧失继承权。继承人虐待被继承人丧失继承权则以情节严重为前提，继承人虐待被继承人情节是否严重，可以从实施虐待行为的时间、手段、后果和社会影响等方面认定。虐待被继承人情节严重的，不论是否追究刑事责任，均可确认其丧失继承权。继承人遗弃被继承人或者虐待被继承人情节严重，如以后确有悔改表现，而且被遗弃人、被虐待人生前又表示宽恕，可不确认其丧失继承权。

第四，伪造、篡改或者销毁遗嘱，情节严重的。伪造遗嘱是指故意以被继承人的名义制造假遗嘱；篡改遗嘱是指故意改变被继承人所立遗嘱的内容；销毁遗嘱是指故意将被继承人所立的遗嘱毁灭。伪造、篡改或者销毁遗嘱情节是否严重是判断继承权是否丧失的标准。如果继承人伪造、篡改或者销毁遗嘱，侵害了缺乏劳动能力又没有生活来源的继承人的利益，并造成生活困难的，应认定其行为情节严重。但该情形只是情节严重的一种，而并非认定伪造、篡改或者销毁遗嘱情节严重的标准。

4.2 遗　　产

1. 遗产的概念与特征

根据我国《继承法》第三条规定："遗产是公民死亡时遗留的个人合法财产。"遗产是继承法律关系的客体，是继承权的标的。没有遗产，即使有自然人死亡这一法律事实的发生，也不能成立继承法律关系。根据这一规定，遗产具有以下法律特点。

(1) 遗产具有时间上的特定性，遗产只能是公民死亡时遗留的财产。在被继承人死亡前，被继承人对其财产享有所有权，继承人不享有现实继承权。只有当被继承人死亡时，其财产才能转变为遗产。因此，遗产只能以被继承人死亡时其财产为限。

(2) 遗产的内容具有财产性和包括性。继承人所继承的只能是财产而不能包括被继承人生前的人身权利和相关义务。包括性是指，作为遗产，既包括财产权利，也包括财产义务。因此，只要在被继承人死亡时存在，不论是其生前享有的财产权利抑或负担的财产义务，都属于遗产。

(3) 遗产范围上的限定性和合法性。遗产只能是自然人死亡时遗留下的个人财产，并且须依照法律规定能够转移给他人的财产。被继承人生前占有的他人的财产，即使在继承发生时未返还，该财产也不属于遗产。被继承人生前与他人共有的财产，不属于其财产的部分不能作为遗产；被继承人特定的专属性财产不能作为遗产。遗产只能是自然人的合法财产，被继承人非法取得的财产以及依照法律规定不允许自然人个人所有的财产，也不能作为遗产。

2. 遗产的范围

被继承人死亡时遗留的个人所有财产和法律规定可以继承的其他财产权益。包括积极遗产和消极遗产。积极遗产指死者生前个人享有的财物和可以继承的其他合法权益，如债权和著作权中的财产权益等。消极遗产指死者生前所欠的个人债务。

(1) 遗产包括的财产。依照《继承法》第三条规定，遗产包括以下财产。

第一，公民的收入。主要包括从事体力、脑力劳动所得收入，股票、红利、接受的嘉奖等其他合法收入。

第二，公民的房屋、储蓄和生活用品。房屋包括自用房、出租房、闲置房、营业用房等。储蓄包括在银行、信用社、保险公司、其他金融机构的存款；生活用品包括家具、家电、图书、计算机、车辆等。

第三，公民的林木、牲畜和家禽。公民的林木是指依法归个人所有的树木、竹林、果园等，既包括公民在其适用的宅基地、自留地、自留山上种植的林木，也包括在其承包经营的荒山、荒地、荒滩上种植的归其个人所有的林木。

第四，公民的文物、图书资料。包括古董、字画、图书、收藏品等。

第五，法律允许公民所有的生产资料。包括土地、农具、建材、农作物、矿藏等。需要注意的是，在我国，公民不是对任何生产资料都享有所有权。因而只有法律允许公民所有的生产资料才可以作为遗产。对于法律不允许公民所有的生产资料，不论被继承人生前是否占有，都不可以作为遗产。

第六，公民的著作权、专利权中的财产权利。从立法精神上看，本条实际上应当包括各种知识产权中的财产权利。例如，商标专用权以及公民的发现权、发明权等知识产权中的财产权利。

第七，公民的其他合法财产。《最高人民法院关于贯彻执行〈中华人民共和国继承法〉若干问题的意见》(以下简称《继承法意见》)第三条规定："公民可继承的其他合法财产包括有价证券和履行标的为财物的债权等。"

(2) 遗产不能包括的财产

第一，被继承人的人身权。包括姓名权、肖像权、名誉权、荣誉权等。

第二，与人身有关的和专属性的债权债务。此类债权债务具有不可转让性，不能作为遗产。例如，指定了受益人的人身保险合同中的受益权，有关单位因被继承人死亡而发给其家属的抚恤金、生活补助费等。

第三，国有资源的使用权。虽然国有资源使用权在性质上属于用益物权，但因其取得须经特别的程序，是授予特定公民的，因此不能作为遗产。享有国有资源使用权的公民死亡后，其继承人要取得该国有资源使用权，应当重新申请，并经主管部门核准，而不能通过继承的方式取得。

第四，其他依法不能继承的遗产。对于保险金，如果保险合同指定了受益人的，则由受益人取得保险金。保险合同未指定受益人的，则保险金可以作为遗产加以继承。对于抚恤金，如果是职工、军人因公死亡、生病或其他意外事故死亡后，由有关单位按规定给予死者家属而产生的，因具有对死者家属的经济补偿性，而不能作为遗产。有关部门发给因工伤残而丧失劳动能力的职工、军人的生活补助，归个人所有，这类抚恤金可以作为遗产继承。

(3) 遗产的管理

① 遗产的保管。在继承开始后遗产分割前，应对遗产进行保管，避免使遗产受到不应有的损害。我国《继承法》第二十四条规定："存有遗产的人，应当妥善保管遗产，任何人不得侵吞或者争抢。"《继承法意见》第五十九条对违反《继承法》第二十四条的行为规定了惩罚性的内容："人民法院对故意隐瞒、侵吞或者争抢遗产的继承人，可以酌情减少其应继承的财产。"《继承法意见》第四十四条规定："人民法院在审理继承案件时，如果知道有继承人而无法通知的，分割遗产时，要保留其应继承的遗产，并确定该遗产的保管人或保管单位。"该条明确了人民法院在审理继承案件时应负的责任。

遗产保管人应当及时清理遗产，编制遗产清单，并妥善保管遗产，不仅自己不能侵夺或者争抢遗产，而且应当防止和避免对遗产的人为侵害和对遗产的自然侵害。遗产保管人不得擅自对遗产进行使用、收益及处分。在数人共同继承的情况下，在遗产分割前，遗产为数个继承人共同的财产，对遗产的使用收益应当由继承人共同决定。遗产的受益为遗产的增值，除当事人另有约定外，应与遗产一并分割。任何继承人未经其他继承人的同意，不得擅自处分遗产，否则即构成对他人权利的侵害。

② 遗产的分割。遗产的分割是指共同继承人之间按照各自继承人的应继承份额分配遗产的行为。

第一，遗产分割的意义。按照我国《继承法》第五条规定，继承开始后按照法定继承办理。有遗嘱的，按照遗嘱继承或者遗嘱办理。有遗赠扶养协议的，按照协议办理。遗产分割，有遗嘱的应先执行遗嘱，无遗嘱的或者执行遗嘱有剩余遗产的，按照法定继承办理。

继承开始，被继承人遗留的生前的个人合法财产称为遗产。遗产为继承人以及其他有权取得遗产的人取得。若继承人为一人，并且也无其他遗产取得权人，则遗产即成为该继承人的个人遗产。若继承人为数人，即发生共同继承，遗产即为共同继承人共同所有，也就发生遗产共有。在此情形下，不仅对遗产的适用处分须由全体继承人共同决定，并且共同继承人之间负连带责任，共同继承人就遗产的全部享有其应继承份额。因此，各个继承人要取得应由自己继承的具体遗产，就须对遗产进行分割。可见，遗产分割是有权取得遗产的继承人或者其他人将其应得的遗产份额转化成为个人单独所有财产的必经程序。

在遗产分割时，首先应当正确确定遗产的范围，将遗产与他人的财产区别分开。我国《继承法》第二十六条规定："夫妻在婚姻关系存续期间所得的共同所有的财产，除有约定的以外，如果分割财产，应当先将共同所有的财产的一半分出为配偶所有，其余的为被继承人的遗产。遗产在家庭共有财产之中的，遗产分割时，应当先分出他人的财产。"被继承人生前与他人有合伙关系的，其在合伙财产中的份额，列入遗产。

第二，遗产分割的原则。《继承法》的规定，依法继承中遗产分配应遵守以下原则。其一，遗产分割自由。自被继承人死亡开始，继承即开始。遗产分割请求权从性质上说，属于形成权，权利人可随时行使，并不因时效而消失。因此，继承人得随时请求分割遗产并不会损害他人的利益。当事人请求分割遗产的，他人不得拒绝。当事人可以协商分割遗产，也可通过诉讼程序请求分割遗产。其二，保留胎儿继承份额的原则。我国《继承法》第二十八条规定："遗产分割时，应当保留胎儿的继承份额。胎儿出生时是死体的，保留的份额按照法定继承办理。"分割遗产时，应当为胎儿保留的遗产份额没有保留的，应从继承人所继承的遗产中扣回。其三，互谅互让、协商分割、鼓励家庭成员及社会成员间的扶助的原则。遗产分割时，当事人应当互谅互让，协商处理。遗产分割的时间，分割的方法，分割的份额，都应按继承人协商一致的意见办理。当事人协商不成的，可以请调解委员会调解，也可以向法院提起诉讼。《继承法》第十三条规定，同一顺序继承人继承遗产的份额，一般应当均等。对生活有特殊困难的缺乏劳动能力的继承人，分配遗产时，应当予以照顾。对被继承人尽了主要扶养义务或者与被继承人共同生活的继承人，分配遗产时，可以多分。有扶养能力和有扶养条件的继承人，不尽扶养义务的，分配遗产时，应当不分或者少分。继承人协商同意的，也可以不均等。其四，物尽其用原则。遗产分割时，应当从有利于生产和方便生活出发，充分发挥遗产的效用，不得损害遗产的价值。人民法院在分割遗产中的房屋、生产资料和特定职业所需要的财产时，应依据有利于发挥其效用和继承人的实际需要，兼顾各继承人的利益进行处理。其五，遗嘱优先于法律规定，法定继承中实行优先顺位继承的原则。《继承法》第二十七条规定，有下列情形之一的，遗产中的有关部分按照法定继承办理。遗嘱继承人放弃继承或者受遗赠人放弃受遗赠的，遗嘱继承人丧失继承权的，遗嘱继承人、受遗赠人先于遗嘱人死亡的，遗嘱无效部分所涉及的遗产，遗嘱未处分的遗产。

第三，遗产的分割方式。关于遗产的分割方式，若遗嘱中已经指定，则应按遗嘱中指定的方式分割。遗嘱中未指定的，由继承人具体协商，继承人协商不成的，可以通过调解或诉讼解决。

我国《继承法》第二十九条第二款规定："不宜分割的遗产，可以采取折价、适当补偿或者共有等方法处理。"据此，对遗产的分割可根据具体情况采用实物分割、变价分割、保留共有的分割等方式。

4.3 被继承人的债务清偿

1. 被继承人的债务范围

被继承人债务是指被继承人死亡时遗留的应由被继承人清偿的财产义务。被继承人的债务，既包括被继承人个人担负的债务，也包括被继承人在共同债务中应负担的债务。被继承人的债务主要包括以下几种。

(1) 被继承人依照税法规定应缴纳的税款。

(2) 被继承人因合同之债发生的未履行的给付财物的债务。

(3) 被继承人因不当得利而承担的返还不当得利的债务。

(4) 被继承人因无因管理之债的成立而负担的偿还管理人必要费用的债务。

(5) 被继承人因侵权行为而承担的损害赔偿债务。

(6) 其他应由被继承人承担的债务，如合伙债务中应由被继承人承担的债务，被继承人承担的保证债务等。但被继承人以个人名义因夫妻共同生活或者家庭共同生活欠下的债务，应为共同债务，不能全部作为被继承人的债务。

2. 被继承人的遗产债务的清偿原则

我国《继承法》第三十三条规定："继承遗产应当清偿被继承人依法应当缴纳的税款和债务，缴纳税款和清偿债务以他的遗产实际价值为限。超过遗产实际价值部分，继承人自愿偿还的不在此限。继承人放弃继承的，对被继承人依法应当缴纳的税款和债务可以不负偿还责任。"该法第三十四条规定："执行遗赠不得妨碍清偿遗赠人依法应当缴纳的税款和债务。"依上述规定，对被继承人债务的清偿，应当坚持以下原则。

(1) 限定继承原则。所谓限定继承，就是指继承人对被继承人的遗产债务的清偿只以遗产的实际价值为限，除继承人自愿清偿者外，继承人对于超过遗产实际价值的部分不负清偿责任。

(2) 保留必留份的原则。清偿被继承人的债务，应当为需要特殊照顾的继承人保留适当的遗产。继承人中有缺乏劳动能力又没有生活来源的人，即使遗产不足以清偿债务，也应为其保留适当的遗产，然后再按我国《继承法》第三十三条的规定处理。

(3) 清偿债务优于执行遗赠的原则。执行遗赠须于清偿债务后进行，只有在清偿被继承人的债务之后，还有剩余遗产时，遗赠才能得到执行；若遗产不足以清偿债务，则不能执行遗赠。

(4) 继承人连带清偿责任原则。继承遗产的共同继承人对被继承人债务的清偿应负连带责任。被继承人的债权人得请求继承人的全体或者其中的一人或者数人清偿债务。

3. 被继承人遗产债务的清偿时间和方式

清偿被继承人的债务一般应于遗产分割前进行。但继承人未清偿债务而分割遗产的，也无不可。遗产已被分割而未清偿债务时，如有法定继承又有遗嘱继承和遗赠的，首先由法定继承人用其所得遗产清偿债务，不足清偿时，剩余的债务由遗嘱继承人和受遗赠人按比例用所得遗产偿还；如果只有遗嘱和遗赠继承的，由遗嘱继承人和受遗赠人按比例用所得偿还。

4. 无人承受遗产的处理

无人继承的遗产是指被继承人去世时没有法定继承人，又没有遗赠协议指定受遗赠人的相关遗产。

被继承人死亡后，其遗产由继承人继承或者由受遗赠人遗赠，从而使被继承人死亡时遗留的财产转移归继承人或者受遗赠人所有。若无人继承或无人受遗赠，因被继承人死亡不能再为财产的主体，则须确认遗产的归属。

(1) 无人继承又无人受遗赠的遗产，包括以下情形的遗产。

第一，死者无法定继承人，也未立遗嘱指定受遗赠人，生前也未与他人订立遗赠抚养协议。

第二，被继承人的法定继承人、遗嘱继承人全部放弃继承，受遗赠人全部放弃受遗赠。

第三，被继承人的法定继承人、遗嘱继承人全部丧失继承权，受遗赠人全部丧失受遗赠权。

(2) 无人继承又无受遗赠的遗产的归属。我国《继承法》第三十二条规定："无人继承又无人受遗赠的遗产，归国家所有；死者生前是集体所有制组织的成员的，归所在集体所有制组织所有。"

无人继承又无人受遗赠的遗产归国家或集体所有制组织所有，同时，取得该遗产的国家或集体所有制组织也应在取得遗产的实际价值范围内清偿死者生前所欠的债务。遗产因无人继承又无人受遗赠，收归国家所有或集体所有制组织所有时，若继承人以外的依靠被继承人扶养的缺乏劳动能力又没有生活来源的人，或者继承人以外的对被继承人扶养较多的人提出取得遗产的请求，人民法院应视情况适当分给财产。

4.4 法定继承

1. 法定继承的概念与特征

法定继承是指在被继承人没有对其遗产的处理立有遗嘱的情况下，由法律直接规定继承人的范围、继承顺序、遗产分配的原则的一种继承形式。

法定继承也称为无遗嘱继承，是相对于遗嘱继承而言的，又称为非遗嘱继承。法定继承是遗嘱继承以外的依照法律的直接规定将遗产转移给继承人的一种遗产继承方式。在法定继承中,继承人范围、继承的顺序、继承人应继承的遗产份额以及遗产的分配原则,都由法律直接规定。

在我国,法定继承是遗产的主要继承方式,即使遗嘱继承人,也只能是法定继承人范围内的人。法定继承有以下特征。

(1) 法定继承是遗嘱继承的补充。法定继承虽是常见的主要的继承方式,但继承开始后,应先适用遗嘱继承,只有在不适用遗嘱继承时才适用法定继承。因而,从效力上说,遗嘱继承的效力优先于法定继承,法定继承是对遗嘱继承的补充。

(2) 法定继承是对遗嘱继承的限制。我国《继承法》中规定,遗嘱应当对缺乏劳动能力又没有生活来源的继承人保留必要的遗产份额。因此,尽管遗嘱继承限制了法定继承的适用范围,但同时法定继承也是对遗嘱继承的一定限制。

(3) 法定继承中的继承人是法律基于继承人于被继承人间的亲属关系规定的,而不是由被继承人指定的。从这点上说,法定继承具有以身份关系为基础的特点。

(4) 法定继承中法律关于继承人、继承的顺序以及遗产的分配原则的规定是强行性的,任何人不得改变。

(5) 法定继承具有法定性,继承人范围、继承的顺序、继承人应继承的遗产份额以及遗产的分配原则,都由法律直接规定。并且法定继承与遗嘱继承、遗赠并存。

2. 法定继承的适用范围

法定继承的适用范围是指在何种情形下适用法定继承。《继承法》第五条规定:“继承开始后,依法定继承办理;有遗嘱的,按照遗嘱继承或者遗赠办理;有遗赠扶养协议的,按照协议办理。”可见,在被继承人生前未与他人订立遗赠扶养协议,又没有设立遗嘱时,被继承人的全部遗产只能适用法定继承;或者被继承人虽设立遗嘱但遗嘱又全部无效的,被继承人也只能适用法定继承。根据《继承法》第二十七条规定,有下列情形之一的,遗产中的有关部分按照法定继承办理。

(1) 遗嘱继承人放弃遗嘱继承或受遗赠人放弃受遗赠的。遗嘱继承人放弃继承和受遗赠人放弃受遗赠的,其放弃继承和受遗赠的遗产部分适用法定继承。其他遗嘱继承人未放弃继承或其他受遗赠人未放弃受遗赠的,对其他遗嘱继承人或受遗赠的遗产部分,不能适用法定继承。

(2) 遗嘱继承人丧失继承权或受遗赠人丧失遗赠受领权的。遗嘱中指定的继承人在发生继承法中规定的丧失继承权事由时,其继承权丧失,不得再作为继承人。遗嘱中指定的受遗赠人丧失受遗赠权的,也不得再作为受遗赠人。因此,遗嘱继承人丧失继承权或受遗赠人丧失遗赠受领权的遗产部分,不能适用法定继承。

(3) 遗嘱继承人或受遗赠人先于遗嘱人死亡的。遗嘱继承人、受遗赠人先于遗嘱人死亡的,因其不能再成为民事主体而不能继承或受遗赠,因此,遗嘱中指定由其继承、受遗赠的财产部分适用法定继承。

(4) 遗嘱无效部分所涉及的财产。遗嘱人所立的遗嘱如果不符合法律规定,该内容无效。遗嘱的无效可分为全部无效和部分无效。遗嘱无效部分所涉及的遗产,因不能再遵循遗嘱,故应使用法定继承。

(5) 遗嘱未处分的遗产。

3．法定继承人的范围

法定继承人是指由法律直接规定的可以依法继承被继承人遗产的人。法定继承人的范围是指哪些人可以成为法定继承人。根据我国《继承法》有关规定，法定继承人包括配偶、子女、父母、兄弟姐妹、祖父母、外祖父母，以及对公婆或岳父母尽了主要赡养义务的丧偶儿媳或女婿。

(1) 配偶。配偶是处于合法婚姻关系中的男女双方相互间的称谓。作为继承人的配偶须是于被继承人死亡时与被继承人之间存在合法婚姻关系的人。与被继承人曾经存在婚姻关系，但在被继承人死亡时已经解除婚姻关系的人，不是配偶。夫妻一方在离婚诉讼过程中，或者法院虽已作出离婚判决，但该判决尚未发生效力前死亡的，另一方仍为配偶，可以作为法定继承人。即婚姻关系的解除须经法定的程序，未经法定程序办理离婚手续的，夫妻双方仍为配偶，有相互继承遗产的权利。

与被继承人非法同居或者姘居的人，不为配偶，不属于法定继承人范畴。但未办理结婚登记手续即以夫妻名义同居生活，在一方死亡时，依据《婚姻法解释(一)》第五条、第六条的规定，若双方的同居关系发生在1994年2月1日民政部《婚姻登记管理条例》公布实施之前，双方已经符合结婚实质要件的，双方成立事实婚姻，未死亡一方可以配偶身份对死亡一方的遗产主张继承权。若双方同居关系发生在1994年2月1日民政部《婚姻登记管理条例》公布实施之后，双方符合结婚实质要件的，且后来补办了结婚登记的，则未死亡一方可以配偶身份继承遗产；未补办结婚登记的，未死亡一方不得主张继承权。但是，如果一方死亡时，另一方符合《继承法》第十四条规定的可分得遗产的人的条件，可以适当分给遗产。

(2) 子女。子女是指被继承人的晚辈直系血亲。根据《继承法》第十条规定，子女包括婚生子女、非婚生子女、养子女以及有扶养关系的继子女。

婚生子女是指有合法婚姻关系的男女双方所生育的子女。婚生子女不论是儿子还是女儿，不论子女随父姓还是随母姓，不论是否已经结婚，是否与父母共同生活，均为父母的法定继承人。

非婚生子女是指没有合法婚姻关系的男女生育的子女。我国《继承法》规定了子女包括非婚生子女，也就确认了非婚生子女与婚生子女享有平等的继承权。非婚生子女不仅有权继承其生母的遗产，同时有权继承其生父的遗产，不论其生父是否认领该非婚生子女。

养子女是指因合法的收养关系成立而与养父母形成父母子女关系的子女。收养关系成立后，收养人与被收养人之间形成拟制血亲关系，养子女与其生父母之间法律上的权利义务关系解除，养子女无权再继承其生父母的遗产。但是，根据《继承法意见》第十九条规定："被收养人对养父母尽了赡养义务，同时又对生父母扶养较多的，除可依《继承法》第十条的规定继承养父母的遗产外，还可依《继承法》第十四条规定分得生父母的适当的遗产。"依照《继承法意见》第二十二条规定："收养他人为孙子女，视为养父母与养子女的关系，可互为第一顺序继承人。"养子女的继承权以与养父母之间存在合法收养关系为前提，没有合法的收养关系，就不存在养父母与养子女的关系。因此，被领养或者被寄养的子女与领养人间未形成合法的收养关系的，不属于养子女，无权继承领养人或者寄养人的遗产。此外，合法的收养关系于继承开始时已经解除的，原养父母与养子女相互间无继承权。

继子女是指妻与前夫或夫与前妻所生的子女。继父母与继子女间的关系因其父或其母再婚而形成，继子女与生父母的权利义务关系并不解除。根据我国《继承法》规定，继子女作为法定继承人继承继父母的遗产，必须与继父母之间形成扶养关系。继子女继承继父母的遗产，不影响其继承生父母的遗产。

(3) 父母。父母是最直系的尊亲属。父母与子女间有着最密切的关系，互为继承人。继承法上作为法定继承人的父母包括生父母、养父母以及有扶养关系的继父母。

(4) 兄弟姐妹。兄弟姐妹是最近的旁系血亲。作为继承人的兄弟姐妹包括同父同母的兄弟姐妹、同父异母或同母异父的兄弟姐妹、养兄弟姐妹、有扶养关系的继兄弟姐妹。养兄弟姐妹关系是因收养成立的养子女与生子女之间、养子女与养子女之间的亲属关系。养兄弟姐妹互为继承人，与其亲兄弟姐妹之间的法律上的权利义务关系因收养关系的成立而消除，不能互为继承人。继兄弟姐妹之间的继承权，因继兄弟姐妹之间的扶养关系而发生。没有扶养关系的继兄弟姐妹，不能互为继承人。继兄弟姐妹之间互相继承了遗产的，不影响其对亲兄弟姐妹遗产的继承。

(5) 祖父母和外祖父母。祖父母与外祖父母是除父母外最近的尊亲属。作为法定继承人的祖父母、外祖父母包括：亲祖父母、亲外祖父母、养祖父母、养外祖父母、有扶养关系的继祖父母和有扶养关系的继外祖父母。

(6) 对公婆或岳父母尽了主要赡养义务的丧偶儿媳或女婿。《继承法》第十二条规定："丧偶儿媳对公、婆，丧偶女婿对岳父、岳母尽了主要赡养义务的，作为第一顺序继承人。"同时《继承法》第三十条明确了何为"主要赡养义务"，"对被继承人生活提供了主要经济来源，或在劳务方面给予了主要辅助的，应当认定尽了主要赡养义务"。

4. 法定继承人的继承顺序

法定继承顺序又称法定继承的顺位，是指法律直接规定的法定继承人参加继承的先后顺序。继承开始后，适用法定程序时，法定继承人并不是同时参加继承，而是按照法律规定的先后顺序参加继承，先由前一顺序的继承人继承，没有前一顺序的继承人继承时，才由后一顺序的继承人继承。

法定继承人的继承顺序具有法定性、强行性、排他性和限定性的特点。法定性是指法定继承人的继承顺序由法律根据继承人与被继承人的亲属关系直接规定，而不是由当事人自行决定。强行性是指对于法律规定的继承顺序，任何人、任何机关不得以任何理由改变。前一顺序的继承人不得变更自己的顺序而作为后一顺序的继承人参加继承。继承人也不可放弃自己的继承顺序，其只能放弃继承权。排他性是指继承人只能依法定继承顺序依次参加继承。只要有前一顺序的继承人继承，后一顺序的继承人就不能继承遗产。只有在没有前一顺序继承人，或者前一顺序继承人全部放弃继承权或全部丧失继承权，或者前一顺序的继承人部分丧失继承权，其余的继承人全部放弃继承的情况下，后一顺序的继承人才有权参加继承。限定性是指，法定继承人的继承顺序只适用于法定继承，而不适用于遗嘱继承，遗嘱继承人不受法定继承顺序的限制。

我国《继承法》第十条、第十二条规定的法定继承人的继承顺序为，第一顺序为配偶、子女、父母。丧偶儿媳对公婆，丧偶女婿对岳父、岳母尽了主要赡养义务的，也可作为第一顺序继承人。第二顺序为兄弟姐妹、祖父母、外祖父母。

【阅读资料】

《关于贯彻执行〈中华人民共和国继承法〉若干问题的意见》第二条规定：相互有继承权的人在同一事件中死亡，如不能确定死亡先后时间的，推定没有生存继承人的人先死亡。死亡人各自都有生存继承人的，如几个死亡人辈分不同，推定长辈先死亡；几个死亡人辈分相同的，推定同时死亡，其遗产由各自的生存继承人依法继承。

【案例分析】

甲、乙为夫妻，有一儿一女均已成家，各自独立生活。甲有一弟早年去世，留下一子丙现年5岁，一直靠甲抚养。甲的父母一直与哥哥共同生活。现甲不幸遇难死亡，甲、乙共有家庭财产10万元。

问题：甲去世后其财产如何继承？

5. 代位继承和转继承

(1) 代位继承。代位继承是法定继承的一种特殊情况。它是指被继承人的子女先于被继承人死亡时，由被继承人子女的晚辈直系血亲代替先死亡的长辈直系血亲继承被继承人遗产的一项法定继承制度，又称间接继承。先于被继承人死亡的继承人，称被代位继承人，简称被代位人。代替被代位人继承遗产的人称代位继承人，简称代位人。代位人代替被代位人继承遗产的权利，叫代位继承权。代位继承有如下特征。

第一，代位继承的发生，须有被继承人的子女先于被继承人死亡的法律事实，该死亡可以是自然死亡，也可以是法律宣告死亡。只有在被继承人的子女先于被继承人死亡时才发生代位继承。一旦继承开始，被继承人的子女死亡的，不发生代位继承。

第二，被代位继承人只限于被继承人的先死子女。其他被继承人的继承人若先于被继承人死亡时，不发生代位继承。

第三，代位继承人只限于被代位继承人的晚辈直系血亲。被继承人的孙子女、外孙子女、曾孙子女、曾外孙子女等均可代位继承，代位继承人不受辈分限制。由于《继承法》所规定的子女包括婚生子女、非婚生子女、养子女、有扶养关系的继子女。因此，被继承人的养子女、已形成扶养关系的继子女，都为被代位继承人。

第四，代位继承人为数人的，只能共同继承被代位继承人对被继承人的遗产所应当继承的遗产份额。代位继承人为数人时，原则上由数个代位继承人平分被代位人应继承的份额，而不能由数个代位继承人与其他继承人一同按人数分配继承人的遗产。

第五，被代位继承人未丧失继承权。《继承法意见》第二十八条明确规定："继承人丧失继承权的，其晚辈直系血亲不得代位继承。如该代位继承人缺乏劳动能力又没有生活来源，或对被继承人尽赡养义务较多的，可适当分给财产。"因此，只有在被代位继承人在继承开始时享有继承权的，才能发生代位继承。

第六，代位继承只适用于法定继承，不适用于遗嘱继承。

(2) 转继承。转继承又称连续继承、再继承、二次继承等，是指继承人在继承开始后遗产分割前死亡时,其有权接受的遗产转由其法定继承人继承的制度。在被继承人死亡后、遗产分割前死亡的继承人称为被转继承人,有权承受被转继承人的被继承人遗产的人称为转继承人。转继承人就是实际接受遗产的死亡继承人的继承人。转继承有如下特征。

第一,只有在被继承人死亡之后,遗产分割之前,继承人也相继死亡,才发生转继承。

第二,只有继承人在前述的时间内死亡而未实际取得遗产,而不是放弃继承权。

第三,只能由继承人的法定继承人直接分割被继承人的遗产。

第四,转继承人一般只能继承其被转继承人应得的遗产份额。

第五,转继承人可以是被继承人的直系血亲,也可以是被继承人的其他合法继承人。

(3) 代位继承与转继承的区别

第一,继承人死亡的时间不同。代位继承是被继承人的继承人先于被继承人死亡或与被继承人同时死亡。转继承是被继承人的继承人在继承活动开始之后,遗产处理之前死亡。

第二,继承的内容不同。代位继承是继承人的子女直接参与对被继承人遗产的分割,与其他有继承权的人共同参与继承活动。转继承的继承只能对其法定继承人应继承的遗产进行分割,不能与被继承人的其他合法继承人共同分割被继承人的遗产。

第三,继承人的范围不同。代位继承只能发生在与被继承人有直系血亲或拟制血亲的子女范围内,如子女、孙子女、外孙子女,且不受辈分限制,均可成为代位继承人。转继承人却不仅限于有直系血亲或拟制血亲的子女、孙子女、外孙子女范围内,由于转继承是继承继承人的遗产,因此,作为第一顺序继承人的子女、配偶、父母都有继承权。

【作业】

上网查找代位继承与转继承相关案例,比较二者的不同点。

【阅读资料】

《关于贯彻执行〈中华人民共和国继承法〉若干问题的意见》(节选)

二、关于法定继承部分

19. 被收养人对养父母尽了赡养义务,同时又对生父母扶养较多的,除可依《继承法》第十条的规定继承养父母的遗产外,还可依《继承法》第十四条的规定分得生父母的适当的遗产。

20. 在旧社会形成的一夫多妻家庭中,子女与生母以外的父亲的其他配偶之间形成扶养关系的,互有继承权。

21. 继子女继承了继父母遗产的,不影响其继承生父母的遗产。继父母继承了继子女遗产的,不影响其继承生子女的遗产。

22. 收养他人为养孙子女,视为养父母与养子女的关系的,可互为第一顺序继承人。

23. 养子女与生子女之间、养子女与养子女之间,系养兄弟姐妹,可互为第二顺序继承人。被收养人与其亲兄弟姐妹之间的权利义务关系,因收养关系的成立而消除,不能互为第二顺序继承人。

24. 继兄弟姐妹之间的继承权，因继兄弟姐妹之间的扶养关系而发生。没有扶养关系的，不能互为第二顺序继承人。继兄弟姐妹之间相互继承了遗产的，不影响其继承亲兄弟姐妹的遗产。

25. 被继承人的孙子女、外孙子女、曾孙子女、外曾孙子女都可以代位继承，代位继承人不受辈数的限制。

26. 被继承人的养子女、已形成扶养关系的继子女的生子女可代位继承；被继承人亲生子女的养子女可代位继承；被继承人养子女的养子女可代位继承；与被继承人已形成扶养关系的继子女的养子女也可以代位继承。

27. 代位继承人缺乏劳动能力又没有生活来源，或者对被继承人尽过主要赡养义务的，分配遗产时，可以多分。

28. 继承人丧失继承权的，其晚辈直系血亲不得代位继承。如该代位继承人缺乏劳动能力又没有生活来源，或对被继承人尽赡养义务较多的，可适当分给遗产。

29. 丧偶儿媳对公婆、丧偶女婿对岳父、岳母，无论其是否再婚，依《继承法》第十二条规定作为第一顺序继承人时，不影响其子女代位继承。

4.5 遗嘱继承

1. 遗嘱继承的概念及特征

遗嘱继承是指按照立遗嘱人生前所留下的符合法律规定的合法遗嘱继承被继承人遗产的继承制度。在遗嘱继承中，生前立有遗嘱的被继承人称为遗嘱人，依照遗嘱指定享有遗产继承权的人为遗嘱继承人。相对于法定继承，遗嘱继承有如下特点。

(1) 被继承人生前立有合法有效的遗嘱以及立遗嘱人死亡的事实。引起法定继承发生的法律事实仅有一个，即被继承人死亡。但仅有被继承人的死亡并不能引起遗嘱继承的发生，还须有被继承人所设立的合法有效的遗嘱。只有某一个法律事实，都不能引起遗嘱继承的发生。

(2) 遗嘱继承直接体现着被继承人的遗愿。遗嘱继承是在继承开始后按照遗嘱进行的继承。遗嘱是被继承人生前对其个人财产作出的死后处分，因此，遗嘱继承是直接按照被继承人的意思进行继承。遗嘱继承人按照遗嘱继承遗产，也就直接体现了被继承人的遗愿，这也充分尊重被继承人对自己财产处分的自由。

(3) 遗嘱继承人和法定继承人的范围相同，但遗嘱继承不受法定继承顺序和应继份额的限制。在我国，遗嘱继承人须为法定继承人，非法定继承人不能成为遗嘱继承人。遗嘱中指定的继承人可以不受法定继承顺序的限制，遗嘱继承人继承的份额也不受法定继承中应继承份额的限制。

(4) 遗嘱继承的效力优于法定继承的效力。在继承开始后，有遗嘱的，先要按照遗嘱继承进行继承，因此遗嘱继承的效力优于法定继承。

2. 遗嘱继承适用的条件

依照我国《继承法》的规定，在被继承人死亡后，只有具备下列条件时，按照遗嘱继承办理。

(1) 没有遗赠扶养协议。遗嘱继承的效力虽优于法定继承的效力，但是其不能对抗遗赠扶养协议。因此，被继承人与抚养人订立遗赠扶养协议的，对于遗赠扶养协议中约定的遗产，不能按照遗嘱继承处理。

(2) 被继承人立有合法有效的遗嘱。遗嘱只有符合法律规定的有效要件才能发生效力，而有效的遗嘱才能够被执行。无效的遗嘱不具有法律效力，继承人不得依无效遗嘱的指定继承。

(3) 遗嘱中指定的继承人未丧失继承权，也未放弃继承权。遗嘱继承人因具备法律规定的事由而丧失继承权的，不得参加遗嘱继承。遗嘱继承人虽未丧失继承权，但是与继承开始后遗产分割前明确表示放弃继承权的，不适用遗嘱继承。

3. 遗嘱的形式

(1) 公证遗嘱。公证遗嘱是指经过国家公证机关依法认可其真实性与合法性的书面遗嘱。公证遗嘱由遗嘱人向公证机关申请办理，与其他遗嘱方式相比，效力最高。《继承法》第二十条第三款规定，自书、代书、录音、口头遗嘱，不得撤销、变更公证遗嘱。

(2) 自书遗嘱。自书遗嘱是指由遗嘱人亲笔书写制作的遗嘱。这种遗嘱设立形式简便易行，具有较强的保密性，是最常用的遗嘱形式。《继承法》第十七条第二款规定，自书遗嘱由遗嘱人亲笔书写，签名，注明年、月、日。自然人在涉及死后个人财产处分的内容，确为死者的真实意思表示，有本人签名并注明了年、月、日，又无相反证据的，可按自书遗嘱对待。

(3) 代书遗嘱。代书遗嘱是由遗嘱人口述遗嘱内容，他人代为书写而制作的遗嘱，又称为代笔遗嘱或口授遗嘱。《继承法》第七条第三款规定，代书遗嘱应当有两个以上见证人在场见证，由其中一人代书，注明年、月、日，并由代书人、其他见证人和遗嘱人签名。遗嘱人不会书写自己名字的，可按手印代替签名。

(4) 录音遗嘱。录音遗嘱是指以录音方式录制下来的遗嘱人的口述遗嘱。《继承法》第十七条第四款规定：以录音形式立的遗嘱，应当有两个以上见证人在场见证。见证人也应当将自己的见证证言录制在录音遗嘱的磁带上。录音遗嘱设立后，应将录制遗嘱的磁带封存，并由见证人共同签名，注明年、月、日。

(5) 口头遗嘱。口头遗嘱是指由遗嘱人口头表述的，而不以任何方式记载的遗嘱。我国《继承法》第十七条第五款规定，遗嘱人在危急情形下，可以立口头遗嘱。口头遗嘱应当有两个以上见证人在场见证。口头遗嘱的特别之处是须在不能以其他方式设立遗嘱的危急情形下作出的。所谓危急情形，一般是指遗嘱人生命垂危或者在战争中或者发生意外灾害，随时都有生命危险，来不及或者无条件设立其他形式遗嘱的情形。危急情形解除后，遗嘱人能够设立其他形式遗嘱的，口头遗嘱无效。

为保证遗嘱的真实性，《继承法》第十七条规定，代书遗嘱、录音遗嘱、口头遗嘱都须有两个以上的见证人在场见证。由于遗嘱见证人证明的真伪直接关系到遗嘱的效力和遗产的处置，因此《继承法》第十八条规定，下列人员不能作为遗嘱见证人。无行为能力人、限制行为能力人，继承人、受遗赠人，与继承人、受遗赠人有利害关系的人。

【小思考】

甲母早年去世，甲与三个兄弟都对父亲尽了赡养义务，但甲父却立了一份公证遗嘱，要把房子在死后都给结婚几年的继母和继母带来的儿子，而且立遗嘱时也未同甲和几个兄弟商量，甲认为父亲这样做太不合理，打算向法院起诉。

问题：你认为甲父这样立遗嘱可以吗？

【案例分析】

张某写了一份遗嘱，主要内容如下："因老伴早逝，次子已故，二儿媳身体不好，又带两个孩子，生活困难，而长子及儿媳均有工资收入，生活条件好，所以我死之后，名下的全部遗产由二儿媳妇及两个孩子继承。"张某签上姓名，写上 2004 年 5 月 1 日。

对该遗嘱有四种不同意见：一是认为遗嘱取消了长子的继承权，应无效。二是认为遗嘱没有见证人见证，应无效。三是没有经过公证，应无效。四是认为符合继承法的规定，应有效。

问题：你同意上述哪种观点？依据是什么？

4. 遗嘱的有效要件

遗嘱的有效要件包括形式要件和实质要件。

遗嘱的形式要件是指遗嘱的形式须符合法律的规定。遗嘱的形式若不符合法律的要求，也就不能有效。

(1) 在设立遗嘱时，遗嘱人必须具有遗嘱能力。在我国，一般即指具有完全民事行为能力。遗嘱人是否具有遗嘱能力，以遗嘱设立时为准。如在设立遗嘱后，遗嘱人丧失行为能力，不影响其已经设立遗嘱的效力；无行为能力人所立的遗嘱，即使其本人后来有了行为能力，仍属无效。

(2) 遗嘱人的意思表示必须真实。意思表示真实是民事行为有效的必要条件。因受威胁、强迫、欺骗所立的遗嘱或伪造遗嘱无效，遗嘱被篡改的，篡改的内容无效。

(3) 遗嘱的内容必须符合法律和社会道德。遗嘱若损害了社会公共利益或者其内容违反社会公德，则为无效。例如，《继承法》第十九条规定，遗嘱应当对缺乏劳动能力又没有生活来源的继承人保留必要的遗产份额。如遗嘱违反上述规定，遗产处理时应当为该继承人留下必要的遗产，所剩余的部分，才可参照遗嘱确定的分配原则处理。

(4) 遗嘱须具备法定的形式。

5. 遗嘱的变更、撤销与执行

(1) 遗嘱变更、撤销的概念。遗嘱的变更是指遗嘱人在遗嘱设立后对遗嘱的内容作部分的修改。遗嘱的撤销是指遗嘱人于遗嘱设立后取消所设立的遗嘱。

遗嘱的变更和撤销均是遗嘱人所实施的单方的民事行为。遗嘱变更是仅改变遗嘱的部分内容，而遗嘱的撤销是改变遗嘱的全部内容。因变更、撤销遗嘱是单方民事行为，只要有遗嘱人一方的意思表示就可成立。我国《继承法》第二十条明确规定，遗嘱人可以撤销、变更自己所设立的遗嘱。在遗嘱设立后生效前，遗嘱人可随时无须有任何事由而变更或者撤销遗嘱。

遗嘱变更的，应以变更后的遗嘱内容来确定遗嘱的效力和执行；遗嘱撤销的，以新设立的遗嘱来确定遗嘱的内容和执行，撤销后未设立新遗嘱的，视为被继承人未立遗嘱。

(2) 遗嘱变更与撤销的要件。遗嘱的变更或者撤销只有符合以下条件，才能发生效力，否则遗嘱的变更或撤销不发生效力。

第一，遗嘱人须有遗嘱能力。遗嘱人于变更或者撤销遗嘱时必须有遗嘱能力。遗嘱人在设立遗嘱后丧失行为能力的，对遗嘱的变更、撤销不发生效力，原遗嘱仍有效。

第二，遗嘱的变更、撤销须为遗嘱人的真实意思表示。因受胁迫、欺骗而变更、撤销遗嘱的，不发生变更、撤销的效力。

第三，遗嘱的变更、撤销须依法定方式由遗嘱继承人亲自为之。遗嘱的变更、撤销可以采用明示方式和推定方式。

遗嘱的变更、撤销明示方式是指遗嘱人以明确的意思表示变更、撤销遗嘱。遗嘱人变更、撤销遗嘱的形式，须具备遗嘱的法定形式，并且现行法规定："自书、代书、录音、口头遗嘱，不得撤销、变更公证遗嘱。"公证遗嘱的变更、撤销须采用公证的方式为之。

遗嘱的变更、撤销推定方式是指遗嘱人未以明确的意思表示变更、撤销遗嘱，而是法律规定从遗嘱人的行为推定其变更、撤销遗嘱的意思。推定遗嘱变更、撤销的，有以下情形：第一，遗嘱人立有数份遗嘱，且内容相抵触的，推定变更、撤销遗嘱。我国《继承法》第二十条第二款规定："立有数份遗嘱，内容相抵触的，以最后的遗嘱为准。"但若所立遗嘱的形式不同，其中有公证遗嘱的，则应以最后的公证遗嘱为准。第二，遗嘱人生前的行为与遗嘱内容相抵触的，推定遗嘱变更、撤销。最高人民法院《关于贯彻执行〈中华人民共和国继承法〉若干问题的意见》第三十九条规定："遗嘱人生前的行为与遗嘱的意思表示相反，而使遗嘱处分的财产在继承开始前灭失、部分灭失或者所有权转移、部分转移的，遗嘱视为被撤销或部分撤销。"第三，遗嘱人故意销毁遗嘱的，推定遗嘱人撤销原遗嘱。

(3) 遗嘱的执行。遗嘱的执行是指于遗嘱生效后由遗嘱执行人实现遗嘱的内容。遗嘱执行不仅是实现遗嘱人遗愿的必要程序，而且对于保护继承人与利害关系人的利益也有重要意义。

遗嘱的执行也是一种民事行为，执行人应有民事行为能力。无民事行为能力人和限制民事行为能力人不具备成为遗嘱执行人的资格。

遗嘱人在遗嘱中指定了遗嘱执行人的，由被指定的遗嘱执行人执行遗嘱。遗嘱中没有指定遗嘱执行人或者被指定的执行人不能执行遗嘱的，应由有能力的继承人为遗嘱执行人；继承人也不能执行遗嘱的，由遗嘱人生前所在单位或者继承开始地点的居民委员会、村民委员会为遗嘱执行人。

遗嘱执行的费用可以从遗产中扣除。遗嘱执行人因过错而给继承人或者受遗赠人造成损害的，应负赔偿责任。遗嘱执行人不能忠实履行职责的，有关人员可以请求法院撤换遗嘱执行人。

4.6 遗赠及遗赠扶养协议

1. 遗赠

遗赠是指公民以遗嘱方式将其遗产中财产权利的一部分或全部赠给国家、集体组织、社会团体或法定继承人以外的个人,在遗嘱人死后发生法律效力的法律行为。立遗嘱人为遗赠人,接受遗赠的人为受遗赠人。遗赠具有以下法律特征。

(1) 遗赠是单方面的法律行为。遗嘱人通过遗嘱将个人财产遗赠给他人时,并不需要征得其同意。遗赠人在生前亦可单方取消该遗赠。同样,受遗赠可以接受遗赠,也可不接受遗赠。

(2) 遗赠是无偿的、自愿的,死后才发生法律效力的法律行为。

(3) 受遗赠人是法定继承人以外的其他人,包括国家、集体组织、社会团体和个人。

(4) 遗赠的标的只能是遗产中的财产权利,而不能是财产义务(如债务)。如果遗产中的所有权和债权的标的之价值大于债务的价值,遗赠人可将全部遗产赠给受遗赠人,扣除债务后为受遗赠人应得到的财产利益。

(5) 受遗赠权不能由他人代替行使。当受遗赠人先于遗赠人死亡,其受遗赠权便自然消失。当受遗赠人不愿接受遗赠,他也不能将该遗赠财产转给他人。但是,当继承开始后,受遗赠人表示接受遗赠,并于遗产分割前死亡的,其接受遗赠的权利转移给他的继承人。

(6) 清偿遗赠人的债务优先于执行遗赠。我国《继承法》第三十四条规定:“执行遗赠不得妨碍清偿遗赠人依法应当缴纳的税款和债务。”

(7) 遗赠人行使遗赠权不得违背法律规定。我国《继承法》第十九条规定“遗嘱应当对缺乏劳动能力又没有生活来源的继承人保留必要的遗产份额。”遗赠作为一项遗产处分形式,必须符合该规定。

2. 遗赠扶养协议

遗赠扶养协议是遗赠人与扶养人之间订立的,确定遗赠与扶养民事权利义务关系的协议。这里的“扶养人”是指法定继承人以外的其他公民或集体所有制组织。这种协议规定,扶养人承担遗赠人生养死葬的义务,并于遗赠人死后取得其遗产。

(1) 遗赠扶养协议的分类。遗赠扶养协议是在我国农村“五保”制度的基础上形成和发展起来的。我国《继承法》总结了这种经验,并用法律的形式予以确认。根据我国《继承法》规定,遗赠扶养协议可分为以下两类。

一类是公民之间的遗赠扶养协议。《继承法》第三十一条第一款规定:“公民可以与扶养人签订遗赠扶养协议。按照协议,扶养人承担该公民生养死葬的义务,享有受遗赠的权利。”一般来说,这里的遗赠人是没有子女或子女不在身边、独立生活困难而需要他人照顾的老人。遗赠扶养协议中的扶养人不是法定继承人,因为法定继承人与被继承人之间具有法定的互相扶养和互相继承的权利义务关系,不需以协议的形式来确定。

另一类是公民与集体所有制组织之间的遗赠扶养协议。《继承法》第三十一条第二款规定："公民可以与集体所有制组织签订遗赠扶养协议。按照协议，集体所有制组织承担该公民生养死葬的义务，享有受遗赠的权利。"这里的遗赠人一般是缺乏劳动能力又缺乏生活来源的鳏寡孤独的"五保户"老人，他们享有受其所在集体所有制组织扶养的权利。集体所有制组织承担其生养死葬的义务，享有受"五保户"遗赠财产的权利。

(2) 遗赠扶养协议的效力

第一，遗赠扶养协议的法律效力高于法定继承和遗嘱继承。我国《继承法》第五条规定："继承开始后，按照法定继承办理；有遗嘱的，按照遗嘱继承或者遗赠办理；有遗赠扶养协议的，按照协议办理。"在财产继承中如果各种继承方式并存，应首先执行遗赠扶养协议，其次是遗嘱和遗赠，最后才是法定继承。

第二，遗赠扶养协议实际上是双方、诺成性、要式的合同。作为合同当事人的遗赠人与扶养人都享有一定的权利，同时又都负有一定的义务。遗赠扶养协议一经签订，双方必须认真遵守协议的各项规定。扶养人必须认真履行抚养义务。如果扶养人不尽扶养义务，或者不认真履行扶养义务，或者以非法手段谋取被扶养人的财产，经被扶养人的亲属或有关单位请求，人民法院可以剥夺扶养人的受遗赠权或酌情对遗赠财产的数额给予限制。

第三，遗赠扶养协议签订后，遗赠人与其子女、扶养人与其父母之间的权利义务关系并不因此而解除。遗赠人的子女对遗赠人的赡养扶助义务，不因遗赠扶养协议而免除。同时，遗赠人的子女对其遗赠以外的财产也仍享有继承权。扶养人在与遗赠人订立遗赠扶养协议的情况下，由于不发生收养的法律效力，因而对自己的父母仍然有赡养扶助的义务，享有互相继承遗产的权利。

【阅读资料】

《关于贯彻执行〈中华人民共和国继承法〉若干问题的意见》(节选)

四、关于遗产的处理部分

44. 人民法院在审理继承案件时，如果知道有继承人而无法通知的，分割遗产时，要保留其应继承的遗产，并确定该遗产的保管人或保管单位。

45. 应当为胎儿保留的遗产份额没有保留的应从继承人所继承的遗产中扣回。

为胎儿保留的遗产份额，如胎儿出生后死亡的，由其继承人继承；如胎儿出生时就是死体的，由被继承人的继承人继承。

46. 继承人因放弃继承权，致其不能履行法定义务的，放弃继承权的行为无效。

47. 继承人放弃继承应当以书面形式向其他继承人表示。用口头方式表示放弃继承，本人承认，或有其他充分证据证明的，也应当认定其有效。

48. 在诉讼中，继承人向人民法院以口头方式表示放弃继承的，要制作笔录，由放弃继承的人签名。

49. 继承人放弃继承的意思表示，应当在继承开始后、遗产分割前作出。遗产分割后表示放弃的不再是继承权，而是所有权。

50. 遗产处理前或在诉讼进行中，继承人对放弃继承反悔的，由人民法院根据其提出的具体理由,决定是否承认。遗产处理后,继承人对放弃继承反悔的,不予承认。

51. 放弃继承的效力,追溯到继承开始的时间。

52. 继承开始后,继承人没有表示放弃继承,并于遗产分割前死亡的,其继承遗产的权利转移给他的合法继承人。

知识小结

- 遗产。遗产是公民死亡时遗留的个人合法财产。
- 法定继承。法定继承是指在被继承人没有对其遗产的处理立有遗嘱的情况下,由法律直接规定继承人的范围、继承顺序、遗产分配的原则的一种继承形式。
- 代位继承。代位继承是法定继承的一种特殊情况。它是指被继承人的子女先于被继承人死亡时,由被继承人子女的晚辈直系血亲代替先死亡的长辈直系血亲继承被继承人遗产的一项法定继承制度。
- 转继承。转继承又称连续继承、再继承、二次继承等,是指继承人在继承开始后遗产分割前死亡时,其有权接受的遗产转由其法定继承人继承的制度。
- 遗嘱继承。遗嘱继承是指按照立遗嘱人生前所留下的符合法律规定的合法遗嘱继承被继承人遗产的继承制度。
- 遗嘱。遗嘱是指遗嘱人生前在法律允许的范围内,按照法律规定的方式对其遗产或其他事务所作的个人处分,并于遗嘱人死亡时发生效力的法律行为。

项目训练

项目名称:班级演讲会

1. 主题

学生自由组合为 5 人一组,各自选出 1 名代表以"嫁出去的女儿,泼出去的水"为主题进行演讲。

2. 形式

学生自由组合,5 人一组。

3. 要求

运用民法、继承法的有关的理论知识对其加以辨析。

4. 目的

在锻炼学生语言表达能力的同时,使学生掌握遗产分割的原则和方法。在遗产分割中,要注意夫妻共同财产的分割和胎儿份额的保留以及出嫁女儿的继承权。在遗产的处理中,要注意遗赠扶养协议、遗嘱和法定继承的相互效力问题。关于被继承人的债务的清偿,应掌握债务清偿的程序和方法。在债务清偿中,还要注意对无劳动能力又无生活来源人的生活保障问题。此外,还要掌握法律对于无人继承的遗产的处理规定。

课后练习

1. 熟记下列法律知识

法定继承、代位继承、转继承、遗嘱继承、遗赠、遗嘱、遗产、公证遗嘱、法定继承人的范围和顺序、遗嘱的形式、遗产分配原则。

2. 选择题

(1) 第一顺序的法定继承人有(　　)。

A. 配偶　　B. 子女　　C. 父母　　D. 儿媳、女婿

(2) 甲死后留有房屋一间和存款若干,法定继承人为其子乙。甲生前立有遗嘱,将其存款赠予侄女丙。乙和丙被告知 3 个月后参与甲的遗产分割,但直到遗产分割时,乙与丙均未作出是否接受遗产的意思表示。下列说法哪一个是正确的?(　　)

A. 乙、丙视为放弃接受遗产

B. 乙视为接受继承,丙视为放弃接受遗赠

C. 乙、丙均应视为接受遗产

D. 乙视为放弃继承,丙视为接受遗赠

(3) 王家有三兄弟甲、乙、丙,丙幼年时被送给胡某作养子,丙结婚时,胡某为其盖了新房,后因失火致使该房屋被烧毁。丙的生母就将自己的住房腾出一间来,让丙夫妇及胡某居住,不久丙的生母病故。甲与乙要收回房子,丙认为自己有权继承母亲的遗产,拒不搬出。依照法律规定,死者的遗产由(　　)继承。

A. 甲和乙　　B. 甲、乙和丙

C. 甲、乙、丙和胡某　　D. 乙、丙及胡某

(4) 李某、刘某婚后生有女儿李甲、儿子李乙。李甲在与孙某结婚后不久因车祸死亡,留下个人财产存款 4 万元。李甲的遗产应如何被继承?(　　)

A. 李某、刘某、李乙及孙某有继承权,4 人平分

B. 李某、刘某及李乙有权继承

C. 李某、刘某及孙某有继承权,3 人平分

D. 李某、刘某有继承权,2 人平分

(5) 教师吴某死亡,遗产由其妻甲和两个孩子乙、丙继承。当时甲已经怀孕,为胎儿保留继承份额 3000 元。但胎儿出生后死亡了。这 3000 元应当(　　)。

A. 由甲、乙、丙继承,均分　　B. 由甲继承一半,乙与丙继承一半

C. 由甲继承　　D. 由乙、丙继承

3. 辨析题

(1) 继承从继承人商定分割财产时开始。(　　)

(2) 自书遗嘱的效力高于代书遗嘱。(　　)

(3) 兄弟姐妹之间属于直系血亲。(　　)

4. 案例分析

案例1　李某75岁，依靠儿子李甲、女儿李乙供养。后李甲病重，立下遗嘱，将自己的3间房子及存款4000元指定由其子李丁(17岁)继承。后李甲死亡，李乙认为，李甲遗嘱取消了其父李某的继承份额是无效的，因为李某是"缺乏劳动能力又无生活来源"的继承人。而李丁认为，李某有其女儿李乙供养，不属无生活来源的人。

问题：该遗嘱是否有效？为什么？

案例2　哈图和父亲带着12岁的儿子巴特进山打猎，不幸遭遇雪崩，3人全部遇难。哈图的妻子依玛闻此讯当即悲痛而死。哈图的母亲和岳父料理完丧事后，为争夺哈图等人的遗产发生纠纷。哈图母亲以所有财产均是她家的为由，要求继承全部遗产，而哈图的岳父则要求继承依玛的遗产，双方争执不下。哈图的岳父带着儿子等人将电视机、大衣柜及几件裘皮大衣抢走。哈图母亲以其抢劫公民财物为由起诉到人民法院。法院受理该案后，经查实，哈图的父亲有遗产价值12 000元，哈图及妻子共有财产价值18 000元，另外，儿子巴特生前接受其干爹的赠与2000元。

问题：请就以下各问题分析本案遗产该如何分割。

(1) 哈图、哈图的父亲和哈图的儿子3个人在雪崩中全部遇难，其死亡顺序应如何确定？请在以下备选答案中找出正确的选项。(　　)

A. 哈图的父亲先死，哈图次之，哈图之子次次之

B. 哈图先死，哈图的父亲次之，哈图之子次次之

C. 哈图的儿子先死，哈图次之，哈图的父亲次次之

D. 哈图的父亲、哈图和哈图的儿子同时死亡

(2) 本案中同时遇难的哈图、哈图的父亲和哈图的儿子3人的继承关系应如何认定？请在以下备选答案中找出正确的选项。(　　)

A. 哈图的父亲的遗产由哈图、哈图之母继承；哈图的遗产由哈图之妻及其子继承

B. 哈图的遗产由哈图之父、之母、之妻、之子继承；哈图之父的遗产由其妻继承和哈图之子代位继承

C. 哈图之子的遗产由哈图及其妻继承

D. 哈图之父的遗产由哈图之母继承；哈图及哈图之子的遗产由哈图之妻继承

(3) 在本案中享有继承权的主体是谁？[①]

5. 问答题

(1) 在什么情况下，继承人将丧失继承权？

(2) "遗嘱在先"原则的适用条件是什么？

(3) 遗嘱无效的情形有哪些？

---

① http://wenku.baidu.com/link?url=JzwYTnudDS4rGzKpb53JLPvRmZVNLFoJdYe5h3NOwqUcKNaRJ2z-mJbhZn1XuyKN8QTZ5RqJ2_YtOY_Dgy6aJKdq_t1dRzQMsg44XENnrgC.

6. 实操题

(1) 请结合继承法等相关法律,就“父债子还、天经地义”组织一次辩论会,正方、反方应就自己所述观点,列举要典型,事实要清晰,依据的法律要准确。

(2) 组织一次以“出嫁的女儿能否继承父母遗产”为主题的社会调查,从调查的对象进行分析,剥夺出嫁的女儿继承权的原因。

(3) 上网查找我国近几年有关继承权纠纷的典型案例,分析造成纠纷的原因,进行归类总结。

项目5　经济法基础知识

学习目标

- 掌握我国公司的类型；
- 掌握我国有限责任公司与股份有限责任公司的概念；
- 熟悉我国公司法关于有限责任公司与股份有限责任公司设立的条件；
- 熟悉公司的内部组织机构；
- 能正确区分有效合同与无效合同；
- 熟悉消费者的权利和经营者的义务；
- 能为消费纠纷提供解决的办法和途径；
- 掌握劳动合同的主要内容；
- 熟悉劳动争议的解决途径。

案例导入

2014年10月，某市汽车运输公司与该市某饮料厂经协商一致，决定由双方出资50万元，共同发起设立某市景山矿泉水有限责任公司(以下简称景山公司)。运输公司与饮料厂作为发起人签订了一份发起人协议，协议规定：①饮料厂出资投入30万元，运输公司投入20万元；②公司设立股东会、董事会，董事会作为公司决策和业务执行机构；③出资双方各按投资比例分享利润、分担风险；④公司筹备过程中的具体事宜及公司的登记注册均由饮料厂负责。同年11月，运输公司按协议规定将20万元投资款汇入饮料厂账户。之后，运输公司与饮料厂共同制定了景山公司的公司章程，确定了董事会人选，并举行了两次董事会议，制订了生产经营计划。此后，景山公司迟迟没有开展业务活动，运输公司经查问，才知景山公司尚未办理公司注册登记。运输公司向饮料厂催办数次，一直没有办理注册登记。2015年4月，运输公司以景山公司没有进行注册并开展业务活动为由，要求饮料厂退还其全部投资款20万元并赔偿损失。饮料厂则认为，双方已签订协议，缴纳出资，制定章程，成立董事会，至今已逾半年，虽然没有办理注册登记手续，但事实上公司已经成立，故运输公司不能抽回出资。如运输公司要求退还投资款，则属于违约行为，应承担违约责任。

问题：请问根据下述公司法的相关内容，饮料厂的说法是否成立？

5.1 公司法基础知识

1. 公司

公司是一种企业组织形态，是依照法定的条件与程序设立的、以营利为目的的商事组织。

一般而言，公司具有三个基本的法律特征：一是公司具有法人资格；二是公司是社团组织，具有社团性；三是公司以营利为目的，具有营利性。

按照不同标准，可将公司作不同的划分。依据股东对公司承担责任的不同，可将公司分为无限责任公司、两合公司、股份有限公司、股份两合公司和有限责任公司。从公司间的组织关系角度，可将公司分为总公司和分公司（分公司是总公司的内部机构，不具备法人资格）。从公司间的控股关系角度，可将公司分为母公司和子公司（母公司是子公司的股东，二者之间是投资关系，子公司是独立的法人）。

根据我国《公司法》的规定，公司包括有限责任公司和股份有限公司。

2. 公司法

公司法是规定公司的设立、组织、运营、变更、解散、股东权利与义务和其他公司内部、外部关系的法律规范的总称。公司法调整的社会关系包括以下四类。

(1) 公司内部的财产关系。如公司发起人之间、发起人与其他股东之间、股东相互之间、股东与公司之间在公司设立、变更、破产、解散和清算过程中形成的社会关系。

(2) 公司外部的财产关系。主要指公司在经营过程中与其他公司、企业或个人之间发生的财产关系，如公司发行债券。

(3) 公司内部的组织管理与协作关系。主要指公司内部组织机构如股东会、董事会、监事会相互之间、公司与职员之间发生的管理协作关系。

(4) 公司外部的组织管理关系。主要指公司在设立、变更、经营活动和解散过程中与有关国家经济管理机关之间形成的纵向经济管理关系。如公司设立的审批、登记，股份及公司债券的发行审批、交易管理，公司财务会计的检查监督等。

我国调整公司关系的法律规范是《中华人民共和国公司法》（以下简称《公司法》），这是我国的公司基本法。该法于 1993 年 12 月 29 日第八届全国人民代表大会常务委员会第五次会议通过，于 1994 年 7 月 1 日开始实施，并于 1999 年、2004 年、2005 年及 2013 年进行了四次修改。

【阅读资料】

在公司的分类方法中，依据股东对公司承担的责任可将其分为无限责任公司、两合公司、股份有限公司、股份两合公司和有限责任公司，这是公司最主要的分类方法。其中无限公司是最早出现的公司形式，尽管其股东同样也承担无限连带责任，但其与合伙企业的不同之处在于，无限公司的出资人是股东而非合伙人，其股东的权利义务和组织形式要比合伙人的权利义务和合伙企业的组织形式更明确、更稳定、更受强制性规范的约束。在无限公司之后出现的是两合公司，这两种公司形式在公司制度的演进中并没有起到什么划时代的作用，而在其后出现的股份有限公司，对公司制度的发展影响极为深远。股份有限公司最早起源于航海贸易。1600年成立的英国东印度公司和1602年成立的荷兰东印度公司，是最早的股份有限公司。股份有限公司因其极强的筹集资金的功能而成为现代企业形式的典范。有限责任公司与其他几种公司形式不同，它是人为创设出来的一种公司形式，首创于1892年的德国。在当时为了使中小企业主能够享受股东的有限责任而设立了有限责任公司制度。如果说股份有限公司因其筹集巨额资金的功能而适用于建立大型企业的话，有限责任公司则因其设立的简便和小投资而适用于建立中小型企业。我国公司法只规定了有限责任公司和股份有限公司两种公司形式。

3. 有限责任公司

(1) 有限责任公司的概念和特征。有限责任公司是指股东以其认缴的出资额为限对公司承担责任，公司以其全部资产对公司债务承担责任的企业法人。有限责任公司有以下特点。

① 股东人数有最高数额的限制，从而有利于股东之间的有效合作。

② 股东以出资额为限对公司承担责任。在有限责任公司里，证明股东资格的是出资证明，股东以此享受权益、承担风险。

③ 是封闭型的公司，有限责任公司对外转让出资受到较为严格的限制，不能公开募集股份，无须公开其财务会计报告。

④ 设立方便，机构简单。一般由全体设立人制定公司章程，各自认缴出资额，即可在公司登记机关登记设立。同时，由于公司股东人数较少，因而规模较小的有限责任公司可以将机构简化。如可以不设董事会而只设一名执行董事，可以不设监事会而只设一名执行监事。

(2) 有限责任公司的设立条件。根据我国《公司法》规定，有限责任公司的设立必须符合以下条件。

① 股东的人数和资格。我国《公司法》第二十四条规定，有限责任公司由50个以下的股东出资设立。这表明，在我国设立有限责任公司，最多不能超过50个股东，最少为1个。此种情形下为一人有限责任公司。

除国有独资公司外，有限责任公司的股东可以是自然人，也可以是法人。

② 公司的资本。注册资本。根据《公司法》第二十六条的规定，有限责任公司的注册资本为在公司登记机关登记的全体股东认缴的出资额。法律另有规定的除外。

出资方式。依据《公司法》第二十七条的规定，有限责任公司股东的出资方式有货币、实物、知识产权、土地使用权。股东也可以其他公司的股权出资，但要符合一定的条件。

出资期限。有限责任公司股东认缴的出资，可以在公司成立时一次缴清，也可以在公司成立后分次缴清。股东应按期缴纳公司章程中规定的各自所认缴的出资额。

③ 股东共同制定公司章程。

④ 公司设立的其他条件。设立有限责任公司除需具备上述3项条件外，还应当具备下列条件。有公司名称，有公司的组织机构，如股东会、董事会、经理、监事会等，有必要的

生产经营条件。其设立的程序相当于股份有限公司的发起设立方式。

(3) 有限责任公司的股权转让。

① 对内转让的规则。有限责任公司的股东相互之间可以自由转让股权。可以转让部分股权,也可以转让全部股权。

② 对外转让的规则。有限责任公司的股东可以将其持有的公司股权转让给股东以外的第三人,但须符合公司法规定的条件。

其他股东的同意权。股东向股东以外的第三人转让股权,无论是部分转让还是全部转让,应当经其他股东过半数(指股东人数)同意。其他股东半数以上不同意转让的,不同意的应当购买该转让的股权。不购买的视为同意转让。其他股东接到转让方的书面转让通知之日起 30 日未予答复的,视为同意转让。

其他股东的优先购买权。股东对外转让股权,取得了其他股东的同意,则在同等条件下其他股东享有优先购买权。同等条件主要是指股权转让的价格,但也包括转让的其他条件,如支付方式、支付期限以及其他转让方提出的合理条件。

(4) 股东的股权收购请求权。根据《公司法》第七十四条的规定,有下列情形之一的,对股东会该项决议投反对票的股东可以请求公司按照合理的价格收购其股权。

① 公司连续 5 年不向股东分配利润,而该公司 5 年连续盈利,并且符合公司法规定的分配利润条件的。

② 公司合并、分立、转让主要财产的。

③ 公司章程规定的营业期限届满或者其他解散事由出现,股东会会议通过决议修改公司章程使公司存续的。

在上述任何一种情形下,对公司股东会会议通过上述决议不赞成,并且投的是反对票的股东,有权自股东会会议决议通过之日起 60 日内提出请求,请求公司收购其持有的公司股权。收购股权的价格由该股东与公司协商确定,如果该股东与公司不能就股权收购事宜达成一致,该股东可以自股东会会议决议作出之日起 90 日内向人民法院提起诉讼,通过诉讼途径解决该争议。

4. 股份有限公司

(1) 股份有限公司的概念及特征。股份有限公司是指其全部资本分为等额股份,股东以其所持股份为限对公司承担责任,公司以其全部资产对公司的债务承担责任的企业法人。股份有限公司有以下特征。

① 发起人人数有最低限制。

② 公司的全部资本划分为等额股份。股份有限公司的股份是确定股东权益的基本单位,股东按所持股份享受权益、承担风险。

③ 具有开放性和社会性。股份有限公司可以向社会公开募集股份,任何投资者都可以通过购买股票而成为股份有限公司的股东,从而使其具有了社会性;由于股东可以自由转让其持有的公司股份,而且为了便于投资者的决策及有利于对公司的法律监管,法律规定了股份有限公司的信息披露制度,这又体现了股份公司的开放性。

④ 设立的条件和程序比较严格。由于股份有限公司投资额较大,而且往往涉及社会公众的利益,所以公司法对其设立的条件和程序的规定要比有限责任公司严格。

(2) 股份有限公司的设立条件。根据《公司法》规定，设立股份有限公司应具备以下条件。

① 发起人符合法定人数。发起人是公司的创始人，也是公司成立之后的当然股东，其任务是完成公司组建中的各项工作，并承担公司设立过程中的有关责任和后果。股份有限公司的设立，应有 2 人以上 200 人以下为发起人，其中须有过半数的人在中国境内有住所。发起人可以是自然人，也可以是法人或其他经济组织。

② 有符合公司章程规定的全体发起人认购的股本总额或者募集的实收股本总额。

股份有限公司采取发起方式设立的，注册资本为在公司登记机关登记的全体发起人认购的股本总额。股份有限公司采取募集方式设立的，注册资本为在公司登记机关登记的实收股本总额。

法律、行政法规以及国务院决定对股份有限公司注册资本实缴、注册资本最低额另有规定的，从其规定。

③ 股份的发行、筹办事项符合法律规定。

④ 发起人制定公司章程。

⑤ 有公司名称，建立符合股份有限公司要求的组织机构。

⑥ 有公司住所。

(3) 股份有限公司设立方式。股份有限公司的设立可以采取发起设立和募集设立两种方式。

① 发起设立。发起设立是指由发起人认购公司应发行的全部股份，不向发起人之外的任何人募集而设立公司。

第一，发起人认购股份。发起人应当书面认足公司章程规定其认购的股份，认购书一经填妥并签署，即具有法律上的约束力。发起人不依照前款规定缴纳出资的，应当按照发起人协议承担违约责任。

第二，发起人缴清股款。一次缴纳的，应即缴纳全部出资；分期缴纳的，应即缴纳首期出资。以非货币财产出资的，应当依法估价，并办理财产权的转移手续。

第三，选举董事会和监事会。发起人首次缴纳出资后，应当选举董事会和监事会。

第四，申请设立登记。由董事会向公司登记机关报送公司章程以及法律、行政法规规定的其他文件。公司以营业执照签发的日期为公司成立日期。公司成立后，应当进行公告。

② 募集设立。募集设立是指由发起人认购公司应发行股份的一部分，其余部分向社会公开募集而设立公司。募集设立的程序比较复杂，条件也更加严格。包括以下环节。

第一，以募集设立方式设立股份有限公司的，发起人认购和认缴的股份应不少于公司应发行股份的 35%。

第二，发起人向社会公开募集股份，必须公告招股说明书，并制作认股书。招股说明书是由发起人在公开募股前制定的邀请公众认股的书面文件。招股说明书应当附有发起人制定的公司章程，并载明下列事项：发起人认购的股份数；每股的票面金额和发行价格；无记名股票的发行总数；认股人的权利、义务；本次募股的起止期限及逾期未募足时认股人可撤回所认股份的说明。

第三，签订股票承销协议。

发起人向社会公开募集股份，应当由依法设立的证券经营机构承销，并签订股票承销协议。

第四，与银行签订代收股款协议。

第五，公告招股说明书，制作认股书。

公告招股说明书的目的是为了邀请公众来认股，而制作认股书的目的是为了供认股人在认股时填写，认股书的内容与招股说明书基本相同。

第六，验资。

发行股份的股款缴足后，必须经依法设立的验资机构验资并出具证明。发起人应当自股款缴足之日起 30 日内主持召开公司创立大会。创立大会由发起人、认股人组成。发行的股份超过招股说明书规定的截止期限尚未募足的，或者发行股份的股款缴足后，发起人在 30 日内未召开创立大会的，认股人可以按照所缴股款并加算银行同期存款利息，要求发起人返还。

创立大会是发起人依法召集的认股人大会。公司不仅把它作为募集设立的法定程序，而且事实上也把它作为设立中的公司的权力机关。创立大会是股东大会的前身，作用与股东大会相当。《公司法》第九十一条规定：发起人应当在创立大会召开 15 日前将会议日期通知各认股人或予以公告。创立大会应由代表股份总数 1/2 以上的发起人、认股人出席方可举行。

创立大会的职权是：审议发起人关于公司筹办情况的报告；通过公司章程；选举董事会、监事会成员；对公司的设立费用进行审核；对发起人用于抵作股款的财产作价进行审核；发生不可抗力或者经营条件发生重大变化直接影响公司设立的，可以作出不设立公司的决议。对上述事项作出决议，必须经出席会议的认股人所持表决权的半数以上通过。

第七，申请设立登记。

第八，股份有限公司成立后，发起人未按照公司章程的规定缴足出资的，应当补缴，其他发起人承担连带责任。股份有限公司成立后，发现作为设立公司出资的非货币财产的实际价额显著低于公司章程所定价额的，应当由交付该出资的发起人补足其差额，其他发起人承担连带责任。

股份有限公司的发起人应当承担下列责任：公司不能成立时，对设立行为所产生的债务和费用负连带责任。公司不能成立时，对认股人已缴纳的股款，负返还股款并加算银行同期存款利息的连带责任。在公司设立过程中，由于发起人的过失致使公司利益受到损害的，应当对公司承担赔偿责任。

(4) 公司的股份。

① 股份的概念和特征。股份的概念可以从不同的角度加以概括：从公司资本的角度，股份是指公司资本的基本构成单位，即公司的全部资本是由若干股份为基本单位组合而成的；从股东的角度，股份是股东对公司权利义务的表现，是表示股东在公司法律地位的计算单位；从股票的角度，股份是股票这一有价证券所依附的物质内容和存在基础，习惯上也把股份与股票视为一体。因此，可以将股份定义为，以股票为表现形式的、体现股东权利义务

的、等额划分的公司资本的构成单位。股份有以下特征。

第一,股份是等额的。股份有限公司的每一股份额是完全相等的,每一股份所代表的权利义务是相同的。

第二,股份以股票为表现形式。

第三,股份具有不可撤回性。购买股票是一种风险投资行为,股东在公司核准登记后,不得要求退股,只能通过收取股息红利和转让股份收回自己的投资。

第四,股份具有可转让性。股份有限公司的股东可以自由转让自己所持的股份。

② 股份的发行和转让。

第一,股份的发行也称股票发行,是指股份有限公司为了筹资或者其他目的而出售自己股票的行为。股份的发行,必须遵循公开、公平、公正的原则,必须同股同权,同股同利。股份有限公司发行股票,可以平价发行,也可以溢价发行,但是不能折价发行。

第二,股份的转让是指公司股东将自己持有的股票让与他人的行为。股份有限公司的股票可以在依法设立的证券交易场所自由转让。无记名股票以交付的方式转让,由受让人支付了费用即可发生转让的效力。记名股票以背书方式或法律、行政法规规定的其他方式转让,其手续是将受让人的姓名或名称记载于股票和公司的股东名册上。

第三,为了保护公司及全体股东的利益,公司法在规定股份可以自由转让的同时,又对其进行了必要的限制。

发起人持有的本公司股份,自公司成立之日起一年内不得转让。

公司董事、监事、高级管理人员应当向公司申报所持有的本公司的股份及其变动情况,在任职期间每年转让的股份不得超过其所持有本公司股份总数的25%;所持本公司股份自公司股票上市交易之日起一年内不得转让。上述人员离职后半年内,不得转让其所持有的本公司股份。

公司不得收购本公司的股票(但是,有下列情形之一的除外:减少公司注册资本;与持有本公司股份的其他公司合并;将股份奖励给本公司职工;股东因对股东大会作出的公司合并、分立决议持异议,要求公司收购其股份的)。公司不得接受本公司的股票作为质押权的标的。

【阅读资料】

股份从不同的角度可以作多种划分,其中比较具有代表性的分类有以下几种。

1. 普通股和优先股

普通股和优先股是依据股份所代表的股东权的内容的不同而对股份所作的划分。普通股是指股东拥有的权利、义务相等,无差别待遇的股份。这是股份有限公司发行的股份中最为普通的一种,也是构成公司资本的最基础部分。其特点为股息率不固定,随公司盈利的多少而变化。普通股的股东在公司中不仅拥有财产权,还享有对公司事务的表决权。优先股是指在分配收益及分配公司剩余资产等方面比普通股股东享有优先权的股份。优先股通常没有表决权,其收益率固定,而且一般较低,所以投资风险小于普通股。

2. 记名股和无记名股

记名股和无记名股是依据股东姓名或名称是否记载于股票为标准而对股份所作的划分。记名股是将股东姓名或名称记载于股票之上的股份,反之即为无记名股。区分二者的主要意义在于其转让的方式不同：记名股的转让方式比较烦琐，必须以背书的方式转让，即要将受让人的姓名或名称记载于股票上和公司的股东名册之中，否则不发生转让的效力；无记名股的转让方式简便，只需交付股票即可发生转让的效力。《公司法》规定，公司向发起人、国家授权的投资机构、法人发行的股票，应当为记名股。

3. 人民币股和人民币特种股

人民币股和人民币特种股是依据是否以人民币认购和交易为标准而对股份所作的划分。人民币股又称A股，是指专供我国的法人和公民（不含我国港澳台地区的投资者）以人民币认购和交易股份。人民币特种股是指以人民币标明面值，以外币或港元认购和交易，专供外国和我国港澳台地区的投资者买卖的股份。人民币特种股又可分为B股和H股。B股是以人民币标明面值，以美元认购和交易，在境内证券交易所上市交易的人民币特种股。H股是以人民币标明面值，以港元认购和交易，在香港联合交易所上市交易的人民币特种股。

股份的分类方法还有很多，如根据持有股份的主体的不同还可将其分为国有股、法人股、个人股和外资股等。而且，各种类型的股份也是相互交叉的，如普通股和优先股都有可能是法人股或个人股，而个人股则可能是记名股也可能是无记名股，等等。

5. 公司章程

公司章程是公司必备的法律文件，是指公司所必备的，规定其名称、宗旨、资本、组织机构等对内对外事务的基本法律文件。公司章程作为规范公司的组织和活动的基本规则，在公司存续期间具有重要意义，对公司、股东、董事、监事、经理均具有约束力。

我国《公司法》第二十五条和第八十一条分别对有限责任公司和股份有限公司的章程应当载明的事项作了规定。

有限责任公司章程的绝对记载事项：公司名称和住所；公司经营范围；公司注册资本；股东的姓名或者名称；股东的出资方式、出资额和出资时间；公司的机构及其产生办法、职权、议事规则；公司法定代表人；股东会会议认为需要规定的其他事项。

股份有限公司章程绝对记载事项：公司名称和住所；公司经营范围；公司设立方式；公司股份总数、每股金额和注册资本；发起人的姓名或者名称、认购的股份数、出资方式和出资时间；董事会的组成、职权和议事规则；公司法定代表人；监事会的组成、职权和议事规则；公司利润分配办法；公司的解散事由与清算办法；公司的通知和公告办法；股东大会会议认为需要规定的其他事项。

6. 公司的组织机构

公司的组织机构是依法行使公司决策、执行和监督权能的机构总称。公司法规定，公司应设立股东会、董事会、经理及监事会等组织机构。

（1）股东会或股东大会。股东会，在股份有限公司中也称其为股东大会，是由公司的全体股东组成的公司权力机构。在一些大型的股份有限公司中，由于股东人数众多且极为分散，因此也允许其设立股东代表大会，其行使的职权等同于股东大会。股东会会议一般采取年会和临时会议两种形式。年会一般每年召开一次，临时会议根据公司需要在年会的间隔期内临时召开。

股东会是公司的权力机构，有权对公司的重大事项作出决议，选举和更换公司组织机构的组成人员，修改公司章程等。股东会由董事会召集，董事长主持。股东出席股东会，所持每一股份有一个表决权。

(2) 董事会、经理。董事会是公司的执行机构，它是由股东选举产生的、对内执行公司业务，对外代表公司的常设性机构。我国《公司法》规定，股东人数较少和规模较小的有限责任公司，可以不设董事会而只设一名执行董事，并兼任公司经理。

有限责任公司的董事会成员为3～13人，股份有限公司为5～19人。董事的任期由公司章程规定，但每届任期不得超过3年，任期届满可以连选连任。公司董事会设董事长1人，副董事长1～2人，公司董事长为公司的法定代表人。

董事会对股东会负责，行使下列职权：召集股东会会议，并向股东会报告工作；执行股东会的决议；决定公司的经营计划和投资方案；制订公司的年度财务预算方案、决算方案；制订公司的利润分配方案和弥补亏损方案；制订公司增加或者减少注册资本以及发行公司债券的方案；制订公司合并、分立、解散或者变更公司形式的方案；决定公司内部管理机构的设置；决定聘任或者解聘公司经理及其报酬事项，并根据经理的提名决定聘任或者解聘公司副经理、财务负责人及其报酬事项；制定公司的基本管理制度；公司章程规定的其他职权。

经理是公司董事会聘任的主持公司日常管理工作的高级职员，经理对董事会负责，可以列席董事会会议。经理行使下列职权：主持公司的生产经营管理工作，组织实施董事会决议；组织实施公司年度经营计划和投资方案；拟订公司内部管理机构设置方案；拟订公司的基本管理制度；制定公司的具体规章；提请聘任或者解聘公司副经理、财务负责人；决定聘任或者解聘除应由董事会决定聘任或者解聘以外的负责管理人员；董事会授予的其他职权。

(3) 监事会。监事会是公司设立的对公司经营活动、董事和经理执行职务的行为进行监督的常设机构。《公司法》规定，公司应设监事会，成员不得少于3人，在其中设1名召集人。股东人数较少或规模较小的有限责任公司，可以不设监事会而只设1～2名监事。公司监事的任期为3年，任期届满可以连选连任。监事会设主席1人，由全体监事过半数选举产生。监事会主席召集和主持监事会会议；监事会主席不能履行职务或者不履行职务的，由半数以上监事共同推举一名监事召集和主持监事会会议。董事、高级管理人员不得兼任监事。

监事会的职权包括：检查公司财务；对董事、高级管理人员执行公司职务的行为进行监督，对违反法律、行政法规、公司章程或者股东会决议的董事、高级管理人员提出罢免的建议；当董事、高级管理人员的行为损害公司的利益时，要求董事、高级管理人员予以纠正；提议召开临时股东会会议，在董事会不履行本法规定的召集和主持股东会会议职责时召集和主持股东会会议；向股东会会议提出提案；依法对董事、高级管理人员提起诉讼；公司章程规定的其他职权。

5.2 合同法基础知识

1. 合同与合同法概述

(1) 合同概述。合同又称契约、协议。《合同法》第二条第一款规定：本法所称的合同是平等主体的自然人、法人和其他组织之间设立、变更、终止民事权利义务关系的协议。

从不同的角度，可以对合同作多种划分，如有名合同与无名合同、要式合同与非要式合同、单务合同与双务合同、实践合同与诺成合同等。

民法上的合同，有以下法律特征。

第一，合同是双方或多方当事人之间意思表示一致的协议。参与订立合同的当事人应该至少是双方的，双方或多方当事人经过平等协商，就他们之间的权利义务达成一致意见，才能形成合同关系。否则，合同不能成立。

第二，合同当事人的法律地位平等。这是合同最本质的特征。合同的当事人不论其社会地位如何、经济地位怎样，必须平等地进行协商，任何一方不能把自己的意志强加给对方；在合同成立之后，还要平等地履行合同。

第三，依法成立的合同对当事人具有法律约束力。合同一经依法成立，当事人必须履行合同义务，任何一方不得违反合同，否则就要承担相应的合同责任。

第四，合同是以设立、变更或终止一定民事权利义务关系为目的的协议。当事人之间订立合同，或者是为了在他们之间形成某种民事权利义务关系，或者是为了变更既存的民事权利义务关系，或者是为了使某种既存的民事权利义务关系归于消灭。

(2) 合同法概述。合同法是指调整平等主体的自然人、法人和其他组织之间的合同关系的法律规范的总称。我国现行的《中华人民共和国合同法》于 1999 年 10 月 1 日开始实施，是我国第一部统一调整合同关系的法律规范。该法分为总则和分则两部分，分则中对 15 种有名合同作出了明确规定，分别为：买卖合同，供用电、水、气、热力合同，赠与合同，借款合同，租赁合同，融资租赁合同，承揽合同，建设工程合同，运输合同，技术合同，保管合同，仓储合同，委托合同，行纪合同，居间合同。

2. 合同的订立

合同的订立是指当事人双方就合同条款经过平等协商达成一致意见的过程。这个过程在法律上称为合同订立的一般程序，可将其概括为要约和承诺两个阶段。

(1) 要约。要约也称为订约提议，是希望与他人订立合同的意思表示，即一方当事人向对方提出的希望以一定条件与之订立合同的建议。发出要约的一方为要约人，受到要约的一方为受要约人。

一项有效的要约，应符合以下条件。第一，要约应该是向特定的人发出；第二，要约的内容应该具体、确定；第三，要约必须能够表明经受要约人承诺，要约人即受该意思表示约束。

要约从到达受要约人时起生效。在要约的有效期内，要约人要受到该项要约的约束。

但在要约生效前，要约人可以撤回所发出的要约，只要使撤回要约的通知在要约通知之前或同时到达受要约人。要约生效后，原则上也可以将其撤销，只要是撤销要约的通知在受要约人发出承诺通知之前到达受要约人。但是，对以下两种情况的要约，要约人不得撤销。第一，在要约中，要约人规定了承诺的期限，或者以其他方式表明该要约是不可撤销的；第二，受要约人有理由相信该要约是不可撤销的，并已经为履行合同作了准备工作。

在下列情况下，要约的效力终止，要约人不再受其约束。第一，受要约人拒绝要约的通知到达要约人；第二，要约人依法撤销要约；第三，承诺期限届满，受要约人未作出承诺；第四，受要约人对要约的内容作出实质性的变更。

【阅读资料】

在实践中，人们经常会把要约与要约邀请相混淆。要约邀请是希望他方向自己发出要约的意思表示。当事人一方向另一方发出的意思表示，如果不具备要约的构成要件，则可能为要约邀请。一个意思表示，如果不是向特定人发出的，或者内容不够具体，或者对所提出的条件有所保留和限制，就为要约邀请。例如，甲向乙发函："我公司有一批进口优质羊皮，如要订货，请速来函洽商。"该意思表示由于内容不够具体，缺少价格条款，因而不是要约，而是要约邀请。实践中的商业广告、向客户寄送的价目表、拍卖公告、招标公告等一般均为要约邀请。要约邀请的作用在于邀请他方向自己发出要约，它并不像要约那样会产生约束力。但是，在特殊情况下，商业广告的内容如果符合要约要求的，也应视为要约。

(2) 承诺。承诺是受要约人同意接受要约全部内容的意思表示，即受要约人表示同意按要约人所提出的条件与要约人订立合同。

一项有效的承诺，应具备以下条件。第一，承诺必须由受要约人作出；第二，承诺应在要约中规定的有效期内作出；第三，承诺应完全同意要约中所提出的条件。如果受要约人对要约中所提出的有关合同标的、数量、质量、价款或报酬、违约责任、争议解决方法等内容作出改变，视为对要约的性质性的变更，其性质为反要约，等于拒绝了原来的要约，又提出了一项新的要约。

承诺自到达要约人时生效。在承诺到达要约人以前，受要约人可以将承诺撤回。但必须使撤回要约的通知在承诺通知之前或与之同时到达要约人。承诺一经生效，合同即告成立。当事人双方必须履行各自的合同义务。

【案例分析】

1999年11月，某电机厂向某锅炉厂发函称："我厂欲购买一台工业用锅炉，规格为1T，价格为12万元，供方代办托运，若有货，请于12月发货，货到10日内付款。"锅炉厂收到后，立即复函称："锅炉有货，规格为2T，其他条件不变，若有异议，请于11月底前提出，否则，我厂将于12月5日发货。"电机厂接函后，一直未作答复。锅炉厂遂将货发至电机厂，货款12万元，运费4200元。但电机厂以合同未成立为由拒绝提货，不予付款。双方为此发生纠纷。

本案中，电机厂向锅炉厂的发函为要约。而锅炉厂的复函中，对质量(货物的规格)作出了改变，因而是反要约，对这一反要约，必须经电机厂承诺，才能形成合同关系。当然，在复函中，锅炉厂要求电机厂如有异议，应在11月底前提出。对此做法，不能由于电机厂未予回复就认定为电机厂的默认。因为，在合同订立过程中，作为受要约人在收到一份要约后，只是取得了承诺权利，但是他并不因此而承担必须承诺或必须答复的义务。所以，在电机厂未作答复的情况下，锅炉厂不能单方面地认为电机厂已经以默示的方式作出了承诺。可见，本案电机厂与锅炉厂之间并未成立合同关系，电机厂有权拒绝提货并拒绝付款。由此造成的损失，应由锅炉厂自己承担。

3. 合同的形式与内容

当事人订立合同，可以采用合同书、信件、数据电文等书面形式，也可以采用口头或其他形式。但法律、行政法规规定或当事人约定采用书面形式的，应当采用书面形式。

合同当事人的权利义务具体表现为合同的条款。合同的条款由当事人约定，一般应包括以下事项。

(1) 当事人的姓名或者名称和住所。

(2) 标的。即合同当事人的权利义务共同指向的对象。如货物买卖合同的标的为货物。

(3) 数量和质量。

(4) 价款或报酬。

(5) 履行期限、地点和方式。

(6) 违约责任。

(7) 解决争议的方法。

4. 合同的效力

合同的效力是指合同成立后所产生的法律效果，即按当事人的意愿在他们之间确立、变更或终止某种法律关系。依法成立的合同，对当事人具有法律约束力。

(1) 合同生效。合同生效是指已经成立的合同在当事人之间产生一定的法律效力，也就是通常所说的法律拘束力。《合同法》第八条规定："依法成立的合同，对当事人具有法律效力。依法成立的合同，受法律保护。"这实际上揭示了合同具有法律效力的根源，也为我们正确理解合同的效力提供了依据。但是这种法律效力并不是指合同能够像法律那样产生约束力。合同本身并不是法律，而是当事人之间的合意。因此必须具备一定的要件以后才能生效，才能受到法律的保护，并能够产生当事人预期的法律后果。所以，一个生效的合同，必须具备下列生效要件。

① 行为人具有相应的民事行为能力。

② 意思表示真实。

③ 不违反法律和社会公共利益。

④ 合同必须具备法律要求的形式。法律、行政法规要求办理批准、登记等手续的，自当事人办理完这些手续后，合同方能生效。

(2) 无效合同。无效合同是指当事人之间订立的违反国家法律、行政法规的强制性规定和社会公共利益，因而没有法律效力的合同。这样的合同一旦被确认为无效，从订立时起就没有法律效力。合同法规定，以下合同属于无效合同。

① 一方以欺诈、胁迫的手段订立合同，损害国家利益。

② 恶意串通，损害国家、集体或第三人利益。

③ 以合法形式掩盖非法目的。

④ 违反法律、行政法规的强制性规定。

(3) 可变更或可撤销的合同。可变更或可撤销的合同是指因欠缺生效要件，一方当事人可以依照自己的意思使合同的内容变更或使合同效力归于消灭的合同。其与无效合同的不同之处在于，无效合同是一种绝对的无效，其无效的后果是由法律直接规定的，不以任何人的意志为转移。对于可撤销的合同，如果当事人没有将其撤销，它就是一个有效的合同，对当事人具有法律约束力，但是一旦被撤销，即从成立时起就没有法律效力，因而是一种相对的无效。可变更或可撤销的合同包括以下三类。

① 因重大误解订立的合同。

② 在订立合同时显失公平的。

③ 一方以欺诈、胁迫的手段或者乘人之危，是对方在违背真实意思的情况下订立的合同。

以上三类合同中，受损害的一方当事人有权向法院或仲裁机构请求将合同变更或撤销，但是这种权利必须自该当事人知道或应当知道撤销事由之日起一年内行使，否则权利丧失。

(4) 效力待定合同。效力待定合同是指合同成立以后，因存在不足以认定合同无效的瑕疵，致使合同不能产生法律效力，在一段合理的时间内合同效力暂不确定，由有追认权的当事人进行补正或有撤销权的当事人进行撤销，再视具体情况确定合同是否有效。效力待定合同是指在成立时其效力处于不确定状态，要根据某个有权的第三人的意思才能确定其有效或无效的合同。效力待定合同有以下三类。

① 限制民事行为能力人订立的与其行为能力不相适应的合同，经其法定代理人表示追认后，合同有效，否则为无效合同。

② 无权代理人订立的合同，包括行为人超越代理权、没有代理权而以被代理人名义订立的合同和代理权已经终止后仍然以被代理人名义订立的合同。此类合同经被代理人追认后，合同有效。

③ 无处分权人处分他人财产而订立的合同，若权利人追认或无处分权人取得处分权，则合同有效。

以上三类合同，若事后有权的第三人不予追认，就是无效的合同。

(5) 合同无效或被撤销的法律后果。合同被确认为无效或被撤销后，均为自始无效，即从订立时起就不发生法律效力。当事人还没有履行合同的，不得履行。当事人已经开始履行合同的，应当停止履行。

对合同被确认为无效或被撤销后，当事人之间已经发生的财产交付，分以下三种情况处理。

① 返还财产或折价补偿。若当事人对合同的无效或被撤销均无过错，则他们因合同而从对方取得的财产，应当返还给对方；不能返还或没有必要返还的，应当折价以金钱补偿。

② 赔偿损失。对合同的无效或被撤销有过错的一方当事人，应当赔偿对方因合同无

效或被撤销而遭受的损失；双方均有过错的，应当各自承担相应的责任。

③ 收归国家或者返还集体、第三人。当事人订立的合同损害国家、集体或第三人利益的，其取得的财产应当收归国有或者返还集体、第三人。

【案例分析】

2001 年 10 月，某汽车贸易公司甲与某企业乙订立了一份汽车买卖合同。合同规定：甲于 2002 年 2 月向乙方交付新车一辆，价款 12 万元，自合同订立起 10 日内，乙方向甲方支付 20%的定金 24 000 元，余款提货时付清。2002 年 2 月乙方付款提货后，在使用中发现该车系旧车翻新，主要部件经常发生故障，便向甲方提出异议，并于 4 月提出退货，甲拒绝。乙向法院起诉，指出甲方有欺诈行为，请求法院确认合同无效，并判令甲承担违约责任，双倍返还定金。法院经调查认定，该车确属旧车翻新，但经维修后尚可使用。

该案中，甲方以欺诈手段订立合同，但该合同并未损害国家、集体或第三人的利益，因而不是无效合同，而是可撤销合同。这样，乙方只能请求法院撤销或变更合同。如果乙方请求法院撤销合同的话，则不能要求甲双倍返还定金，只能请求法院判令甲返还货款，赔偿损失。

5. 合同的履行、变更、转让

(1) 合同的履行。合同的履行是指当事人按照合同的约定全面完成各自的义务。当事人履行合同，应当遵循全面履行、诚信履行和协作履行的原则。

在实践中，当事人有时会由于各种原因而未能就合同的内容作出明确的约定，会给合同的履行带来困难，容易在当事人之间引发争议。为此，合同法规定，当事人就合同的质量、价款或报酬、履行期限、地点、方式等内容约定不明确时，可以协议补充；不能达成补充协议的，按照合同有关条款或者交易习惯确定。如果按以上方法仍然不能确定的，按以下规则处理。

① 质量要求不明确的，按照国家标准、行业标准履行；没有国家标准、行业标准的，按照通常标准或者符合合同目的的特定标准履行。

② 履行期限不明确的，债务人可以随时履行，债权人也可以随时要求履行，但应当给对方必要的准备时间。

③ 履行地点不明确，给付货币的，在接受货币一方所在地履行；交付不动产的，在不动产所在地履行；其他标的，在履行义务一方所在地履行。

④ 价款或报酬不明确的，按照订立合同时履行地的市场价格履行；依法应当执行政府定价或政府指导价的，按照规定履行。

⑤ 履行方式不明确的，按照有利于实现合同目的的方式履行。

⑥ 履行费用不明确的，由履行义务一方负担。

(2) 合同的变更。合同的变更是指合同成立之后、履行完毕之前，有双方当事人依法对合同内容所作的修改、补充或删减，即权利和义务变化的民事法律行为。我国《合同法》第七十七条第一款规定："当事人协商一致，可以变更合同。"在协商变更合同的情况下，变更合同的协议必须符合民事法律行为的有效要件，任何一方不得采取欺诈、胁迫的方式来欺骗或强制他方当事人变更合同。如果变更合同的协议不能成立或不能生效，则当事人仍然应按原合同的内容履行。法律、行政法规规定变更合同应当经批准或登记的，办理完相应的手续才发生合同变更的效力。如果当事人对合同变更的内容约定不明确的，视为未变更。

(3) 合同的转让。合同的转让是指合同主体的变更，是指当事人一方将其合同权利、合同义务或者合同权利义务，全部或者部分转让给第三人。也就是合同主体的变更，即在不改变合同关系内容的前提下，使合同的权利主体或者义务主体发生变动。合同的转让分为合同权利的转让、合同义务的转让和合同权利义务的概括转让三种情况。

合同的转让适用《中华人民共和国合同法》(简称《合同法》)第七十九条至第八十九条的规定。合同转让必须符合法律所规定的条件和要求才能生效，否则无效。

① 必须以合法有效的合同关系存在为前提。如果该合同根本不存在或者被宣告无效，或者已经被解除，在此种情况下发生的转让行为都是无效的。

② 必须符合法律所规定的转让程序，需要通知的依法通知。需要征得相对方同意的先经其同意，应当办理批准、登记等手续的，依照其规定办理相应手续。

③ 必须符合社会公共利益，且所转让的内容要合法。

④ 转让人与受让人之间达成合同转让的合意，具备民事法律行为的有效条件。[①]

《合同法》规定，债权人转让合同权利，应当通知债务人，债务人将其在合同中的义务转让给第三人时，应当取得债权人的同意，否则不发生转让的效力。但是在下列情形中，合同不得转让。

第一，根据合同性质不能转让的。

第二，当事人约定不得转让的。

第三，根据法律规定不得转让的。

6. 合同的终止

合同的终止是指合同当事人双方在合同关系建立以后，因一定的法律事实的出现，使合同确立的权利义务关系消灭。合同终止后，当事人不再受合同的约束。

《合同法》第九十一条，有下列情形之一的，合同的权利义务终止。

(1) 债务已经按照约定履行。当事人各方已经按照合同约定履行完各自的义务，从而使合同目的得以实现，这是合同终止最主要的情形。

(2) 合同解除。合同解除是指合同成立后，履行完毕之前，当事人依法提前结束合同的效力。我国合同法对此规定了协议解除和法定解除两种情形。协议解除是指当事人在合同中约定了解除合同的条件，当这些条件成就时而解除合同，以及在合同履行过程中经当事人双方协商一致而解除合同的情形。法定解除是指当具备法定条件时，依据当事人一方的意思即可解除合同的情形。主要表现为以下四个方面。

第一，不可抗力致使不能实现合同目的。

第二，期限届满之前，当事人一方明确表示或以自己的行为表明将不履行主要义务。

第三，当事人一方迟延履行主要义务，经催告后在合理期限内仍未履行。

---

① http://baike.baidu.com/link?url=QIxklPvRDS6QCmni28FXK-koG4hr9eyRxdZBxWuuI3Zi2izv8QiGSyFCdTkNNQqGWevMN0Hy0WLKWhVWudmaGK.

第四，一方迟延履行或有其他违约行为使合同目的不能实现。合同解除后，尚未履行的，终止履行；已经履行的，根据合同情况和合同性质，当事人可以要求恢复原状或采取其他补救措施，并有权要求赔偿损失。

(3) 债务相互抵销。合同当事人双方互负到期债务，可以用其债权来充当债务的清偿，从而使双方互负的债务在对等的数额内消灭。

(4) 债务人依法将标的物提存。提存是指由于债权人原因而无法向其交付标的物时，债务人将标的物交给提存机关，从而使债权债务关系归于消灭的制度。《合同法》规定，在以下情形时，债务人可以将标的物提存。

第一，债权人无正当理由拒绝受领或迟延受领标的物。

第二，债权人下落不明。

第三，债权人死亡而未能确定继承人或丧失行为能力而未能确定监护人。

第四，法律、行政法规规定的其他情形。我国法定的提存机关为公证机关。

(5) 债权人免除债务。是指债权人放弃自己的债权，从而消灭合同关系及其他债的关系。《合同法》规定："债权人免除债务人部分或者全部债务的，合同的权利义务部分或者全部终止。"

(6) 债权债务同归于一人。债权债务同归于一人在合同法上叫作混同。即因某些客观事实发生而产生的债权债务同归一人，不必由当事人为意思表示。

(7) 法律规定或者当事人约定终止的其他情形。

另外，债权人免除债务人部分或全部债务的，合同的权利义务部分或者全部终止。债权和债务同归于一人的，合同的权利义务终止，但涉及第三人利益的除外。

7. 违约责任

(1) 违约责任含义。违约责任是指合同当事人因不履行合同义务或履行合同义务不符合约定而应该承担的民事责任。合同一经生效，就对当事人产生约束力，当事人必须按约定履行，否则就要承担相应的违约责任。

违约责任属于民事责任，是一种合同责任，而且主要为财产责任。违约责任以补偿为原则，个别情况下具有惩罚性。违约责任可以由当事人在合同中约定，如果当事人在合同中未约定违约责任，则根据合同法的规定来确定。当事人可以根据合同法的规定，在合同中约定承担违约责任的方式、方法。《合同法》第一百一十四条规定，当事人可以约定一方违约时应当根据违约的情况向对方支付一定数额的违约金，也可以约定因违约产生的损失赔偿额的计算方法。

(2) 承担违约责任的方式。

① 继续履行。继续履行也称实际履行，是指当事人一方违约时，对方可以请求人民法院强制其履行合同约定的义务。如果违约方违反的是金钱债务，则必须实际履行；若违反的是非金钱债务，对方可以要求其实际履行。但以下情形不能适用实际履行。第一，法律或事实上不能履行。第二，债务的标的不适于实际履行或者履行费用过高的。第三，债权人在合理的时间内未要求履行的。

② 赔偿损失。赔偿损失是指合同当事人一方因违反合同义务而给对方造成损失时，按照法律规定或合同约定，补偿对方所受到的损失，也称损害赔偿，它以金钱赔偿为主。赔

偿损失的范围包括因违约所造成的直接损失和间接损失，但是不能超过违约方在订立合同时预见到或应当预见到的若其违反合同可能给对方造成的损失。应当注意的是，在当事人一方违反合同时，另一方应当尽量采取合理的措施以避免或减少损失，由此而支出的合理费用由违约方承担。否则，对于扩大的损失，无权要求违约方赔偿。

③ 采取补救措施。采取补救措施是指当事人一方履行合同义务不符合约定时，向对方承担的修理、更换、重作、退货、减少价款或报酬等责任。

④ 违约金。违约金是当事人在合同中约定的若一方违反合同时应当向对方支付的一定金额的货币。违约金的数额由当事人约定。但是如果约定的违约金低于造成的损失的，当事人可以请求人民法院或仲裁机构予以增加；若约定的违约金过分高于造成的损失的，当事人可以请求人民法院或仲裁机构予以适当减少。

应当注意的是，违约责任方式可以并用，如，违约方承担了继续履行的责任后，仍然给对方造成其他损失的，还应当赔偿损失。

(3) 违约责任的免除。违约责任的免除是指在法律规定或当事人有特别约定时，违约方可以不承担违约责任的法律制度。

法定的可以免除违约责任的情形主要为不可抗力。所谓不可抗力，是指当事人在订立合同时不能预见、对其发生和后果不能避免也不能克服的客观情况。不可抗力的范围可以由当事人在合同中约定，一般包括以下三类。第一，自然灾害。第二，社会异常事件，如战争、罢工等。第三，某些政府行为，如政府的封锁禁运。遭遇不可抗力的一方当事人应在不可抗力发生后及时将有关情况通知对方当事人，并在合理期限内提供有关机构出具的证明。

【案例分析】

甲公司与乙服装公司于2003年4月签订了一份买卖合同。合同约定："乙向甲提供服装2000件，总价款为4万元。同年5月20日交货，货到付款。合同有效期到同年5月22日止。"5月27日，乙向甲交货，甲公司称已过交货期，因此拒绝收货。经乙公司送货人员再三请求，甲公司同意代为保管，可以将货暂时存放在其门市部。次日，甲公司销售人员不明情况，将服装售出200件，其余存入库房。6月，乙公司催讨货款。甲公司称：服装已经售出200件，其余的还存放在库里，因此只同意支付代售的200件服装的货款，其余的服装要求乙公司取回。而乙公司则要求甲公司支付全部货款。

本案中，甲乙双方在合同中明确约定交货期为5月20日，而合同有效期到5月22日为止，乙公司直到5月27日才交货，已属迟延履行，甲公司有权拒收。但是甲公司在代为保管货物期间将货物售出一部分并存入仓库，此行为应认定为甲公司已经接受货物。因此，甲公司应向乙公司支付全部货款，而乙公司应承担迟延交货的违约责任。

【阅读资料】

合同当事人违约时，还可能涉及的一种责任方式是定金制裁。严格说来，定金是一种担保方式，是当事人在合同中约定的一方违约时应当向对方支付的一定数额的货币。支付定金的目的在于担保合同的履行：若合同得以履行，定金应当抵作合同价款或者收回。若交付定金的一方违反合同的，无权要求返还定金；收取定金的一方违反合同的，应双倍返还定金。这一规则也被称为定金罚则，定金有时会具有惩罚性。定金与违约金的不同之处主要在于，定金须预先支付，而违约金则是在发生了违约行为后才支付。定金也不同于实务中的预付款，虽然二者都须预先支付，但是预付款没有所谓的罚则，若一方违约导致合同不能履行，预付款应该收回。而且，预付款本身就是合同价款的一部分，当合同得以履行时，不发生返还的问题。

合同的担保，是合同当事人为保障合同的履行而采取的措施。除定金之外，《担保法》还规定了以下几种担保方式：①保证，是合同当事人以外的第三人以其信用担保债务履行的一种担保方式，其性质属于信用担保，而其他的担保方式均属财产担保。②抵押，是指债务人或者第三人不转移对抵押物的占有，将该财产作为债权的担保。债务人到期不履行债务时，债权人有权依法以该财产折价或者以拍卖、变卖该财产所得的价款优先受偿。③质押，是指债务人或者第三人将其动产移交给债权人占有，将该动产作为债权的担保。当债务人到期不履行债务时，债权人有权依法以该财产折价或者以该财产拍卖、变卖该动产所得的价款优先受偿。④留置，是指债权人按照合同约定占有债务人的动产时，若债务人到期不履行债务，债权人有权依法留置该财产，以该财产折价或者以拍卖、变卖该财产所得的价款优先受偿。如，在保管合同中，如果存货方到期不支付保管费，保管方就有权留置其所保管的存货方的财产，经过了法定期间存货方仍不支付的，保管方可以以该财产折价或者以拍卖、变卖该财产所得的价款优先受偿。应当注意的是，留置这种担保方式，只适用于法律有明确规定的合同中。《合同法》所规定的保管合同、货物运输合同、加工合同这三种合同关系中，一方当事人按照合同约定得以控制对方的财产，因而才能行使留置权。

5.3 消费者权益保护法基础知识

1. 消费者及消费者权益保护法

本法所称的消费者是指为个人生活消费需要而购买、使用商品和接受服务的自然人。理解这一概念应把握以下几点。首先，消费者所从事的消费活动是属于生活消费，不包括生产资料的消费。其次，消费者消费的客体既包括商品也包括服务。最后，消费者的消费活动具体表现为购买、使用商品和接受服务。此外还应注意的是，依照我国消费者权益保护法的规定，农民购买、使用直接用于农业生产的生产资料时也适用该法。

对消费者的特殊保护是基于其在市场中所处的弱势地位，而其他从事消费活动的社会组织、企事业单位则不属于消费者保护法意义上的“消费者”。

消费者权益保护法是调整在保护公民消费权益过程中所产生的社会关系的法律规范总称。我国的消费者权益保护法颁布于 1993 年 10 月 31 日，该法经过 2009 年和 2013 年两次修正后更加完善。

在该法中具体规定了消费者的权利和与此相对应的经营者的义务、消费者维权的途径以及经营者在侵犯消费者权益时所应承担的法律责任。该法的颁布实施，对于保护消费者的合法权益，规范经营者的经营行为，维护社会经济秩序，促进我国社会主义市场经济的健康发展具有非常重要的意义。

消费者权益保护法所调整的社会关系包括以下几方面。

(1) 国家与经营者之间的关系。主要表现为保护消费者而在国家与经营者之间产生的监督管理与被监督管理的关系。

(2) 国家与消费者之间的关系。主要表现为国家与消费者之间的保护与被保护、指导与被指导的关系。

(3) 消费者与经营者之间的关系。二者之间是一种在自愿、平等、诚实信用基础上的等价有偿的商品交换关系。

2. 消费者的权利和经营者的义务

(1) 消费者的权利。消费者的权利是指消费者在消费领域中，即在购买、使用商品或者接受服务中所享有的权利法。消费者的权利是保护消费者的权益的核心问题，作为一个消费者，如果不明了自己究竟应当享有什么权利，在实际生活中，就无法维护自己的权利。消费者权益保护法为消费者设立了既相互独立又相互关联的十项基本权利。

① 保障安全权。保障安全权是消费者最基本的权利，是指消费者在购买、使用商品和接受服务时，享有人身、财产安全不受损害的权利。消费者有权要求经营者提供商品和服务，符合保障人身、财产安全的要求。

② 知悉真情权。知悉真情权又称知情权，是指消费者有权了解其所购买和使用的商品或接受的服务的真实情况。

消费者根据其购买和使用的商品及接受的服务的不同情况，有权要求经营者提供商品的价格、产地、生产者、用途、性能、规格、等级、主要成分、生产日期、有效期限、检验合格证明、使用方法说明书、售后服务，或者服务的内容、规格、费用等有关情况。

③ 自主选择权。自主选择权是指消费者享有自主选择商品或服务的权利。具体包括：消费者有权自主选择提供商品或服务的经营者；自主选择商品的品种或服务的方式；自主决定购买或者不购买任何一种商品、接受或者不接受任何一项服务；消费者在自主选择商品或服务时，有权进行比较、鉴别和挑选。

④ 公平交易权。公平交易是指经营者与消费者之间的交易应当平等、公正。公平交易权的内容包括以下几方面：消费者在购买商品或接受服务时，有权获得质量保障、价格合理、计量正确等公平交易条件，有权拒绝强制交易行为。

⑤ 获得赔偿权。获得赔偿权是指消费者因购买、使用商品或接受服务时受到人身、财产损害的，有权依法获得赔偿。

⑥ 结社权。结社权是指消费者依法成立维护自身合法权益的社会团体的权利。相对于经营者来说，消费者是弱势一方，消费者群体联合起来与经营者相抗衡，能够更好地维护其自身的权益。在我国，全国各地消费者协会的相继成立，沟通了政府与消费者之间的关系，为缓解和解决经营者与消费者之间的矛盾，更好地保护消费者的权益，起到了非常重要的作用。

⑦ 获得相关知识权。获得相关知识权是指消费者享有获得有关消费和消费者权益保护方面的知识的权利。此项权利是知情权的引申和延续。消费知识主要指有关商品和服务的知识；消费者权益保护方面的知识主要是指当消费者的合法权益受到侵害时，可以通过何种途径、采取何种方式有效解决问题的知识。政府部门及有关的消费者组织应通过各

种宣传、教育活动，帮助消费者掌握有关的消费和消费者权益保护方面的知识，提高自我保护的意识，从而更好地保护消费者的权益。

⑧ 受尊重权。受尊重权是指消费者在购买、使用商品或接受服务时，享有人格尊严、民族风俗习惯得到尊重的权利。

⑨ 监督批评权。监督批评权是指消费者享有对商品和服务及保护消费者权益的工作进行监督和批评的权利。消费者有权检举、控告侵害消费者权益的行为和国家机关及其工作人员在保护消费者权益的过程中的违法失职行为，有权对消费者权益保护的工作提出批评和建议。

⑩ 个人信息权。个人信息权又称消费者隐私权，是指消费者的姓名、性别、职业、学历、住所、联系方式、婚姻状况、亲属关系、财产状况、血型、病史、消费习惯等所有私人信息不被非法收集和非法披露的权利。

(2) 经营者的义务。对应于消费者的权利，各类经营者需要履行的义务。具体包括以下十点。

① 遵守法定或约定的义务。经营者向消费者提供商品或服务，应当依照《产品质量法》及其他法律、行政法规的规定履行有关的义务；如果经营者和消费者有约定的，应当按照约定履行义务，但是双方的约定不得违背法律、行政法规的强制性规定。

② 听取意见和接受监督的义务。经营者在提供商品或服务时，对消费者提出的有关产品质量、服务态度等方面的意见，应当听取，并接受来自消费者和社会各方面的监督。

③ 保障安全的义务。经营者应当保证其所提供的商品或服务符合保障人身、财产安全的要求。此项义务对经营者有以下两方面的要求。第一，说明和警示的义务，对可能危及人身、财产安全的商品和服务，应当向消费者作出真实的说明和明确的警示，并说明和标明正确使用商品或接受服务的方法以及防止危害发生的方法。第二，报告和告知的义务，即经营者发现其提供的商品或服务存在严重缺陷，即使正确使用商品或接受服务仍然可能对人身、财产安全造成危害的，应当立即向有关行政部门报告和告知消费者，并采取停止销售、警示、召回、无害化处理、销毁、停止生产或服务等措施，且自行承担商品召回的必要费用。

④ 提供真实信息的义务。提供真实信息的义务对经营者有以下要求。第一，向消费者提供有关商品或服务的真实信息，不得作引人误解的虚假宣传。第二，对消费者就其提供的商品的质量、使用方法等提出的询问，应当作出真实、明确的答复。第三，对提供的商品应当明码标价。第四，经营者应当标明其真实名称和标记，尤其是租赁他人柜台或者场地的经营者，应当标明其真实名称和标记。

⑤ 出具凭证和单据的义务。经营者提供商品或者服务，应当按照国家有关规定或者商业惯例向消费者出具购货凭证或者服务单据。消费者索要购货凭证或者服务单据的，经营者必须出具。购货凭证或服务单据，如发票、信誉卡、保修单等，是经营者与消费者之间发生的合同关系的书面凭证，当发生消费争议时，消费者可以将其作为证据维护自己的消费权益。

⑥ 保证质量的义务。此项义务要求经营者，第一，保证在正常使用商品或者接受服务的情况下其提供的商品或者服务应当具有的质量、性能、用途和有效期限，但消费者在购买

该商品或者接受该服务前已经知道其存在瑕疵的除外。第二，经营者以广告、产品说明、实物样品或者其他方式表明商品或者服务的质量状况的，应当保证其提供的商品或者服务的实际质量与表明的质量状况相符。第三，经营者提供的机动车、计算机、电视机、电冰箱、空调、洗衣机等耐用商品或装饰装修等服务、消费者自接受商品或服务之日起6个月内发现瑕疵，发生争议的，由经营者承担有关举证责任。

⑦ 履行退货、更换、修理的义务。其一，在经营者提供的商品或服务不符合质量要求的情形下，如果有国家规定或当事人约定，经营者有义务按照消费者的要求办理退货、更换或修理；如果没有国家规定和当事人约定，消费者自收到商品之日起7日内退货的，经营者有义务办理退货，7日后符合法定解除合同条件的，经营者仍然有义务退货。不符合法定解除合同条件的，经营者应按消费者要求履行更换、修理等义务。其二，无论经营者提供的商品有无质量问题，只要是采用网络、电视、电话、邮购等方式销售的，消费者都有权自收到商品之日起7日内退货，且无需说明理由（“无理由退货”）。但消费者定做的商品，鲜活易腐的商品、在线下载或消费者拆封的音像制品、计算机软件等数字化商品，交付的报纸、期刊及其他根据商品性质并经消费者在购买时确认不宜退货的商品，不适用无理由退货。

⑧ 正确使用格式条款的义务。其一，提示和说明的义务，即经营者在经营活动中使用格式条款的，应当以显著方式提请消费者注意商品或服务的数量和质量、价款或费用、履行期限和方式、安全注意事项和风险警示、售后服务、民事责任等与消费者有重大利害关系的内容，并按照消费者的要求予以说明。其二，禁止滥用格式条款的义务，即经营者不得以格式条款、通知、声明、店堂告示等方式做出排除或限制消费者权利、减轻或免除经营者责任、加重消费者责任等对消费者不公平、不合理的规定，不得利用格式条款并借助技术手段强制交易；违反此义务的，其条款无效。

⑨ 不得侵犯消费者人格权的义务。经营者不得对消费者进行侮辱、诽谤，不得搜查消费者的身体及其携带的物品，不得侵犯消费者的人身自由。

⑩ 尊重消费者信息自由的义务。其一，保护消费者个人信息的义务。主要有两方面：一是在收集、使用消费者个人信息时，应当遵循合法、正当、必要的原则、明示收集使用信息的目的、方式和范围，并经消费者同意。二是对于已经掌握的个人信息，必须严格保密，不得泄露、出售或非法向他人提供，同时应当采取必要的措施确保信息安全，并在信息泄露、丢失时及时加以补救。其二，避免以商业信息骚扰消费者，经营者未经消费者同意或请求，或消费者明确表示拒绝的，不得向其发送商业性信息。

【案例分析】

顾客王女士在某干洗店干洗一件白色皮衣。几天后，她取衣时发现，衣服的皮面染上很多淡黄色的色块，根本没有办法穿着了。于是，王女士持两年前购买衣服的发票，向干洗店索赔4000元（发票价值为5498元）。但是干洗店只同意赔偿1000元，理由为该店开具的洗衣单背面明确规定：若在洗衣过程中造成衣物损坏，最高赔偿额为1000元。双方为此发生争议。

本案是一起典型的因不合理的格式合同引发的争议。《消费者权益保护法》明确规定：“经营者不得以格式合同、通知、声明、店堂告示等方式做出对消费者不公平、不合理的规定，或者减轻、免除其损害消费者合法权益应当承担的民事责任。格式合同、通知、声明、店堂告示等含有上述内容的，其内容无效。”格式合同是指由当事人一方预先制定的，并由不特定的对方当事人所接受的，具有完整性和定型化的合同。当事人一方订立格式合同，是为了能够重复使用，与之交易的对方当事人在这样的合同关系中，往往不能参与合同的制定，所以，在格式合同中，非常容易出现不平等的条款。我们生活中的保险单、供用电、水、气合同等，一般均为格式合同。为了维护交易相对方的利益，我国《合同法》对格式合同的订立作出了必要的限制：合同法要求订立格式合同的一方应当遵循公平原则确定当事人之间的权利义务，如果合同中有免除或限制其责任的条款，则必需以合理的方式提醒对方当事人注意；如果格式合同（或者其部分条款）违反了法律、行政法规的强制性规定的，或者规定因故意或重大过失造成对方人身伤害、财产损失而免除或限制其责任的，该格式合同（或者其部分条款）无效。

上述案例中，干洗店的洗衣单背面条款，就属于格式合同中的免责条款，其规定明显不公平、不合理，因为其内容限制了干洗店的责任，因而是无效的条款。王女士可以主张该条款无效，要求干洗店赔偿自己的实际损失。

3．消费争议解决的途径

消费争议是指在消费领域中，消费者和经营者之间因商品或服务质量造成消费者人身、财产损失而引起的争议。

依据《消费者权益保护法》的规定，当发生消费争议时，可以通过以下途径解决。

（1）双方协商和解。发生争议的消费者和经营者可以在平等自愿的基础上，就他们之间的争议进行友好协商，并最终达成和解。争议双方以协商的方式解决争议，可以节约争议解决的成本，又不必花费太多的时间，不失为解决消费争议的首选方式。

（2）请求消费者协会调解。消费者协会简称“消协”，是依法成立的对商品或服务进行社会监督的保护消费者合法权益的社会组织。其职能包括：向消费者提供信息和咨询服务；参与有关行政部门对商品和服务的监督检查；就有关消费者合法权益的问题，向有关行政部门反映、查询、提出建议；受理消费者的投诉，并对投诉事项进行调查、调解；投诉事项涉及商品和服务质量问题的，可以提请鉴定部门鉴定；就损害消费者权益的行为，支持受损害的消费者提起诉讼；对损害消费者合法权益的行为，通过大众传播媒介予以揭露、批评。

此外，消费者权益保护法还规定，消费者协会是非营业性的社会团体，不得从事商品经营和营利性服务。各级人民政府应当支持消费者协会行使其职能的工作。

发生消费争议后，消费者可以请求消协作为第三方从中斡旋，进行说服教育，并最终促成双方和解。生活中，往往是消费者首先就有关问题向消协投诉，消协再根据消费者的投诉事项进行调查和调解工作。但是应当注意的是，以调解方式解决争议，并无法律强制力，若经调解达成和解协议后，经营者一方又反悔的，消费者并不能以该协议为依据，请求法院强制执行。在这种情况下，消费者可以继续选择以其他方式解决争议。

（3）向有关行政部门投诉。政府有关行政部门依法具有规范经营者的经营行为，维护消费者的合法权益和市场经济秩序的职能。消费争议涉及的领域很多，当消费者的权益受到侵害时，可以根据具体情况，向不同的行政部门（如工商部门、物价部门、技术质量监督部门等)进行投诉。该行政部门应当自收到投诉之日起 7 个工作日内予以处理并告知消费者。

(4) 提请仲裁。仲裁,是由依法设立的仲裁机构作为第三方,对当事人之间的争议事项居中作出具有法律强制力的裁决,从而解决争议的方式。仲裁机构是依法设立的对商事争议进行裁决的民间组织,其受理消费争议的前提条件是,消费者和经营者之间在申请仲裁之前,已经以书面方式协商一致同意以仲裁方式解决争议。此种解决争议方式在国际国内商贸活动中被广泛采用。但是在消费争议中,人们不习惯、多数情况下不可能、也没必要专门为仲裁方式解决争议达成仲裁协议。所以,在消费领域,很少有以仲裁方式解决争议的。

(5) 向人民法院提起诉讼。当发生消费争议后,消费者可以直接向人民法院起诉,也可以因不服行政处罚决定而向人民法院起诉,由人民法院以审判的方式,对争议事项作出具有法律强制力的判决,从而解决争议。诉讼是解决各种争议的最后手段,具有权威性、强制性。

4. 消费责任主体的认定

当消费者的合法权益受到侵害时,必须确定责任主体,即应该由谁来对消费者的损失进行赔偿或承担其他的法律责任。否则,可能会使消费争议无法顺利得到解决。比如,若消费者就消费争议到法院起诉的话,如果没有明确的被告,人民法院不会受理案件。在实际生活中,由于客观情况的复杂,使权益受到侵害的消费者不知该由谁来对自己承担责任,或者消费者虽然找到责任主体,但他们却相互推诿,为消费者的维权带来困难。为使消费争议尽快解决,防止销售者与生产者之间相互推诿责任,确保消费者的受损利益及时得到赔偿,《消费者权益保护法》明确规定了在不同情况下,消费争议责任主体的确定方法。

(1) 销售者与生产者之间的责任归属。《侵权责任法》第四十三条规定:“因产品存在缺陷造成损害的,被侵权人可以向产品的生产者请求赔偿,也可以向产品的销售者请求赔偿。产品缺陷由生产者造成的,销售者赔偿后,有权向生产者追偿。因销售者的过错使产品存在缺陷的,生产者赔偿后。有权向销售者追偿。”

① 消费者购买、使用商品时,其合法权益受到损害的,可以向销售者要求赔偿。销售者进行赔偿后,属于生产者责任或属于向销售者提供商品的其他销售者的责任的,销售者有权向生产者或其他销售者追偿。

② 消费者或者其他受害人因商品缺陷造成人身、财产损害的,可以向销售者要求赔偿,也可以向生产者要求赔偿。属于生产者责任的,销售者赔偿后,有权向生产者追偿。属于销售者责任的,生产者赔偿后,有权向销售者追偿。

③ 消费者在接受服务时,其合法权益受到损害时,可以向服务者要求赔偿。

(2) 变更后的企业仍应承担赔偿责任。消费者在购买、使用商品或接受服务时,其合法权益受到损害,而原企业已发生分立、合并的,消费者可以向变更后承受原企业权利义务的企业要求赔偿。

(3) 营业执照持有人与租借人之间的责任归属。出租、出借营业执照或者租用、借用他人营业执照是违反工商行政管理的行为。使用他人营业执照的违法经营者提供商品或服务,损害消费者合法权益的,消费者可以向其要求赔偿,也可以向营业执照的持有人要求赔偿。

(4) 展销会举办者、柜台出租者的特殊责任。通过展销会、出租柜台销售商品或提供服务,不同于一般的店铺经营方式。为了在展销会或出租柜台期满后,使消费者能够得到赔偿,《消费者权益保护法》规定,消费者在展销会、租赁柜台购买商品或者接受服务,其合法权益受到侵害的,可以向销售者或服务者要求赔偿。展销会结束或柜台租赁期满后,也可以向展销会的举办者、柜台的出租者要求赔偿。展销会的举办者、柜台的出租者赔偿后,有权向销售者或服务者追偿。

(5) 网络交易平台提供者的责任。消费者通过网络交易平台购买商品或接受服务,其合法权益受到损害的,可以向销售者或服务者要求赔偿。网络交易平台提供者不能提供销售者或服务者真实名称、地址和有效联系方式的,消费者也可以向网络交易平台提供者要求赔偿。网络交易平台提供者作出更有利于消费者承诺的,应当履行承诺。网络交易平台提供者赔偿后,有权向销售者或服务者追偿。网络交易平台提供者明知或应知销售者或服务者利用其平台侵害消费者合法权益,未采取必要措施的,依法与该销售者或服务者承担连带责任。

(6) 虚假广告或其他虚假宣传的责任。消费者权益保护法规定,消费者因经营者利用虚假广告或其他虚假宣传方式提供商品或服务其合法权益受到损害的,可以向经营者要求赔偿。广告经营者、发布者不能提供经营者真实名称、地址和有效联系方式的,应当承担赔偿责任。广告经营者及发布者设计、制作、发布关系消费者生命健康商品或服务的虚假广告,造成消费者损害的,应当与提供该商品或服务的经营者承担连带责任。社会团体或其他组织、个人在关系消费者生命健康商品或服务的虚假广告或其他虚假宣传中向消费者推荐商品或服务,造成消费者损害的,应当与提供该商品或服务的经营者承担连带责任。

【案例分析】

2002年2月22日,消费者郑某在将三节5号电池装入电子游戏机时,其中一节在其右手中爆炸,伤及其右手及面部,郑某当即被送往医院治疗。经治疗后郑某右手小指近端指面关节以下缺失,无名指关节指间关节畸形愈合,不能伸直,中指端指面关节定为伤残九级。经查:爆炸的5号充电电池是某百货公司从一名自称是福建某无线电厂推销员孙某手中购买的,单价是12元,电池上无中文标识,此事发生后孙某下落不明。

《消费者权益保护法》规定:消费者因商品缺陷造成人身、财产损害的,可以向销售者要求赔偿,也可以向生产者要求赔偿。本案中,向某百货公司提供缺陷商品的推销员孙某在事发后下落不明,而电池上又无关于生产厂家的中文标识,导致受害人郑某无法确定缺陷商品的生产者,所以可以依法要求销售者即某百货公司赔偿自己受到的损失。某百货公司应当赔偿郑某的医疗费、治疗期间的护理费、因误工减少的收入、残疾生活补助费、残疾赔偿金等费用。

5. 违反消费者权益保护法的法律责任

经营者违反《中华人民共和国产品质量法》《消费者权益保护法》规定,经营者提供商品或服务有下列情形之一的,除本法另有规定外,应当按照《中华人民共和国产品质量法》和其他有关法律、法规的规定,承担相应的法律责任。

(1) 民事责任

① 承担民事责任的一般规定。经营者提供商品或服务有以下情形之一的，应当依照消费者权益保护法或其他有关法律、法规的规定，承担民事责任。

第一，商品存在缺陷的。

第二，不具备商品应当具备的使用性能而出售未作说明的。

第三，不符合商品或者包装上注明采用的商品标准的。

第四，不符合商品说明、实物样品等方式表明的质量状况的。

第五，生产国家明令淘汰的商品或者销售失效、变质的商品的。

第六，销售的商品数量不足的。

第七，服务的内容和费用违反约定的。

第八，对消费者提出的修理、重作、更换、退货、补足商品数量、退还货款和服务费用或者赔偿损失的要求，故意拖延或者无理拒绝的。

第九，法律、法规规定的其他损害消费者权益的情形。

此外，经营者未尽到安全保障义务，造成消费者损害的，应当承担侵权责任。

② 承担民事责任的方式及赔偿的范围

第一，人身伤害的民事责任。经营者提供商品或者服务造成消费者或者其他人人身伤害的，应当赔偿医疗费、护理费、因误工减少的收入；造成残疾的，还应当赔偿残疾者生活辅助器具费、残疾赔偿金；造成死亡的，应当赔偿丧葬费、死亡赔偿金以及由死者生前扶养的人所必需的生活费等费用。

第二，侵犯人格尊严、人身自由的民事责任。经营者侵害消费者人格尊严、人身自由或侵害消费者个人信息依法得到保护的权利的，应当停止侵害、恢复名誉、消除影响、赔礼道歉、并赔偿损失。

经营者对消费者进行侮辱、诽谤，搜查消费者的身体及其携带的物品，从而侵犯消费者的人格尊严或者人身自由，造成严重精神损害的，受害人可以要求精神损害赔偿。

第三，财产损害的民事责任。经营者提供商品或者服务，造成消费者财产损害的，应当按照消费者的要求，以修理、重作、更换、退货、补足商品数量、退还货款和服务费用或者赔偿损失等方式承担民事责任。消费者与经营者另有约定的，按照约定履行。依法经有关行政部门认定为不合格的商品，消费者要求退货的，经营者应当负责退货。

对国家规定或者经营者与消费者约定包修、包换、包退的商品，经营者应当负责修理、更换或者退货。在保修期内两次修理仍不能正常使用的，经营者应当负责更换或者退货。对包修、包换、包退的大件商品，消费者要求经营者修理、更换、退货的，经营者应当承担运输等合理费用。

经营者以邮购方式提供商品的，应当按照约定提供。未按照约定提供的，应当按照消费者的要求履行约定或者退回货款，并应当承担消费者必须支付的合理费用。

经营者以预收款方式提供商品或者服务的，应当按照约定提供。未按照约定提供的，应当按照消费者的要求履行约定或者退回预付款，并应当承担预付款的利息、消费者必须支付的合理费用。

第四，经营者欺诈行为的惩罚性赔偿。《消费者权益保护法》第五十五条规定：经营者提供商品或服务有欺诈行为的，应当按照消费者的要求增加赔偿其受到的损失，增加赔偿的金额为消费者购买商品的价格或接受服务的费用的 3 倍；增加的金额不足 500 元的，为 500 元。

首先，对经营者欺诈行为的判断。实践中，只要证明下列事实存在即可认定经营者构成欺诈：一是经营者对其商品或服务的说明存在虚假或隐瞒，足以使一般消费者受到误导。二是消费者因受误导而接受了经营者的商品或服务，而一般消费者在此情况下如果知道事实真相即不会接受该商品或服务，或只会按实质不同的合同条款接受该商品或服务。其次，赔偿数额的确定。对经营者欺诈行为，消费者不仅可以获得补偿性的赔付，还可以要求增加赔偿额。补偿性的赔付包括消费者为接受商品或服务已经支付的价款或费用，以及其他相关开支(如交通费和运费等)和人身、财产损失，这些均按“完全填补”的原则予以赔付。增加的赔偿额也即惩罚性赔偿，应在补偿性赔付之外另行计算。

例如，消费者购买假手机花了 3000 元，则经营者除了返还 3000 元价款和赔偿其他实际损失(如因此产生的交通费、误工费)外，还应当支付 9000 元的惩罚性赔偿。

第五，故意侵权的加重责任。经营者明知商品或服务存在缺陷，仍然向消费者提供，造成消费者或其他受害人死亡或健康严重损害的，受害人有权要求经营者依法承担人身伤害赔偿和精神损害赔偿，并有权要求所受损失 2 倍以下的惩罚性赔偿。

例如，如果经营者是故意售假，消费者的孩子服用假药后死亡，则消费者除了要求支付以上所述补偿性赔偿和惩罚性赔偿外，还有权要求经营者支付抢救费、丧葬费和死亡赔偿金等损失，并且支付该损失赔偿总额 2 倍以下的惩罚性赔偿。(假如该损失赔偿额为 100 万元，则该惩罚性赔偿最高可达 200 万元。)

(2) 行政责任

① 承担行政责任的情形。

第一，提供的商品或服务不符合保障人身、财产安全要求的。

第二，在商品中掺杂、掺假、以假充真、以次充好，或者以不合格商品冒充合格商品的。

第三，生产国家明令淘汰的商品或者销售失效、变质的商品的。

第四，伪造商品的产地、伪造或者冒用他人的厂名、厂址，伪造或者冒用认证标志、名优标志等质量标志的。

第五，销售的商品应当检验、检疫而未检验、检疫或者伪造检验、检疫结果的。

第六，对商品或服务作引人误解的虚假宣传的。

第七，对消费者提出的修理、重作、更换、退货、补足商品数量、退还货款和服务费用或者赔偿损失的要求，故意拖延或者无理由拒绝的。

第八，侵犯消费者人格尊严、侵犯消费者人身自由或者侵犯消费者个人信息依法得到保护权利的。

第九，拒绝或拖延有关行政部门责令对缺陷商品或服务采取停止销售、警示、召回、无害化处理、销毁、停止生产或服务等措施的。

第十，法律、法规规定的对损害消费者权益应当予以处罚的其他情形。

② 行政处罚。

对《消费者权益保护法》第五十六条列举的上述情形，若相关法律、法规对处罚机关和处罚方式有规定的，依照其规定执行。若法律、法规未作规定的，由工商行政管理部门责令改正，可以根据情节单处或并处警告、没收违法所得、处以违法所得1倍以上10倍以下的罚款；没有违法所得的，处以50万元以下的罚款；情节严重的，责令停业整顿、吊销营业执照。除此之外，处罚机关还应当将经营者受处罚的情况记入信用档案，向社会公布。

(3) 刑事责任

① 经营者的刑事责任。经营者提供商品或者服务，造成消费者或者其他受害人人身伤害或死亡，构成犯罪的，应依法追究刑事责任。

以暴力、威胁等方法阻碍有关行政部门工作人员依法执行职务的，依法追究刑事责任。拒绝、阻碍有关行政部门工作人员依法执行职务，未使用暴力、威胁方法的，由公安机关依照《中华人民共和国治安管理处罚法》的规定处罚。

② 国家机关工作人员的刑事责任。国家机关工作人员有玩忽职守或者包庇经营者侵害消费者合法权益的行为的，由其所在单位或者上级机关给予行政处分。情节严重，构成犯罪的，依法追究刑事责任。

5.4 劳动合同法基础知识

1. 劳动合同的概念

劳动合同是劳动者与用人单位之间确立劳动关系、明确双方权利和义务的书面协议。

劳动合同与其他民商事合同的区别在于具有以国家意志为主导，以当事人意志为主体的特征。我国劳动法规定，劳动者与用人单位建立劳动关系，应当订立劳动合同。可见，劳动合同是建立劳动关系的法定形式。在劳动合同中，劳动者和用人单位可以将双方协商确定的权利义务加以明确，并由此作为双方履行合同的依据，这样能在一定程度上避免和减少劳动争议的发生。即使发生争议，也可以作为处理争议的证据，从而有助于劳动争议的解决。尤其是对于在劳动关系中处于弱势地位的劳动者，依法订立劳动合同，是维护其在劳动关系中的合法权益的重要措施。

2. 劳动合同的种类

根据《劳动合同法》第十二条规定，劳动合同的类型分为固定期限、无固定期限和以完成一定工作任务为期限的三种。

固定期限劳动合同是指用人单位与劳动者约定合同终止时间的劳动合同。期限届满，双方无续订劳动合同的意思表示，劳动合同终止，劳动关系消灭。劳动合同法对固定期限劳动合同的期限长短及签订条件并无限制性规定，完全由双方当事人协商确定。

无固定期限劳动合同是指用人单位与劳动者约定无确定终止时间的劳动合同。在不出现法律、法规规定的或当事人约定的变更、解除劳动合同的条件或法定终止情形时，无固定期限劳动合同可持续至劳动者法定退休年龄为止。

《劳动合同法》规定，有下列情形的，劳动者提出或同意续订劳动合同的，除劳动者提出订立固定期限劳动合同外，用人单位应当与劳动者订立无固定期限劳动合同。第一，劳动者在该用人单位连续工作满10年的。第二,用人单位初次实行劳动合同制度或国有企业改制重新订立劳动合同时,劳动者在该用人单位连续工作满10年且距法定退休年龄不足10年的。第三,连续订立两次固定期限劳动合同且劳动者没有《劳动合同法》第三十九条规定的过错性辞退和第四十条第一项和第二项规定的非过错性辞退情形,续订劳动合同的。第四,用人单位自用工之日起满1年不与劳动者订立书面劳动合同的,视为用人单位与劳动者已订立无固定期限劳动合同。

《劳动合同法》第八十二条规定,用人单位违反劳动合同法不与劳动者订立无固定期限劳动合同的,自应当订立无固定期限劳动合同之日起向劳动者每月支付两倍的工资。以完成一定工作任务为期限的劳动合同是指用人单位与劳动者约定以某项工作任务的完成时间为合同期限的劳动合同。当该项工作完成后,劳动合同即终止。

3. 劳动合同的订立

(1) 劳动合同订立的形式。《劳动合同法》第十条第一款规定:"建立劳动关系应当订立书面劳动合同。"除非全日制用工双方当事人可以口头订立劳动合同外,用人单位与劳动者建立劳动关系均应订立书面劳动合同。已建立劳动关系未同时订立书面劳动合同的,应当自用工之日起1个月内订立书面劳动合同,劳动合同文本应当由用人单位和劳动者各执一份。

对劳动者而言,劳动合同法规定自用工之日起1个月内,经用人单位书面通知后,劳动者不与用人单位订立书面劳动合同的,用人单位应当书面通知劳动者终止劳动关系,依法向劳动者支付其实际工作时间的劳动报酬,但无须向劳动者支付经济补偿,双方的劳动关系消灭;自用工之日起超过1个月不满1年,劳动者不与用人单位订立书面劳动合同的,用人单位应当书面通知劳动者终止劳动关系,但应当依法向劳动者支付经济补偿金。

对用工单位而言,签订书面劳动合同是劳动合同法规定的用人单位应履行的强制性义务。劳动合同法规定,用人单位自用工之日起超过1个月不满1年未与劳动者订立书面劳动合同的,应当向劳动者每月支付两倍的工资(起算时间为用工之日起满1个月的次日,截止时间为补订书面劳动合同前1日),并与劳动者补订书面劳动合同;用人单位自用工之日起满1年未与劳动者订立书面劳动合同的,自用工之日起满1个月的次日至满1年的前1日应当依法向劳动者每月支付两倍的工资,并视为自用工之日起满1年的当日已经与劳动者订立无固定期限劳动合同,应当立即与劳动者补订书面劳动合同。

(2) 劳动合同订立的原则。根据《劳动法合同法》规定,订立劳动合同,应当遵循合法原则、公平原则、平等自愿、协商一致的原则、诚实信用原则。

4. 劳动合同的条款

劳动合同的条款一般分为必备条款和可备条款。

(1) 必备条款。必备条款是法律规定劳动合同必须具备的条款,它是生效劳动合同所必须具备的,否则会导致合同不能成立,若因此给劳动造成损害的,应当承担赔偿责任。必备条款包括以下九项条款。

① 用人单位的名称、住所、住址和法定代表人或主要负责人。

② 劳动者的姓名、住址和居民身份证或者其他有效身份证件号码。

③ 劳动合同期限。

④ 工作内容和工作地点。

⑤ 劳动报酬。

⑥ 工作时间和休息、休假。

⑦ 社会保险。

⑧ 劳动保护、劳动条件和职业危害防护。

⑨ 法律、法规规定应当纳入劳动合同的其他事项。

(2) 可备条款。可备条款是指除法定必备条款外劳动合同当事人可以协商约定、也可以不约定的条款。劳动合同中是否有约定条款并不影响其成立,但约定条款不得违反法律、法规的规定。可备条款包括以下几个方面。

① 试用期条款。《劳动合同法》对试用期作了如下规定。第一,不能任意约定试用期的长短。劳动合同期限3个月以上不满1年的,试用期不得超过1个月;劳动合同期限1年以上3年以下的试用期限不得超过2个月;3年以上固定期限和无固定期限的劳动合同,试用期限不得超过6个月。第二,限制试用期约定的次数。同一用人单位与同一劳动者只能约定一次试用期,若调整或变更工作岗位,用人单位不得再次约定试用期。第三,不得约定试用期的情形。以完成一定工作任务为期限的、劳动合同期限不满3个月的、非全日制用工的劳动合同不得约定试用期。第四,规定试用期不成立的情形。试用期包含在劳动合同期限内。劳动合同仅约定试用期的,试用期不成立,该期限为劳动合同期限。第五,保障试用期内劳动者的劳动报酬权。《劳动合同法》规定,劳动者在试用期的工资不得低于本单位相同岗位最低档工资的80%或劳动合同约定工资的80%,并不得低于用人单位所在地的最低工资标准。第六,在试用期内劳动者的各项劳动权利受法律保护。试用期内用人单位为试用者提供的劳动条件不得低于劳动法律、法规规定的标准,用人单位应为试用者缴纳社会保险费。第七,对在试用期中的劳动者,用人单位不得滥用解雇权。第八,违反试用期规定应承担行政责任和赔偿责任。用人单位违反劳动合同法规定与劳动者约定的试用期无效,由劳动行政部门责令改正;违法约定的开业试用期已经履行的,由用人单位以劳动者试用期满月工资为标准,按已经履行的超过法定试用期的期限向劳动者支付赔偿金。

② 保守商业秘密和与知识产权相关的保密事项条款。

③ 竞业限制条款。是双方当事人在劳动合同中约定的劳动者在劳动关系存续期间或在解除、终止劳动合同后的一定期限内不得到与本单位生产或经营同类产品、从事同类业务的有竞争关系的其他用人单位,或自己开业生产或经营同类产品、从事同类业务。我国法律规定竞业限制的期限最长不得超过两年,且在竞业限制期内用人单位应按月给予劳动者一定的经济补偿。竞业限制的人员限于用人单位的高级管理人员、高级技术人员和其他负有保密义务的人员。

④ 服务期限协议。服务期是指法律规定的因用人单位为劳动者提供专业技术培训,双方约定的劳动者为用人单位必须服务的期间。劳动者违反服务期间的约定,应当按照约定向用人单位支付违约金。但由于用人单位有违法、违约行为而迫使劳动者在服务期未满的情形下辞职的,不属于违反服务期的约定,用人单位不得要求劳动者支付违约金。

⑤ 违约金条款。劳动合同法对违约金条款进行了限制，规定只有在用人单位 与劳动者约定服务期限、约定保守用人单位的商业秘密和与知识产权相关的保密事项、约定竞业限制条款时，才能与劳动者约定违约金。且对因劳动者违反服务期限协议而约定的违约金的数额不得超过用人单位提供的培训费用。用人单位要求劳动者支付的违约金不得超过服务期尚未履行部分所应分摊的培训费用。

5. 劳动合同的效力

劳动合同是劳动者与用人单位确立劳动关系、明确双方权利和义务的协议，也是维护劳动者和用人单位合法权益的法律保障。

(1) 劳动合同生效。劳动合同依法成立，即具有法律效力，对双方当事人都有约束力。双方当事人必须履行劳动合同中规定的义务。

劳动合同由用人单位与劳动者协商一致，并经用人单位与劳动者在劳动合同文本上签字或盖章后生效。双方约定公证的，其生效时间始于公证之日。

(2) 劳动合同无效。劳动合同无效是指劳动合同因不具备或不完全具备劳动合同的有效要件而不能发生当事人预期法律效力的情形。劳动合同具有下列情形时无效。

① 以欺诈、胁迫的手段或乘人之危，使对方在违背真实意思的情形下订立或变更劳动合同的。

② 用人单位免除自己的法定责任、排除劳动者权利的。

③ 违反法律、行政法规强制性规定的。

对劳动合同无效或部分无效有争议的，由劳动争议仲裁委员会或人民法院确认。

劳动合同的无效导致下列法律后果的发生：停止履行，支付劳动报酬、经济补偿、赔偿金，赔偿损失。《劳动合同法》第八十六条规定，劳动合同被依法确认无效，给对方造成损害的，有过错的一方应当承担赔偿责任。不具备合法经营资格的用人单位被依法追究法律责任的，给劳动者造成损害的，应当承担赔偿责任。个人承包经营违反劳动合同法规定招用劳动者，给劳动者造成损害的，承包的组织与个人承包经营者承担连带赔偿责任。

6. 劳动合同的履行

劳动合同的履行是指劳动合同双方当事人按照合同规定，履行各自应承担义务的行为。

用人单位拖欠或未足额支付劳动报酬的，劳动者可以依法向当地人民法院申请支付令，人民法院应当依法发出支付令；用人单位变更名称、法定代表人、主要负责人或投资人等事项，不影响劳动合同的履行；用人单位发生合并或分立等情况，原劳动合同继续有效，劳动合同由承继其权利和义务的用人单位继续履行。劳动合同履行地与用人单位注册地不一致的，有关劳动者最低工资标准、劳动保护、劳动条件、职业危害防护和本地区上年度职工月平均工资标准等事项，按照劳动合同履行地有关规定执行；用人单位注册地的有关标准高于劳动合同履行地的有关标准，且用人单位与劳动者约定按照用人单位注册地的有关规定执行的，从其约定。

7. 劳动合同的解除

劳动合同的解除是指劳动合同的当事人在劳动合同期限届满之前依法提前终止劳动

合同关系的法律行为。

(1) 双方协商解除。用人单位与劳动者协商一致,可以解除劳动合同。但如果是由用人单位提出的解除动议的,用人单位应向劳动者支付解除劳动合同的经济补偿金。

(2) 用人单位单方解除劳动合同。

① 过错性解除。劳动合同法对过错性解除的条件有限制性规定,一般适用于试用期内因劳动者不符合录用条件或劳动者有严重违反规章制度、违法情形的。如严重失职,营私舞弊,给用人单位造成重大损害的;劳动者同时与其他用人单位建立劳动关系,对完成本单位的工作任务造成严重影响,或经用人单位提出,拒不改正的等。

② 非过错性解除。即劳动者本人无过错,但由于主客观原因致使劳动合同无法履行,用人单位在符合法律规定的情形下,履行法律规定的程序后有权单方解除劳动合同。第一,劳动者患病或非因工负伤,医疗期满后,不能从事原工作也不能从事由用人单位另行安排的工作的。第二,劳动者不能胜任工作,经过培训或调整工作岗位仍不能胜任工作的。第三,劳动合同订立时所依据的客观情况发生重大变化,致使劳动合同无法履行,经用人单位与劳动者协商,未能就变更劳动合同内容达成协议的。对非过错性解除劳动合同,用人单位应履行提前 30 日以书面形式通知劳动者本人的义务或以额外支付劳动者一个月的工资代替提前通知义务后,可以解除劳动合同。用人单位还应承担支付经济补偿金的义务。

③ 裁员。裁员是指用人单位为降低劳动成本,改善经营管理,因经济或技术原因等一次裁减 20 人以上或裁减不足 20 人但占企业职工总数 10%以上的劳动者。法定裁员有以下四种情形。

第一,依照企业破产法规定进行重整的。

第二,生产经营发生严重困难的。

第三,企业转产、重大技术革新或经营方式调整,经变更劳动合同后仍需裁减人员的。

第四,其他因劳动合同订立所依据的客观经济情况发生重大变化,致使劳动合同无法履行的。

裁员时应优先留用下列人员。与本单位订立较长期限的固定期限劳动合同的,与本单位订立无固定期限劳动合同的,家庭无其他就业人员、有需要扶养的老人或未成年人的。用人单位依法裁减人员,在 6 个月内重新招用人员的,应当通知被裁减的人员,并在同等条件下优先招用被裁减的人员。

(3) 劳动者单方解除劳动合同。劳动者与用人单位签订劳动合同后,当具备法律规定的条件时,劳动者享有单方解除权,无须双方协商达成一致,也无须征得用人单位同意。

① 预告解除。劳动者提前 30 日以书面形式通知用人单位,可以解除劳动合同;劳动者在试用期内提前 3 日通知用人单位可以解除劳动合同。

② 用人单位有违法、违约情形,劳动者有权单方解除劳动合同。第一,未按合同约定提供劳动保护或劳动条件的。第二,未及时足额支付劳动报酬的。第三,未依法为劳动者缴纳社会保险费的。第四,用人单位的规章制度违反法律、法规规定,损害劳动者权益的。第五,因用人单位以欺诈、胁迫的手段或乘人之危,使劳动者在违背真实意思的情况订立或变更劳动合同而致使劳动合同无效的。第六,法律、法规规定劳动者可以解除劳动合同的

其他情形的。

③ 立即解除劳动合同。用人单位有危及劳动者人身自由和人身安全的情形时，劳动者有权立即解除劳动合同。用人单位以暴力、威胁或非法限制人身自由的手段强迫劳动者劳动的，或用人单位违章指挥、强令冒险作业危及劳动者人身安全的，劳动者可以立即解除劳动合同，不需要事先告知用人单位。

8. 劳动合同的终止

劳动合同的终止是指符合法律规定的情形时，双方当事人的权利义务不复存在，劳动合同的效力消灭。劳动合同的终止只有法定情形，不得约定。

劳动合同因下列情形而终止。劳动合同期满的，劳动者开始依法享受基本养老保险待遇的，劳动者达到法定退休年龄的，劳动者死亡或被人民法院宣告死亡及失踪的，用人单位被依法宣告破产的，用人单位被吊销营业执照、责令关闭、撤销或用人单位决定提前解散的，法律法规规定的其他情形。

《劳动合同法》对某些劳动者特殊的保护，在下列情形下劳动合同到期也不得终止，应当续延至相应的情形消失时终止。从事接触职业病危害作业的劳动者未进行离岗前职业健康检查，或疑似职业病人在诊断或医疗观察期间的。患病或非因工伤负伤，在规定的医疗期内。女职工在孕期、产期、哺乳期的。在本单位连续工作满 15 年，且距法定退休年龄不足 5 年的。法律法规规定的其他情形的。

【阅读资料】

什么是经济补偿金？应如何计算？

经济补偿金是用人单位解除或终止劳动合同时，给予劳动者的一次货币补偿。

(1) 补偿的标准

经济补偿按劳动者在本单位工作的年限，每满 1 年支付 1 个月工资的标准向劳动者支付。6 个月以上不满 1 年的，按 1 年计算；不满 6 个月的，向劳动者支付半个月工资的经济补偿。月工资按劳动者劳动合同解除或终止前 12 个月的平均工资计算。不满 12 个月的按实际工作的月数计算。工资基数按劳动者应得的工资计算，包括计时工资或计件工资以及奖金、津贴和补贴等货币性收入。当补偿金低于当地最低工资标准时，按当地最低工资标准计算；当高于本地区上年度职工月平均工资 3 倍时，按 3 倍的数额支付。同时支付经济补偿金的年限最高不超过 12 年。

(2) 用人单位支付补偿金的法定情形

①因用人单位违法、违约迫使劳动者依法解除劳动合同的(《劳动合同法》第三十八条)；②用人单位提出解除劳动合同且与劳动者协商一致解除劳动合同的(《劳动合同法》第三十六条)；③用人单位依照《劳动合同法》第四十条规定解除劳动合同的；④用人单位以裁员的方式解除与劳动者的劳动合同的(《劳动合同法》第四十一条第一款)；⑤在劳动合同期满时，用人单位以低于原劳动合同的条件要求与劳动者续订劳动合同，而劳动者不同意续订的；⑥用人单位被依法宣告破产的；用人单位被吊销营业执照、责令关闭、撤销或用人单位决定提前解散而终止劳动合同的，用人单位应向劳动者支付经济补偿金(《劳动合同法》第四十四条第四项和第五项规定)；⑦以完成一定工作任务为期限的劳动合同因任

务完成而终止的。

经济补偿金应在劳动者离职办结工作交接时，支付给劳动者。

9．违反劳动合同的法律责任

（1）用人单位的法律责任

① 订立劳动合同的违法责任。用人单位提供的劳动合同未载明法律规定的必备条款，或未将劳动合同交付劳动者的，由劳动行政部门责令改正；给劳动者造成损害的，应当承担赔偿责任。用人单位自用工之日起超过1个月不满1年未与劳动者订立书面劳动合同的，应当向劳动者每月支付两倍的工资。用人单位违反规定不与劳动者订立无固定期限劳动合同的，自应当订立无固定期限劳动合同之日起向劳动者每月支付两倍的工资。用人单位违法与劳动者约定试用期的，由劳动行政部门责令改正。违法约定试用期已经履行的，由用人单位以劳动者试用期满为标准，按已经履行的超过法定试用期的期间向劳动者支付赔偿金。用人单位违反规定，扣押劳动者居民身份证等证件的，由劳动行政部门责令限期退还本人，并依照有关法律规定给予处罚。用人单位违反规定，以担保或其他名义向劳动者收取财物的，由劳动行政部门责令退还劳动者本人，并以每人500元以上2000元以下的标准处以罚款；给劳动者造成损害的，应当承担赔偿责任。

② 侵犯劳动者劳动报酬权应承担的法律责任。用人单位有下列情形之一的，由劳动行政部门责令限期支付劳动报酬、加班费或经济补偿。劳动报酬低于当地最低工资标准的，应当支付其差额部分。逾期不支付的，下列情形下劳动行政部门责令用人单位按应付金额50%以上100%以下的标准向劳动者加付赔偿金：未按劳动合同的约定或国家规定及时足额支付劳动者工资，安排加班不支付加班费的，解除或终止劳动合同，未依照本法规定向劳动者支付经济补偿的。

③ 劳动合同无效的法律责任，依照《劳动合同法》第二十六条的规定被确认无效，给对方造成损害的，有过错一方应当承担赔偿责任。

④ 违法解除或终止劳动合同应承担的法律责任。用人单位违法解除或终止劳动合同的，劳动者要求继续履行劳动合同的，用人单位应当继续履行；劳动者不要求继续履行的或已经不能继续履行的，应当依法律规定的经济补偿标准的两倍向劳动者支付赔偿金；用人单位依法支付了赔偿金的，不再支付经济补偿。

⑤ 侵犯劳动者人身权应当承担的法律责任。用人单位有下列情形之一的，给予行政处罚；构成犯罪的，依法追究刑事责任；给劳动者造成损害的，应当承担赔偿责任：以暴力、威胁或非法限制人身自由的手段强迫劳动的；违章指挥强令冒险作业危及劳动者人身安全的；侮辱、体罚、殴打、非法搜查或拘禁劳动者的；劳动条件恶劣、环境污染，给劳动者身心造成严重损害的。

（2）劳动者的法律责任。劳动者违法解除劳动合同，或违反劳动合同中约定的保密义务或竞业限制，给用人单位造成损失的，应当承担赔偿责任。

劳动者应赔偿用人单位以下损失：用人单位招录其所支付的费用；用人单位为其支付的培训费用，双方有约定的按约定处理；对生产、经营和工作造成的直接经济损失；劳动合同约定的其他赔偿费用。劳动者违反保密事项，给用人单位造成经济损失的，按反不正当竞争法规定支付用人单位赔偿费用。

【阅读资料】

医疗期

医疗期是指劳动者因患病或非因工负伤，可以停止工作治病休息，用人单位不得与之解除和终止劳动合同的期限。

医疗期是根据劳动者的工作年限来确定的。企业职工因患病或非因工负伤，需要停止工作进行医疗时，根据本人实际参加工作的年限和在本单位工作的年限，给予 3 个月到 24 个月的医疗期。

我国《劳动合同法》关于医疗期的规定见表 5-1。

表 5-1 《劳动合同法》关于医疗期的规定

本单位工作年限	医疗期	综合病休计算期间
5 年以下	3 个月	6 个月
5 年以上	6 个月	12 个月
5 年以下	6 个月	12 个月
5～10 年	9 个月	15 个月
10～15 年	12 个月	18 个月
15～20 年	18 个月	24 个月
20 年以上	24 个月	30 个月

注：对某些患特殊疾病（癌症、精神病、瘫痪等）的职工，在 24 个月内尚不能痊愈的，经企业和当地劳动部门批准，可以适当延长医疗期。

医疗期在劳动法上的意义表现为以下两方面：首先，在医疗期内，用人单位不得与劳动者解除劳动合同，从而使劳动者在获得重新就业的能力之前可以得到生活和生存的保障；其次，在医疗期内劳动合同期限届满的，用人单位不得与劳动者终止劳动合同，而必须等到医疗期满后才能与劳动者办理终止劳动合同的手续。

劳动者患病或非因工负伤治疗期间，在规定的医疗期内，由用人单位按有关规定支付病假工资或疾病救济金。病假工资可以低于当地最低工资标准支付，但不能低于最低工资标准的 80%。

【阅读资料】

劳动基准法

劳动法对劳动关系的协调是以劳动标准为基础的。劳动基准是指为保护劳动者的合法权益，劳动法律法规对劳动关系中的某些内容所规定的强制性的或最低的标准。劳动合同的内容可以由劳动者和用人单位协商确定，但是，由于劳动者的弱势地位，如果由双方任意约定劳动合同的话，极有可能会发生用人单位强迫劳动者接受一些不合理的条件，而劳动者为了得到工作却不得不接受，从而使劳动者的利益受到侵害。因此，有必要在法律上规定一些强制性的标准，用人单位在与劳动者订立劳动合同时，必须执行这些标准或者在法定的最低标准以上确定合同的内容。

劳动基准法主要由规定劳动标准的各项法律制度构成，包括工时标准、最低 工资标准、职业安全卫生法等。

一、工作时间与休息休假

1．工作时间

工作时间是指根据法律规定，劳动者在一昼夜或一周之内用于完成用人单位的劳动的时间。

《劳动法》规定，劳动者每日工作时间不得超过 8 小时，平均每周工作时间不超过 40 小时。对于特殊行业、特殊岗位的劳动者，用人单位可以根据工作需要实行不定时工作制、综合计算工时工作制、弹性工作制等灵活的工时制度。

用人单位由于生产经营需要，经与工会和劳动者协商后，可以延长工作时间，一般每日不超过 1 小时，因特殊原因需要延长工作时间的，在保障劳动者身体健康的前提下，每日延长工作时间不得超过 3 小时，但每月不得超过 36 小时。此外，用人单位安排劳动者延长工作时间的，还应当按以下标准向劳动者支付高于正常工作时间工资的工资报酬。

(1) 安排劳动者延长工作时间的，支付不低于正常工作工资的 150％的工资报酬。

(2) 休息日安排劳动者工作又不能安排补休的，支付不低于正常工作工资的 200％的工资报酬。

(3) 法定休假日安排劳动者工作的，支付不低于正常工作工资的 300％的工资报酬。

2．休息休假

休息休假是指劳动者在劳动关系存续期间，依法可以不从事劳动而自行支配的休假时间和法定节假日。这是劳动者身体健康和劳动安全的必要保障。

劳动者依法可以享有的休息及休假时间包括：

(1) 一个工作日内的休息时间。一般为 1～2 小时，最少不得少于半小时。

(2) 两个工作日之间的休息时间。

(3) 公休日。用人单位应保证劳动者每周至少休息一天。

(4) 法定节日。包括元旦、春节、国际劳动节、国庆节等。

(5) 带薪年休假。

此外，劳动者还可依法享受探亲假、婚丧假等假期。

二、工资

工资是指基于劳动关系，用人单位根据劳动者提供的劳动数量和质量、按照劳动合同的约定向劳动者支付的货币报酬。

1．最低工资

最低工资是劳动者在法定工作时间内提供了正常劳动的情况下，用人单位必须向劳动者支付的最低标准的工资。最低工资由各省、自治区、直辖市人民政府根据当地的综合经济指数来确定。用人单位与劳动者约定工资标准时，不得低于当地的最低工资标准。

用人单位在向劳动者支付工资时，不得将劳动者的以下各项收入计入最低工资中。

(1) 加班加点工资。这是劳动者在法定工作时间之外提供劳动所得的劳动报酬，因此不应计入最低工资中支付。

(2) 中班、夜班、高温、低温、井下、有毒有害等特殊条件下的津贴。这些是劳动者为用人单位提供非正常劳动所得的劳动报酬,也不应计入最低工资中支付。

(3) 国家法律、行政法规规定的社会保险、福利待遇等。这些在劳动法上不被认为是劳动报酬,所以不应计入最低工资中支付。

2. 工资支付

为保障劳动者的劳动报酬权,依据《劳动法》及有关法规的规定,用人单位在向劳动者支付劳动工资时,必须遵循以下规则。

(1) 工资应以法定货币支付,用人单位不得以实物或有价证券代替货币支付。

(2) 支付工资时,用人单位必须书面记录支付劳动者工资的数额、时间、领取者的名字及签字,并保存两年以上备案。

(3) 支付工资时,应当向劳动者提供一份其个人的工资清单。

(4) 工资必须在用人单位与劳动者约定的日期内支付,如遇节假日或休息日,则应提前在最近的工作日支付。

(5) 工资至少每月支付一次,实行周、日、小时工资制的可按周、日、小时支付工资。对完成一次性临时劳动或者某项具体工作的劳动者,用人单位应按有关协议或合同规定在其完成劳动任务后即支付工资。

(6) 在劳动者履行国家或社会义务期间,依法享受婚丧假、探亲假以及法定年休假期间,应视为劳动者提供了正常劳动,用人单位应当按照约定的标准向劳动者支付工资。

三、职业安全卫生法

职业安全卫生法,是指以保护劳动者在职业劳动过程中的安全和健康为宗旨,以劳动安全卫生规则等为内容的法律规范的总称。主要包括以下内容。

(1) 职业安全卫生工作的方针和制度。

(2) 女职工的特殊劳动保护。

(3) 未成年工的特殊劳动保护。

10. 劳动争议的处理

(1) 劳动争议的概念。劳动争议是指劳动者和用人单位之间因劳动权利和义务而发生的纠纷。

理解劳动争议的概念,需把握两点:首先,劳动争议的主体是特定的,它只能是发生在劳动者和用人单位之间的争议。在劳动者之间或者用人单位之间发生的争议,均不属于劳动争议,应该适用其他的法律规范解决,而不应适用劳动法。其次,劳动争议是由于劳动者和用人单位之间的劳动权利和劳动义务而发生的争议。如果双方因其他法律关系中的权利义务发生争议,也不是劳动争议。

不属于劳动争议范围的是,劳动者请求社会保险经办机构发放保险金的纠纷,劳动者与用人单位因住房制度改革产生的公有住房转让纠纷,劳动者对劳动能力鉴定委员会的伤残等级鉴定结论或对职业病诊断结论异议的纠纷,家庭或个人与家政服务人员之间的纠纷,个体工匠与帮工、学徒之间的纠纷,农村承包经营户与受雇人之间的纠纷。

(2) 劳动争议的处理机构。

① 劳动争议调解机构。劳动争议调解委员会是依法成立的调解本单位发生的劳动争

议的群众性组织。我国的劳动争议调解委员会主要有,企业劳动争议调解委员会,依法设立的基层人民调解组织,在乡、镇、街道设立的具有劳动调解职能的组织。企业劳动争议调解委员会由职工代表和企业代表组成。职工代表由工会成员担任或由全体职工推举产生,企业代表由企业负责人指定。企业劳动争议调解委员会主任由工会成员或双方推举的人担任。

② 劳动争议仲裁机构。劳动争议仲裁委员会是国家授权、依法独立对劳动争议案件进行仲裁的专门机构。

劳动争议仲裁委员会由劳动行政部门代表、工会代表和企业方面代表组成。

劳动争议仲裁委员会负责管辖本区域内发生的劳动争议。受理下列劳动争议案件。因确认劳动关系发生的争议,因订立、履行、变更、解除和终止劳动合同发生的争议,因除名、辞退和辞职、离职发生的争议,因工作时间、休息休假、社会保险、福利、培训以及劳动中赔偿保护发生的争议,因劳动报酬、医疗费、经济补偿法或赔偿金发生的争议,法律、法规规定的其他劳动争议。

劳动争议仲裁不收费。其经费由财政予以保障。

③ 人民法院。人民法院是审理劳动争议案件的司法机构。目前,由各级人民法院的民事审判庭审理劳动争议案件。人民法院受理劳动争议案件的范围包括以下六点。

第一,劳动者与用人单位在履行劳动合同过程中发生的纠纷。

第二,劳动者与用人单位之间没有订立书面劳动合同,但已经形成劳动关系后发生的纠纷。

第三,劳动者退休后,与尚未参加社会保险统筹的原用人单位因追索养老金、医疗费、工伤保险待遇和其他社会保险费而发生的纠纷。

第四,用人单位和劳动者因劳动关系是否已经解除或终止,以及应否支付解除或终止劳动关系经济补偿金产生的争议,经劳动争议仲裁后,当事人依法起诉的,人民法院应予受理。

第五,劳动者与用人单位解除或终止劳动关系后,请求用人单位返还其收取的劳动合同定金、保证金、抵押物、抵押金产生的争议,或办理劳动者的人事档案、社会保险关系等移转手续产生的争议,经劳动争议仲裁委员会仲裁后,当事人依法起诉的。

第六,劳动者因为工伤、职业病、请求用人单位依法承担给予工伤保险待遇的争议,经劳动争议仲裁委员会仲裁后,当事人依法起诉的,人民法院应受理。

(3) 劳动争议的解决。我国《劳动法》规定:用人单位与劳动者发生劳动争议,当事人可以依法申请调解、仲裁、提起诉讼,也可以协商解决。

① 协商。协商是指劳动争议的双方当事人在法律允许的范围内自行解决争议的方法。协商一致后,双方可达成和解协议,但和解协议无必须履行的法律效力,而是由双方当事人自觉履行。协商不是处理劳动争议的必经程序,当事人不愿协商或协商不成的,可以向本单位劳动争议调解委员会申请调解或向劳动争议仲裁委员会申请仲裁。

② 调解。当劳动者与用人单位发生劳动争议,当事人不愿协商,协商不成或达成和解协议后不履行的,可以向调解组织申请调解。当事人双方愿意调解的,可以书面或口头形式向调解委员会申请调解。

调解委员会调解劳动争议，应当自当事人申请调解之日起15日内结束；到期未结束的，视为调解不成，当事人可以向当地劳动争议仲裁委员会申请仲裁。达成协议的，制作调解协议书。调解协议书由双方当事人签名或盖章，经调解员签名并加盖调解组织印章后生效，对双方当事人具有约束力，当事人自觉履行。因支付拖欠劳动报酬、工伤医疗费、经济补偿或赔偿金事项达成调解协议的，用人单位在协议约定期限内不履行的，劳动者可以持调解协议书向人民法院申请支付令，人民法院应当依法发出支付令。

调解不是劳动争议解决的必经程序，不愿调解、调解不成或达成调解协议后不履行的，可以向劳动争议仲裁委员会申请仲裁。

③ 仲裁。劳动争议的仲裁是指由劳动争议仲裁委员会居中公断，对劳动争议作出公正裁决，从而解决争议的活动。仲裁是劳动争议案件处理的必经法律程序。

发生劳动争议后，当事人不愿调解、调解不成或达成调解协议后不履行的，可以向劳动争议仲裁委员会申请仲裁。劳动争议发生后，当事人任何一方都可以直接向劳动争议仲裁委员会申请仲裁。

劳动争议申请仲裁的时效期间为1年，从当事人知道或应当知道其权利被侵害之日起计算。仲裁时效适用有关中止和中断的规定。劳动关系存续期间因拖欠劳动报酬发生争议的，劳动者申请仲裁不受1年仲裁时效期间的限制；但是劳动关系终止的，应当自劳动关系终止之日起1年内提出。

提出仲裁要求的一方应当自劳动争议发生之日起1年内向劳动争议仲裁委员会提出书面申请。劳动争议仲裁委员会接到仲裁申请后，应当在5日内作出是否受理的决定。受理后应当在收到仲裁申请的45日内作出仲裁裁决。逾期未作出仲裁裁决的，当事人可以就该劳动争议事项向人民法院提起诉讼。

仲裁委员会可依法进行调解，经调解达成协议的，制作仲裁调解书。仲裁调解书具有法律效力，自送达之日起具有法律约束力。当事人须自觉履行的，一方当事人不履行的，另一方当事人可向人民法院申请强制执行。

仲裁委员会对部分案件有先予执行的裁决权：仲裁庭对追索劳动报酬、工伤医疗费、经济补偿或赔偿金的案件，根据当事人的申请，可以裁决先予执行，移送人民法院执行。

劳动争议仲裁委员会对下列案件实行一裁终局：追索劳动报酬、工伤医疗费、经济补偿或赔偿金，不超过当地月最低工资标准12个月金额的争议；因执行国家的劳动标准在工作时间、休息休假、社会保险等方面发生的争议。上述案件的裁决为终局裁决，裁决书自作出之日起发生法律效力。劳动者对裁决不服的，可以自收到仲裁裁决书之日起15日内向人民法院起诉。而用人单位对一裁终局的裁决不能再向法院起诉，但在具备法定情形时，用人单位可以向人民法院申请撤销。

除一裁终局的仲裁裁决以外的其他劳动争议案件的仲裁裁决，当事人不服的，可以自收到仲裁裁决书之日起15日内向人民法院提出诉讼；期满不起诉的裁决书发生法律效力。一方当事人逾期不履行，另一方当事人可以向人民法院申请强制执行。

④ 诉讼。劳动争议的诉讼是指由人民法院以审判的方式依法对劳动争议案件做出判决，从而解决争议的活动。

当事人对可诉的仲裁裁决不服的，可自收到仲裁裁决书之日起15日内向人民法院提起诉讼。对经过仲裁裁决，当事人向人民法院起诉的劳动争议案件，人民法院应当受理。

第一，人民法院对当事人因劳动争议仲裁委员会不予受理而起诉到法院的案件的处理。

劳动争议仲裁委员会以当事人申请仲裁的事项不属于劳动争议为由，作出不予受理的书面裁决、决定或通知，当事人不服，依法向人民法院起诉的，人民法院对于属于劳动争议案件的，应当受理；虽不属于劳动争议案件，但属于人民法院主管的其他案件，应当依法受理。

劳动争议仲裁委员会以当事人申请仲裁超过期限为由，作出不予受理的书面裁决、决定或通知，当事人不服，依法向人民法院起诉的，人民法院应当受理；对确已超过仲裁申请期限，又无不可抗力或其他正当理由的，依法驳回其诉讼请求。

第二，对重新作出仲裁裁决的处理。劳动争议仲裁委员会为纠正原仲裁裁决错误重新作出裁决，当事人不服，向人民法院起诉的，人民法院应当受理。

第三，仲裁事项不属于法院受案范围的，当事人不服向人民法院起诉的，裁定不予受理或驳回起诉。

第四，劳动争议案件的管辖。劳动争议案件由用人单位所在地或劳动合同履行地人民法院管辖。劳动合同履行地不明确的，由用人单位所在地基层人民法院管辖。

第五，劳动争议案件中的证明责任。部分劳动争议案件的举证责任由法律明确规定。因用人单位作出开除、除名、辞退、解除劳动合同、减少劳动报酬、计算劳动者工作年限等决定而发生的劳动争议，用人单位负举证责任。

只有在劳动争议经仲裁之后不服裁决的，才能提起劳动争议的诉讼。劳动争议的诉讼依据民事诉讼程序由人民法院的民事审判庭受理。

知识小结

- 公司法。主要介绍有限责任公司与股份有限公司各自的特征、设立条件及方式、组织机构的设置、公司章程等内容。
- 合同法。合同的订立、履行，合同的效力、合同的终止、违约责任等。
- 消费者权益保护法。消费者的权利及经营者的义务，消费争议解决途径，消费争议责任主体的确定，经营者侵害消费者权益时应当承担的法律责任。
- 劳动法。劳动合同的内容及解除劳动合同的条件、程序，工资、工作时间、劳动安全卫生等劳动基准制度，劳动争议处理的方法及我国社会保险制度的主要内容。

项目训练

项目名称：模拟起草合同

1. 主题

根据下述背景资料，模拟起草一份“货物买卖合同”。

背景：甲公司与乙公司协商，计划从乙公司购进1万吨三级螺纹钢(25mm)，每吨2930元，支付总价款的10%定金。乙方送货至甲方所在地。请根据上述素材为甲乙双方拟定一份完整的钢材买卖合同。

2. 形式

提交书面作业。

3. 要求

按照合同的主要条款，使用专业术语，书写上符合逻辑，时间上一定要精确，签订合同的地点要标明，甲乙双方的权利义务都要表达清楚。

4. 目的

通过实例训练，既帮助学生理解和应用合同的主要条款，又能培养学生解决实际工作、生活中常见合同法律问题的实操技能。

课后练习

1. 熟记下列法律知识

公司、有限责任公司、股份有限责任公司、合同、无效合同、违约责任、消费者、劳动合同、劳动争议、效力待定合同有哪些情形、《消费者权益保护法》中规定了消费者享有哪些权利、经营者承担哪些义务、处理劳动争议的程序、我国的社会保险内容。

2. 选择题

(1) 我国《公司法》中所规定的公司形式包括(　　)。

A. 无限公司　B. 有限责任公司　C. 股份两合公司　D. 股份有限公司

(2) 下列人员中，(　　)不得担任公司的监事。

A. 董事长　B. 股东　C. 经理　D. 财务负责人

(3) 上海某厂向北京某公司购买一批货物，但双方对履行地点和履行期限未作明确规定，依据《合同法》，以下表述正确的是(　　)。

A. 北京某公司向上海某厂交付货物，在上海履行

B. 北京某公司向上海某厂交付货物，在北京履行

C. 北京某公司可随时将货物交给上海某厂，上海某厂应无条件接受

D. 北京某公司可随时将货物交给上海某厂，但应给对方必要的准备时间

(4) 甲公司与乙公司约定，由乙公司将甲公司的货物运往某地，但在运输途中，由于另一辆车的司机张某酒后驾车，与乙公司的车相撞，导致甲公司的货物全部受损，(　　)应该向甲公司赔偿货物的损失。

A. 乙公司　B. 张某

C. 乙公司与张某共同赔偿　D. 甲公司损失自负

(5) 以下情形中，(　　)适用《消费者权益保护法》。

A. 农民为了生活需要购买生活用品　　B. 某食品厂为了生产需要购买面粉

C. 李某为家庭装修购买装饰材料　　D. 某农民为了农业生产购买农机具

(6) 下列不适用《劳动法》规定的人员是(　　)。

A. 检察院的检察官　　B. 军人

C. 进城务工的农民　　D. 家庭保姆

(7) 以下(　　)社会保险项目中，由用人单位和劳动者共同承担缴费义务。

A. 养老保险　　B. 工伤保险　　C. 失业保险　　D. 医疗保险

3. 辨析题

(1) 公司是具有合资性质的企业，因此公司法对于有限责任公司和股份有限公司的股东人数不作任何限制。(　　)

(2) 只要合同的当事人没有按照合同规定履行合同义务，就必须承担相应的违约责任。(　　)

(3) 要约可以撤销。撤销要约的通知应当在要约到达受要约人之前或者与要约同时到达受要约人。(　　)

(4) 法律没有规定“三包”义务的商品和服务，经营者就不承担售后服务义务。(　　)

(5) 用人单位可以根据需要选择为劳动者投保商业保险或社会保险。(　　)

(6) 用人单位强令劳动者违章冒险作业，发生重大伤亡事故，造成严重后果的，对责任人员依法追究民事责任。(　　)

4. 案例分析

案例 1　甲市的宏大房地产公司为开发商品房而委托张雄代为办理收购该市红星路几套民房的相关事宜。在委托代理书中写明了张雄的代理权限，其中包括与房屋所有者签订收购合同、房价的上限及张雄代理行为的佣金等内容。但是在收购过程中，宏大房地产公司发现张雄私下与一些房屋所有者进行了损害自己利益的交易，于是终止了张雄的代理权，但没有对此事进行公告。张雄不服，决定报复。于是又以宏大房地产公司的名义与赵高签订了一份收购合同。该合同的签订符合合同成立的要约承诺的过程。赵高是赵建的儿子，但红星路房屋的所有权却是赵建的。赵高是因房价诱人，才擅自与张雄签订该合同的。赵建得知后非常生气，因心脏病发死亡。之后，赵高继承了赵建的全部财产。这时，赵高已经将该房屋中的所有家具搬出，等待宏大房地产公司支付收购费。但迟迟也不见其有所行动，于是便到宏大房地产公司处询问。该公司告知赵高，张雄在签订合同时已没有代理权，合同根本不成立。赵高不服，认为宏大房地产公司没有告知自己此事，合同是成立且有效的，应对自己的损失承担赔偿责任，于是向法院起诉。

问题：请问本案的房屋收购合同属于哪种性质的合同？法律依据是什么？

案例 2　某中外合资鞋业有限公司拟设立一家分厂，2010 年开始分厂的基建工作，2011 年 6 月，在分厂建设即将完工的时候，鞋业公司开始招收和培训新员工。邱某等 50 人与该公司签订了 5 年的劳动合同，约定合同从 2011 年 8 月开始执行。在合同签订后，公司对邱某等 50 名新员工进行了为期 20 天的培训。但是在 9 月该公司因厂房的建设质量问题与建筑公司之间产生了争议，致使分厂的建设停工。到了10月，邱某等50人要求到公司上班，而鞋业公司与之商议，想要解除合同，遭到邱某等人的拒绝。在这种情况下，鞋业公司单方面发出通知，宣布解除公司与邱某等人的劳动合同。邱某等人不服，遂提起劳动争议仲裁申请。

问题：请问劳动仲裁机构应作出怎样的裁决？法律依据是什么？

案例3　甲、乙两人互发E-mail协商洽谈合同。4月30日甲称："我有笔记本电脑一台，配置为……九成新，8000元欲出手。"5月1日乙回电称："东西不错，7500元可要。"甲于5月2日回复："可以，5月7日到我这里来取。"乙于5月4日回电："同意。"甲、乙两人分别居住在A地和B地。5月7日乙到甲处取笔记本电脑，发现甲的笔记本电脑运行速度明显比正常的慢，比约定的标准差得多，自己无法使用，便拒绝接受，甲遂降低价格，以3000元出手，乙同意。甲的笔记本电脑上本来染有病毒，但甲不知情。当乙问甲笔记本电脑上有没有病毒是否需要杀毒时，甲说使用多年从未感染上病毒。结果，乙在使用笔记本电脑时病毒发作，硬盘被锁死，整台笔记本电脑报废。

问题：

(1) 在甲、乙互发的电子邮件中，哪几个构成要约？哪个构成承诺？

(2) 假设乙发现甲的笔记本电脑比约定的标准差得多后，拒绝购买，甲也不同意降价，双方遂解除合同。则乙往返于A地和B地的费用应由谁来承担？

(3) 甲是否应当承担笔记本电脑报废给乙造成的损失？

案例4　王某系职业高中毕业生，分到某合资饭店工作，并于饭店正式签订了为期两年的劳动合同。在劳动合同终止前一个月，王某就合同到期后不再与饭店续订一事向饭店提出了请求，饭店人事部负责人表示同意并答复王某一个月后来办手续。一个月后，王某持接收单位的商调函要求办理调离手续时，人事部负责人却突然提出："要调走可以，但必须交齐后3年的培养费1200元，然后才给办理调动手续。"王某认为，与饭店签订的是两年的劳动合同，自己既没有经过饭店培训，也没有提前解除合同，饭店收取培养费是非法的。人事部负责人出示了《饭店员工须知》，其中第18条规定："凡到饭店工作的人员至少应服务5年……"并指出：王某与饭店签订的两年劳动合同虽然已经到期，但至少还应与饭店续签3年的劳动合同，如果王某不再续签合同，则应赔偿饭店培养费1200元。无奈之下，王某向劳动争议仲裁委员会提出申诉，要求给予公正处理。①

问题：

(1)《饭店员工须知》第18条的规定对王某是否有约束力？

(2) 王某能否终止与饭店的劳动合同？

(3) 王某是否负有向饭店支付培养费的义务？

案例5　张某带着孩子到离家不远的一个超市去购物。因孩子吵闹，张某无心挑选货物，便空手离开超市。经过出口时，超市的一个保安叫住了她，问她是否拿了超市的商品而没有付款，张某予以否认。该保安不信，要检查她的衣兜，张某强忍怒气，自己将衣兜翻了过来。保安从她身上没有发现超市的物品还不罢休，又伸手去检查孩子的身体。张某怒不

① http://www.shangxueba.com/ask/334732.html.

可遏，拉着该保安人员去工商行政管理部门讨回公道。

问题：

(1) 张某的什么权利受到了侵害？

(2) 张某可以通过哪些途径保护自己的权利？

(3) 工商行政管理部门依法可以对超市给予怎样的行政处罚？

5. 问答题

(1) 举出发生在身边的一起合同纠纷案例，运用合同法原理，说说你对纠纷的处理意见。

(2) 找出生活中一些侵犯消费者权益的例子，从中总结出消费者维护自己合法权益的方法。

(3) 就当前普遍存在的拖欠农民工工资的现象，从劳动法的角度，谈谈你的看法。

6. 实操题

(1) 根据下述背景资料，分析所存在的法律关系及如何避免风险的发生。

甲的朋友乙是A公司的法定代表人。2013年4月，乙向甲借款10万元，出具了正式借据，加盖了A公司公章。到期乙拒绝还钱，甲把乙告上法庭。但乙辩称是A公司借款，上面盖了公司的公章，本人只是作为法人代表签字。法院以起诉的主体错误驳回了甲的请求。甲随后起诉A公司胜诉，但A公司因为经营亏损，无偿还能力，甲欲请求法院执行乙名下的财产，被法院拒绝，最后血本无归。

(2) 组织学生到当地劳动争议仲裁委员会旁听一次劳动争议的仲裁活动。

(3) 实地调查发生在周边的拖欠农民工工资的典型案例，对造成拖欠的主要原因进行分析、归类总结，并提出切实可行的解决办法。

项目6　刑法基础知识

学习目标

- 掌握犯罪的概念；
- 熟知常见犯罪行为及后果；
- 熟练掌握自然人的刑事责任能力；
- 能正确区分正当防卫与防卫过当；
- 能正确区分缓刑、减刑、假释的适用条件；
- 能准确辨别几种常见的犯罪类型。

案例导入

某日晚，被告人燕红军(男，30岁)酒后驾驶出租车在三门峡市拉客。出租车行至黄河路中段时，燕红军看到前方有一人躺在路边，可以看出是由于醉酒而昏睡不醒。当时黄河路正在整修，有效路面较窄。燕红军认为车的底盘较高，车轮间距够宽，为了省去停车、避让等麻烦，便驾驶出租车从醉酒者的身体上方由脚部向头部跨越而过。结果车的底部挂住了醉酒者的毛衣，拖拽其行驶了4000余米。行人发现后大声呼叫，燕红军闻声下车查看，此时醉酒者已因严重颅脑损伤死亡。

问题：燕红军的行为是故意犯罪还是过失犯罪？

6.1　刑法与犯罪概述

1. 刑法的概念与特点

刑法是规定犯罪与刑罚的法律规范的总和。“刑法”一词有广义和狭义之分。狭义的刑法是指刑法典，即国家以刑法名称颁布的系统规定犯罪及其法律后果(主要是刑罚)的法律。广义的刑法包括刑法典、单行刑法与附属刑法。单行刑法是国家以决定、规定、条例等名称颁布的规定某一类犯罪及其后果或者刑法的某一事项的法律。附属刑法是指附带规定于经济法、行政法等非刑事法律中的罪刑规范。刑法具有与其他法律不同的特点。

(1) 从内容上看，刑法是规定犯罪与刑罚的法律规范，而其他法律规定的都是一般违法行为及其法律后果。

(2) 从强制性上看，一般的部门法对一般的违法行为也适用强制性方法，但其严厉程度轻于刑法所规定的刑罚。

(3) 从与其他法律部门的关系上看，刑法具有补充和保障作用。其他法律调整的社会关系和保护的合法权益，都借助于刑法的调整和保护。

新中国第一部统一的刑法是第五届全国人民代表大会第二次会议于 1979 年 7 月 1 日通过的《中华人民共和国刑法》。此后又陆续制定了一些单行刑事法律。第八届全国人民代表大会第五次会议于 1997 年 3 月 14 日通过议案对这部刑法进行了修订，自 1997 年 10 月 1 日起施行，这是一部符合我国国情的、统一的、比较完备的刑法典。

2. 刑法的基本原则

刑法的基本原则，是指刑法明文规定的、在全部刑事立法和司法活动中应当遵循的准则。我国刑法的基本原则包括以下三点。

(1) 罪刑法定原则。罪刑法定原则的基本含义是："法律无明文规定不为罪""法律无明文规定不处罚"。《刑法》第三条规定："法律明文规定为犯罪行为的，依照法律定罪处罚；法律没有明文规定为犯罪行为的，不得定罪处刑。"即是说，哪些行为是犯罪，应当处以哪样的刑罚，都应当以事先有明文规定的为限；刑法未规定禁止的行为就不能认为是犯罪，刑法未规定应当使用的刑罚就不能判处。

如刑法明确规定了什么行为是犯罪，哪些行为是犯罪，承担刑事责任应当具备的构成要件，刑罚的种类、名称和具体运用的原则，各种具体犯罪的构成要件及量刑幅度，并且要求在认定犯罪、区别罪与非罪的界限及处理犯罪时，必须严格依照刑法的有关规定办理，这些都是罪刑法定原则的重要体现。

(2) 平等适用刑法原则。《刑法》第四条规定："对任何人犯罪，在适用法律上一律平等。不允许任何人有超越法律的特权。"即对任何人犯罪，不论其民族、种族、性别、职业、财产状况、教育程度、居住期限、宗教信仰有何差别，也不论其家庭出身、本人成分、社会地位、政治历史有何不同，在适用法律进行定罪、量刑和行刑时都必须一律平等，决不允许任何人有超越法律的特权。

(3) 罪刑相当原则。罪刑相当原则又称罪刑相适应原则，或称罪刑相称原则。《刑法》第五条规定："刑罚的轻重，应当与犯罪分子所犯罪行和承担的刑事责任相适应。"这一规定准确地揭示了罪刑相当原则的基本内涵，在确定刑罚时既要与犯罪性质相适应，又要与犯罪情节相适应，还要与犯罪人的人身危险性相适应。在行刑时，应合理地运用减刑、假释等制度。罪刑相当原则既是刑法的制定所必须遵守的基本准则，也是刑法的适用所必须遵守的基本准则。

3. 犯罪的概念与特征

犯罪是指具有刑事责任的人实施了侵犯刑法分则中所保护的法益的行为。即具有社会危害性、刑事违法性、应受惩罚性的行为。

犯罪是指危害社会的依法应当受到刑罚惩罚的行为。《刑法》第十三条规定："一切危害国家主权、领土完整和安全，分裂国家、颠覆人民民主专政的政权和推翻社会主义制度，破坏社会秩序和经济秩序，侵犯国有财产或者劳动群众集体所有的财产，侵犯公民私人所有的财产，侵犯公民的人身权利、民主权利和其他权利，以及其他危害社会的行为，依照法律应当受到刑罚处罚的，都是犯罪，但是情节显著轻微危害不大的，不认为是犯罪。"这是刑法对犯罪所下的定义。从上述的犯罪定义可以看出，犯罪具有以下三个基本特征。

(1) 具有社会危害性。犯罪是一种行为,而不是单纯的思想活动,单纯的思想活动不能构成犯罪。同时,犯罪行为必须具有社会危害性,即对国家和人民造成或者可能造成一定的危害。不具有社会危害性的行为,不能认为是犯罪。而且,这种社会危害性还必须达到一定的程度。某种行为虽然具有社会危害性,但是情节轻微危害不大,也不认为是犯罪。行为的社会危害性的有无和大小,是认定犯罪、区分罪与非罪界限的根本依据。因而,这一特征是犯罪的最基本的、具有决定意义的特征。

(2) 具有刑事违法性。行为的社会危害性表现在法律上就是违法性,但是违法行为多种多样,并非都是犯罪,只有触犯刑法的行为才是犯罪。行为的社会危害性是刑事违法性的实质根据,刑事违法性则是行为的社会危害性的法律表现,二者具有密切的联系。行为只有既具有社会危害性,又具有刑事违法性,才能被认定为犯罪。

(3) 具有应受刑罚惩罚性。各种违法行为,由于其社会危害程度不同,国家对之采取的强制手段也不相同。例如,民事违法行为、违反治安管理的行为,由于其社会危害性尚未达到应受刑罚处罚的程度,因而国家只在民法中或行政法中规定给予民事处分或者行政处罚。刑罚是国家强制手段中最严厉的一种,某一行为只有当它的社会危害性比较严重,需要采用严厉手段加以制裁时,国家才在刑法中定为犯罪,处以刑罚。行为的应受刑罚惩罚性是行为的社会危害性和刑事违法性的法律后果,是前二者派生的特征。

4. 犯罪构成

犯罪构成是指依照刑法的规定,确定某种行为构成犯罪所必须具备的主观要件和客观要件的总和。

犯罪的一般概念是从行为的社会、政治本质上说明犯罪是一种什么样的行为,它本身应该具备哪些基本属性,并且据此从原则上把犯罪与其他社会行为,如一般的违法行为等区别开来。它解决了所有犯罪的共同的基本属性问题。但是犯罪的一般概念还不能提供识别某种行为是否是属于危害社会的、依照法律应当受刑罚的行为的具体标准,要掌握这些具体标准,必须掌握犯罪构成。

每一个犯罪构成都包括四个方面的要件,即犯罪客体、犯罪的客观方面、犯罪主体、犯罪的主观方面。一个人的行为,必须同时具备这四个方面的要件,才能被确定为犯罪。如果缺少任何一个方面的要件,就不构成犯罪,从而也就不能使行为人负刑事责任。所以,犯罪构成是刑事责任的基础。

【阅读资料】

犯罪构成的概念和犯罪的概念之间的关系

犯罪的概念解决的是犯罪的一般属性问题,即回答什么是犯罪和一切犯罪都具有的基本特征。犯罪构成的概念则是解决犯罪的标准问题,即回答某种行为必须具备哪些必要的条件才能构成犯罪。犯罪概念是犯罪构成的基础,犯罪构成是犯罪概念的具体化。离开了犯罪的基本特征,就谈不到犯罪构成的问题;离开了犯罪构成,离开了具体的犯罪标准,就无法划清罪与非罪的界限,也无法认定某一行为所构成的犯罪的性质,以及此罪与彼罪的区别。

（1）犯罪客体。犯罪客体是指为刑法所保护的而犯罪行为所侵犯的社会主义社会关系。

犯罪客体是一种社会关系。社会关系是人们在社会生产和共同生活的过程中所形成的相互之间的关系。如政治关系、经济关系、家庭婚姻关系、友谊关系等。但是并非所有的社会主义社会关系都是可以成为犯罪客体。可以成为犯罪客体的只是受刑法所保护的那一部分社会主义社会关系。但受刑法保护的社会主义社会关系的本身并不是犯罪客体，只有当它受到犯罪行为侵犯时，它才成为犯罪客体。按照犯罪行为所侵犯的社会主义社会关系范围的不同，犯罪客体可分为一般客体、同类客体和直接客体。

一般客体是指一切犯罪行为所共同具有的客体，它反映一切犯罪的共同本质。在我国，犯罪的一般客体就是我国刑法所保护的社会主义社会关系。

同类客体是指某一类的犯罪行为所共同具有的客体，它反映该类犯罪的内在本质。刑法分则把犯罪分为10类，就是根据犯罪的同类客体划分的。如危害国家安全罪（如投敌叛变罪、间谍罪、叛逃罪等）的同类客体是国家的安全。危害公共安全罪（放火罪、决水罪、投放危险物质罪等）的同类客体是社会的公共安全，即不特定的多数人的生命、健康、重大公私财产以及社会、工作、生产的安全。

直接客体是指各个具体的犯罪行为所特有的客体，它反映具体犯罪的特殊本质，是区分此罪与彼罪的主要根据之一。例如，人身权利是同类客体，而人身权利中又包括生命权利、健康权利、名誉权利等，杀人罪侵害生命权，伤害罪侵害健康权，侮辱罪侵犯名誉权，这三种罪的直接客体不同。

【小思考】

犯罪客体和犯罪对象的区别

甲想杀死乙，一天晚上，甲看见前面走着一个人，以为是乙，就开枪把那人打死了，但走近一看不是乙而是丙。而丙与甲互不相识，甲并不想打死丙。对丙之死，应定甲是故意杀人罪还是过失杀人罪？

此案中犯罪对象实际上是丙而不是甲预期的乙，但从刑法上看对故意杀人罪来说，被害人是乙还是丙并没有区别，二者在法律上价值是一样的，所侵害的客体都是公民的生命权利。因此应构成故意杀人罪。

犯罪对象是指犯罪所指向的具体的人或物，它与犯罪客体有什么区别？

（1）犯罪客体是一定的社会关系，而犯罪对象本身并不是社会关系。

（2）犯罪客体是任何犯罪构成的必要条件，犯罪对象则并非每一犯罪都具有。如偷越国（边）境罪行为所侵犯客体是我国的国（边）境的管理秩序，但本罪并不具有犯罪对象。

（3）任何犯罪都会使犯罪客体受到损害，而犯罪对象则不一定受到损害。如甲将乙的笔记本电脑偷走了，乙的所有权受到了侵犯，但笔记本电脑本身并未遭受破坏，只是转移了占有关系。

（4）同一犯罪客体可以由不同的犯罪对象体现出来，同一犯罪对象也可以体现不同的犯罪客体。前者如盗窃罪，体现犯罪客体的犯罪对象可以是人民币，也可以是其他具体的物品。后者如盗窃国家仓库中存放的电线和盗窃正在用于通信的电线，犯罪对象都是电线，但是犯罪客体一为国家财产所有权，一为公用电信设施方面的公共安全。

(2) 犯罪的客观方面。犯罪的客观方面是指犯罪活动的客观外在表现。表明犯罪活动客观外在表现的事实特征有危害行为，危害结果，犯罪的时间、地点、方法等。危害行为是任何犯罪构成必须具备的必要要件，其他都是犯罪构成的选择要件，其中危害结果是大多数犯罪构成的必要要件。因而犯罪的客观方面主要是指危害行为和危害结果。

① 危害行为。危害行为是指人在自己的意识和意志的支配下所实施的危害社会的，为刑法所禁止的行为。任何犯罪，必须是一种危害行为，没有危害行为，就没有犯罪可言。我国法律不承认所谓“思想犯罪”。这是因为仅仅是思想而没有行为，是不可能产生危害社会的结果的。

以危害行为的基本表现形式为标准，危害行为可分为作为和不作为。作为是指用积极的行动实施为刑法所禁止的行为。如抢劫、盗窃、侮辱、诽谤等。不作为是指负有履行特定义务的人，能够履行该种义务而不履行从而构成犯罪的行为。如遗弃罪。

② 危害结果。危害结果是指危害行为对刑法所保护的社会主义社会关系所造成的实际损害。危害结果是否发生，对于过失犯罪而言，是区分罪与非罪的标准；对于故意犯罪而言，在一般情况下，是区分犯罪既遂和未遂的标准。但是也有一些故意犯罪，只要实施了某种危害行为，就构成犯罪既遂，而不管其结果是否发生，如煽动颠覆国家政权罪、诽谤罪等。

③ 因果关系。当危害结果发生后，要使某人对这一结果负刑事责任，就必须查明某人的行为同这一结果之间是否具有因果关系。刑法中的因果关系，是指人的危害行为与其所产生的危害结果之间内在的、合乎规律的联系，它是使行为人承担刑事责任的前提条件。但是还须注意，即使在客观上发生的损害结果同行为人的行为具有因果关系，如果行为人在主观上没有故意或过失，也不能要求行为人对这一结果负刑事责任，否则将导致“客观归罪”的错误。

(3) 犯罪主体。犯罪主体是指实施犯罪行为，依法应对自己的行为承担刑事责任的人或单位。

① 自然人作为犯罪主体，即达到刑事责任年龄，具有刑事责任能力，实施了犯罪行为的自然人。

《刑法》对刑事责任能力的规定见表 6-1。

表 6-1　自然人的刑事责任能力

项　　目	人员范围	责任范围	处罚原则
完全刑事责任能力	除下列各类人员以外其他所有人员	所有犯罪	依刑法分则确定
完全无刑事责任能力	(1) 未满 14 周岁的人 (2) 因精神病而不能辨认或者控制自己行为的人	无刑事责任，但可责令家长加以管教	无处罚

续表

项目	人员范围	责任范围	处罚原则
相对刑事责任能力	已满14周岁不满16周岁的人	犯故意杀人、故意伤害致人重伤或者死亡、强奸、抢劫、贩卖毒品、放火、爆炸、投毒罪的，应当负刑事责任	(1) 应当从轻或减轻处罚 (2) 不适用死刑(包括死缓)
减轻刑事责任能力	已满16周岁不满18周岁的未成年人	所有犯罪	
	尚未完全丧失辨认或控制自己行为能力的精神病人		可以从轻或减轻处罚
	(1) 又聋又哑的人 (2) 盲人		可以从轻、减轻或免除处罚

在某些犯罪中，犯罪主体除了必须具备一般的条件外，还必须具有某种特定的身份。只能由具有特定身份的人才能构成的犯罪主体，称为特殊主体，如伪证罪的主体只能是证人、鉴定人、记录人、翻译人。此外，醉酒的人犯罪，应当负刑事责任。

② 单位。即为牟取本单位的非法利益，由单位负责人或经单位集体讨论决定，实施了刑法明文规定的单位犯罪的公司、企事业单位、机关团体。刑法对单位犯罪，实行两罚的原则，即对单位判处罚金，并对其直接负责的主管人员和其他直接人员判处刑罚。

(4) 犯罪的主观方面。犯罪的主观方面是指犯罪主体对其行为可能引起的危害社会的结果所持的故意或者过失(二者可以合称为罪过)心理状态，是刑法规定成立犯罪所必须具备的要件。

① 故意。故意是指明知自己的行为会发生危害社会的结果，却希望或者放任这种结果发生的一种心理状态。故意有两种：直接故意和间接故意。直接故意一种是行为人明知自己的行为必然或可能发生危害社会的结果，却希望这种结果发生的心理态度。例如，某甲想杀死某乙，他明知用匕首刺入某乙的心脏会引起某乙的死亡的结果，却在希望这种结果发生的心理状态下实施了这一行为，某甲的杀人行为就属于直接故意。故意犯罪绝大多数是直接故意。间接故意是行为人明知自己的行为可能发生危害社会的结果，却放任这种结果的发生。例如，某甲在夜间潜入某仓库窃取财物后，纵火灭迹。他明知仓库管理员某乙在仓库内睡觉，火起后可能被烧死，但他在放任这一结果发生的心理状态下，放火把仓库烧了，结果某乙被烧死。某甲的杀人行为就属于间接故意。

不论直接故意或间接故意，行为人都明知自己的行为会发生危害社会的结果。所不同的是，前者希望结果的发生，后者则放任结果的发生。由于二者主观心理状态上的这种差别，它们的危害程度也就可能有所不同。一般来说，直接故意犯罪比间接故意犯罪的危害性要大。

② 过失。过失是指应当预见自己的行为可能发生危害社会的结果，因为疏忽大意而没有预见，或者已经预见而轻信能够避免，以致发生这种结果的心理状态。过失有两种。其一，疏忽大意的过失，是行为人应当预见自己的行为可能发生危害社会的结果，因为疏忽大意而没有预见，以致发生这种结果。例如，某甲是铁路扳道工，在调车作业完毕后，一时粗心，没有把线内的道岔恢复定位，以致后一次列车驶入异线，与其他机车碰撞。某甲的犯

罪行为就属于疏忽大意的过失犯罪。其二,过于自信的过失,是行为人已经预见到自己的行为可能发生危害社会的结果,但是轻信能够避免,以致发生危害结果。例如,汽车司机某甲在行人众多的马路上行车,自恃驾驭技术高超,违反交通规则,超速行驶,以致撞死行人。某甲的犯罪行为就属于过于自信的过失犯罪。

过失犯罪虽然也造成危害社会的结果,但是由于过失犯罪人在主观上并没有危害社会的意图,因而在追究刑事责任时应当有别于故意犯罪。过失犯罪,法律有规定的才负刑事责任。

【阅读资料】

《刑法》第三百零五条规定:"在刑事诉讼中,证人、鉴定人、记录人、翻译人对与案件有重要关系的情节,故意作虚假证明、鉴定、记录、翻译,意图陷害他人或者隐匿罪证的,处三年以下有期徒刑或者拘役;情节严重的,处三年以上七年以下有期徒刑。"请据此分析伪证罪的构成。

分析:根据《刑法》的上述规定,伪证罪侵害的客体是国家的正常司法秩序和公民的人身权利。客观方面表现为在时间上必须发生在刑事诉讼过程中,即发生在刑事案件的立案、侦查、起诉、审判的过程中;从行为上看,必须有虚假的证明、鉴定、记录、翻译,且其内容必须是与案件有重要关系的情节;主体是特殊主体,即只能是刑事诉讼中的证人、鉴定人、记录人、翻译人;主观方面是故意,即有意作虚假的证明、鉴定、记录、翻译。

【小思考】

过于自信的过失和间接故意的区别

二者有相同之处,即都预见到自己的行为可能发生危害社会的结果。所不同的是,在过于自信的情况下,行为人对结果所抱的心理状态是轻信其能够避免;而在间接的情况下,行为人所抱的则是放任其发生的心理状态。

【阅读资料】

犯罪目的、犯罪动机及二者的关系

犯罪目的是指犯罪人通过实施犯罪行为所希望达到的结果。凡是直接故意的犯罪,都有其犯罪目的,但是犯罪目的不是犯罪主观方面的必要要件而是选择要件。根据《刑法》的规定,只有某些犯罪才须把一定的犯罪目的作为其犯罪构成必要要件(如侵犯著作权罪须具有营利的目的)。

犯罪动机是指犯罪人实施犯罪行为的内心起因。在我国刑法中,犯罪动机也不是犯罪构成要件,犯罪动机如何,不影响犯罪成立。但是查明犯罪动机,对于确定犯罪情节的轻重、进行正确量刑,具有重要意义。例如,同为故意伤害罪,对出于义愤者的量刑,一般应轻于出于报复者的量刑。

犯罪目的和犯罪动机是两个不同的概念,不应混淆。犯罪行为可能目的相同而动机不同(如盗窃罪的目的是非法占有他人的财物,但行窃的动机各有不同,有的是为了过奢侈腐化的生活,有的则由于生活无着),也可能动机相同而目的不同(如同样是出于报复的动机而行凶打人,有的目的在于把人打死,有的则在于把人打伤)。

5. 排除犯罪性的行为

排除犯罪性的行为是指某种行为在形式上似乎具有严重的社会危害性，而实质上却是为了保护国家利益、公共利益、本人或者他人的权益而实施的对社会有益的行为，或者虽然行为对社会造成了损害结果，但是不具备犯罪构成的行为。排除犯罪性的行为不能满足犯罪构成的四个要件，无社会危害性，也无犯罪性。

(1) 正当防卫。正当防卫是指为了使国家、公共利益、本人或者他人的人身、财产和其他权利免受正在进行的不法侵害，所采取的为制止不法侵害，而对不法侵害人造成损害的行为。正当防卫是对违法犯罪行为作斗争的一种方式，应予鼓励和支持，因而刑法规定，正当防卫行为不负刑事责任。根据刑法的规定，成立正当防卫必须具备以下条件。

① 必须针对的是不法侵害行为才能实行防卫(起因条件)。所谓不法侵害行为，首先是指犯罪行为，同时也包括其他违法行为，如违反治安管理的行为等。不法侵害既包括对防卫人的人身、财产和其他权利的不法侵害，也包括对国家、公共利益或者第三人的人身、财产和其他权利的不法侵害。而且，这种不法侵害必须是实际存在的，而不是出于主观的想象或者推测。对于合法的行为，不允许实行防卫。例如，对于公安机关进行的合法的拘留或逮捕，被拘留或被逮捕的人不得借口人身自由受到侵害而采取"防卫"行动。如果双方的行为都是非法的(如互相殴斗)，不承认任一方有正当防卫的权利。

② 必须是对正在进行的不法侵害行为才能实行防卫(时间条件)。对于尚未开始的侵害行为，对于已经结束的侵害行为，都不能实行正当防卫。例如，某甲正在持刀行凶，某乙正在拦路抢劫，对之都可以实施正当防卫；但如某甲只在家准备凶器，尚未着手行凶，某乙在拦路抢劫时已被抓获，在这样的情况下，就不得借口实施"正当防卫"而伤害某甲或某乙。

③ 必须是对实施不法侵害的人才能实行防卫，不允许对没有参加侵害行为的第三者(包括不法侵害者的家属)造成损害(对象条件)。正当防卫的目的在于排除不法侵害，对于没有实施不法侵害的人，并不存在排除不法侵害的问题，也就没有正当防卫可言。

④ 防卫不能过当(限度条件)。所谓防卫过当是指正当防卫明显超过必要限度而造成重大损害。防卫过当的，应当负刑事责任，但是应减轻或者免除处罚。至于对正在进行行凶、杀人、抢劫、强奸、绑架以及其他严重危及人身安全的暴力犯罪，采取防卫行为，造成不法侵害人伤亡的，则属于正当防卫而非防卫过当。

【案例分析】

一天晚上，农村妇女王某独自一人在家正欲躺下睡觉，忽然想起院门没有锁上，就出门去上锁。恰巧本村青年李某路过，发现王某一人在家，便拦腰抱住王某，欲行不轨。两人在院中厮打起来，王某的衣服被李某撕破。惊慌中王某摸到一把铁锤，顺手拿起来朝李某砸去，李某躲闪不及被当场砸昏，但口中仍然喘着粗气。李某是本村有名的混混，王某怕被邻居发现传出对自己的名声不好，就拿起地上被撕碎的衣服用力将李某的口鼻堵住，见李某不再喘粗气后才急忙跑回屋内，半小时后，王某回来查看李某是否已经走了，但此时李某已气绝身亡。

问题：请问王某的行为是否构成正当防卫？

(2) 紧急避险。紧急避险是指为了使国家、公共利益、本人或者他人的人身、财产和其他权利免受正在发生的危险，不得已而采取的损害另一合法利益的行为。紧急避险是一种有益于社会的合法行为，因而刑法规定，紧急避险行为不负刑事责任。根据刑法的规定，成立紧急避险必须具备以下条件。

① 紧急避险必须是为了避免国家、公共利益、本人或者他人的人身、财产和其他权利受到危险而采取的（目的条件）。危险的来源可能是自然界的自发力量，如海啸、山崩、水灾、地震等，可能是动物的侵袭，可能是人的生理病理原因，也可能是人的不法侵害行为。这种危险必须是实际存在的，而不是出于主观的想象或推测。避免遭受危险的利益，必须是法律所保护的权益。为了保护非法利益，不能成立紧急避险。

② 紧急避险必须是正在发生危险情况下采取的（时间条件）。对已经过去的或者尚未到来的危险，都不能实行紧急避险。

③ 紧急避险必须是不得已而采取的（限制条件）。就是说，所采取的行动，在当时情况下是唯一能够避免危险的行动。如果尚有其他的方法可以避免危险，就不能采取紧急避险的行为。

④ 紧急避险不能过当（限度条件）。所谓紧急避险过当，是指紧急避险超过必要限度而造成不应有的损害。紧急避险过当的，应当负刑事责任，但是应当减轻或者免除处罚。

⑤ 紧急避险主体必须是不属于法律上有特殊规定的人员（主体条件）。根据刑法的规定，在职务上、业务上负有特定责任的人，不得因避免本人的危险而实行紧急避险。如正在救火的消防队员，负有灭火的特定责任，不得借口避免烈火烧身而逃离火灾现场。

【案例分析】

以下两个案例是否属于紧急避险

(1) 货轮在海上航行，突然遭遇飓风，为了加快航速，尽快脱离险区，在不得已的情况下，船长下令把部分货物投到海里。

(2) 外出经商的甲与乙在某宾馆住宿时，宾馆突然发生火灾，火势极其猛烈。甲、乙得知这一消息后，急忙穿衣逃命。乙因年迈体弱，行动不便，甲快速奔跑，将乙撞倒，致其头破血流，当场昏厥，不治而亡。

提示：刑法上的紧急避险行为并没有要求行为人只能以积极的行为方式实施，只要行为人为了保全合法利益而损害另一合法利益时，都能构成紧急避险行为。但由于在本案中行为人的保全利益小于所损害的利益，因此作为紧急避险过当是合理的。

6. 故意犯罪过程中的犯罪形态

故意犯罪过程中的犯罪形态是指在故意犯罪过程中可能实现的、能够构成犯罪的、实现犯意程度不同的几种状态。一个人产生犯罪意图后，往往要作一些必要的准备，然后再动手实行，最后完成预期的犯罪。例如，为了抢劫银行，首先准备了手枪、头罩等工具，又查看了地形，想好了逃跑路线。然后开始抢劫银行现金，并迅速逃离现场。但并不是每个犯罪分子都必须经过这样的过程。有的可能在准备阶段被人发现，有的可能发觉银行警卫增多而放弃了。在刑法上把在故意犯罪过程中可能出现的、能够作为惩罚基础的犯罪形态归结为犯罪既遂、预备、未遂和中止几个方面。

(1) 犯罪既遂。犯罪既遂是指已经着手实施犯罪，并且具备了刑法分则规定的某一犯罪的全部要件。如杀人犯把被害人杀死了，则具备了刑法规定的故意杀人罪的全部要件，是故意杀人罪既遂。

【小思考】

有人说犯罪分子达到了犯罪目的，就是既遂，也有人说造成了犯罪结果就是既遂。你同意这种说法吗？

提示：犯罪既遂是以是否具备刑法所规定的某一犯罪的构成要件为标准的。而犯罪构成中，犯罪目的和犯罪结果并不是必备的要件，因此上述说法并不正确。例如，甲将一块巨石放在铁轨上，企图使火车倾覆。幸亏火车司机发现及时，紧急刹车才避免了火车脱轨事故的发生。则甲构成破坏交通设施罪。虽然火车并未被巨石撞毁，甲的犯罪目的并未达到，犯罪结果也未出现，但甲的行为已经足以使火车有倾覆的危险。根据刑法分则的规定，符合破坏交通设施罪的构成要件，是犯罪既遂。

(2) 犯罪预备。犯罪预备是指为了犯罪，准备工具，制造条件，但由于行为人意志以外的原因而未能着手实行犯罪的情形。

例如，甲为了爆炸桥梁，准备了炸药包和雷管，但被邻居发现并报警。则甲的行为是爆炸罪的预备。甲已经为犯罪准备了工具，但还未着手实行犯罪，即因意志以外的原因而被抓获。

对于预备犯可以比照既遂犯从轻、减轻或者免除处罚。

【小思考】

张某与朋友聊天说，我现在生活比较困难，想到银行去弄点钱花花。但张某说完后，并未去进行具体的准备活动。张某的行为是否是犯罪预备？

(3) 犯罪未遂。《刑法》第二十三条规定，已经着手实行犯罪，由于犯罪分子意志以外的原因而未得逞，是犯罪未遂。据此犯罪未遂应具备以下条件。

① 已经着手实行犯罪。就是行为人已经开始实行刑法分则条文规定的某种犯罪构成要件的行为。如杀人犯已经举起砍刀对准了受害人，投毒者已将毒药放进了被害人的食物中，这些行为都已经指向并危及了直接客体的安全，并可以直接造成犯罪结果，明显反映出罪犯的犯罪意图，属于已经着手实行犯罪。若拿起刀出门在路边守候被害人或在院子中磨刀准备杀人则属于犯罪预备。是否已经着手实行犯罪，是犯罪未遂和犯罪预备的根本区别。

② 由于犯罪分子意志以外的原因，犯罪未得逞。即犯罪分子未完成犯罪，其犯罪行为没有具备刑法分则规定的某一犯罪构成的全部要件。其原因不是犯罪分子自愿，而是犯罪分子意志以外的原因，如受害人的反抗、第三人的阻止、对犯罪事实判断错误、罪犯本人能力的限制、自然力的阻止等。

《刑法》第二十三条第二款规定，对于未遂犯，可以比照既遂犯从轻或减轻处罚。

【小思考】

分析下列情况是否属于犯罪未遂。

(1) 甲潜入银行金库，但由于无法打开保险柜，只好空手而归。

（2）甲正在撬住户的房门，忽然听到警车鸣叫，以为是来抓自己，慌忙逃走。但跑到街上一看，原来是救护车。

（3）行为人为杀死被害人，将其打昏，并拖入河中，以为被害人必定会被淹死，但恰好有人路过将其救起。

（4）甲想害死乙，在乙的饭里放了毒药，但是乙发现饭有异味而没有吃。

（4）犯罪中止。《刑法》第二十四条规定，在犯罪过程中，自动放弃犯罪或自动有效地防止犯罪结果发生的，是犯罪中止。

中止犯与未遂犯都是没有把犯罪完成。但未遂犯只能发生在着手实施犯罪之后，而犯罪中止可以发生在犯罪预备和着手实施的过程中；犯罪未遂是被迫的，而犯罪中止是自动地防止了犯罪结果的发生。犯罪中止有以下四个特点。

第一，时间性。即中止行为必须发生在“犯罪过程中”也就是犯罪预备或着手实施过程中，如犯罪已经既遂，犯罪结果已经产生，则一般不发生中止问题。

第二，自动性。即在犯罪分子自己认为有可能把犯罪完成的情况下，自动而不是被迫地停止下来。其原因可能是悔悟、同情被害人、害怕受到惩罚等。

第三，有效性。就是由于犯罪分子的自动中止，而有效地防止了犯罪结果的发生。

第四，彻底性。犯罪分子彻底打消了继续或再次侵犯这一客体的意图。根据《刑法》第二十四条规定，对于中止犯，没有造成损害的，应当免除处罚；造成损害的，应当减轻处罚。

有关故意犯罪过程中的各种停止形态见图 6-1。

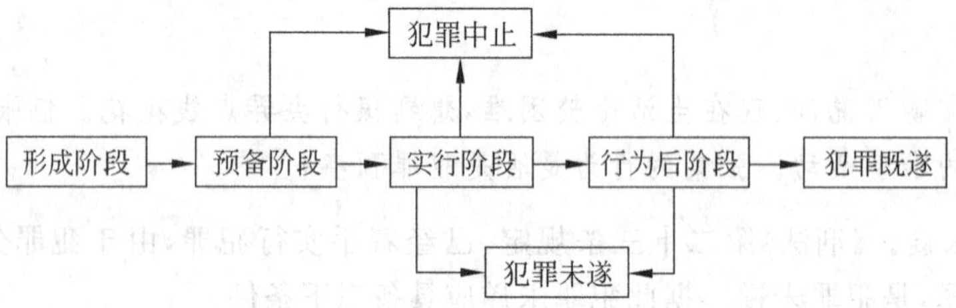

图 6-1　故意犯罪过程中的各种停止形态

【小思考】

下列情况是否属于犯罪中止？

（1）甲与乙有仇，便拿刀去杀乙，在半路上想来想去，若真将乙杀死，自己也可能活不成，于是决定不再杀乙。但乙当天并未在家，甲不可能杀死乙。

（2）甲见邻居家没人，就入室将其 3 万元现金偷走。但偷完后又后悔，感觉邻居一定会怀疑是自己所为，又偷偷将钱送回去。

（3）甲、乙是夫妻，因生活琐事经常吵架，甲觉得生活没有意思，就想自杀。于是买来两包药放在饭中，想先让乙吃下后自己再吃。乙吃完后药性发作，非常痛苦，甲后悔，立即送乙去医院抢救，乙还是不治而亡。

7. 共同犯罪

共同犯罪是指两人以上的共同故意犯罪。共同犯罪较之单独一人犯罪，具有更大的社会危害性，是我国刑法打击的重点。构成共同犯罪，除了需要具备犯罪的一般特征外，还必须具有共同犯罪的主客观要件。

（1）共同犯罪的构成条件

① 犯罪主体必须是两个或者两个以上的达到刑事责任年龄、具有刑事责任能力的人。单个人实施犯罪不可能是共同犯罪，共同实施危害社会的行为虽然是两个人或者两个人以上，如果其中只有一人是达到刑事年龄、具有刑事责任能力的人，也不能构成共同犯罪。

② 各个共同犯罪人必须具有共同的犯罪行为。所谓共同的犯罪行为，是指共同犯罪人在实施某一犯罪时，各个人的具体活动虽然可能存在分工的不同，或者参与程度不同，但是都是指向同一个犯罪目标。例如，甲乙丙三人合谋杀害丁，甲备置凶器，乙把丁骗到郊外，丙下手行凶，他们三人的具体分工虽不同，但都是围绕着同一目标进行的共同犯罪活动。在已发生危害结果的情况下，每个犯罪人的行为都须与危害结果之间存在因果关系，都须是危害结果发生的原因的一部分。共同犯罪人的共同犯罪行为，可以表现为共同的作为或者共同的不作为，也可以表现为作为与不作为的结合。

③ 各个共同犯罪人必须具有共同的犯罪故意。所谓共同的犯罪故意是指，第一，每一个共同犯罪人都认识到不是一个人单独实施犯罪，而是数个人共同实施犯罪。第二，每一个共同犯罪人都认识到共同犯罪行为的性质以及共同犯罪行为可能引起的危害社会的结果。第三，每一个共同犯罪人都希望或者放任共同犯罪行为所引起的危害社会结果的发生。

正因为构成共同犯罪必须具有共同的犯罪故意，所以下列三种情况不属于共同犯罪。第一，同时犯罪。即两人或者两人以上在同一场合实施同一性质的犯罪，但是每个人是以其各自单独的犯罪故意实施犯罪。第二，共同过失犯罪。即两人或者两人以上共同过失地造成了同一危害社会的结果。刑法规定，两人以上共同过失犯罪，不以共同犯罪论处。应当负刑事责任的，按照他们所犯的罪分别处罚。第三，单方故意犯罪。即实施犯罪的人是出于故意，而给予帮助的人或者引起犯罪意思的人是出于过失；或者实施危害社会行为的人是出于过失，而给予帮助的人或者引起犯罪意思的人是出于故意。

【小思考】

如何判断共同犯罪？

(1) 司机甲开车不慎把一个行人撞倒在地，司机乙开车时精力不集中，未发现前方有人被撞倒，等发现时已来不及刹车，车从那个人身上轧过，造成该行人死亡。二人是否构成共同犯罪？

(2) 一个仓库保管员值班时忘记锁上仓库大门，就离开了仓库。甲从此经过，见有机可乘，便进入库房盗窃。正在此时乙也经过这里，见这种情况，也进去偷东西。甲乙二人互不帮忙，偷完后各自离去。二人是否构成共同犯罪？

(3) 甲、乙、丙三人共同预谋去某仓库盗窃，甲、乙将赃物装上车先走，由丙断后。丙离开仓库时忽然一时兴起，将烟头扔到了仓库里的一堆乱纸上，引起一场大火，使仓库中的物资受到严重损失。此案中盗窃罪、放火罪是否为共同犯罪？

（2）共同犯罪的形式

共同犯罪的形式是指共同犯罪人之间的相互关系或相互联系。在刑法理论中，可以从不同的角度，用不同的标准，将共同犯罪的形式作不同的划分。

① 事先无通谋的共同犯罪和事先通谋的共同犯罪。这是以共同的犯罪故意形成的时间为标准所作的划分。

事先无通谋的共同犯罪是指共同犯罪人的共同犯罪故意，不是在着手实施犯罪以前形成的，而是在实施犯罪的过程中临时形成的。例如，某甲正在屋内行窃，某乙闯入，因系熟人，甲让乙到屋外望风，许以分赃，乙表示同意，甲乙二人便构成共同犯罪。这种共同犯罪的形式比较少见。

事先通谋的共同犯罪是指共同犯罪人的犯罪故意，在着手实施犯罪以前就已经形成。在着手实施犯罪以前，共同犯罪人对犯罪的目标、时间、地点、方法、步骤等，曾进行过策划或商议。这是一种比较常见的共同犯罪形式，它的危害性通常要大于事先无通谋的共同犯罪。

② 一般的共同犯罪和特殊的共同犯罪。这是以共同犯罪有无特殊的组织形式为标准所作的划分。

一般的共同犯罪是指犯罪不具有特殊组织形式的共同犯罪，各个共同犯罪人为了实施某一犯罪，事先或者临时纠合在一起，实施了这种犯罪之后，共同犯罪的形式就不复存在。

特殊的共同犯罪的组织形式就是犯罪集团。犯罪集团是指三人以上为共同实施犯罪而组成的较为固定的犯罪组织。犯罪集团所具有的特征是：第一，人数较多，至少有三人以上。第二，经常纠合在一起进行一种或者数种严重的犯罪活动，不是偶尔进行犯罪活动之后就散伙。第三，重要的成员固定或者基本固定，有明显的首要分子。有的首要分子是在纠集的过程中形成的，有的首要分子在纠集开始的时候就是组织者或者领导者。以首要分子为核心，集团成员结合得比较紧密。第四，都是有预谋地实施犯罪。第五，不论作案次数多少，对社会造成的危害和所具有的危险性都是很严重。共同犯罪是刑法打击的重点，犯罪集团又是共同犯罪中的打击重点。

(3) 共同犯罪人的种类及其刑事责任

《刑法》按照共同犯罪人在共同犯罪中所起的作用，把犯罪人分为主犯、从犯、胁从犯、教唆犯四种，并且对这四种人规定了不同的刑事责任。

① 主犯。凡组织、领导犯罪集团进行犯罪活动的或者在共同的犯罪中起主要作用的，是主犯。主犯包括：第一，在犯罪集团中或者在聚众犯罪中起组织、策划、指挥作用的犯罪分子，即首要分子。第二，在犯罪集团中或者在一般的共同犯罪中起主要作用的犯罪分子。在共同犯罪中，主犯可能只一人，也可能不止一人。是否为主犯，要根据犯罪分子在共同犯罪中实际所起的作用来决定。

主犯是刑法打击的重点。刑法规定，对于主犯，应当按照其所参与的或者组织、指挥的全部犯罪处罚；对于组织领导犯罪集团的首要分子，则应当按照集团所犯的全部罪处罚。

② 从犯。在共同犯罪中起次要或者辅助作用的，是从犯。从犯包括：第一，在共同犯罪中起辅助作用的犯罪分子。辅助作用是指为共同犯罪人实施犯罪创造方便条件，帮助实施犯罪，而不是直接参加实施犯罪的行为。例如，提供犯罪工具，指示犯罪目标或者犯罪机会，排除犯罪障碍，事先同意在事后为之隐匿罪犯，罪证或者毁灭罪证等。第二，在共同犯罪中起次要作用的犯罪分子。次要作用是指在犯罪集团中或者在聚众犯罪中从事一般活

动，或者在一般的共同犯罪中所起的作用不大，造成的危害不重。从犯的社会危害性和人身危险性都较主犯为小，因而刑法规定，对于从犯，应当从轻、减轻处罚或者免除处罚。

③ 胁从犯。被胁迫参加犯罪的，是胁从犯。被胁迫是指受到暴力威吓或者精神强制。胁从犯虽属被胁迫参加犯罪，但是毕竟具有犯罪故意和犯罪行为，因而仍应负刑事责任。如果是在身体受到强制，丧失意志自由的情况下，造成危害社会的结果，那就不构成胁从犯，不应负刑事责任。

胁从犯的社会危害性和人身危险性都较从犯为小，因而刑法规定，对于胁从犯，应当按其犯罪情节，减轻或者免除处罚。

④ 教唆犯。教唆他人犯罪的，是教唆犯。构成教唆犯的，必须具备两个要件：第一，在客观方面必须有教唆他人犯罪的行为，即由于这种教唆行为，使本无犯意的人产生犯意，或者使犯意不坚定的人坚定犯意。教唆行为的方式是多种多样的，可以是口头方式或书面方式，也可以是打手势、使眼色的方式；可以是当面教唆，也可以是通过他人间接教唆（即教唆的教唆）；可以是一个人教唆，也可以是数人共同教唆。第二，在主观方面必须有教唆他人犯罪的故意，即故意唆使被教唆人实施犯罪。过失行为不能构成教唆犯。如果被教唆人实施的犯罪超过了教唆犯的故意的内容，由被教唆人对教唆犯的故意内容之外的犯罪负责。具备上述两个要件的，便构成教唆犯。至于被教唆人是否接受教唆，是否实施了教唆的犯罪，并不影响教唆犯的成立。因而，教唆犯还可以成立单独的犯罪。

教唆犯的罪名，应按其所教唆的犯罪确定。关于教唆犯的刑事责任，刑法规定，对于教唆犯，应当按他在共同犯罪中所起的作用处罚；教唆不满18周岁的人犯罪的，应当从重处罚。如果被教唆的人没有犯被教唆的罪，对于教唆犯可以从轻或者减轻处罚。

6.2 刑　罚

1. 刑罚的概念与特征

刑罚是审判机关以国家的名义对犯罪分子实行惩罚的一种强制方法。

刑罚和犯罪是密切地联系在一起的。犯罪是统治阶级确认的侵犯其阶级利益和统治秩序的行为，刑罚则是统治阶级对犯罪行为的惩罚方法。犯罪与刑罚是刑法的两个最根本的内容，同犯罪一样，刑罚也具有强烈的阶级性。

刑罚具有下列三个不同于其他强制方法的特征。

(1) 刑罚是一种最严厉的强制方法。它不仅可以剥夺被判刑罚人的政治权利、财产权利和人身自由，甚至可以剥夺其生命。刑罚的强制性的严厉程度，是其他任何强制方法所不及的。

(2) 刑罚只能对犯罪分子适用。对于只有一般违法行为而没有构成犯罪的人，不能适用刑罚。

(3) 刑罚只能由人民法院代表国家依法判处。其他任何国家机关、团体、个人，都无权判处刑罚处罚。

2. 刑罚的种类

我国刑罚分为主刑和附加刑两大类。

(1) 主刑。主刑是指对犯罪分子适用的主要刑罚方法。主刑只能独立适用,不能附加适用。对于犯罪分子,只能适用一个主刑,不能同时适用两个主刑,也不能在独立适用附加刑时再附加适用主刑。我国的主刑有五种,即管制、拘役、有期徒刑、无期徒刑、死刑。

① 管制。管制是对犯罪分子不实行关押,但是限制其一定的自由,交由公安机关管束和监督的刑罚。

管制是我国在同犯罪作斗争中创立的一个独特的刑种,它适用于罪行较轻,不需要关押的犯罪分子。管制由人民法院判决,公安机关执行。管制的期限为 3 个月以上 2 年以下,数罪并罚的时候最高不能超过 3 年。管制的刑期,从判决执行之日起计算;判决执行以前先行羁押的,羁押 1 日折抵刑期 2 日。

被判处管制的犯罪分子,在执行期间,应当遵守下列规定,第一,遵守法律、行政法规,服从监督。第二,未经执行机关批准,不得行使言论、出版、集会、结社、游行、示威自由的权利。第三,按照执行机关规定报告自己的活动情况。第四,遵守执行机关关于会客的规定。第五,离开所居住的市、县或者迁居,应当报经执行机关批准。

对于被判处管制的犯罪分子,在劳动中应实行同工同酬。执行期满,执行机关应即向本人和其所在单位或者居住地的群众宣布解除管制。

② 拘役。拘役适用于罪行较轻而又需要短期关押的犯罪分子。拘役的期限为 1 个月以上 6 个月以下,数罪并罚的时候最高不能超过 1 年。拘役的刑期,从判决执行之日起计算;判决执行以前先行羁押的,羁押 1 日折抵刑期 1 日。

被判处拘役的犯罪分子,由公安机关就近执行,在执行期间,每月可以回家 1～2 天,参加劳动的,可以酌量发给报酬。

③ 有期徒刑。有期徒刑是剥夺犯罪分子一定期限的人身自由,实行劳动改造的刑罚。有期徒刑的期限为 6 个月以上 15 年以下,数罪并罚的时候最高不能超过 20 年。有期徒刑的刑期,从判决执行之日起计算;判决执行以前先行羁押的,羁押 1 日折抵刑期 1 日。

被判处有期徒刑的犯罪分子,在监狱或者其他执行场所执行,凡有劳动能力的,都应当参加劳动,接受教育和改造。

【阅读资料】

有期徒刑和拘役的区别

(1) 适用对象不同。有期徒刑主要适用于罪行较重的犯罪分子;拘役只能适用于罪行较轻的犯罪分子。

(2) 期限不同。有期徒刑的刑期长、起点高、幅度大;拘役的刑期短、起点低、幅度小。

(3) 执行场所不同。有期徒刑在监狱或者其他执行场所执行;拘役由公安机关就近执行。

(4) 执行期间的待遇不同。被判处有期徒刑的犯罪分子,凡是有劳动能力的,一律实行无偿的劳动改造;被判处拘役的犯罪分子,每月可以回家 1～2 天,参加劳动的可以酌量发给报酬。

(5) 法律后果不同。被判处有期徒刑的犯罪分子，刑罚执行完毕或者赦免以后，在5年以内再犯应当判处有期徒刑以上刑罚的罪，可能构成累犯；被判处拘役的犯罪分子，刑罚执行完毕以后再犯新罪，一般不构成累犯(危害国家安全累犯除外)。

④ 无期徒刑。无期徒刑是剥夺犯罪分子终身的人身自由，实行劳动改造的刑罚。无期徒刑是仅次于死刑的重刑，适用于罪行特别严重但还不需要判处死刑的犯罪分子。对于判处无期徒刑的犯罪分子，均应附加剥夺政治权利终身。

被判处无期徒刑的犯罪分子，在监狱或者其他执行场所执行，凡有劳动能力的，都应当参加劳动，接受教育和改造。在执行期间，犯罪分子如果认罪服法，遵守监规，接受教育和改造，确有悔改或者立功表现，可以依法获得减刑或者假释。在社会主义条件下，仍给予判处无期徒刑的犯罪分子以自新之路。

⑤ 死刑。死刑是刑罚中最严厉的惩罚方法。从我国的情况出发，保留死刑是完全必要的，但是对死刑的适用必须持非常严肃、非常谨慎的态度。我国刑法为了贯彻少杀的政策，对死刑的适用作了严格的限制性规定，其主要表现为如下四点。

第一，对适用死刑的法定情节作了严格规定。在我国，死刑只适用于罪行极其严重的犯罪分子。

第二，对适用死刑的犯罪主体作了限制。刑法规定，犯罪的时候不满18岁的人和审判的时候怀孕的妇女，不适用死刑。

第三，规定了死刑复核制度。死刑除依法由最高人民法院判决的以外，都应当报请最高人民法院核准。死刑缓期执行的，可以由高级人民法院判决或核准。

第四，规定了"死缓"制度。"死缓"是死刑缓期执行的简称，即对于罪该判处死刑但非必须立即执行的犯罪分子，可以判处死刑，同时宣告缓期2年执行。判处死刑缓期执行的，在死刑缓期执行期间，如果没有故意犯罪，2年期满以后，减为无期徒刑。如果确有重大立功表现，2年期满以后，减为15年以上20年以下有期徒刑。如果故意犯罪，查证属实的，由最高人民法院核准，执行死刑。死缓不是一个独立的刑种，而是适用死刑的一种制度。这一制度鲜明地体现出了社会主义人道主义精神，是我国刑罚制度中的一个创举。

(2) 附加刑。附加刑是指既能附加于主刑而适用也能独立适用的刑罚方法。在附加适用时，可以同时判处和执行不止一种的附加刑。我国的附加刑有三种：罚金、剥夺政治权利、没收财产。

此外，《刑法》还规定，对于犯罪的外国人，可以独立适用或者附加适用驱逐出境。

① 罚金。罚金是强制犯罪分子或者犯罪的单位向国家缴纳一定数额金钱的刑罚。罚金主要适用于贪财图利或者与财产有关的犯罪，但也可以适用于某些妨害社会管理秩序的犯罪，如妨害公务罪、逃避动植物检疫罪等。对犯罪分子判处罚金，可以附加适用，也可以单独适用。单独适用只限于罪行较轻，刑法分则规定可以单独判处罚金的犯罪；刑法分则规定附加适用的，不得单独适用。

对犯罪的单位判处罚金，只能单独适用，不能附加适用。但是单位犯罪的，除了对单位判处罚金，还要对其直接负责的主管人员和其他直接责任人员判处刑罚。

判处罚金，应当根据犯罪情节决定罚金数额，在判决指定的期限内一次或者分期缴纳。

期满不缴纳的，强制缴纳。对于不能全部缴纳罚金的，人民法院在任何时候发现被执行人有可以执行的财产，应当随时追缴。如果由于遭遇不能抗拒的灾祸缴纳确实有困难的，可以酌情减少或者免除。

由于其犯罪行为使被害人遭受经济损失，应当承担民事赔偿责任的犯罪分子，同时被判处罚金，应当先承担对被害人的民事赔偿责任。

② 剥夺政治权利。剥夺政治权利是剥夺犯罪分子参加国家管理和政治活动权利的刑罚。

剥夺政治权利的内容包括剥夺下列权利：第一，选举权和被选举权。第二，言论、出版、集会、结社、游行、示威自由的权利。第三，担任国家机关职务的权利。第四，担任国有公司、企业、事业单位和人民团体领导职务的权利。

主刑各刑种的比较见表 6-2。

表 6-2　主刑各刑种的比较

项目	管　制	拘　役	有期徒刑	无期徒刑	死刑（立即执行）	死　缓
适用对象	罪行较轻，人身危险性较小的刑事犯罪分子，需要给予刑事处罚但又不必关押的	罪行较轻，但又必须实行短期关押的犯罪分子	既可适用罪行较轻，又适用于罪行较重的犯罪分子	罪行严重需要与社会永久隔离，又不必判处死刑，判处有期徒刑又不足以打击的犯罪分子	罪行极其严重，危害特别严重，情节特别恶劣的犯罪分子	罪当处死，但不是必须立即执行的犯罪分子
执行机关和场所	由公安机关会同被管制人所在地方人民群众在其单位或居住地执行	由公安机关在拘役所执行	由监狱或看守所在监狱或看守所执行	由监狱执行	由法院在特定地点执行	由监狱在监狱等场所执行
执行待遇	劳动中实行同工同酬	劳动中酌量发给报酬，每月可回家 1～2 天	强制劳动改造，完全无偿	强制劳动改造，完全无偿		缓刑期间劳动改造，完全无偿
期限	3 个月以上 2 年以下，数罪并罚不超过 3 年	1 个月以上 6 个月以下，数罪并罚不超过 1 年	6 个月以上 15 年以下，数罪并罚不超过 20 年。死缓减为有期徒刑，也不能超过 20 年	终身		2 年考验期满后视情况而定

剥夺政治权利可以附加适用，也可以单独适用。对于危害国家安全的犯罪分子以及被判处死刑或者无期徒刑的犯罪分子，应当附加剥夺政治权利；对于故意杀人、强奸、放火、爆炸、投毒、抢劫等严重破坏社会秩序的犯罪分子，可以附加剥夺政治权利。单独判处剥夺政治权利的，以刑法分则规定该种犯罪可以单独判处剥夺政治权利的为限。

单独判处剥夺政治权利的，或者判处有期徒刑、拘役附加剥夺政治权利的，剥夺政治权利的期限为1年以上5年以下。判处管制附加剥夺政治权利的，剥夺政治权利的期限与管制的期限相等，同时执行。被判处死刑、无期徒刑的犯罪分子，均应剥夺政治权利终身。死刑缓期执行减为有期徒刑的或者无期徒刑减为有期徒刑的，应把附加剥夺政治权利的期限改为3年以上10年以下。判处有期徒刑、拘役附加剥夺政治权利的刑期，从有期徒刑、拘役执行完毕之日或者从假释之日起计算。剥夺政治权利的效力应当适用于主刑执行期间。

被剥夺政治权利的犯罪分子，在执行期间，应当遵守法律、行政法规和国务院公安部门有关监督管理的规定，服从监督。不得行使被剥夺的各项政治权利。

③ 没收财产。没收财产是将犯罪分子个人所有的财产的一部分或者全部强制无偿地收归国有的刑罚。

没收财产主要适用于危害国家安全罪和情节严重的贪财图利的犯罪。没收财产只限于没收犯罪分子个人所有的财产。属于犯罪分子家属所有或应有的财产，不得没收。没收犯罪分子全部财产的，应当对犯罪分子个人及其扶养的家属保留必需的生活费用。由于其犯罪行为使被害人遭受经济损失，应当承担民事赔偿责任的犯罪分子，同时被判处没收财产的，应当先承担对被害人的民事赔偿责任。没收财产以前犯罪分子所负的正当债务，需要以没收的财产偿还的，经债权人请求，应当偿还。

【阅读资料】

没收财产和罚金的区别

(1) 罚金是剥夺犯罪分子一定数额的金钱，这些金钱不一定是犯罪分子现实所有；没收财产是剥夺犯罪分子个人现有的财产，如房屋、家具、存款等。

(2) 罚金可以分期缴纳；没收财产是一次没收犯罪分子个人所有财产的一部分或全部，不存在分期没收的问题；没收财产也不同于没收犯罪物品。没收财产是一种刑罚，没收犯罪物品则是强制措施而非刑罚。

此外，刑法除了对各种刑罚作了具体规定外，还规定了下列三种非刑罚的处理方法。其一，判处刑事损害赔偿。由于犯罪行为而使被害人遭受经济损失的，对犯罪分子除了依法给予刑事处罚外，并应根据情况判处赔偿经济损失。其二，采取刑事教育措施。对于犯罪情节轻微不需要判处刑罚的，可以免予刑事处罚，但是可以根据案件的不同情况，予以训诫或者责令具结悔过，赔礼道歉，赔偿损失。其三，提出由主管部门给予行政处罚或者行政处分的司法建议。

非刑罚的处理方法是人民法院了结案件的一种处理方法，不是刑种，不具有刑罚的性质。但它又是对刑罚的必要补充，正确使用非刑罚的处理方法，会有助于对犯罪的预防。

3. 刑罚的具体运用

(1) 量刑。量刑是指人民法院对犯罪分子依法裁量决定刑罚的一种审判活动。根据《刑法》的有关规定，对犯罪分子决定刑罚时，应当根据犯罪的事实、犯罪的性质、情节和对于社会的危害程度依刑法的有关规定判处。

犯罪分子有刑法规定的从重、从轻处罚情节的，应当在法定刑的限度内判处刑罚；犯罪分子有刑法规定的减轻处罚情节的，应当在法定刑以下判处刑罚；犯罪分子虽然不具有刑法规定的减轻处罚情节，但是根据案件的特殊情况，经最高人民法院核准，也可以在法定刑以下判处刑罚。

(2) 累犯。累犯是指被判处一定刑罚的犯罪人，在刑罚执行完毕或者赦免以后，在法定期限内又犯一定之罪的情况。累犯是法定从重处罚情节。

一般累犯。《刑法》第六十五条规定，被判处有期徒刑以上的犯罪分子，刑罚执行完毕或者赦免以后，在5年内再犯应当判处有期徒刑以上刑罚之罪的，是累犯。但过失犯罪除外。这是关于一般累犯的规定。据此，累犯的成立条件包括：第一，前罪与后罪都是故意犯罪。第二，前罪是被判处有期徒刑以上的刑罚的犯罪，后罪是应当判处有期徒刑以上刑罚的犯罪。第三，后罪发生的时间必须在前罪所判处的刑罚执行完毕或者赦免以后5年之内。

特殊累犯。《刑法》第六十六条规定，危害国家安全的犯罪分子在刑罚执行完毕或者赦免以后在任何时候再犯危害国家安全罪的，都以累犯论处。这是关于特殊累犯的规定。据此，特殊累犯成立的条件是：第一，前罪和后罪都是危害国家安全罪。第二，必须是在刑罚执行完毕或者赦免以后再犯罪。

【小思考】

一般累犯与特殊累犯在成立条件上有何不同？

(3) 自首。刑法规定的自首制度适用于一切犯罪，目的在于鼓励犯罪人自动投案，悔过自新，不再继续作案。也有利于案件及时侦破与审判。自首分为一般自首和特别自首。

一般自首。是指犯罪以后自动投案，如实供述自己的罪行的行为。自动投案是指犯罪分子在犯罪后，出于本人的意志而向有关机关或人员承认自己实施了犯罪，并自愿将自己置于有关机关或人员的控制下，等待进一步交代犯罪事实，并最终接受人民法院裁判的行为。如实供述自己的罪行，是指犯罪嫌疑人如实交代自己所犯的全部罪行。

特别自首。是指被采取强制措施的犯罪嫌疑人、被告人和正在服刑的罪犯，如实供述司法机关尚未掌握的本人其他罪行的行为。刑法第六十七条明文规定对这种情况“以自首论”。

对于自首的犯罪分子，可以从轻或者减轻处罚；其中，犯罪较轻的，可以免除处罚。

【阅读资料】

根据有关的司法解释，下列情况也属于自首。

(1) 犯罪嫌疑人向所在单位、城乡基层组织或者其他有关负责人员投案的。

(2) 犯罪嫌疑人因病、伤或者为了减轻犯罪后果，委托他人先代为投案的，或者先以信电投案的。

(3) 罪行未被司法机关发觉，仅因形迹可疑，被有关组织查询或者司法机关盘问、教育后，主动交代自己的罪行的。

(4) 犯罪后逃跑，在通缉、追捕的过程中，主动投案的。

(5) 经查犯罪嫌疑人确已准备投案，或者正在投案途中，被司法机关捕获的。

(6) 并非出于犯罪嫌疑人主动,而是经亲友规劝投案的。

(7) 司法机关通知犯罪嫌疑人的亲友,或者亲友主动报案后,将犯罪嫌疑人送去投案的。但犯罪嫌疑人先投案交代罪行后又潜逃的,或经不署名或化名将非法所得寄给司法机关或报刊、杂志社的,不能视为自首。

(4) 立功。立功分为一般立功和重大立功。一般立功是指犯罪分子到案后检举、揭发他人犯罪行为或提供侦破其他案件的重要线索,经查证属实的;阻止他人犯罪活动。协助司法机关抓捕其他犯罪嫌疑人。具有其他有利于国家和社会的突出表现。重大立功是指犯罪分子到案后检举、揭发他人重大犯罪行为或提供侦破其他重大案件的重要线索,经查证属实的;阻止他人重大犯罪活动;协助司法机关抓捕其他重大犯罪嫌疑人。对国家和社会有其他重大贡献的表现。"重大犯罪""重大案件""重大犯罪嫌疑人"的标准,一般是指犯罪嫌疑人、被告人可能被判处无期徒刑以上刑罚及案件在本省、自治区、直辖市或者全国有较大影响等情形。

《刑法》第六十八条规定,犯罪人有立功表现的,可以从轻或者减轻处罚;有重大立功表现的,可以减轻或者免除处罚;犯罪后自首又有重大立功表现的,应当减轻或者免除处罚。

(5) 缓刑。缓刑是指有条件地不执行所判决刑罚,但在一定的期间内保留执行的可能性的一种制度。即对于被判处拘役、3 年以下有期徒刑的犯罪分子,根据犯罪情节和悔罪表现,如果暂缓执行刑罚确实不致再危害社会,就规定一定的考验期,暂缓刑罚的执行;在考验期内如果遵守一定条件,原判刑罚就不再执行。

缓刑的考验期。根据《刑法》第七十三条的规定,拘役的缓刑考验期限为原判刑期以上 1 年以下,但是不能少于 2 个月;有期徒刑的缓刑考验期限为原判刑期以上 5 年以下,但是不能少于 1 年。

缓刑的期满与撤销。犯罪人在缓刑考验期内没有再犯新罪,没有发现判决宣告以前还有其他罪没有判决,没有情节严重的违反有关缓刑的监管规定的行为,并且经过了考验期限的,原判决刑罚不再执行,并公开予以宣告。若具有上述三种情形之一的,则撤销缓刑。

(6) 减刑。减刑是指对于被判处管制、拘役、有期徒刑、无期徒刑的犯罪人,在刑罚执行期间,如果认真遵守监规,接受教育改造,确有悔改表现,或者有立功表现的,适当减轻原判刑罚的制度。

根据《刑法》第七十八条的规定,减刑分为可以减刑和应当减刑两种情况。可以减刑的条件是犯罪人在刑罚执行期间,认真遵守监规,接受教育改造,确有悔改表现,或者有立功表现的。如认罪服法、积极参加政治、文化、技术学习,积极参加劳动完成生产任务等。应当减刑的条件是犯罪人在刑罚执行期间有下列重大立功表现之一的:第一,阻止他人重大犯罪活动的。第二,检举监狱内外重大犯罪活动、经查证属实的。第三,有发明创造或者重大技术革新的。第四,在日常生产、生活中舍己救人的。第五,在抗御自然灾害或者排除重大事故中,有突出表现的。第六,对国家和社会有其他重大贡献的。

减刑由执行机关向中级以上人民法院提出减刑建议书,人民法院应当组成合议庭进行审理,经裁定予以减刑。减刑以后实际执行的刑期,判处管制、拘役、有期徒刑的,不能少于原判刑期的二分之一；判处无期徒刑的不能少于10年。

(7) 假释。假释是指对于被判处有期徒刑、无期徒刑的部分犯罪人，在执行了一定的刑罚之后，确有悔改表现，不致再危害社会，附条件地予以提前释放的制度。假释的条件有如下三点。

① 假释的对象，只适用于被判处有期徒刑、无期徒刑的犯罪人。对于被判处管制及死刑立即执行的不存在假释问题；被判处拘役的，由于刑期很短，适用假释没有实际意义。

② 必须已经执行了一部分刑期。根据《刑法》第八十一条的规定，被判处有期徒刑的犯罪人，执行原判刑期二分之一以上，被判处无期徒刑的犯罪人，实际执行10年以上，才可以假释。

③ 犯罪分子在刑罚执行期间确有悔改表现，提前释放不致再危害社会。对于累犯和因杀人、爆炸、抢劫、强奸、绑架等暴力性犯罪被判处10年以上有期、无期徒刑的犯罪分子不得假释。

假释的考验期。假释是附条件的提前释放，即犯罪人在一定期限内应当遵守一定的条件。这里的一定期限就是假释的考验期。有期徒刑的假释考验期为没有执行完毕的刑期，无期徒刑的考验期为10年，从假释之日起计算。

假释的撤销。被假释的犯罪人在假释考验期内犯新罪的或发现在判决宣告以前还有其他罪没有判决的，应当撤销假释，实行数罪并罚；有违反法律、行政法规或有关假释监管规定的行为，尚未构成新的犯罪的，应当撤销假释，收监执行未完毕的刑罚。

(8) 数罪并罚。数罪并罚是指人民法院对一人犯数罪分别定罪量刑，并根据法定原则与方法，决定应当执行的刑罚的一种制度。

一人犯数罪是指一人在法定期间内犯两个或两个以上的数罪，具体表现为：一是在判决宣告前一人犯数罪；二是在判决宣告后刑罚执行完毕以前发现漏罪或再犯新罪，或者在缓刑、假释考验期内再犯新罪或发现漏罪的。据此，数罪并罚有以下三种情况。

① 判决宣告前一人犯数罪的，根据《刑法》第六十九条的规定，除死刑和无期徒刑以外，应当在总和刑期以下、数刑中最高刑期以上，酌情决定执行的刑期，但是管制最高不能超过3年，拘役最高不能超过1年，有期徒刑最高不能超过20年。数罪中有判处附加刑的，附加刑仍须执行。如被告人所犯的两个罪分别被判处10年和8年，则总和刑期为18年，最高刑为10年。应在10年以上，18年以下决定执行的刑罚。

【小思考】

若被告人犯了三个罪，分别被判处10年、8年、7年，应当在什么范围内决定执行的刑期？

② 刑罚执行完毕以前发现漏罪的，根据《刑法》第七十条的规定，应当对新发现的罪作出判决，把前后两个判决所判处的刑罚依第六十九条(前述第一种情形)的规定，决定执行的刑罚。已执行的刑期，应当计算在新判决决定的刑期内。如被告人在判决宣告以前犯有甲乙丙丁四种罪，但人民院只判决甲罪8年、乙罪12年，决定合并执行18年有期徒刑。执行5年后，发现丙罪与丁罪，人民法院判处丙罪5年、丁罪7年。则人民法院应当在18年

以上(而不是12年)20年(而不是30年)以下决定刑罚。若决定执行19年,则罪犯还应服刑14年(减去已执行的5年,这种方法称为"先并后减")。

【小思考】

若被告人所犯的四罪均在判决宣告前发现,人民法院应当在什么范围内决定执行的刑期?

③ 刑罚执行完毕以前又犯新罪的。根据《刑法》第七十一条规定,应当对新罪作出判决,把前罪没有执行的刑罚和后罪所判处的刑罚依照第六十九条的规定决定执行的刑罚,已经执行的刑期不得计算在新判决所决定的刑期内(这种方法称为"先减后并")。如被告人被判处15年有期徒刑,执行10年后又犯新罪,对新罪判处有期徒刑8年。则应当将没有执行的5年与新罪的8年实行并罚,即在8年以上13年以下决定执行的刑期,如果决定执行11年,则被告人还要服刑11年。加上已执行的刑期10年,被告人实际执行的刑期为21年。

【议一议】

举一例说明,如果犯罪人在刑罚执行期间又犯新罪,并且发现其在原判决宣告以前还有漏罪,应如何确定刑罚?

4. 追诉时效

追诉时效是指刑法规定的,追究犯罪人刑事责任的有效期限,在此期限内,司法机关有权追究犯罪人的刑事责任,超过了此期限,司法机关就不能再追究刑事责任。

追诉时效的规定不是故意放纵犯罪,而是为了有效地实现刑法的目的,体现"历史从宽、现行从严"的政策,有利于司法机关集中精力惩治现行犯罪活动,有利于社会秩序的安定。追诉时效的期限。《刑法》第八十七条规定,犯罪经过下列期限不再追诉:第一,法定最高刑为不满5年有期徒刑的,经过5年。第二,法定最高刑为5年以上不满10年有期徒刑的,经过10年。第三,法定最高刑为10年以上有期徒刑的,经过15年。第四,法定最高刑为无期徒刑、死刑的,经过20年。第五,如果20年以后认为必须追诉的,须报请最高人民检察院核准。

此外,《刑法》第八十八条规定,在人民检察院、公安机关、国家安全机关立案侦查或者人民法院受理案件以后,逃避侦查或者审判的,不受追诉期限的限制;被害人在追诉期限内提出控告,人民法院、人民检察院、公安机关应当立案而不予立案的,不受追诉期限的限制。

【案例分析】

1974年7月,印刷厂工人康某利用工作之便,套色印刷10元人民币101张,同年8月3日晚,康某在购物时,引起售货员怀疑,康某心虚,拔腿就跑,恰好被路过的民警抓获。在看守羁押期间,康某脱逃,偷渡境外定居。1995年12月7日,因其父病故,康某悄悄回国探望,被公安机关抓获,人民法院以伪造货币罪判处康某有期徒刑5年,康某不服,以追诉时效已过为由提出上诉。

问题:康某的行为是否超过诉讼时效?

6.3 几种常见的犯罪及其刑事责任

我国《刑法》分则根据犯罪行为所侵害的同类客体和社会危害程度，将犯罪分为危害国家安全罪、危害公共安全罪、破坏社会主义市场经济秩序罪、侵犯公民人身权利、民主权利罪、侵犯财产罪、妨害社会管理秩序罪、危害国防利益罪、贪污贿赂罪、渎职罪、军人违反职责罪十大类。每一大类中又对各种犯罪作了具体规定，总共有410多个具体罪名。

本项目主要介绍几种常见多发的犯罪及其刑罚。

1. 分裂国家罪

分裂国家罪是指组织、策划、实施分裂国家、破坏国家统一的行为。本罪侵犯的客体是国家的统一。客观方面表现为组织、策划、实施分裂国家、破坏国家统一的行为。主体为一般主体，既包括中国公民，也包括外国公民和无国籍人，主观方面是直接故意。构成本罪的，对首要分子或者罪行重大的，处无期徒刑或者10年以上有期徒刑。对积极参加的，处3年以上10年以下有期徒刑。对其他参加的，处3年以下有期徒刑、拘役、管制或者剥夺政治权利。对危害特别严重、情节特别恶劣的，可以判处死刑。本罪可以并处没收财产。

2. 叛逃罪

叛逃罪是指国家机关工作人员在履行公务期间擅离岗位叛逃境外，或者在境外叛逃，危害国家安全的行为。本罪侵犯的客体是国家安全。客观方面表现为国家机关工作人员在履行公务期间擅离岗位叛逃境外，或者在境外危害国家安全的行为。主体为特殊主体，即国家机关工作人员。主观方面为故意。

根据《刑法》第一百零九条的规定，犯本罪的，处5年以下有期徒刑、拘役、管制或者剥夺政治权利。情节严重的，处5年以上10年以下有期徒刑。本罪可以并处没收财产。

3. 间谍罪

间谍罪是指参加间谍组织，或者接受间谍组织及其代理人的任务，或者为敌人指示轰击目标，危害国家安全的行为。本罪侵犯的客体是国家安全。客观方面表现为从事间谍活动，即参加间谍组织、接受间谍组织及其代理人的任务、为敌人指示轰击目标。犯罪主体为一般主体，既包括中国人，也包括外国人、无国籍人。主观方面为直接故意。

根据《刑法》第一百一十条和第一百一十三条的规定，犯本罪的，处5年以上有期徒刑；情节特别严重的，处10年以上有期徒刑或者无期徒刑。情节较轻的，处5年以下有期徒刑、拘役、管制或者剥夺政治权利。对国家和人民危害特别严重、情节特别恶劣的，可判处死刑。本罪可以并处没收财产。

【案例分析】

甲为我国政府代表团成员，在出国访问期间私自离开代表团住地，不参加代表团的活动，并拒绝随团回国。后来又接受该国间谍组织的培训，潜回国内执行任务。不久被我国家安全机关抓获。

问题：根据《刑法》的有关规定，甲的行为构成何种罪行？

4．爆炸罪

爆炸罪是指故意使用爆炸的方法危害公共安全的行为。本罪侵犯的客体是公共安全。客观方面表现为使用爆炸的方法危害公共安全的行为。犯罪主体为一般主体，已满14周岁的人即应承担刑事责任。主观方面为故意，包括直接和间接故意。

根据《刑法》第一百一十四条和第一百一十五条的规定，犯本罪，未造成严重后果的，处3年以上10年以下有期徒刑。致人重伤、死亡或者使公私财产遭受重大损失的，处10年以上有期徒刑、无期徒刑或者死刑。

【案例分析】

甲与乙有仇，一直想寻找机会报复，并为此准备了自制的土炸弹。一日甲发现了乙的行踪，就尾随乙上了公共汽车。这时乙也发现了甲，急忙下车逃走。情急之中，甲拉响了自制的炸弹，并向乙扔去。结果造成车附近多名乘客受伤，但并没有炸到乙。经鉴定，甲自制的炸弹很有威力，足以炸死多人。

问题：根据刑法的有关规定，甲的行为是否构成爆炸罪？法律依据是什么？

5．交通肇事罪

交通肇事罪是指违反交通管理法规，发生重大交通事故，致人重伤、死亡或者使公私财产遭受重大损失，危害公共安全的行为。

本罪侵犯的客体是公共交通运输安全。客观方面表现为违反交通管理法规，以致发生重大交通事故，致人重伤、死亡或者使公私财产遭受重大损失的行为。犯罪主体为一般主体，既包括从事交通运输的人员，也包括非交通运输人员。主观方面是过失，这是指行为人对所发生的后果而言，对于违反交通管理法规则是故意。

根据《刑法》第一百一十三条的规定，犯本罪的，处3年以下有期徒刑或者拘役；肇事后逃逸或者有其他特别恶劣情节的，处3年以上7年以下有期徒刑；因逃逸致人死亡的，处7年以上有期徒刑。

【案例分析】

甲开车在正常行驶，忽然一男童跑到路中央去追捡球，甲急忙刹车，但还是将男孩儿撞倒，经抢救无效死亡。

问题：甲是否构成交通肇事罪？

提示：甲不构成交通肇事罪。因为甲开车在正常行驶，未违反交通管理法规，不符合交通肇事罪的构成要件。若甲有酒后开车、超速开车或逆行开车等违反交通法规的情形，则构成交通肇事罪。

6．故意杀人罪

故意杀人罪是指故意非法剥夺他人生命的行为。本罪侵犯的客体是他人的生命权利。客观方面表现为非法剥夺他人生命的行为，作为的方式和不作为的方式都可以构成本罪。

以不作为的方式实施的故意杀人罪,只有对防止他人死亡结果的发生负有特定义务的人才能构成。主体为一般主体。凡年满 14 周岁的人犯此罪的,都应依法追究刑事责任。主观方面必须有非法剥夺他人生命的故意,包括直接故意和间接故意。行为人的动机如何,一般不影响定罪,但在量刑时应当适当考虑,区别对待。

根据《刑法》第二百三十二条的规定,故意杀人的,处死刑、无期徒刑或者 10 年以上有期徒刑;情节较轻的,处 3 年以上 10 年以下有期徒刑。

【案例分析】

甲由于自己的婚事父母一直坚决反对而情绪低落。一日在家中与好友乙喝完酒后,失声痛哭,表示活着没意思,并当场求乙帮忙想要自杀。乙不同意,甲找来纸笔写下自己的死与乙无关的字据。于是等甲睡着后,乙便打开煤气罐阀门,将门窗关好后回家。等家人发现时,甲已经死亡。

问题:请问乙是否构成故意杀人罪?

提示:乙构成故意杀人罪。乙接受甲的嘱托将其杀死的行为在法律上没有根据,乙也没有权利接受这种嘱托。因此乙的行为属于非法剥夺他人生命的行为,符合故意杀人罪的构成要件。

7. 故意伤害罪

故意伤害罪是指故意非法损害他人健康的行为。本罪侵犯的客体是他人的健康权利。客观方面表现为非法伤害他人身体健康的行为。采用何种方法,不影响本罪的构成。伤害结果呈何种形式(内伤、外伤、肉体伤害、精神伤害等)对构成本罪没有影响。但是,伤害结果的严重程度,则直接反映伤害行为造成社会危害性的大小,与量刑有重要关系。主体是一般主体,即已满 16 周岁的人。对已满 14 周岁的人故意伤害致人重伤或者死亡的,应当负刑事责任;主观方面必须有非法伤害他人的故意,包括直接故意和间接故意。

依照《刑法》第二百三十四条的规定,故意伤害他人身体的,处 3 年以下有期徒刑、拘役或者管制;致人重伤的,处 3 年以上 10 年以下有期徒刑;致人死亡或者以特别残忍手段致人重伤造成严重残疾的,处 10 年以上有期徒刑、无期徒刑或者死刑。本法另有规定,从其规定。

8. 强奸罪

强奸罪是指违背妇女的意志,使用暴力、胁迫或者其他手段,强行与妇女发生性交的行为。本罪侵犯的客体是妇女的性的不可侵犯的自由权利。客观方面表现为违背妇女的意志,使用暴力、胁迫或者其他手段(如用酒灌醉、用药物麻醉等),强行与妇女发生性交的行为。犯罪主体是一般主体,通常情况下是男子,但妇女可以成为强奸罪的共犯,如教唆、帮助等。主观方面是直接故意。

根据《刑法》第二百三十六条的规定,犯本罪的,处 3 年以上 10 年以下有期徒刑。

有下列情形之一的处 10 年以上有期徒刑、无期徒刑或者死刑。第一,强奸妇女多人的。第二,强奸妇女情节恶劣的。第三,在公共场所当众强奸妇女的。第四,两人以上轮奸的。第五,致使被害人重伤、死亡或者造成其他严重后果的。

9. 非法拘禁罪

非法拘禁罪是指以拘押、禁闭或者其他强制方法,非法剥夺他人人身自由权利的行为。

根据《刑法》第二百三十八条的规定,犯本罪的,处3年以下有期徒刑、拘役、管制及剥夺政治权利。具有殴打、侮辱情节的,从重处罚。致人重伤的,处3年以上10年以下有期徒刑;致人死亡的,处10年以上有期徒刑。使用暴力致人伤残、死亡的,依照故意伤害罪、故意杀人罪的规定定罪处罚。

10. 绑架罪

绑架罪是指以勒索财物为目的,采取暴力、胁迫或者其他方法绑架他人,或者绑架他人作为人质的行为。本罪侵犯的客体是他人的人身自由权利;客观方表现为采取暴力、胁迫或者其他方法绑架他人,或者绑架他人作为人质的行为。犯罪主体为一般主体;主观方面为直接故意,并具有勒索财物或获取其他非法利益的目的。

根据《刑法》第二百三十九条的规定,犯本罪的,处10年以上有期徒刑或者无期徒刑,并处罚金或者没收财产;致使被绑架人死亡或者杀害被绑架人的,处死刑,并处没收财产。

【案例分析】

甲欠乙工程款50万元,乙多次讨要,甲拒不归还,而且态度蛮横,并说乙愿意上哪告就去哪告,到哪里去告都没有用。乙实在没有办法,乙的好友丙出主意说,可以想办法将甲骗到丙所开的宾馆关起来,不拿钱就不放人。于是由丙出面,将甲邀请到宾馆,乙将其看管起来,不允许出门,除非甲的家人将50万元工程欠款返还,才能放人。

问题:请问乙和丙的行为是否构成犯罪?是非法拘禁罪还是绑架罪?

提示:乙和丙的行为侵犯了甲的人身自由权利,但其目的是索要债务,而不是为勒索财物,因此构成非法拘禁罪。

11. 抢劫罪

抢劫罪是指以非法占有为目的,以暴力、胁迫或者其他方法,强行劫取公私财物的行为。本罪侵犯的客体既包括公私财产的所有权,又包括公民的人身权利;客观方面表现为实施对公私财物的所有者、保管者或者守护者当场使用暴力、胁迫或者其他方法,立即抢走财物或者迫使其交出财物的行为。所谓其他方法,如采取使被害人不知反抗或者丧失反抗能力的方法(如用酒灌醉等),而当场劫走财物。除了上述的抢劫行为外,携带凶器进行抢夺的,应当以抢劫罪论处;犯盗窃、诈骗、抢夺罪,为窝藏赃物,抗拒抓捕或毁灭罪证而当场使用暴力或者以暴力相威胁的,也应当以抢劫罪论处;主体为一般主体。凡年满14周岁的人犯此罪的,都应依法追究刑事责任;主观方面:必须是直接故意,并且有将公私财物非法占有的目的。如果行为人只抢回自己被骗走的财物,不具有非法占有他人财物的目的,不构成抢劫罪。

依照《刑法》第二百六十三条的规定,以暴力、胁迫或者其他方法抢劫公私财物的,处3年以上10年以下有期徒刑,并处罚金。

有下列情形之一的,处10年以上有期徒刑、无期徒刑或者死刑,并处罚金或者没收财产。第一,入户抢劫的。第二,在公共交通工具上抢劫的。第三,抢劫银行或者其他金融机构的。第四,多次抢劫或者抢劫数额巨大的。第五,抢劫致第三人重伤、死亡的。第六,冒充军警人员抢劫的。第七,持枪抢劫的。第八,抢劫军用物资或者抢险、救灾、救济物资的。

12. 抢夺罪

抢夺罪是指以非法占有为目的,乘人不备,公开夺取数额较大的公私财物的行为。本罪侵犯的客体是公私财物的所有权。客观方面表现为乘人不备,公开夺取数额较大的公私财物的行为。主体为一般主体。主观方面是故意,并具有非法占有公私财物的目的。

根据《刑法》第二百六十七条的规定,犯本罪,数额较大的,处3年以下有期徒刑、拘役或者管制,并处或者单处罚金;数额巨大的或者有其他严重情节的,处3年以上10年以下有期徒刑,并处罚金;数额特别巨大或者有其他特别严重情节的,处10年以上有期徒刑或者无期徒刑并处罚金或者没收财产。

【案例分析】

甲由于上网借了朋友很多钱无法偿还,于是决定抢钱还债。某晚甲尾随在一名单身妇女的后面,走到暗处时突然从背后夺下该妇女的挎包就跑,被害人边追边大声呼喊抓坏人,在众人的帮助下很快便将不熟悉环境的甲抓获。经查,包内有现金3000多元,价值2000多元的手机一部,有存款2万元的银行信用卡一张及各种证件,还在甲的身上发现了一把匕首。

问题:甲的行为构成抢劫罪还是抢夺罪?

提示:甲乘人不备公然夺取被害人的财物且数额较大,符合抢夺罪的构成要件;由于甲在抢夺过程中身上携带凶器,虽然没有使用,但根据《刑法》第二百六十七条的规定,应当认定为抢劫罪,而不是抢夺罪。

13. 敲诈勒索罪

敲诈勒索罪是指以非法占有为目的,以对被害人实施威胁或者要挟的方法,强索公私财物,数额较大的行为。本罪侵犯的客体是公私财物的所有权;客观方面表现为以对被害人实施威胁或者要挟的方法,强索公私财物,数额较大的行为。犯罪主体为一般主体。主观方面是故意,且具有非法占有公私财物的目的。

根据《刑法》第二百七十四条的规定,犯本罪,数额较大的,处3年以下有期徒刑、拘役或者管制;数额巨大或者有其他严重情节的,处3年以上10年以下有期徒刑。

14. 盗窃罪

盗窃罪是指以非法占有为目的,秘密窃取数额较大的公私财物,或者多次盗窃公私财物的行为。本罪侵犯的客体是公私财物的所有权;客观方面表现为秘密窃取数额较大的公私财物或者多次盗窃的行为。根据最高人民法院所作的司法解释,"数额较大"是指个人盗窃公私财物价值人民币500~2000元以上,由各地确定适当的起点数额;"多次盗窃"是指在一年内入户盗窃或者在公共场所扒窃3次以上的。对于连续盗窃构成犯罪,应当依法追诉的,要累计其盗窃数额。除了上述的盗窃行为外,刑法中还规定,以牟利为目的，盗接他人通信线路、复制他人电信号码或者明知是盗接、复制的电信设备、设施而使用的，以盗窃罪论处。犯罪主体为一般主体；主观方面是故意，并且具有非法占有的目的。

依照《刑法》第二百六十四条的规定，盗窃公私财物，数额较大或者多次盗窃的，处3年以下有期徒刑、拘役或者管制，并处或者单处罚金。数额巨大或者有其他严重情节的，处3年以上10年以下有期徒刑，并处罚金。数额特别巨大或者有其他特别严重情节的，处10年以上有期徒刑或者无期徒刑，并处罚金或者没收财产。有下列情形之一的，处无期徒刑或者死刑，并处没收财产：第一，盗窃金融机构，数额特别巨大的。第二，盗窃珍贵文物，情节严重的。

15. 诈骗罪

诈骗罪是指以非法占有为目的，用虚构事实或者隐瞒真相的方法，骗取数额较大的公私财物的行为。本罪侵犯的客体是公私财物的所有权。客观方面表现为用虚构事实或者隐瞒真相的方法，骗取数额较大的公私财物的行为。犯罪主体是一般主体。主观方面是故意，并且具有非法占有公私财物的目的。

根据《刑法》第二百六十六条的规定，犯本罪，数额较大的，处3年以下有期徒刑、拘役或者管制，并处或者单处罚金；数额巨大或者有其他严重情节的，处3年以上10年以下有期徒刑，并处罚金；数额特别巨大或者有其他特别严重情节的，处10年以上有期徒刑或者无期徒刑，并处罚金或者没收财产。

16. 侵占罪

侵占罪是指以非法占有他人财物为目的，将代为保管的他人财物或者他人的遗忘物、埋藏物非法占为已有，数额较大，拒不交还的行为。

根据《刑法》第二百七十条的规定，犯本罪，数额较大，拒不交还的，处2年以下有期徒刑、拘役或者罚金；数额巨大或者有其他严重情节的，处2年以上5年以下有期徒刑，并处罚金。本罪告诉才处理。

17. 故意毁坏财物罪

故意毁坏财物罪是指故意毁灭或者损坏公私财物，数额较大或者情节严重的行为。本罪侵犯的客体是公私财物的所有权；客观方面表现为故意毁灭或者损坏公私财物，数额较大或者情节严重的行为；犯罪主体为一般主体；主观方面为故意。

根据《刑法》第二百七十五条的规定，犯本罪，数额较大或者有其他严重情节的，处3年以下有期徒刑、拘役或者罚金。数额巨大或者有其他特别严重情节的，处3年以上7年以下有期徒刑。

18. 招摇撞骗罪

招摇撞骗罪是指以谋取非法利益为目的，冒充国家机关工作人员招摇撞骗的行为。本罪侵犯的客体是国家机关的威信及其正常活动，同时损害公共利益或公民的合法权益；客观方面表现为冒充国家机关工作人员进行招摇撞骗的行为。犯罪主体是一般主体；主观方面是故意。

根据《刑法》第二百七十九条的规定，犯本罪的，处3年以下有期徒刑、拘役、管制或者剥夺政治权利。情节严重的，处3年以上10年以下有期徒刑。

19. 非法侵入计算机信息系统罪

非法侵入计算机信息系统罪是指违反国家规定，故意侵入国家事务、国防建设、尖端科学技术领域的计算机信息系统的行为。

本罪侵犯的客体是国家事务、国防建设、尖端科学技术的计算机信息安全；客观方面表现为非法侵入国家重点保护的计算机信息系统的行为。本罪的对象限于国家重点保护的计算机信息系统，即国家事务、国防建设、尖端科学技术的计算机信息系统；犯罪主体是一般主体；主观方面是故意，即明知是国家重要的计算机信息系统而故意非法侵入。如果无意中进入计算机信息系统，但经警示仍不退出的，应视为故意非法侵入。

根据《刑法》第二百八十五条的规定，犯本罪的，处3年以下有期徒刑或者拘役。

20. 破坏计算机信息系统罪

破坏计算机信息系统罪是指违反国家规定，对计算机信息系统功能和信息中存储、处理、传输的数据和应用程序进行破坏，造成计算机信息系统不能正常运行，后果严重的行为。构成本罪，在客观方面表现为三种后果严重的行为。第一，违反国家规定，使用删除、修改、增加、干扰等技术操作方法，造成计算机信息系统不能正常运行的行为。第二，违反国家规定，对计算机信息系统的存储、处理或者传输的数据应用程序进行删除、修改、增加的操作。第三，制作、传播计算机病毒等破坏性程序，影响计算机系统正常运行。

根据《刑法》第二百八十六条的规定，犯本罪的，处5年以下有期徒刑或者拘役，后果特别严重的，处5年以上有期徒刑。

21. 聚众斗殴罪

聚众斗殴罪是指故意组织、策划、指挥或者积极参加聚众斗殴的行为。本罪在客观方面表现为组织、策划、指挥或者积极参加聚众斗殴的行为。聚众斗殴是指双方或多方人数均在3人以上的相互施加暴力攻击人身的行为，斗殴双方往往事先约定，因此一般纠集的人数较多。

根据《刑法》第二百九十二条的规定，犯本罪，对首要分子和其他积极参加的，处3年以下有期徒刑、拘役或者管制；有下列情形之一的，对首要分子和其他积极参加的，处3年以上10年以下有期徒刑：①多次聚众斗殴的；②聚众斗殴人数多、规模大、社会影响恶劣的；③在公共场所或者交通要道聚众斗殴，造成社会秩序严重混乱的；④持械聚众斗殴的。

【案例分析】

张某为大三学生，听说自己大一的老乡被一个大四的学生欺负了，就找了四五个老乡要为其出气。对方听到了消息也找了七个老乡作好准备。双方约定周六下午在校外电影院边上一比“高下”。周六下午双方都准时到达，见面后不搭话，动手就打。结果张某将对方一人打成重伤，经抢救无效死亡。

问题：张某构成聚众斗殴罪还是故意杀人罪？

提示：本案例中双方的行为符合聚众斗殴罪的构成要件，但由于致人死亡，按刑法的规定，应定为故意杀人罪。

22. 寻衅滋事罪

寻衅滋事罪是指寻衅滋事，扰乱公共秩序的行为。本罪的客观方面表现为，随意殴打他人情节恶劣的，追逐、拦截、辱骂他人，情节恶劣的，强拿硬要或者任意毁损、占用公私财物，情节严重的，在公共场所起哄闹事、造成公共场所秩序严重混乱的。

根据《刑法》第二百九十三条的规定，犯本罪的，处5年以下有期徒刑、拘役或者管制。

23. 窝藏、包庇罪

窝藏、包庇罪是指明知是犯罪的人而为其提供隐藏处所、财物、帮助其逃匿或者作假证明包庇的行为。

本罪侵犯的客体是司法机关的正常活动，客体方面表现为为犯罪的人提供隐藏处所、财物、帮助其逃匿或者作假证明包庇的行为。其包括四种形式：第一，提供隐藏处所。第二，提供财物，资助或者协助犯罪人逃匿。第三，提供其他便利条件帮助逃匿。第四，作假证明包庇。本罪的行为对象是已经实施了犯罪行为、正在受追查或者正在逃匿的人，既包括已决犯也包括未决犯。

根据《刑法》第三百一十条规定，犯本罪的，处3年以下有期徒刑、拘役或者管制。情节严重的，处3年以上10年以下有期徒刑。

【阅读资料】

《刑法》第三百六十二条规定，旅馆业、文化娱乐业、出租汽车业等单位的人员，在公安机关查处卖淫嫖娼活动时，为违法犯罪分子通风报信，情节严重的，依包庇罪处罚。

24. 贪污罪

贪污罪是指国家工作人员利用职务上的便利侵吞、窃取、骗取或者其他手段非法占有公共财物的行为。

本罪侵犯的客体是公共财产的所有权，犯罪对象是公共财物。客观方面表现为利用职务上的便利，侵吞、窃取、骗取或者以其他非法手段非法占有公共财物的行为。利用职务上的便利非法占有公共财物，是贪污罪区别于盗窃、诈骗等侵犯财产罪的最重要的特征。所谓职务上的便利，是指利用其职务范围内的权力和地位所形成的有利条件，而不是指利用与其职务无关的熟悉作案环境等有利条件。主体是国家工作人员，即国家机关中从事公务的人员。国有公司、企业、事业单位、人民团体中从事公务的人员和国家机关、国有公司、企业、事业单位委派到非国家公司、企业、事业单位、社会团体从事公务的人员，以及其他依照法律从事公务的人员，以国家工作人员论。主观方面必须有直接故意，并且有非法占有公共财物的目的。

根据《刑法》第三百八十三条的规定，对贪污罪的处罚有下列四个量刑标准。

(1) 个人贪污数额在10万元以上的，处10年以上有期徒刑或者无期徒刑，可以并处没收财产;情节特别严重的,处死刑,并处没收财产。

(2) 个人贪污数额在5万元以上不满10万元的,处5年以上有期徒刑,可以并处没收财产;情节特别严重的,处无期徒刑,并处没收财产。

(3) 个人贪污数额在5000元以上不满5万元的,处1年以上7年以下有期徒刑;情节严重的,处7年以上10年以下有期徒刑。个人贪污数额在5000元以上不满1万元,犯罪后有悔改表现,积极退赃的,可以减轻处罚或者免予刑事处罚,由其单位或者上级主管机关给予行政处分。

(4) 个人贪污数额不满5000元,情节较重的,处2年以下有期徒刑或者拘役;情节较轻的,由其所在单位或者上级主管机关酌情给予行政处分。

《刑法》第三百八十三条还规定,对多次贪污未经处理的,按照累计贪污数额处罚。

【阅读资料】

村民委员会等基层组织人员能否构成贪污罪主体。

根据全国人大常委会的立法解释,村民委员会等基层组织人员协助人民政府从事救灾、抢险、防汛、优抚、移民、救济款物的管理、社会捐助公益事业款的管理、国有土地的经营和管理、土地征用补偿费用的管理、代征、代缴税款、有关计划生育、户籍、征兵工作以及其他行政管理工作时,属于"其他依照法律从事公务的人员",如果利用职务上的便利贪污公共财物,构成贪污罪。

25. 受贿罪

受贿罪是指国家工作人员利用职务上的便利,索取他人财物,或者非法收受他人财物,为他人谋取利益的行为。

国家工作人员在经济往来中,违反国家规定,收受各种名义的回扣、手续费,归个人所有的,以受贿论处。国家工作人员利用本人职权或者地位形成的便利条件,通过其他国家工作人员职务上的行为,为请托人谋取不正当利益,索取请托人财物或者收受请托人财物的,也以受贿论处。受贿罪的主体,只能是国家工作人员。对犯受贿罪的,根据受贿所得数额及情节,按照《刑法》第三百八十三条对贪污罪的处罚规定进行处罚,索贿的从重处罚。

26. 行贿罪

行贿罪是指为谋取不正当利益,给予国家工作人员以财物的行为。在经济往来中,违反国家规定,给予国家工作人员以各种名义的回扣、手续费的,以行贿论处。但是,因被勒索给予国家工作人员以财物,没有获得不正当利益的,不是行贿。

行贿罪的主体是年满16周岁的人。对犯行贿罪的,处5年以下有期徒刑或者拘役。因行贿谋取不正当利益,情节严重的,或者使国家利益遭受重大损失的,处5年以上10年以下有期徒刑。情节特别严重的,处10年以上有期徒刑或者无期徒刑,可以并处没收财产。行贿人在被追诉前主动交代行贿行为的,可以减轻处罚或者免除处罚。

知识小结

- 刑法。刑法是国家制定的关于什么行为是犯罪和对犯罪者适用何种刑罚的法律规范的总称。
- 犯罪。犯罪是由于侵犯国家的统治秩序,按照刑事法律的规定,应当受到刑罚惩罚的行为。犯罪构成是判断一种行为是否为犯罪的标准,是承担刑事责任的基础。犯罪构成包括犯罪客体、犯罪的客观方面、犯罪主体、犯罪的主观方面四个要件,缺一不可。正当防卫和紧急避险是排除犯罪性的行为。
- 刑罚。刑罚是审判机关以国家的名义对犯罪分子实行惩罚的一种强制方法。我国刑罚分为主刑和附加刑两大类：主刑有五种,即管制、拘役、有期徒刑、无期徒刑、死刑。附加刑有三种,即罚金、剥夺政治权利、没收财产。
- 无期徒刑。无期徒刑是剥夺犯罪分子终身的人身自由,实行劳动改造的刑罚。
- 抢劫罪。抢劫罪是指以非法占有为目的,以暴力、胁迫或者其他方法,强行劫取公私财物的行为。
- 强奸罪。强奸罪是指违背妇女的意志,使用暴力、胁迫或者其他手段,强行与妇女发生性交的行为。
- 聚众斗殴罪。聚众斗殴罪是指故意组织、策划、指挥或者积极参加聚众斗殴的行为。
- 贪污罪。贪污罪是指国家工作人员利用职务上的便利侵吞、窃取、骗取或者其他手段非法占有公共财物的行为。

项目训练

项目名称：讨论会

1. 主题

根据下述背景资料,以学习小组为单位,通过观看“迷失的青春——马加爵事件反思录”进行讨论。

背景：2004 年 2 月在云南大学宿舍连杀四名同学的马加爵,2004 年 6 月 17 日上午 9 时,云南省高级人民法院裁定核准了昆明市中级人民法院以故意杀人罪判处马加爵死刑,剥夺政治权利终身的刑事判决。宣判结束,马加爵即被押赴刑场执行死刑。

云南省高级法院经复核认为,马加爵无视国家法律,因不能正确处理人际关系,因琐事与同学积怨,即产生报复杀人的恶念,并经周密策划和准备,先后将 4 名同学残忍杀害,主观上具有非法剥夺他人生命的故意,客观上实施了非法剥夺他人生命的行为,已构成故意杀人罪。在整个犯罪过程中,马加爵杀人意志坚决,作案手段残忍;杀人后藏匿被害人尸体并畏罪潜逃,犯罪行为社会危害极大,情节特别恶劣,后果特别严重,应依法严惩。马加爵的辩护人关于马加爵认罪态度好，有悔罪表现的辩护意见虽然符合事实，但马加爵罪行极其严重，对其不予从轻处罚。一审判决定罪准确，量刑适当，审判程序合法。遂作出裁定，核准昆明市中级人民法院以故意杀人罪判处马加爵死刑。

引发了轰动全国的“马加爵事件”的受害者为：唐学李、龚博、杨开红、邵瑞杰四人。四人都是来自农村的贫困学生。马加爵因琐事与同学积怨，即产生报复杀人的恶念，并经周密策划和准备，先后将4名同学残忍杀害。

观看“迷失的青春——马加爵事件反思录”[①]。

2．形式

学生每5人一组，上网查找事件发生的具体时间、地点、了解案件发生的起因。

3．要求

搜集、整理、阅读刑法关于故意杀人罪方面的法律规定，分析法院对马加爵做出终审判决的法律依据。并就马加爵犯罪的原因进行讨论。

4．目的

通过对本案的观摩、讨论、分析，在总结马加爵犯罪原因的同时，作为一名大学生应该知道如何缓解心理压力和紧张情绪，如何疏导在社会交往中产生的矛盾，懂得尊重他人、理解他人、关心他人，明白生命的平等与尊严，知道如何珍惜自己与他人的生命。增强大学生的自治、自律和自强能力，充分调动大学生在预防犯罪和自我保护方面的积极性。

课后练习

1．熟记下列法律知识

犯罪、刑罚、抢劫罪、寻衅滋事罪、累犯、共同犯罪、犯罪构成、刑罚的种类、刑事责任年龄、正当防卫与防卫过当。

2．选择题

(1) 养花专业户李某为防止偷花，在花房周围私拉电网。一日晚，白某偷花不慎触电，经送医院抢救，不治身亡。李某对这种结果的主观心理态度是(　　)。

A. 直接故意　　B. 间接故意

C. 过于自信的过失　　D. 疏忽大意的过失

(2) 路某(15岁)先后唆使张某(15岁)盗窃他人的财物折价1万余元；唆使李某(19岁)绑架他人勒索财物计2000余元；唆使王某(15岁)抢劫他人财物计5000元。路某的行为构成(　　)。

A. 盗窃罪　　B. 抢劫罪　　C. 绑架罪　　D. 抢劫罪、绑架罪

① http://tv.cntv.cn/video/VSET100188203139/6b7c9cd4d4a83ddfc18598df0a4e5c44.

(3) 陈某(15岁)因喜好计算机,于某日深夜潜入一公司内盗窃价值3万余元的计算机元器件(事发后均被追回)。对陈某应当(　　)。

A. 追究刑事责任　　　　　　　　　B. 不追究刑事责任

C. 从轻、减轻处罚　　　　　　　　D. 责令他的家长加以管教

(4) 甲、乙共同盗窃,乙在现场望风,甲窃取丙的现金3000元。丙发现后立即追赶甲和乙,甲逃脱,乙被丙抓住后对丙使用暴力,致丙轻伤。甲和乙的行为构成什么罪?(　　)

A. 甲与乙只构成盗窃罪　　　　　　B. 甲与乙均构成抢劫罪

C. 甲构成盗窃罪、乙构成故意伤害罪　　D. 甲构成盗窃罪、乙构成抢劫罪

(5) 甲、乙共谋伤害丙,进而共同对丙实施伤害行为,导致丙身受一处重伤,但不能查明该重伤由谁的行为引起。对此,下列说法错误的是(　　)。

A. 由于证据不足,甲、乙均无罪

B. 由于证据不足,甲、乙成为故意伤害(轻伤)罪的共犯,但都不对丙的重伤负责

C. 由于证据不足,认定甲、乙过失致人重伤罪较为合适

D. 甲、乙成为故意伤害(重伤)罪的共犯

(6) 下列有关主犯、从犯、胁从犯的说法,错误的是(　　)。

A. 胁从犯是指被胁迫、被诱骗参加犯罪的人

B. 首要分子不一定是主犯

C. 在共同犯罪中不可能只有从犯而没有主犯

D. 对于从犯,应当比照主犯从轻、减轻或者免除处罚

3. 辨析题

(1) 不满16周岁的人犯罪,不承担刑事责任。(　　)

(2) 在共同犯罪中,主犯只对其直接参与的犯罪活动承担刑事责任。(　　)

(3) 制作、传播计算机病毒等破坏性程序,影响计算机系统正常运行的,即使造成了严重的后果,也不构成犯罪。(　　)

(4) 携带凶器抢夺他人财产的,即使未使用,也构成抢劫罪。(　　)

4. 案例分析

案例1　某日,陈某向朋友李某借款5000元装修房子,约定两月后偿还。但3天后,李某与另外三人来到陈家索要欠款,陈某说:"3天前才刚刚借到你的钱,怎么会有钱还你。"陈某说:"听说你有一张太平洋借记卡,上面有钱,把卡给我,我帮你去取。"陈某见李某带三人来索要欠款,心里恐惧,怕对方人多势众,于是交出太平洋卡和身份证并将密码告知。李某自己去银行取完钱,将卡证交还给陈某后四人离去。陈某当即去银行查询,发现卡上的2万元钱全部被李某取去。经多次索要无果后,不得已陈某向公安机关报案。

关于本案有三种不同的意见。第一种意见认为,李某的行为不构成犯罪而是属于民事借款行为,不应适用刑罚进行处罚,应以民事诉讼程序解决。因为李某在本案中并没有什么犯罪行为,仅是拿着陈某的钱不还而已。第二种意见认为,构成抢劫罪。因为当时陈某是在李某等四人人多势众的压力下才不得已交出银行卡。完全符合抢劫罪的构成要件。

第三种意见认为，构成侵占罪。因为李某实际上并未当场使用暴力，也未强行劫取公私财物不构成抢劫罪。陈某将银行卡交于李某，事实上暂时形成了财产保管关系。而李某将财产据为己有，拒不归还，完全符合侵占罪的构成要件。

问题：请查找与上述案例相关的刑法法条，分析哪一种看法正确。

案例2 王某与同伙周某在湖南省某公路窜上一辆长途卧铺客车，以喝饮料中大奖为名，骗取了被害人李某人民币5600元。后李某识破骗局，正欲抓住要逃离的王某与周某，当即遭到二人的殴打，致受害人面部、右肋受轻伤。二人逃跑不久即被公安机关抓获。

对此案有人认为构成诈骗罪，有人认为构成抢劫罪。在认为构成抢劫罪时，有人认为应当在处3年以上10年以下有期徒刑并处罚金这一量刑档次上适用刑罚；有人认为王某与周某在公共交通工具上抢劫且数额巨大，情节严重，应在10年以上有期徒刑、无期徒刑或者死刑，并处罚金或者没收财产这一量刑档次上适用刑罚。

问题：请查找与上述案例相关的刑法法条，分析哪一种看法正确。

案例3 王某（男）与周某（女）长期保持不正当关系，为达到与周某结婚的目的，王某提出由他提供毒药，由周某趁其丈夫不注意，把毒药放入饭中将其毒死。周某虽然同意，并已把王某提供的毒药准备好，但她有一个3岁的女孩，因担心会把孩子毒死，便没有按约定的办法实施毒杀行为。后双方发生矛盾，周某便揭发了王某的上述罪行。

问题：根据《刑法》的有关规定，请分析王某和周某行为的性质，并说明理由。

案例4 李某在14岁之前盗窃各类财物共计约7000余元。14岁生日当天，李某邀请几个朋友到饭店吃饭，回家途中，看一行人手拿一提包，即掏出随身携带的尖刀将持包人刺伤把包抢走，内有手机一部，现金5000元。第二天，李某出门游逛，见一吉普车停在路边未锁，便将车开走，因操作不当，将在车站候车的3人撞倒，二死一伤。

问题：请问李某对上述行为是否承担刑事责任？法律依据是什么？

案例5 张某乘坐出租车到达目的地后，故意拿出面值100元的假币给司机钱某，钱某发现是假币，便让张某给10元零钱，张某声称没有零钱，并执意让钱某找零钱。钱某便将假币退还张某，并说："算了，我也不要出租车钱了。"于是，张某对钱某的头部猛击几拳，还吼道："你不找钱我就让你死在车里。"钱某只好收下100元假币，找给张某90元人民币。

问题：请问张某的行为构成什么罪？法律依据是什么？

案例6 乙女听说甲男能将10元变成100元，便将家里的2000元现金交给甲，让甲当场将2000元变成20 000元。甲用红纸包着2000元钱，随后"变"来"变"去，趁机调换了红纸包，然后将调换过的红纸包交给乙，让乙2小时后再打开看。乙2小时后打开，发现红纸包内是餐巾纸。

问题：请问甲的行为构成什么罪？法律依据是什么？

案例7 甲、乙二人于某日晚将私营业主丙从工厂绑架至市郊的一空房内，将丙的双手铐在窗户铁栏杆上，强迫丙答应交付3万元的要求。约2小时后，甲、乙强行将丙带回工厂，丙从保险柜取出仅有的1.7万元交给甲、乙。

问题：请问甲、乙的行为构成什么罪？法律依据是什么？

5. 问答题

(1) 举例说明罪与非罪的界限。

(2) 举例说明故意伤害罪与故意杀人罪的区别。

(3) 举例说明抢夺罪在什么情况下转化为抢劫罪。

6. 实操题

(1) 以学习小组为单位,到所在辖区派出所调研常见的治安案件,并进行归类、整理,撰写调研报告。

(2) 组织旁听有关青少年刑事案件的庭审,讨论案件的性质、犯罪原因、应采取的预防措施等。

项目7　行政法基础知识

学习目标

- 掌握行政主体的概念；
- 掌握行政关系的概念；
- 掌握公务员的概念及公务员的权利和义务；
- 掌握我国行政机关的类型；
- 熟悉行政处罚的适用主体；
- 熟悉行政赔偿的义务机关；
- 熟悉行政赔偿的范围；
- 能运用行政法律知识分析简单的行政纠纷案件。

案例导入

2006年10月11日晚，王某酒后在某酒店酗酒闹事，砸碎店里玻璃数块。此时某区公安分局太平派出所民警任某、赵某执勤路过酒店，任某等人欲将王某带回派出所处理，王某不从，与任某发生推搡。双方在扭推过程中，王某被推倒，头撞在水泥地上，当场失去知觉，送往医院途中死亡，后被鉴定为颅内出血死亡。2006年12月20日，王某之父申请国家赔偿。①

问题：

(1) 公安机关是否应当对王某的死亡承担国家赔偿责任？为什么？

(2) 王某的父亲是否有权以自己的名义提出国家赔偿请求？

(3) 本案请求国家赔偿的时效如何计算？

(4) 本案国家赔偿义务机关是谁？

(5) 若本案公安机关需承担赔偿责任，赔偿方式和标准是什么？

(6) 如果公安机关对受害人赔偿后，对民警如何处理？

(7) 若王某的父亲获得国家赔偿，他能否再要求民警任某承担刑事附带民事责任？

7.1　行政法概述

1. 行政与行政法

行政法意义上的行政，不同于一般行政活动，它特指的是国家行政主体依法对国家和

① http://www.shangxueba.com/ask/askinfo.aspx? id=213032.

社会事务进行组织和管理的活动。首先，它是以国家行政机关（有时也包括经国家行政机关授权的事业单位和社会团体）为主体而实施的活动；其次，它是对公共事务进行的组织和管理活动。因而，行政法上所说的行政，是一种公共行政。

2. 行政法概念及特征

行政法是规范国家行政管理活动的法律规范的总称。具体来说，它是关于行政职权的授予、行使，以及对行政权力进行监督和对其后果予以补救的法律规范的总称。

行政法是一个独立的法律部门，与其他的法律部门相比较，它在内容上、形式上都有突出的特点。

（1）在形式上，行政法没有一部统一的法典，而是分散在众多的法律文件中。这是因为国家行政活动涉及广泛的社会生活领域，内容复杂，而且行政关系总是频繁变动，很难就行政法来制定出一部系统而完整的法典。

（2）在内容上，行政法具有广泛性而且富于变动。几乎所有的社会生活领域都会有行政活动的存在，而且要求行政法必须及时地适应社会生活的变化而有所改变。当然这主要指的是那些以法规、规章形式存在的行政法规范，而以宪法、法律形式表现的行政法规范则具有相对的稳定性。

3. 行政法的调整对象

行政法的调整对象是行政关系，即国家行政机关在行使行政职能的过程中所发生的各种社会关系。主要包括以下几种社会关系。

（1）行政机关与其他国家机关之间的关系。包括行政机关与权力机关、审判机关、检察机关之间的关系。

（2）行政机关之间的关系。包括上下级行政机关之间的关系，同级行政机关之间的关系，行政机关与其工作人员之间的关系。

（3）行政机关与其他社会组织之间的关系。包括行政机关与企事业单位及各种社会团体之间的关系。

（4）行政机关与自然人之间的关系。

4. 行政法的基本原则

行政法的基本原则是指贯穿在行政法中，并要求所有行政主体在行政管理活动中必须遵循的基本行为准则。行政法的基本原则可概括为以下两方面。

（1）行政合法性原则。又称依法行政原则或行政法治原则，就是说所有行政法律关系当事人都必须严格遵守并执行行政法律的规定，一切行政活动都必须以法律为依据，任何行政法律关系主体不得享有法外特权，越权行为是无效行为，违反行政法律规范的行为应导致相应的法律后果，一切行政违法主体必须承担相应法律责任。

行政合法性原则是行政法治原则的核心内容。它是指行政权力的设立、行使、运用必须依据法律，符合法律要求，不能与法律相抵触。行政主体必须严格遵守行政法律规范，不得享有行政法规范以外的特权。违法行政行为依法应予以追究，违法行政主体应承担相应的法律责任。

行政行为合法性原则包括主体合法、内容合法、权限合法、程序合法四方面的内容。这一原则要求内容如下：

① 行政主体的行政职权必须依法设定或依法授予。即行政职权的来源必须合法。任何行政职权的存在都是基于法律的授权，没有法律的授权，行政机关就不能进行行政管理活动，否则就是违法行为。

② 行政职权必须依法行使。行政主体在行使行政职权时，必须按照法律规定的条件、方式和程序行使，不能超越法定的限度。

(2) 行政合理性原则。这一原则是行政合法性原则的补充，是指行政机关行使行政职权做出的行政行为必须客观、适度，符合公平正义的法律理性。

由于行政事务的复杂多变，使得行政主体在行使职权的过程中也有一定的自由裁量权，但是自由裁量权也不能任意行使，否则也一样会侵害行政相对人的利益，因而要根据客观情况，在适度的范围内，符合大多数人的公平正义观念来实施。具体包括以下三个原则。

① 公平公正原则。要平等对待行政管理相对人，不偏私、不歧视。

② 考虑相关因素原则。作出行政决定和进行行政裁量，只能考虑符合立法授权目的的各种因素，不得考虑不相关因素。

③ 比例原则。比例原则有三方面的要求，第一，符合目的性。是指行政机关行使裁量权所采取的具体措施必须符合法律目的。为满足这一要求，就需要行政机关在作出决定前准确理解和正确确定法律所要达到的目的。在多数情况下，法律会对其立法目的作出明确规定，但有时法律规定的目的可能比较含糊，这些情况下就需要行政机关根据立法背景、法律的整体精神、条文间的关系、规定含义等因素作出综合判断。第二，适当性。是指行政机关所选择的具体措施和手段应当为法律所必需，结果与措施和手段之间存在着正当性。为达到这一要求，就需要行政机关根据具体情况，判断拟采取的措施对达到结果是否有利和必要。第三，损害最小。是指行政机关可以采用多种方式实现某一行政目的的情况下，应当采用对当事人权益损害最小的方式。即行政机关能用轻微的方式实现行政目的，行政机关就不能选择使用手段更激烈的方式。

行政机关采取的措施和手段应当必要、适当。行政机关实施行政管理可以采用多种方式实现行政目的的，应当避免采用损害当事人权益的方式。

(3) 程序正当原则。程序正当是当代行政法的主要原则之一。它要求行政机关实施具体行政行为时依照法定程序进行，不得违反包括回避、公开等规定，保证公民的合法权利不受公权力的侵害。它包括了以下几个原则。

① 行政公开原则。除涉及国家秘密和依法受到保护的商业秘密、个人隐私外，行政机关实施行政管理应当公开，以实现公民的知情权。

② 公众参与原则。行政机关作出重要规定或者决定，应当听取公民、法人和其他组织的意见。特别是作出对公民、法人和其他组织不利的决定，要听取他们的陈述和申辩。

③ 回避原则。行政机关工作人员履行职责，与行政管理相对人存在利害关系时，应当回避。

(4) 高效便民原则。高效便民是社会主义法治理念的要求，作为行政法的基本原则，包含以下两方面内容。

① 行政效率原则。其一是积极履行法定职责,禁止不作为或者不完全作为。其二是遵守法定时限,禁止超越法定时限或者不合理延迟。延迟是行政不公和行政侵权的表现。

② 便利当事人原则。在行政活动中增加当事人程序负担,是法律禁止的行政侵权行为。在国际贸易中,行政当局不合理延迟和增加当事人程序负担,也被认为是政府设置的贸易壁垒形式。

(5) 诚实守信原则。是指民事主体在从事民事活动时,应诚实守信,以善意的方式履行义务,不得滥用权利及规避法律或合同规定的义务。同时,诚信原则要求维持当事人之间的利益以及当事人利益与社会利益的平衡。诚实守信原则包含两个方面内容。

① 行政信息真实原则。行政机关公布的信息应当全面、准确、真实。无论是向普通公众公布的信息,还是向特定人或者组织提供的信息,行政机关都应当对其真实性承担法律责任。

② 保护公民信赖利益原则。非因法定事由并经法定程序,行政机关不得撤销、变更已经生效的行政决定;因国家利益、公共利益或者其他法定事由需要撤回或者变更行政决定的,应当依照法定权限和程序进行,并对行政管理相对人因此而受到的财产损失依法予以补偿。

(6) 权责统一原则。此原则实际上是赋予行政机关的义务和责任,行政机关必须采取积极的措施和行动依法履行其职责,擅自放弃、不履行其法定职责或违法、不当行使其职权,要承担相应的法律责任。具体包含以下两个方面。

一是行政效能原则。行政机关依法履行经济、社会和文化事务管理职责,要由法律、法规赋予其相应的执法手段,保证政令有效。

二是行政责任原则。行政机关违法或者不当行使职权,应当依法承担法律责任。这一原则的基本要求是行政权力和法律责任的统一,即执法有保障、有权必有责、用权受监督、违法受追究、侵权须赔偿。①

可见,合法性原则解决的是合法与违法的问题,合理性原则解决的是在不违法的前提下合理与否、恰当与否的问题。行政职权的行使不仅要合法,而且要合理。这就是依法行政的全部内涵。

5. 行政法的地位与作用

行政法在法律体系中占有重要的地位,在众多的法律部门中,行政法与宪法的关系最密切。因为宪法所规定的国家基本政治、经济、文化、社会制度和公民基本权利义务等内容都直接或间接地与行政职权的行使和监督有关,而行政职权的行使和监督,正是行政法的重要内容。所以行政法能够较全面地实施宪法,是宪法的重要实施法。行政法在社会生活中的作用主要表现为以下两方面。

(1) 保障行政管理的有效实施。行政法为行政机关设定相对独立的行政职权,并为其行使和运用赋予法律效力,使行政职权的行使具有法律的权威性、规范性,取得普遍的约束

---

① http://zhidao.baidu.com/link?url=YfJB5Eq3AdGFv_DTxk56tlHb5gI2hOVYJnrxk51fZhVpHv4mrR6CzCFLrzm2qlwLMi_ljDRbK4ixweJcWvzm7_.

力，从而确保行政机关有效地实施行政管理活动。

(2) 行政法可以保护行政相对人的合法权益。行政职权实际上是由具体的人来运用的，这就有可能受到个人意志的影响，造成权力的滥用。而行政法正是通过一系列的具体制度来避免行政职权的行使受某个人或某个机关的偶然性、任意性的支配。如听证制度、行政公开制度、行政申诉制度、国家赔偿制度等，这些以民主、公正为主要价值目标的行政制度不断发展、完善，可以有效地保护行政相对人的合法权益。

【阅读资料】

最高人民法院关于适用《中华人民共和国行政诉讼法》若干问题的解释

(2015 年 4 月 20 日最高人民法院审判委员会第 1648 次会议通过)

第一条　人民法院对符合起诉条件的案件应当立案，依法保障当事人行使诉讼权利。对当事人依法提起的诉讼，人民法院应当根据行政诉讼法第五十一条的规定，一律接收起诉状。能够判断符合起诉条件的，应当当场登记立案；当场不能判断是否符合起诉条件的，应当在接收起诉状后七日内决定是否立案；七日内仍不能作出判断的，应当先予立案。起诉状内容或者材料欠缺的，人民法院应当一次性全面告知当事人需要补正的内容、补充的材料及期限。在指定期限内补正并符合起诉条件的，应当登记立案。当事人拒绝补正或者经补正仍不符合起诉条件的，裁定不予立案，并载明不予立案的理由。当事人对不予立案裁定不服的，可以提起上诉。

7.2　行政主体与行政相对人

1. 行政主体

行政主体是指享有行政职权，能以自己的名义行使国家职权、实施行政管理活动，并能对其行为承担法律责任的组织。其含义包括以下内容。

(1) 行政主体是享有行政职权并实施行政管理活动的组织。行政主体是一种社会组织，这种社会组织有权代表国家行使行政职权，实施行政管理活动。这是行政组织区别于其他社会组织如企事业单位、社会团体的本质特征。

(2) 行政主体能够以自己的名义独立行使行政职权。所谓“以自己的名义”，是指行政主体能够依照自己的意志作出处理决定、能以自己的名义采取措施。这一特征将行政主体与行政机关的内部机构和受行政机关委托执行某些行政管理任务的组织区别开来。

(3) 行政主体能够独立承担其行政行为产生的法律责任。能否独立承担法律责任，是判断行政机关及其他组织是否具备行政主体资格的关键性条件。不能独立承担法律责任的组织，就不能在行政诉讼中作为被告应诉，也不能在行政复议中作为被申请人，比如国家公务员、行政机关的内部机构以及受行政机关委托的组织都不是行政主体。

(4) 行政主体包括行政机关和法律、法规授权的组织。行政主体主要是指国家行政机关，但又不仅限于国家行政机关。经法律、法规授权的非行政机关组织也可以成为某一行政管理事项的行政主体。

【案例分析】

某食品卫生防疫站对某餐厅进行卫生监督检查时发现，该餐厅存在严重的卫生问题：室内苍蝇达每平方米8只，餐具不消毒，大米生虫，橱柜中有鼠粪。卫生防疫站决定给予停业整顿和罚款300元的行政处罚。

本案中的卫生防疫站，在组织的性质上是事业单位，但根据《食品卫生法》的授权，使其成为食品卫生管理上的行政主体。因而该卫生防疫站有权对该餐厅进行食品卫生管理并有权依法作出处罚。

2. 行政相对人

在行政管理关系中，对应于行政主体，接受行政主体管理的公民、法人和其他组织，就是行政相对人。

(1) 作为行政相对人的个人的中国公民、处在中国境内的外国人和无国籍人。

(2) 作为行政相对人的组织包括各种具有法人地位的企业组织、事业组织和社会团体，也包括经有关主管部门认可，准许成立和进行某种业务活动，但不具备法人条件，没有取得法人资格的其他组织。如在上述案例中，卫生防疫站是行政主体，而某餐厅则是行政相对人。再比如审计机关和税务机关都是行政机关，但是当审计机关对税务机关进行审计时，税务机关就是审计机关的行政相对人。

3. 行政机关与国家公务员

(1) 行政机关。行政机关是按照国家宪法和有关组织法的规定而设立的，代表国家依法行使行政权，组织和管理国家行政事务的国家机关，是国家权力机关的执行机关，也是国家机构的重要组成部分。它执行代议机关制定的法律和决定，管理国家内政、外交、军事等方面的行政事务。我国的行政机关的特点包括以下三点。

① 它是代表国家行使国家权力的国家机关。行政机关在其职权范围内的一切行为及其后果，都归属于国家。

② 它所行使的是国家行政管理权，所担负的职能是国家行政管理的职能。因而不同于行使其他职能的国家机关，如审判机关、检察机关等。

③ 国家行政机关在组织体系上实行上下级领导体制。即上级行政机关领导下级行政机关，下级行政机关从属于上级行政机关、向上级行政机关负责，在决策体制上实行首长负责制。

(2) 国家公务员。国家公务员是指在各级国家行政机关中工作，依法行使国家权力，执行国家公务的人员。

公务员首先必须是在中央和地方各级国家行政机关中工作的人员，在立法机关、司法机关和国有企事业单位及社会团体中任职的工作人员，严格地讲不能称其为公务员。但是，在国家行政机关中，不担任行政职务，也不执行公务的工勤人员，也不是国家公务员。公务员实施行政管理的行为，是代表国家行政机关并以行政机关的名义进行的，并非以自己的名义，而且，其行为所产生的后果，不论是积极的还是消极的，都由行政机关承担，行政机关有权要求公务员按自己的意志活动。为保障这一点，行政机关可以在法律范围内规定公务员的纪律，并实施监督。

① 我国国家公务员的权利。是指国家法律对公务员可以享受某种利益或者可以作出某种行为的许可和保障。公务员法定权利主要有以下八项。

第一，非因法定事由和非经法定程序不被免职、降职、辞退或者行政处分。

第二，获得行政职责所应有的权力。

第三，获得劳动报酬和享受保险、福利待遇。

第四，参加政治理论和业务知识的培训。

第五，对行政机关及其领导人员的工作提出批评和建议。

第六，提出申诉和控告。

第七，依法辞职。

第八，宪法和法律规定的其他权利。

② 我国国家公务员的义务。是指国家法律规定公务员履行职责、执行公务中法定权利和行为的约束，或者说是国家法律对公务员必须作出一定行为或不得作出一定行为的约束和强制。公务员法定义务主要有以下八项。

第一，遵守宪法、法律和行政法规。

第二，依照国家法律、法规和政策执行公务。

第三，密切联系群众，倾听群众意见，接受群众监督，努力为人民服务。

第四，维护国家的安全、荣誉和利益。

第五，忠于职守，勤奋工作，尽职尽责，服从命令。

第六，保守国家秘密和工作秘密。

第七，公正廉洁，克己奉公。

第八，履行宪法和法律规定的其他义务。

【阅读资料】

担任国家公务员的人在法律上具有双重地位。当他依法执行行政管理职能时，其身份是国家公务员，其行为属于执行公务的行为；当他以普通公民身份进行活动时，其行为是个人行为。在行政法上区分公务员的个人行为与执行公务的行为具有重要意义，它关系到行为所产生的效力以及行为责任的归属等问题。

4. 行政行为

(1) 行政行为的含义。行政行为是指行政主体行使行政职权，实施行政管理而做出的产生法律效果的行为。行政行为在行政法中处于核心地位，它是各种行政法律制度得以建立的基础。行政行为的概念包括以下三层含义。其一，行政行为是行政主体所为的行为。其二，行政行为是行使行政职权，进行行政管理的行为。其三，行政行为是行政主体实施的能够产生行政法律效果的行为。

(2) 行政行为的特征。行政行为与民事行为和其他国家机关的行为相比较，主要具有下述特征。

① 行政行为是执行法律的行为，任何行政行为均须有法律根据，具有从属法律性，没有法律的明确规定或授权，行政主体不得作出任何行政行为。

② 行政行为具有一定的裁量性，这是由立法技术本身的局限性和行政管理的广泛性、

变动性、应变性所决定的。

③ 行政主体在实施行政行为时具有单方意志性，不必与行政相对方协商或征得其同意，即可依法自主作出。即使是在行政合同行为中，在行政合同的缔结、变更、解除与履行等诸方面，行政主体也具有与民事合同不同的单方意志性。

④ 行政行为是以国家强制力保障实施的，带有强制性，行政相对方必须服从并配合行政行为。否则，行政主体将予以制裁或强制执行。这种强制性与单方意志性是紧密联系在一起的，没有行政行为的强制性，就无法实现行政行为的单方意志性。

⑤ 行政行为以无偿为原则，以有偿为例外。行政主体所追求的是国家和社会公共利益，其对公共利益的集合、维护和分配，应当是无偿的。当特定行政相对人承担了特别公共负担，或者分享了特殊公共利益时，则应该有偿的，这就是公平负担和利益负担的问题。[①]

行政主体的行政职权来源于法律的授权，其行使行政职权的行为必须依法进行。同时，行政行为是行政主体代表国家进行行政管理而做出的，因而依法做出的行政行为具有法律强制力，行政相对人必须服从和配合。从公共利益的角度来说，行政行为是一种通过实施法律来实现的公共服务行为，因而具有无偿性。

行政行为有各种不同的形式，如抽象行政行为与具体行政行为、内部行政行为与外部行政行为、行政处罚行为、行政许可行为、行政复议行为等。

【阅读资料】

抽象行政行为与具体行政行为

抽象行政行为与具体行政行为是行政行为最主要的分类，是依据行政行为适用的范围对其所作的划分。抽象行政行为是指国家行政机关制定法规、规章和有普遍约束力的决定、命令等行政规则的行为。它是行政机关针对未来发生的不特定的事项实施的行为。具体行政行为是指国家行政机关和行政机关工作人员、法律法规授权的组织、行政机关委托的组织或者个人在行政管理活动中行使行政职权，针对特定的公民、法人或其他组织，就特定的具体事项，作出的有关该公民、法人或其他组织权利义务的单方行为。它包括：依据行政相对人的申请而为的行政许可、行政给付、行政奖励等行为；行政主体依其职权而为的行政处罚、行政强制等行为。

抽象行政行为与具体行政行为的区别主要在于：第一，调整对象不同。抽象行政行为的调整对象是不特定的，而具体行政行为都是针对特定的人和事进行的，如征税只能向具体的组织或个人征收。第二，对调整对象产生的影响不同。抽象行政行为一般间接对行政相对人的权利义务产生影响，具体行政行为则是对行政相对人的权利义务直接产生影响。第三，抽象行政行为一般可以长期具有法律效力，能反复适用，在它没有被依法撤销或废止以前始终有效，而具体行政行为只能适用一次。

抽象行政行为与具体行政行为是行政机关进行行政管理活动的两种主要手段。我国行政诉讼法和行政复议法直接采用了这种分类，明确规定了行政复议和行政诉讼的范围仅限于具体行政行为。

① http://js.huatu.com/zt/xingzhengfa/xzxw.html.

【案例分析】

1997 年 11 月，某省政府所在地的市政府决定征收含有某村集体土地在内的地块作为旅游区用地，并划定征用土地的四至界线范围。2007 年，市国土局将其中一地块与甲公司签订《国有土地使用权出让合同》。2008 年 12 月 16 日，甲公司获得市政府发放的第 1 号《国有土地使用权证》。2009 年 3 月 28 日，甲公司将此地块转让给乙公司，市政府向乙公司发放第 2 号《国有土地使用权证》后，乙公司申请在此地块上动工建设。2010 年 9 月 15 日，市政府张贴公告，要求在该土地范围内使用土地的单位和个人，限期自行清理农作物和附着物设施，否则强制清理。2010 年 11 月，某村得知市政府给乙公司颁发第 2 号《国有土地使用权证》后，认为此证涉及的部分土地仍属该村集体所有，向省政府申请复议要求撤销该土地使用权证。省政府维持后，某村向法院起诉。法院通知甲公司与乙公司作为第三人参加诉讼。在诉讼过程中，市政府组织有关部门强制拆除了征地范围内的附着物设施。某村为收集证据材料，向市国土局申请公开 1997 年征收时划定的四至界线范围等相关资料，市国土局以涉及商业秘密为由拒绝提供。

问题：

(1) 市政府共实施了多少个具体行政行为？哪些属于行政诉讼受案范围？

(2) 如何确定本案的被告、级别管辖、起诉期限？请分别说明理由。

(3) 甲公司能否提出诉讼主张？如乙公司经合法传唤无正当理由不到庭，法院如何处理？

(4) 如法院经审理发现市政府发放第 1 号《国有土地使用权证》的行为明显缺乏事实根据，应如何处理？

(5) 市政府强制拆除征地范围内的附着物设施应当遵循的主要法定程序和执行原则是什么？

(6) 如某村对市国土局拒绝公开相关资料的决定不服，向法院起诉，法院应采用何种方式审理？如法院经审理认为市国土局应当公开相关资料，应如何判决？[①]

7.3 治安管理处罚法基础知识

治安管理是国家行政管理的重要组成部分。为了维护社会治安秩序，保障公共安全，保护公民、法人和其他组织的合法权益，规范和保障公安机关及其人民警察依法履行治安管理职责，2005 年 8 月 28 日第十届全国人民代表大会常务委员会第十七次会议通过了《中华人民共和国治安管理处罚法》，该法于 2006 年 3 月 1 日起施行，1986 年 9 月 5 日公布、1994 年 5 月 12 日修订公布的《中华人民共和国治安管理处罚条例》同时废止。

《治安管理处罚法》扩大了违反治安管理行为的范围，如违反国家规定侵入计算机信息系统造成危害、传播计算机病毒等破坏性程序影响计算机信息系统正常运行的行为，体育赛事中展示侮辱性标语、条幅等物品，围攻裁判员、运动员或者其他工作人员，向场内投掷

① http://wenku.baidu.com/link?url=8P7COAqMCD0IAZU9vnM7IbGRFzPEcX-9f_IitGtt.

杂物等行为，多次发送淫秽、侮辱、恐吓或者其他信息从而干扰他人正常生活的行为等都将受到相应处罚。同时还细化了处罚的方式与程度，对公安机关行使处罚的权限和程序进行了严格的限制，并且在最后一章专门规定了执法监督。该法的颁布和实施关系到社会秩序和公共安全，关系到公民合法权益，是我国公安行政管理方面一部非常重要的法律，对健全我国行政法律体系和规范行政处罚具有十分积极的意义。

1. 违反治安管理行为的种类

违反治安管理行为是指扰乱公共秩序，妨害公共安全，侵犯人身权利、财产权利，妨害社会管理等危害后果较轻、尚未构成犯罪的违法行为，《治安管理处罚法》所规定的违反治安管理的行为分为以下四类。

(1) 扰乱公共秩序的行为。是指违反国家对社会秩序的正常管理，破坏公共秩序的行为。具体包括扰乱公共场所、公共交通工具上的秩序及破坏依法进行的选举秩序的行为，扰乱文化、体育等大型群众性活动秩序的行为，利用邪教、会道门或其他迷信活动扰乱社会秩序、损害他人身体的行为，违反国家规定侵入计算机信息系统造成危害、传播计算机病毒等破坏性程序影响计算机信息系统正常运行的行为等。

(2) 妨害公共安全的行为。是指行为故意或过失地实施了妨害不特定多数人的人身安全和重大公私财产的安全，尚不构成犯罪的行为。具体包括违法制造、买卖、储存、运输、邮寄、携带、使用、提供、处置爆炸性、毒害性、放射性、腐蚀性物质或者传染病原体等危险物质的行为，非法携带枪支、弹药或者弩、匕首等国家规定的管制刀具的行为，盗窃、损毁公共设施或移动、损毁国家边境标志、边境设施或其他标志设施的行为，旅馆、饭店、影剧院、娱乐场、运动场、展览馆或其他供社会公众活动的场所的管理人员违反安全规定致使该场所发生安全事故危险的行为等。

(3) 侵犯他人人身权利的行为。是指非法侵犯他人的人身权利尚不构成犯罪的行为。具体包括以暴力、威胁或者其他手段强迫他人劳动的行为，非法限制他人人身自由、非法侵入他人住宅或者非法搜查他人身体的行为，胁迫、诱骗或者利用他人乞讨以及反复纠缠、强行讨要或者以其他滋扰他人的方式乞讨的行为，多次发送淫秽、侮辱、恐吓或者其他信息干扰他人正常生活的行为，偷窥、偷拍、窃听、散布他人隐私的行为，殴打他人或者故意伤害他人身体的行为，强买强卖商品、强迫他人提供服务或者强迫他人接受服务的行为等。

(4) 妨害社会管理的行为。是指危害国家机关的管理活动，破坏公共秩序、公共卫生、历史文化遗产、环境自然资源以及危害公共健康和社会风化等行为，尚不构成犯罪的。具体包括阻碍国家机关工作人员依法执行职务的行为，冒充国家机关工作人员或者以其他虚假身份招摇撞骗的行为，伪造、变造或者买卖国家机关、事业单位、人民团体、企业、事业单位或者其他组织的公文、证件、证明文件、印章以及买卖或使用以上述手段取得的公文、证件、证明文件的行为，旅馆业的工作人员对住宿的旅客不按规定登记姓名、身份证件种类和号码或者明知住宿的旅客将危险物质带入旅馆而不予制止的行为，违反法律规定制造噪声干扰他人正常生活的行为，饲养宠物干扰他人正常生活或者放任动物恐吓他人以及驱使动物伤害他人的行为等。

2. 对违反治安管理行为的处罚种类和适用原则

(1) 违反治安管理行为的处罚种类。根据《治安管理处罚法》规定，对违反治安管理行为规定了五种处罚。

① 警告。是指公安机关责令违反治安管理的人改正错误，保证不再重犯。警告是治安管理处罚中最轻的处罚，主要针对初犯、偶犯、违法情节轻微认错态度较好的人。应该注意的是，治安管理处罚中的警告不同于行政处分中的警告和民事强制措施的训诫。

② 罚款。公安机关勒令违反治安管理的人缴纳一定数额的金钱，以惩戒其违法行为。罚款数额一般在1元以上、200元以下；但是对于卖淫、嫖宿、暗娼以及介绍或者容留卖淫、嫖宿暗娼的，处15日拘留、警告、责令具结悔过或者依照规定实行劳动教养，可以共处5000元以下罚款；对违反规定种植罂粟毒品原植物的，除铲除其所种毒品原植物外，处15日以下拘留，可以单处或并处3000元以下罚款；对非法运输、买卖、使用罂粟壳的，除处以收缴、拘留外，可单处或并处3000元以下罚款；对赌博提供条件的，制作、复制、传播淫秽物品的，除处15日以下拘留外，可单处或并处3000元以下罚款。

③ 行政拘留。1日以上，15日以下拘留，合并不得超过20日。这是限制人身自由的较重处罚。这主要是针对情节较严重或造成一定危害后果的违反治安管理的行为。治安拘留在性质上不同于刑事拘留和民事拘留。治安拘留只能由公安机关行使。

④ 吊销公安机关发放的许可证。

⑤ 对违反治安管理的外国人，可以附加适用限期出境或者驱逐出境。

(2) 公安机关在适用治安管理处罚措施时应遵循的原则。治安管理处罚的适用原则，是指公安机关在决定治安管理处罚时所应遵循的基本行为准则。它贯穿于实施治安管理处罚的全过程或某个主要阶段，对实施治安管理处罚活动具有普遍的指导意义。

① 已满14周岁不满18周岁的人违反治安管理的，从轻或者减轻处罚。不满14周岁的人违反治安管理的，不予处罚，但是应当责令其监护人严加管教。

② 精神病人在不能辨认或者不能控制自己行为的时候违反治安管理的，不予处罚，但是应当责令其监护人严加看管和治疗。间歇性的精神病人在精神正常的时候违反治安管理的，应当给予处罚。

③ 盲人或者又聋又哑的人违反治安管理的，可以从轻、减轻或者不予处罚。

④ 醉酒的人违反治安管理的，应当给予处罚。

⑤ 违反治安管理行为人有下列情形之一，依法应当给予行政拘留处罚的，不执行行政拘留处罚：已满14周岁不满16周岁的；已满16周岁不满18周岁，初次违反治安管理的；70周岁以上的；怀孕或者哺乳自己不满一周岁婴儿的。

⑥ 违反治安管理行为在六个月内没有被公安机关发现的，不再处罚。

3. 治安处罚的程序与执法监督

对违反治安管理行为人，公安机关传唤后应当及时询问查证，询问查证的时间不得超过8小时。情况复杂，依法可能适用行政拘留处罚的，询问查证的时间不得超过24小时。公安机关应当及时将传唤的原因和处所通知被传唤人家属。治安管理处罚由县级以上人民政府公安机关决定；其中警告、500元以下的罚款可以由公安派出所决定。

公安机关作出治安管理处罚决定前，应当告知违反治安管理行为人作出治安管理处罚的事实、理由及依据，并告知违反治安管理行为人依法享有的权利。违反治安管理行为人有权陈述和申辩。公安机关作出吊销许可证以及处2000元以上罚款的治安管理处罚决定前，应当告知违反治安管理行为人有权要求举行听证；违反治安管理行为人要求听证的，公安机关应当及时依法举行听证。

被处罚人对治安管理处罚决定不服的，可以依法申请行政复议或者提起行政诉讼。

人民警察办理治安案件，有下列行为之一的，依法给予行政处分；构成犯罪的，依法追究刑事责任。

(1) 刑讯逼供、体罚、虐待、侮辱他人的。

(2) 超过询问查证的时间限制人身自由的。

(3) 不执行罚款决定与罚款收缴分离制度或者不按规定将罚没的财物上缴国库或者依法处理的。

(4) 私分、侵占、挪用、故意损毁收缴、扣押的财物的。

(5) 违反规定使用或者不及时返还被侵害人财物的。

(6) 违反规定不及时退还保证金的。

(7) 利用职务上的便利收受他人财物或者谋取其他利益的。

(8) 当场收缴罚款不出具罚款收据或者不如实填写罚款数额的。

(9) 接到要求制止违反治安管理行为的报警后，不及时出警的。

(10) 在查处违反治安管理活动时，为违法犯罪行为人通风报信的。

(11) 有徇私舞弊、滥用职权，不依法履行法定职责的其他情形的。公安机关及其人民警察违法行使职权，侵犯公民、法人和其他组织合法权益的，应当赔礼道歉。造成损害的，应当依法承担赔偿责任。

【案例分析】

纺织女工林某因与工友袁某发生口角而怀恨在心，回家后将此事告知了聋哑的丈夫许某，并要丈夫教训袁某为自己出气。因丈夫不认识袁某，自己又不好出面，林某又要与其共同生活的13岁的小姑许某某一同前去，指认袁某并作帮手。次日晚，许某及其妹许某某拦下晚归的袁某，对袁某拳打脚踢。经医疗诊断，袁某身上多处受伤，伤势轻微。袁某报案后，A区公安分局派民警肖某负责此案。但袁某以肖某系林某的同学，两人交往甚密为由，申请肖某回避。

问题：

(1) 肖某是否应当回避？为什么？其是否回避由谁来决定？

(2) 对于林某、许某、许某某的行为应当如何处理？

7.4 行政处罚法基础知识

行政处罚是指行政主体对违反行政管理法律法规的行政管理相对人采取的惩戒或制裁措施。行政处罚法就是规定行政处罚的原则、对象、程序等法律规范的总称。1996年3月17日，第八届全国人民代表大会第四次会议通过了《中华人民共和国行政处罚法》，于1996年10月1日起施行。这是我国关于行政行为立法最重要的法律之一。这部法律对于维护社会管理秩序、规范行政权力、保障相对人合法权益具有重大意义。

1. 行政处罚的原则

行政处罚的原则是指对行政处罚的设定和实施应当遵循的具有普遍意义的准则。包括以下六个原则。

(1) 处罚法定原则。即实施行政处罚的主体、处罚的依据及处罚的程序均必须合法。《行政处罚法》第三条规定:"公民、法人或者其他组织违反行政管理秩序的行为,应当给予行政处罚的,依照本法由法律、法规或者规章规定,并由行政机关依照本法规定的程序实施。没有法定依据或者不遵守法定程序的,行政处罚无效。"这就是行政处罚法定原则,是行政处罚最重要的原则,也是依法对行政处罚提出的根本要求。它主要包括以下几方面含义。

第一,对公民、法人或者其他组织实施行政处罚必须有法定的依据。

第二,行政处罚只能由行政机关或者其他有权机关实施。

第三,实施行政处罚必须遵守法定的程序。

(2) 处罚与教育相结合的原则。《行政处罚法》第五条规定:"实施行政处罚,纠正违法行为,应当坚持处罚与教育相结合,教育公民、法人或者其他组织自觉守法。"既要发挥处罚的威慑、惩罚作用,又要发挥教育、引导作用,建立一个良性的行政管理体制。

(3) 公正公开原则。处罚公正原则要求行政主体在行政处罚中必须依法裁判,公平地处罚违法行为人。既不能同等情况给予不同处罚,也不能不同情况给予相同处罚。另外,还不能违反公正的程序。处罚公开原则是指行政处罚的依据及处罚中的有关内容必须公开。

《行政处罚法》第四条第二款规定:"设定和实施行政处罚必须以事实为根据,与违法行为的事实、性质、情节以及社会危害程度相当。"这就是行政处罚公正原则。行政处罚不免除应依法承担的民事责任、不得以行政处罚代替刑事处罚的原则。

《行政处罚法》第七条规定:"公民、法人或者其他组织因违法行为受到行政处罚,其违法行为对他人造成损害的,应当依法承担民事责任。违法行为构成犯罪的,应当依法追究刑事责任,不得以行政处罚代替刑事处罚。"行政法律责任、民事法律责任和刑事法律责任构成了我国的法律责任制度,这三种法律责任的性质是不相同的,不能相互代替。

(4) 处罚与违法行为相适应的原则。实施的行政处罚,必须与受罚人的违法行为的事实、性质、情节及社会危害程度相适应,亦即行政处罚的种类、轻重程度及其减免均应与违法行为相适应。

(5) "一事不再罚"原则。是指对同一当事人的同一违法行为不得基于同样的事实和理由给予两次或两次以上的行政处罚。

(6) 保障当事人权利原则。这一原则也被称为"被处罚者有权申诉的原则",是指为保障当事人的合法权益,被处罚者对行政主体实施的行政处罚,有陈述权、申辩权、申请复议权、提起行政诉讼和获得行政赔偿的权利等。

2. 行政处罚的种类

行政处罚的种类是指行政处罚外在的具体表现形式。根据《中华人民共和国行政处罚法》第八条的规定,行政处罚有以下七种。

(1) 警告。是国家对行政违法行为人的谴责和告诫,是国家对行为人违法行为所作的正式否定评价。从国家方面说,警告是国家行政机关的正式意思表示,会对相对一方产生不利影响,应当纳入法律约束的范围;对被处罚人来说,警告的制裁作用,主要是对当事人形成心理压力、不利的社会舆论环境。适用警告处罚的重要目的,是使被处罚人认识其行为的违法性和对社会的危害,纠正违法行为并不再继续违法。

(2) 罚款。是行政机关对行政违法行为人强制收取一定数量金钱,剥夺一定财产权利的制裁方法。适用于对多种行政违法行为的制裁。

(3) 没收违法所得、没收非法财物。没收违法所得是行政机关将行政违法行为人占有的,通过违法途径和方法取得的财产收归国有的制裁方法。没收非法财物是行政机关将行政违法行为人非法占有的财产和物品收归国有的制裁方法。

(4) 责令停产停业。是行政机关强制命令行政违法行为人暂时或永久地停止生产经营和其他业务活动的制裁方法。

(5) 暂扣或者吊销许可证,暂扣或者吊销执照。是行政机关暂时或者永久地撤销行政违法行为人拥有的国家准许其享有某些权利或从事某些活动资格的文件,使其丧失权利和活动资格的制裁方法。

(6) 行政拘留。即公安机关对违反治安管理的人在短期内剥夺其人身自由的一种强制性惩罚措施。由于行政拘留是行政处罚中最严厉的一种,因而法律对其适用作了严格的规定。在适用机关上,只能由公安机关决定和执行。在适用对象上,一般只适用于严重违反治安管理法规的自然人,但不适用于精神病患者、不满14岁的公民以及孕妇或者正在哺乳自己一周岁以内的婴儿的妇女,同时也不适用于我国的法人和其他组织。在适用时间上,为1日以上15日以下。在适用程序上,必须经过传唤、讯问、取证、裁决、执行等程序。

(7) 法律、行政法规规定的其他行政处罚。

以上行政处罚可概括为人身自由罚(行政拘留)、行为罚(主要形式有责令停产停业,吊销许可证、执照等)、财产罚(主要形式有罚款、没收非法财物和违法所得)、声誉罚(主要形式有警告、责令具结悔过、通报批评等)四大类。

3. 行政处罚的设定

行政处罚的设定是指创制性规定何种行为为应处罚的行政违法行为、对该违法行为应当实施何种行政处罚及何种程度的行政处罚、由何机关依据何种程序实施行政处罚等的权力。在规范性文件中设定行政处罚,必须符合法律规定,否则所设定的行政处罚无效,不能作为行政处罚的依据。哪些规范性文件可以设定哪些行政处罚种类,应符合下列规定。

(1) 法律和行政法规都可以设定行政处罚。但是限制人身自由的行政处罚,只能由法律设定。

(2) 地方性法规可以设定除限制人身自由、吊销企业营业执照以外的行政处罚。

(3) 国务院部门规章可以根据法律、行政法规的规定作出具体规定;尚未制定法律、行政法规的,部门规章可以设定警告或者一定数额罚款行政处罚。

(4) 省、自治区、直辖市人民政府和省、自治区人民政府所在地的市人民政府以及经国务院批准的较大的市人民政府制定的规章可以根据法律、法规的规定作出具体规定。尚未制定法律、法规的，可以设定警告或者一定数量罚款的行政处罚。

【案例分析】

马某开了一家饺子店，王某声称自己吃了该店的饺子后，食物中毒得了急性肠胃炎，遂向某区卫生部门举报。办案人员叶某接到举报后，独自一人来到马某饺子店，二话不说即对马某作出了罚款100元的处罚决定。马某辩解说："本店销售的是百年老字号水饺，你凭什么罚款?"叶某教训说："你卖的饺子造成其他人中毒，你还敢抵赖?"于是立即将罚款增加到200元。马某只好缴纳罚款200元。叶某将罚款往口袋一装就走人了。

问题：本案中叶某对马某施行的行政处罚存在哪些违法情形？请指出并说明理由。[①]

提示：从《行政处罚法》的"表明身份"制度、"先取证、后裁决"制度、"权利保障"制度、"简易程序"制度、"陈述和申辩"制度、"收支两条线"制度等方面进行分析。

4. 行政处罚的适用

行政处罚的适用是指行政机关在认定行政相对人违法的基础上，依照行政法律规范规定的原则和具体方法决定对行政相对人是否给予行政处罚和如何给予行政处罚，将行政法律规范运用到各种具体行政违法案件中的一种行政执法活动。

(1) 行政机关实施行政处罚时，应当责令当事人改正或者限期改正违法行为。

(2) 对当事人的同一个违法行为，不得给予两次以上罚款的行政处罚。

(3) 不满十四周岁的人有违法行为的，不予行政处罚，责令监护人加以管教；已满十四周岁不满十八周岁的人有违法行为的，从轻或者减轻行政处罚。

(4) 精神病人在不能辨认或者不能控制自己行为时有违法行为的，不予行政处罚，但应当责令其监护人严加看管和治疗。间歇性精神病人在精神正常时有违法行为的，应当给予行政处罚。

(5) 当事人具有法定情节的，应当依法从轻或者减轻行政处罚；违法行为轻微并及时纠正，没有造成危害后果的，不予行政处罚。

(6) 违法行为构成犯罪，人民法院判处拘役或者有期徒刑时，行政机关已经给予当事人行政拘留的，应当依法折抵相应刑期；违法行为构成犯罪，人民法院判处罚金时，行政机关已经给予当事人罚款的，应当折抵相应罚金。

(7) 违法行为在两年内未被发现的，不再给予行政处罚。

5. 行政处罚的程序

行政处罚的程序是指由行政处罚法规定的，在行政处罚实施过程中行政机关和当事人必须遵循的规范和制度。也就是说，行政机关和当事人在行政处罚实施过程中依照法定的次序、法定的形式进行，如果违背了法定的、必要的次序和形式，则视为违法。

《行政处罚法》规定："行政机关应当建立健全对行政处罚的监督制度。县级以上人民政府应当加强对行政处罚的监督检查。""公民、法人或者其他组织对行政机关作出的行政处罚，有权申诉或者检举；行政机关应当认真审查，发现行政处罚有错误的，应当主动改

---

① http://home.51.com/ch6126736/diary/item/10047678.html.

正。"这是对行政机关应当加强对行政处罚监督、检查的法定要求，人民群众对有关行政处罚的申诉或检举，行政机关应当认真审查、复核，发现行政处罚有错误的，行政机关要及时主动纠正或者由上级行政机关督促作出行政处罚决定的行政机关予以改正。

行政机关在作出处罚决定之前，必须告知当事人作出处罚决定的事实、理由、依据及当事人享有的权利。当事人有权进行陈述和申辩，行政机关必须充分听取并遵守法定程序作出处罚决定。

(1) 简易程序。简易程序是指有行政机关执法人员当场实施行政处罚的程序。适用于违法事实确凿，有明确的法定依据且处罚轻微，对公民处以 50 元以下，对法人处以 1000 元以下罚款或警告的行政处罚的案件。执法人员当场作出行政处罚决定的，应当向当事人出示执法身份证件，填写预定格式、编有号码的行政处罚决定书。行政处罚决定书应当当场交付当事人。

前款规定的行政处罚决定书应当载明当事人的违法行为，行政处罚依据，罚款数额、时间、地点以及行政机关名称，并由执法人员签名或者盖章。

执法人员当场作出的行政处罚决定，必须报所属行政机关备案。当事人对当场作出的行政处罚决定不服的，可以依法申请行政复议或者提起行政诉讼。

(2) 一般程序。除简易程序外，其他行政处罚必须适用一般程序。一般程序是实施行政处罚的正规程序，是指行政主体对比较复杂、处罚较重的案件，依照法定的方法、步骤对相对人的违法行为作出处罚决定的程序。包括如下环节。

① 调查事实、搜集证据。

② 告知当事人作出处罚决定的事实、理由及依据，并告知当事人有关的权利。

③ 作出处罚决定。

④ 制作行政处罚决定书，并当场交付或限期送达当事人。

(3) 听证程序。听证程序是指由行政处罚主体在作出行政处罚决定前组织的，在非本案调查人员的主持下，在调查取证人员、拟被处罚的当事人及其他利害关系人参加的情况下，听取各方陈述，辨明、对质即证据证明的法定程序。适用听证程序应符合以下要求。

① 严重的行政处罚，即责令停产停业、吊销许可证或执照、较大数额罚款等行政处罚。

② 当事人提出听证的要求。听证包括以下七个环节。

第一，行政机关在作出行政处罚决定之前，有义务告知当事人要求听证的权利。

第二，当事人要求听证的，行政机关不得拒绝。行政机关应当在听证开始的 7 日前通知当事人听证的具体时间、地点、参加人员等事项。

第三，举行听证会。听证会应由行政机关指定的非本案调查人员和与本案无利害关系人员主持。当事人可以委托代理人出席听证会。

第四，除涉及个人隐私、商业秘密、国家机密外，听证一律公开进行。

第五，听证应当制作笔录，笔录交当事人审核无误后签字或盖章。

第六，听证结束后，行政机关依法作出处罚决定。

第七，听证费用由国家财政开支。

6. 行政处罚决定的执行程序

行政处罚决定的执行程序是指对已经生效的处罚决定，在当事人逾期不履行时，行政机关申请人民法院强制当事人履行的程序。

在行政处罚的执行程序中，应当遵循两个原则。首先，当事人对行政处罚决定不服，申请复议或提起行政诉讼时，除法律另有规定外，行政处罚不停止执行。其次，除个别情况外，作出罚款决定的机关不得自行收缴罚款。

在受处罚人逾期不履行处罚决定时，处罚机关可以采取以下措施。

（1）到期不缴纳罚款的，每日按罚款数额的3%加处罚款。

（2）将查封、扣押的财物拍卖或者将冻结的存款划拨抵缴罚款。

（3）申请人民法院强制执行。根据法律规定，只有公安、海关、税务等少数行政机关才有权对行政相对人采取查封、扣押等强制执行措施，无强制执行权的行政机关认为需要强制执行时，必须向人民法院申请强制执行。

7.5 行政复议法基础知识

1. 行政复议概述

行政复议是指行政相对人不服行政主体的具体行政行为，依法向有复议权的行政机关提出申请，受理申请的复议机关依照法定程序对原具体行政行为是否合法、适当进行审查并作出决定的法律制度。

1999年4月29日，第九届全国人大常委会第九次会议通过了《中华人民共和国行政复议法》，1999年10月1日起施行。该法对行政复议的范围、申请、受理、决定以及有关的法律责任作出了具体的规定。该法的颁布实施，进一步完善了我国国家行政机关自身对具体行政行为的监督机制，对及时、有效地纠正违法的和不当的具体行政行为，切实保护公民、法人和其他组织的合法权益，具有非常重要的意义。行政复议具有以下三个特点。

（1）行政复议是行政机关的活动，是上级行政主体对下级行政主体进行监督的一种基本形式，是国家行政救济机制的重要制度。

（2）行政复议解决的是行政争议，即行政主体与行政相对人就行政主体在行政管理过程中实施的具体行政行为是否合法以及是否适当而发生的争议。

（3）行政复议具有行政性和准司法性。

2. 行政复议的范围

行政复议的范围是指行政相对人认为行政机关作出的具体行政行为侵犯其合法权益，依法可以向行政复议机关请求复议审查的范围。同时它也是行政复议机关行使行政复议权的权限范围。

公民、法人或其他组织有下列情形之一的，可以向有关行政机关提出复议申请。

（1）对行政机关作出的警告、罚款、没收违法所得、没收非法财物、责令停产停业、暂扣或者吊销许可证、暂扣或者吊销执照、行政拘留等行政处罚决定不服的。

（2）对行政机关作出的限制人身自由或者查封、扣押、冻结财产等行政强制措施决定不服的。

(3) 对行政机关作出的有关许可证、执照、资质证、资格证等证书变更、中止、撤销的决定不服的。

(4) 对行政机关作出的关于确认土地、矿藏、水流、森林、山岭、草原、荒地、滩涂、海域等自然资源的所有权或者使用权的决定不服的。

(5) 认为行政机关侵犯合法的经营自主权的。

(6) 认为行政机关变更或者废止农业承包合同,侵犯其合法权益的。

(7) 认为行政机关违法集资、征收财物、摊派费用或者违法要求履行其他义务的。

(8) 认为符合法定条件,申请行政机关颁发许可证、执照、资质证、资格证等证书,或者申请行政机关审批、登记有关事项,行政机关没有依法办理的。

(9) 申请行政机关履行保护人身权利、财产权利、受教育权利的法定职责,行政机关没有依法履行的。

(10) 申请行政机关依法发放抚恤金、社会保险金或者最低生活保障费,行政机关没有依法发放的。

(11) 认为行政机关的其他具体行政行为侵犯其合法权益的。

3. 行政复议的管辖

行政复议的管辖是指行政复议机关受理复议申请的权限和分工,即某一行政争议发生后,应由哪一个行政机关来行使行政复议权。行政复议的一般管辖包括以下三种。

(1) 对县级以上地方各级人民政府工作部门的具体行政行为不服的,由申请人选择,可以向该部门的本级人民政府申请行政复议;也可以向该部门的上一级主管部门申请复议。但对海关、金融、国税、外汇管理等实行垂直领导的行政机关和国家安全机关的具体行政行为不服的,向上一级主管部门申请行政复议。

对国务院部门的具体行政行为不服的,向作出该具体行政行为的国务院部门申请行政复议;对行政复议决定不服的,可以向人民法院提起行政诉讼,也可以向国务院申请作出裁决。国务院的裁决为终局裁决,不能再向法院起诉。

(2) 不服地方各级人民政府具体行政行为的复议管辖。《行政复议法》第十三条规定,对地方各级人民政府的具体行政行为不服的,向上一级人民政府申请行政复议。但是,对省级人民政府的具体行政行为不服申请复议的仍由原机关管辖,即向作出该具体行政行为的省级人民政府申请复议;对复议决定不服的,可以向人民法院提起行政诉讼或向国务院申请裁决,但如果选择了申请国务院裁决,国务院作的裁决为终局裁决。

对县级以上地方各级人民政府工作部门的具体行政行为不服的,可以向该部门的本级人民政府申请行政复议,也可以向上一级主管部门申请行政复议;对地方各级人民政府的具体行政行为不服的,向上一级地方人民政府申请行政复议;对国务院部门或者省、自治区、直辖市人民政府的具体行政行为不服的,向作出该具体行政行为的国务院部门或者省、自治区、直辖市人民政府申请行政复议。行政复议机关负责法制工作的机构具体办理行政复议事项。

(3) 对于省、自治区人民政府的派出机关所属的县级人民政府的具体行政行为不服的,向该派出机关申请行政复议。这是因为省、自治区人民政府依法设立的派出机关在法律上具有行政主体地位,按照上一级管辖的复议原则,其所属的县级人民政府的具体行政行为当然应当由其管辖。

4. 行政复议程序

行政复议程序是行政复议申请人向行政复议机关申请行政复议至行政复议机关作出复议决定的各项步骤、形式、顺序和时限的总和。行政复议程序是行政复议行为的重要环节，也是行政复议合法、高效进行的重要保证。

(1) 申请与受理。公民、法人或者其他组织认为具体行政行为侵犯其合法权益的，可以自知道该具体行政行为之日起 60 日内提出行政复议申请(法律规定的申请期限超过 60 日的除外)。复议机关收到申请后，应在 5 日内进行审查并作出是否受理的决定。

(2) 审理与决定。复议机关审理案件原则上采取书面审理的方式，对行政行为的合法性和适当性进行全面审查，但是不能以调解方式处理。复议机关应根据不同情况在受理复议申请之日起 60 日内分别作出处理决定。

第一，复议机关认为原具体行政行为认定事实清楚，证据确凿，适用依据正确，程序合法，内容适当的，依法作出维持原具体行政行为的决定。

第二，复议机关认为被申请人不履行法定职责的，依法作出限其在一定期限内履行法定职责的决定。

第三，复议机关认为原具体行政行为有下列情形之一的，可以决定撤销、变更或者确认该具体行政行为违法：主要事实不清、证据不足的；适用依据错误的；违反法定程序的；超越或者滥用职权的；具体行政行为明显不当的。复议机关决定撤销或者确认上述具体行政行为违法的，可以责令被申请人在一定期限内重新作出具体行政行为。

复议机关对复议案件经过审理后作出的复议决定一经送达即发生法律效力，当事人必须履行。除法律规定终局的复议决定外，如果申请人对复议决定不服，可以在收到复议决定书之日起 15 日内，向人民法院起诉。

【案例分析】

刘某为某大学(该大学为教育部直属高等院校)2003 届毕业生。该校以刘某毕业论文有观点性错误为由，决定不授予刘某硕士学位。

问题：若刘某不服，应当以谁为复议机关？

提示：我国《行政复议法》规定："被申请人为法律、法规授权的组织的，应当以直接管理该组织的机关为复议机关。"因此，本案刘某不服该大学的决定，应以教育部为复议机关。

7.6 国家赔偿法基础知识

1. 国家赔偿概述

国家赔偿是国家对国家机关及其工作人员违法行使职权，对公民、法人和其他组织造成的损失承担赔偿责任的法律制度。对于这一概念，可以作如下理解。

第一，国家赔偿是由国家承担的法律责任。虽然侵权行为是由不同的国家机关或机关工作人员实施的，但是，承担责任的主体不是这些机关或工作人员，而是国家。国家对受害人给予的赔偿来自国库。

第二，国家赔偿是对国家机关及其工作人员的行为承担的责任。在这里，国家机关包括依照宪法和组织法设置的行政机关、审判机关和检察机关。国家机关工作人员是指上述机关的履行职务的公务人员。此外，还包括法律、法规授权的组织，行政机关委托的组织和人员。凡上述机关、组织及人员违法行使职权造成的损害，国家应当依法给予赔偿。

第三，国家赔偿是对前述机关及其人员行使职权的行为承担的责任。行使职权的行为不同于国家机关的民事行为，也不同于国家机关工作人员的个人行为。对国家机关及其工作人员的民事和个人行为，国家不承担赔偿责任。

第四，国家赔偿是对违法行为承担的赔偿责任。所谓"违法"，不仅指违反法律、法规，而且包括违反具有法律效力的各种规范性文件和法的基本原则、法的精神。对于国家机关及其工作人员的合法行为造成的损失，国家不承担赔偿责任。

《中华人民共和国国家赔偿法》于1994年5月12日经八届全国人大常委会第七次会议通过，自1995年1月1日起施行。该法对保障公民、法人和其他组织的人身权利和财产权利，对促进国家机关及其工作人员依法行使职权，有效实施行政管理具有重要意义。

国家赔偿制度包括行政赔偿和刑事赔偿两种。行政赔偿是指国家行政机关及其工作人员违法行使职权，侵犯公民、法人和其他组织合法权益而造成损害时的国家赔偿制度。刑事赔偿是指公安机关、检察机关、审判机关、国家安全机关、监狱管理部门及其工作人员在行使职权时侵犯公民人身权益造成损害时的国家赔偿制度。这里仅就我国的行政赔偿制度予以介绍。

【阅读资料】

2011年4月最高人民检察院关于适用修改后《中华人民共和国国家赔偿法》若干问题的意见

(1) 人民检察院和人民检察院工作人员行使职权侵犯公民、法人和其他组织合法权益的行为发生在2010年12月1日以后的，适用修改后《中华人民共和国国家赔偿法》，以下简称《国家赔偿法》的规定。人民检察院和人民检察院工作人员行使职权侵犯公民、法人和其他组织合法权益的行为发生在2010年12月1日以前的，适用修改前《国家赔偿法》的规定，但在2010年12月1日以后提出赔偿请求的，或者在2010年12月1日以前提出赔偿请求但尚未作出生效赔偿决定的，适用修改后《国家赔偿法》的规定。

人民检察院和人民检察院工作人员行使职权侵犯公民、法人和其他组织合法权益的行为发生在2010年12月1日以前、持续至2010年12月1日以后的，适用修改后《国家赔偿法》的规定。

(2) 人民检察院在2010年12月1日以前受理但尚未办结的刑事赔偿确认案件，继续办理。办结后，对予以确认的，依法进入赔偿程序，适用修改后《国家赔偿法》的规定办理；对不服不予确认申诉的，适用修改前《国家赔偿法》的规定处理。人民检察院在2010年12月1日以前已经作出决定并发生法律效力的刑事赔偿确认案件，赔偿请求人申诉或者原决定确有错误需要纠正的，适用修改前《国家赔偿法》的规定处理。

(3) 赔偿请求人不服人民检察院在2010年12月1日以前已经生效的刑事赔偿决定，

向人民检察院申诉的，人民检察院适用修改前《国家赔偿法》的规定办理；赔偿请求人仅就修改后《国家赔偿法》增加的赔偿项目及标准提出申诉的，人民检察院不予受理。

（4）赔偿请求人或者赔偿义务机关不服人民法院赔偿委员会在2010年12月1日以后作出的赔偿决定，向人民检察院申诉的，人民检察院应当依法受理，依照修改后《国家赔偿法》第三十条第三款的规定办理。

赔偿请求人或者赔偿义务机关不服人民法院赔偿委员会在2010年12月1日以前作出的赔偿决定，向人民检察院申诉的，不适用修改后《国家赔偿法》第三十条第三款的规定，人民检察院应当告知其依照法律规定向人民法院提出申诉。

（5）人民检察院控告申诉检察部门、民事行政检察部门在2010年12月1日以后接到不服人民法院行政赔偿判决、裁定的申诉案件，以及不服人民法院赔偿委员会决定的申诉案件，应当移送本院国家赔偿工作办公室办理。

人民检察院民事行政检察部门在2010年12月1日以前已经受理，尚未办结的不服人民法院行政赔偿判决、裁定申诉案件，仍由民事行政检察部门办理。

2. 行政赔偿的范围

行政赔偿的范围即国家承担行政赔偿责任的范围。它包括行政赔偿的行为规范和损害范围。前者是指国家对哪些行政侵权行为承担赔偿责任；后者是指对行政侵权行为造成的哪些损害承担赔偿责任。

行政赔偿的范围分别包括行政机关及其工作人员在行使职权时造成的侵犯人身权的情形和侵犯财产权的情形。

（1）侵犯人身权的行政赔偿范围。我国《国家赔偿法》第三条规定，行政机关及其工作人员在行使行政职权时有下列侵犯公民人身权情形之一的，受害人有取得赔偿的权利。

① 违法拘留或者违法采取限制公民人身自由的行政强制措施的。

② 非法拘禁或者以其他方式非法剥夺公民人身自由的。

③ 以殴打等暴力行为或者唆使他人以殴打等暴力行为造成公民身体伤害或者死亡的。

④ 违法使用武器、器械造成公民身体伤害或死亡的。

⑤ 造成公民身体伤害或死亡的其他违法行为。

我国《国家赔偿法》规定，对于侵犯人身权的赔偿，以支付赔偿金为主要赔偿方式。侵犯公民人身自由的，每月的赔偿金按照国家上年度职工日平均工资计算。侵犯公民生命健康权的，赔偿金按照下列规定计算。

第一，造成身体伤害的，应当支付医疗费，以及赔偿因误工减少的收入。减少的收入每日的赔偿金按照国家上年度职工日平均工资计算，最高额为国家上年度职工年平均工资的5倍。

第二，造成部分或者全部丧失劳动能力的，应当支付医疗费，以及残疾赔偿金，残疾赔偿金根据丧失劳动能力的程度决定，部分丧失劳动能力的最高额为国家上年度职工年平均工资的10倍，全部丧失劳动能力的为国家上年度职工年平均工资的20倍。造成全部丧失劳动能力的，对其扶养的无劳动能力的人，还应当支付生活费。

第三，造成死亡的，应当支付死亡赔偿金、丧葬费，总额为国家上年度职工年平均工资的20倍。对死者生前扶养的无劳动能力的人，还应当支付生活费。

(2) 侵犯财产权的行政赔偿范围。我国《国家赔偿法》第四条规定，行政机关及其工作人员在行使行政职权时有下列侵犯财产权情形之一的，受害人有取得赔偿的权利。

① 违法实施罚款、吊销许可证和执照、责令停产停业、没收财物等行政处罚的。

② 违法对财产采取查封、扣押、冻结等行政强制措施的。

③ 违反国家规定征收财物、摊派费用的。

④ 造成财产损害的其他违法行为。

关于侵犯财产权的赔偿，我国《国家赔偿法》第二十八条要求按照下列规定处理。

第一，处罚款、罚金、追缴、没收财产或者违反国家规定征收财物、摊派费用的，返还财产。

第二，查封、扣押、冻结财产的，解除对财产的查封、扣押、冻结，造成财产损坏或者灭失的，依照本条第三、四项的规定赔偿。

第三，应当返还的财产损坏的，能够恢复原状，不能恢复原状的，按照损害程度给付相应的赔偿金。

第四，应当返还的财产灭失的，给付相应的赔偿金。

第五，财产已经拍卖的，给付拍卖所得的价款。

第六，吊销许可证和执照、责令停产停业的，赔偿停产停业期间必要的经常性费用开支。

第七，对财产权造成其他损害的，按照直接损失给予赔偿。

3. 行政赔偿义务机关

行政赔偿义务机关是指代替国家履行具体赔偿义务，支付赔偿费用，参加赔偿案件解决的行政机关或者法律、法规授权的组织。

按照《国家赔偿法》第七条和第八条的规定，行政赔偿义务机关包括两类，行政机关和法律、法规授权的组织。

行政机关作为行政赔偿义务机关具体分五种情况。

(1) 单个行政机关致害时。行政机关及其工作人员行使行政职权侵犯公民、法人和其他组织的合法权益造成损害的，该行政机关为赔偿义务机关。

(2) 两个以上行政机关共同致害时。两个以上行政机关共同行使行政职权时侵犯公民、法人和其他组织的合法权益造成损害的，共同行使行政职权的行政机关为共同赔偿义务机关。

(3) 行政机关委托的组织或个人致害时。受行政机关委托的组织或者个人在行使受委托的行政权力时侵犯公民、法人和其他组织的合法权益造成损害的，委托的行政机关为赔偿义务机关。

(4) 赔偿义务机关被撤销时。《国家赔偿法》第七条第五款明确规定：赔偿义务机关被撤销的，继续行使其职权的行政机关为赔偿义务机关；没有继续行使其职权的行政机关的，撤销该赔偿义务机关的行政机关为赔偿义务机关。

(5) 经行政复议的行为致害时。行政相对人在行政活动中所受的违法损害，经复议程序后可能有三种结果：加重损害、减轻损害和维持原状。经复议的，由最初侵权的行政机关作为赔偿义务机关，即复议减轻损害或维持原状的，由原行政机关作为赔偿义务机关。但复议机关的复议决定加重损害的，复议机关对加重的部分履行赔偿义务。

4. 行政赔偿程序

行政赔偿程序是指受害人提起赔偿请求，赔偿义务机关履行赔偿义务的步骤、方法、顺序和形式等。

赔偿请求人要求赔偿的，应当先向赔偿义务机关提出（可以向共同赔偿义务机关中的任何一个机关提出赔偿请求），也可以在申请复议和提起行政诉讼时一并提出。赔偿义务机关应当自收到申请之日起两个月内给予赔偿。逾期不予赔偿或赔偿请求人对赔偿数额有异议的，赔偿请求人可以自期间届满之日起三个月内提起行政诉讼。

5. 行政赔偿的方式和计算标准

(1) 行政赔偿方式。行政赔偿方式是指国家承担行政赔偿责任的具体形式。行政赔偿是对侵权损害的救济，行政赔偿采用什么方式，依据什么标准，直接影响救济的质量，影响受害人权益，因而需要合理设计。我国《国家赔偿法》第二十五条规定："国家赔偿以支付赔偿金为主要方式。""能够返还财产或者恢复原状的，予以返还财产或者恢复原状。"由此可见，我国行政赔偿立法采取的是以金钱赔偿为主，以返还财产或者恢复原状为辅的赔偿方式。这一赔偿方式实际上包含着三种具体的赔偿方法，即金钱赔偿、返还财产、恢复原状。

① 金钱赔偿。金钱赔偿就是以货币形式支付赔偿金额。金钱赔偿是行政赔偿的主要方式。

② 返还财产。返还财产是行政机关将违法占有或控制的受害人的财产返还给受害人的赔偿方式。

③ 恢复原状。恢复原状是公民、法人或者其他组织的财产因国家行政机关及其工作人员的违法分割或毁损而遭到破坏后，若有可能恢复的，应当由赔偿义务机关负责修复，以恢复财产原状的一种赔偿方式。恢复原状的条件主要有，有受害人的请求，侵权前的原本状态的资料齐备，侵权后能够恢复到原本状态的，采用恢复原状的方式进行赔偿，是符合法律规定的，并且不会造成违法的后果。

(2) 行政赔偿的计算标准。行政赔偿的计算标准是国家行政赔偿立法所确立的根据损害程度确定赔偿金额的准则，是行政侵权的受害人获得实际赔偿的重要前提。我国国家赔偿法对不同类型的损害规定了不同的赔偿标准。

① 侵犯公民人身自由的赔偿计算标准。《国家赔偿法》第二十六条规定："侵犯公民人身自由的，每日的赔偿金按照国家上年度职工日平均工资计算。"据此，对侵犯公民人身自由的赔偿，具体标准是按日支付赔偿金。每日的赔偿金按照国家上年度职工日平均工资计算，即公民应得的赔偿金等于该公民因行政机关及其工作人员行使职权时违法拘留、拘禁的天数乘以上年度职工日平均工资，对受害者给予一次性赔偿。国家上年度职工日平均工资数额，应当按职工年平均工资除以全年法定工作日数的方法计算。年平均工资以国家统计局公布的数字为准。

② 侵犯公民生命健康权的赔偿计算标准。根据《国家赔偿法》第二十七条的规定，侵

犯公民生命健康权的，赔偿金按照规定计算，并且从造成身体伤害、致残和造成死亡三个方面分别规定了赔偿标准。

第一，造成身体伤害的，应当支付医疗费以及赔偿因误工减少的收入。减少的收入每日的赔偿金按照国家上年度职工日平均工资计算，最高额为国家上年度职工年平均工资的5倍。

第二，造成部分或者全部丧失劳动能力的，应当支付医疗费以及残疾赔偿金。残疾赔偿金根据丧失劳动能力的程度确定，部分丧失劳动能力的最高额为国家上年度职工年平均工资的10倍，全部丧失劳动能力的最高额为国家上年度职工年平均工资的20倍。造成全部丧失劳动能力的，对其扶养的无劳动能力的人，还应当支付生活费。

第三，造成死亡的，应当支付死亡赔偿金、丧葬费，总额为国家上年度职工年平均工资的20倍。对死者生前扶养的无劳动能力的人，还应当支付生活费。生活费的发放标准参照当地民政部门有关生活救济的规定办理。被扶养的人是未成年人的，生活费给付至18周岁止。其他无劳动能力的人，生活费给付至死亡时止。

③ 侵犯财产权的计算标准。根据《国家赔偿法》第二十八条的规定，侵犯公民、法人和其他组织的财产权造成损害的，按照不同情形分别处理。

第一，处罚款、罚金、追缴、没收财产或者违反国家规定征收财物、摊派费用的，返还财产。

第二，查封、扣押、冻结财产的，解除对财产的查封、扣押、冻结，造成财产损坏或者灭失的，按照损害程度给予相应的赔偿金。

第三，应当返还的财产损坏的，能够恢复原状的恢复原状，不能恢复原状的，按照损害程度给付相应的赔偿金。

④ 关于精神损害的赔偿。精神损害是指对人身造成的精神痛苦，它包括精神上的悲伤、失望等。精神损害多由于侵犯人身而产生，但也不排除侵犯财产权造成的精神损害。《国家赔偿法》第三十条规定："赔偿义务机关对依法确认有本法第三条第(一)、(二)项，第十五条第(一)、(二)、(三)项规定的情形之一，并造成受害人名誉、荣誉权损害的，应当在侵权行为影响的范围内，为受害人消除影响、恢复名誉、赔礼道歉。"这就是说，赔偿义务机关在予以金钱赔偿的同时，对受害人造成的名誉权、荣誉权等人格方面损害的，还要以精神赔偿的方式，为其消除影响、恢复名誉、赔礼道歉。

消除影响、恢复名誉和赔礼道歉，在行政赔偿领域主要适用于下列行为。

第一，违法拘留或违法采取限制人身自由的行政强制措施的。

第二，非法拘禁或者以其他方法非法剥夺公民人身自由的。

【案例分析】

1998年2月15日，河南省商丘市柘城县老王集乡赵楼村赵振晌的侄子赵作亮到公安机关报案，其叔父赵振晌于1997年10月30日离家后已失踪4个多月，怀疑被同村的赵作海杀害，公安机关当年进行了相关调查。1999年5月8日，赵楼村在挖井时发现一具高度腐烂的无头、膝关节以下缺失的无名尸体，公安机关遂把赵作海作为重大嫌疑人于5月9日刑拘。1999年5月10日至6月18日，赵作海做了9次有罪供述。2002年10月

22日，商丘市人民检察院以被告人赵作海犯故意杀人罪向商丘市中级人民法院提起公诉。

2002年12月5日商丘中院作出一审判决，以故意杀人罪判处被告人赵作海死刑，缓期二年执行，剥夺政治权利终身。省法院经复核，于2003年2月13日作出裁定，核准商丘中院上述判决。2010年4月30日，赵振晌回到赵楼村。此时，赵作海已经被判服刑11年。此事被报道后，舆论一片哗然，称其为“佘祥林案”翻版。2010年5月9日，赵作海被无罪释放。

5月11日，商丘中院院长宋海萍等院领导赶赴柘城县对赵作海进行慰问，为其送去亟需的生活必需品和慰问金，协调当地党委政府为其盖新房，解决生活问题，并诚恳地向赵作海及其亲属道歉，恳请谅解。

5月11日下午，赵作海以公安机关刑讯逼供、检察院错误批捕、法院错误判决造成其被错误羁押为由，向商丘中院提出国家赔偿申请，要求赔偿各项损失共计120万元。商丘中院就赔偿数额与赵作海达成一致。商丘中院作出赔偿决定，赔偿赵作海国家赔偿金及生活困难补助费等共计65万元(50万元为国家赔偿金，15万元为生活困难补助费)。

问题：请分析商丘中院做出的国家赔偿金是否合法？其依据是什么？

知识小结

- 行政法。行政法是关于行政职权的授予、行使，以及对行政权力进行监督和对其后果予以补救的法律规范的总称。
- 行政法的基本原则。行政合法性原则与行政合理性原则，这是依法行政的全部内涵。
- 行政主体。是指享有行政职权，能以自己的名义行使国家职权、实施行政管理活动，并能对其行为承担法律责任的组织。主要是指国家行政机关，经法律、法规授权的非行政机关组织也可以成为某一行政管理事项的行政主体。
- 行政行为。是指行政主体行使行政职权，实施行政管理而做出的产生法律效果的行为。行政行为在行政法中处于核心地位，它是各种行政法律制度得以建立的基础。
- 治安管理处罚法。违反治安管理的行为是指某些危害后果较轻、尚未构成犯罪的、扰乱社会秩序和危害公共安全的违法行为。
- 行政处罚法。规定了行政处罚的原则、对象、程序等。行政处罚必须由法定的处罚机关依据法定的权限、程序进行，并不得违背法定的处罚原则。
- 行政复议法。行政复议是指行政相对人不服行政主体的具体行政行为，依法向有复议权的行政机关提出申请，受理申请的复议机关依照法定程序对原具体行政行为是否合法、适当进行审查并作出决定的法律制度。
- 国家赔偿法。国家赔偿是国家对国家机关及其工作人员违法行使职权，对公民、法人和其他组织造成的损失承担赔偿责任的法律制度。包括行政赔偿和刑事赔偿两种。行政赔偿是指国家行政机关及其工作人员违法行使职权，侵犯公民、法人和其他组织合法权益而造成损害时的国家赔偿制度。

项目训练

项目名称：分组讨论

1．主题

根据下述背景资料，五人为一小组，围绕“违法扣押财产请求赔偿案”进行分析讨论。

背景：2013 年 4 月 30 日晚，某县某镇派出所接到个体货车司机张某在家中聚众赌博的举报，于是派员赶赴现场将张某抓获。当时派出所未搜出赌资，就将张某的汽车驾驶证和行驶证扣留，而后将张某带往派出所讯问，并扣留了其车钥匙。后张某多次要求取回证件和钥匙，未果。张某于同月 7 日用第二套车钥匙将车开回家。同年 5 月 4 日某县公安局针对张某的赌博行为对其下达罚款 2000 元的治安处罚裁决书，张某于 5 月 16 日收到处罚裁决书后，一直未交罚款。派出所又将张某的第二套车钥匙扣留，车子一直停放在张某的屋旁。5 月 31 日，张某交罚款 750 元。8 月 15 日因驾驶员年检年审，张某从派出所领回被扣的驾驶证、行驶证。由于张某欠缴的罚款一直未履行，10 月 22 日派出所扣押了张某车上的一只电瓶和家中的一台 50 寸电视机，未开具扣押清单。同时派出所责令张某书面保证定期交纳罚款。2014 年 1 月 4 日在张某仍未履行罚款的情况下，派出所又将张某的货车右边的两个轮胎卸下予以扣押，并将原来扣押的财物一起给其开具扣押清单，张某拒绝签字。同年 3 月 29 日张某履行了欠缴罚款，4 月 4 日派出所将扣押的财物退还张某（其中电瓶已损坏无用）。4 月 12 日，原告张某向某县人民法院提起诉讼。

原告诉称：被告某县公安局违法扣证扣车近一年，扣押财物程序违法，导致其停车运营。请求法院撤销被告的系列扣押行为，赔偿其损失 85000 元。

被告辩称：对原告的系列扣押措施是基于聚众赌博的违法事实和拒不交纳治安罚款的行为才作出的，原告履行罚款后，其扣押财物已全部退还，为维护法律的严肃性，请求法院维护公安局的扣押行为。[①]（注：本案例进行了一定编辑）

2．形式

提交书面作业。

3．要求

这是一起因公安机关采取违法扣押措施而导致行政赔偿的案件。按照《中华人民共和国治安管理处罚法》相关规定，从行政行为的定性、行政赔偿、有关赔偿的金额、原告的生活补助费等方面进行分析。

4．目的

使学生懂得公民、法人和其他组织享有依法取得国家赔偿的权利，促使国家机关应依

① http://china.findlaw.cn/info/guojiafa/gjpc/gjpcal/382397.html.

法行使职权。熟悉国家赔偿责任、赔偿请求人和赔偿义务机关、应予行政赔偿的情形等知识。

课后练习

1. 熟记下列法律知识

行政法、行政主体、行政行为、行政处罚、行政复议、国家赔偿、行政赔偿的范围、行政赔偿的方式和计算标准、行政处罚的程序、行政复议的特点、国家赔偿制度。

2. 选择题

(1) 以下不属于具体行政行为的是(　　)。

A. 某县林业局对乱砍乱伐木材的行为进行处罚

B. 某区工商行政管理局拒绝向申请人颁发营业执照

C. 某市社会保险经办机构向林某发放失业救济金

D. 某市政府出台一项关于治理市区临街非法建筑的政府规章

(2) 以下社会关系中,应由行政法调整的是(　　)。

A. 某市税务局因建办公楼与某施工单位发生的建筑工程承揽关系

B. 某市税务局与纳税人之间的税收征纳关系

C. 某市政府与政府公务员之间的工作关系

D. 甲因某行政机关的违法行政行为遭受损失,甲与该行政机关之间的赔偿关系

(3) 以下行政处罚中,可以适用听证程序的有(　　)。

A. 责令停产停业　　B. 吊销营业执照

C. 行政拘留　　D. 对公民处以 20 元罚款

(4) 某县甲乡的公安派出所民警以扰乱社会秩序为由扣押了李某的拖拉机,李某不服,应当以(　　)作为被申请人申请行政复议。

A. 公安派出所　B. 县公安局　C. 县人民法院　D. 乡人民政府

(5) 当事人的违法行为已经构成犯罪,行政机关(　　)。

A. 可以作出行政处罚

B. 不得以行政处罚代替刑事处罚

C. 作出行政处罚后将案件移送司法机关

D. 等待司法机关作出处理后再作行政处罚

(6) 行政机关作出行政处罚决定之前,应当告知当事人的是(　　)。

A. 行政处罚决定的事实　　B. 行政处罚决定的理由

C. 行政处罚决定的依据　　D. 当事人依法享有的权利

(7) 下列行为中国家不应负赔偿责任的是(　　)。

A. 某市公安局的违法拘留行为

B. 某省人民代表大会的立法行为

C. 某市银行的违法划拨存款行为

D. 某市卫生局在法律范围内的裁量行为

(8) 私营企业晓康公司经理柴某被公安机关工作人员在讯问中殴打致残，全部丧失劳动能力。按照《国家赔偿法》有关规定，国家对柴某应当支付(　)。

A. 医疗费

B. 残疾赔偿金

C. 受柴某扶养的无劳动能力人的生活费

D. 晓康公司因经理丧失劳动能力停业期间的利润损失

3. 辨析题

(1) 行政主体就是行政机关，其含义是相同的。(　　)

(2) 间歇性精神病人如果实施了违法行为，不能对其处以行政处罚。(　　)

(3) 行政相对人如果认为行政机关的行政行为不合法或不适当，可以向作出该行政行为的行政机关的上一级行政机关申请行政复议。(　　)

(4) 行政复议期间应当停止被复议具体行政行为的执行。(　　)

(5) 举行听证会，行政机关作出行政许可决定，可以依据听证笔录以外的材料。(　　)

(6) 行政赔偿请求人要求国家行政赔偿的，应当先向赔偿义务机关提出。(　　)

(7) 万某犯罪已过追诉时效却被逮捕，国家应该承担赔偿责任。(　　)

4. 案例分析

案例 1　某县公安局在一日晚间接到群众举报王某在家中开设了一个地下赌场，从中收取场地费，遂到王某家中进行检查，发现赌资 700 余元，麻将若干，用作输赢的珍贵字画两幅，淫秽书刊和录像带若干。于是公安机关当场扣押了这批物品。王某要求在场的警察李某给开具扣押物品的清单，而李某认为王某违法已经是事实，拿了清单也没有用了，东西反正是要不回来的，于是拒绝了王某的请求。后经调查，珍贵字画是王某从本市著名收藏家刘某家里偷来的，淫秽书刊和录像带属于王某的朋友钱某所有，而钱某并未参与赌博。现刘某要求归还字画，钱某要求归还书刊和录像带。

问题：

(1) 对于王某的行为应当如何处理？

(2) 警察李某不予开具清单的行为是否合法？

(3) 刘某和钱某归还物品的要求是否合法？

(4) 根据《治安管理处罚法》的规定这批被扣押的物品应怎样处理？

案例 2　关某系运煤司机，一日运煤经过 309 国道某省某地区路段设立的交通检查站时，交通检查站执勤人员宋某向关某走过来，递给了关某一张处罚决定书，并对关某说："交 20 元钱，再走。"关某接过处罚通知书，见上面印着的全部内容是：根据有关规定，罚款 20 元。决定书上印着某省某地区交通大队的印章。关某问宋某："为什么罚钱？"宋某说："你超载。"关某辩称："我只拉了半车煤，怎么就超载？" 宋某不耐烦地说："让你交你就交，啰嗦什么？"关某说："不说清楚，我就不交。"宋某又递过一张处罚决定书，并说："就你这态度，再交 20 元。"

问题：本案中，宋某的行政处罚行为违反了《行政处罚法》的哪些规定？

案例3 某县检察院在侦察被告人李某受贿一案中，曾作出对李某在某省外贸公司作服装生意时合法收入3000元属非法所得，应予追回的决定，并在代理检察长王某的指挥下，用电警棍、逮捕证威胁李某，李某被迫交出了3000元。事后李某向该检察院提出赔偿请求，要求某县检察院赔偿因职务侵权行为给李某造成的经济损失。

问题：

（1）检察院是否有权没收财产？

（2）国家是否应该对刘某的经济损失承担赔偿责任？如果赔偿，赔偿方式是什么？数额应是多少？

5．问答题

（1）在生活中找出可以通过行政复议的方式来解决的行政争议。

（2）举出两个行政处罚的例子，分析行使处罚权的机关的行为是否合法。

6．实操题

（1）到学校、家庭所在地的公安机关进行一次常见的违反治安管理行为的调查，分析其表现形式及法律责任。

（2）旁听一次有关行政处罚的听证会，并分析听证的程序是否合法。

项目8 诉讼法基础知识

学习目标

- 掌握民事诉讼的含义；
- 掌握民事诉讼法的合议制度、回避制度、公开审判制度、两审终审制等基本制度内涵；
- 能正确区分民事诉讼当事人和民事诉讼代理人；
- 掌握民事诉讼管辖的含义及各类管辖的实际应用；
- 熟悉民事证据的概念及证据材料的内容；
- 掌握行政诉讼受案范围；
- 能正确判断刑事诉讼中的专门机关和诉讼参与人；
- 能正确掌握刑事诉讼证据。

案例导入

刘某因买卖合同纠纷向法院起诉，要求被告冯某履行合同并承担违约责任。法院按照普通程序审理该案件，由于被告要求由人民陪审员参加审理，法院决定由法官张某和人民陪审员乔某、吉某组成合议庭，张某任审判长。刘某得知陪审员乔某是被告的表弟，便要求其回避，但回避申请被张法官当场拒绝。在审理中，被告提出自己未能按照合同规定交货，是由于天降大雨，冲垮了公路。法庭审理后认为，原告未及时告知交货地点是造成被告延迟履行的主要原因，因而驳回了原告要求被告承担违约责任的请求。原告不服判决，提起上诉，二审法院发回重审，一审法院组成合议庭对该案件再次进行审理。

问题：

(1) 本案合议庭的组成是否合法？

(2) 张某申请回避的理由是否成立？

(3) 张法官的做法是否合法？

(4) 对法院的决定不服，是否可以提出上诉？

(5) 张法官是否可以参加新的合议庭？新合议庭可否由人民陪审员参加？

(6) 一审法院对案件的审判是否存在程序上的错误？①

随着社会主义市场经济的不断发展，人们的法律意识也不断增强。通过前面实体法的学习，我们懂得了自己有哪些实体权利。但是当这些权利遭到侵害时，例如，作为消费者购买了假冒商品，而商场却拒绝退换；自己开了一家饭店，卫生条件明明符合要求，却

---

① http://wenku.baidu.com/link?url=QaxD3pmz5nOu9hZacqwFITYWrRwmpZ6jZ.

总被罚款；自己被坏人打成重伤，公安机关却不管。这些问题应当怎么办？通过本项目的学习，了解有关诉讼法的知识，懂得诉讼途径有哪些，如何获得法律帮助，上述问题就可以迎刃而解。

诉讼是人类社会制止和解决社会冲突的主要手段。“诉”是告的意思，即告诉、控告、告发；讼是争或争辩，争曲直于官府，即争辩曲直为讼。因此，诉讼一词就是俗称的“打官司”。从法律上说，诉讼是国家司法机关在当事人或其他诉讼参与人的参加下，按照法定程序解决各种案件争讼的专门活动。由于诉讼所解决的案件性质不同，诉讼的内容和形式也有所不同，所以，诉讼又可分为民事诉讼、行政诉讼和刑事诉讼。

8.1 民事诉讼法基础知识

1. 民事纠纷与民事诉讼概述

民事纠纷是指平等主体因财产关系、人身关系所涉及的民事权益而发生的争议。民事纠纷分为两大内容：一类是财产关系方面的民事纠纷；另一类是人身关系的民事纠纷。其解决机制有自力救济、社会救济、公力救济。解决民事纠纷的主要制度有和解、诉讼外调解、仲裁和民事诉讼。

民事诉讼是由法院代表国家行使审判权解决民事争议，是以司法方式解决平等主体之间的纠纷的一种形式，它具有强制性和严格的程序性。民事诉讼就是民事官司，是指当事人之间因民事权益矛盾或者经济利益冲突，向人民法院提起诉讼，人民法院立案受理，在双方当事人和其他诉讼参与人的参加下，经人民法院审理和解决民事案件、经济纠纷案件和法律规定由人民法院审理的特殊案件的活动，以及这些诉讼活动中所产生的法律关系的总和。

民事诉讼法是指国家制定的关于民事诉讼活动所应遵循的原则、制度和程序的法律规范的总称。我国现行的民事诉讼法法典是1991年4月9日颁布施行，经过2007年和2012年两次修正，于2013年1月1日开始施行的《中华人民共和国民事诉讼法》。

2. 民事诉讼法的基本原则和制度

(1) 民事诉讼法的基本原则。民事诉讼法的基本原则是在民事诉讼的整个过程中，或者在重要的诉讼阶段，起指导作用的准则。它体现的精神实质是为人民法院的审判活动和诉讼参与人的诉讼活动指明了方向，概括地提出了要求，因此具有普遍的指导意义。民事诉讼法的基本原则包括以下八点。

① 当事人诉讼权利平等原则。《民事诉讼法》第八条规定：民事诉讼当事人有平等的诉讼权利。人民法院审理民事案件，应当保障和便利当事人行使诉讼权利，对当事人在适用法律上一律平等。

② 同等原则和对等原则。《民事诉讼法》第五条第一款规定：外国人、无国籍人、外国企业和组织在人民法院起诉、应诉，同中华人民共和国公民、法人和其他组织有同等的诉讼权利义务。第五条第二款规定：外国法院对中华人民共和国公民、法人和其他组织的民事诉讼权利加以限制的，中华人民共和国人民法院对该国公民、企业和组织的民事诉讼权利，

实行对等原则。

③ 法院调解自愿和合法原则。《民事诉讼法》第九条规定：人民法院审理民事案件，应当根据自愿和合法的原则进行调解；调解不成的，应当及时判决。

④ 辩论原则。辩论原则是指在人民法院主持下，当事人有权就案件事实和争议问题，各自陈述自己的主张和根据，互相进行反驳和答辩，以维护自己的合法权益。

⑤ 诚信原则。诚信原则是指当事人或其他诉讼参与人在民事诉讼中行使权利或履行诉讼义务，以及法官在民事诉讼中行使国家审判权进行审判行为时，应当公正、诚实、守信。防止虚假诉讼、恶意诉讼、拖延诉讼、伪造证据等行为，保障诉讼秩序，提高诉讼效率。

⑥ 处分原则。《民事诉讼法》第十三条第二款规定的处分原则，是指民事诉讼当事人有权在法律规定的范围内，处分自己的民事权利和诉讼权利。

⑦ 检察监督原则。《民事诉讼法》第十四条规定，人民检察院有权对民事诉讼实行法律监督。包括对监督审判人员贪赃枉法、徇私舞弊等违法行为。对人民法院作出的生效判决、裁定是否正确合法进行监督。对损害国家利益、社会公共利益的调解书进行监督；对执行活动进行监督。

⑧ 支持起诉原则。《民事诉讼法》第十五条规定：机关社会团体、企业事业单位对损害国家、集体或个人民事权益的行为可以支持受损害的单位或个人向人民法院起诉。这里主要是对受损害的单位或个人不能、不敢或不便诉诸法院时，支持的主体是对受损害负有保护责任的机关、团体和企业事业单位（如妇联对受害妇女、企业事业单位对本单位受害职工）。

(2) 民事诉讼法的基本制度。民事诉讼法的基本制度是在民事诉讼活动过程中的某个阶段或几个阶段对人民法院的民事审判起重要作用的行为准则。我国民事诉讼法的基本制度包括：合议制度、回避制度、公开审判制度、两审终审制。

① 合议制度。合议制度即由若干名（一般是 3 人以上单数）审判人员组成合议庭对民事案件进行审理的制度。合议庭的组成有两种形式：一种由审判员和人民陪审员共同组成，陪审员在人民法院参加审判期间与审判员有同等的权利；另一种由审判员组成合议庭。在普通程序中，上述两种合议庭组成形式都存在。在第二审程序中，合议庭只能由审判员组成；在再审程序中，再审案件适用一审程序的，按一审普通程序的合议庭形式另行组成合议庭，再审案件适用二审程序的，按第二审程序另行组成合议庭，合议庭的审判工作由审判长负责主持。审判长由院长或庭长担任；院长或庭长未参加合议庭的，由庭长指定合议庭中的审判员 1 人担任。合议庭评议实行少数服从多数的原则。

② 回避制度。回避制度是指为保证案件的公正审判，而要求与案件有一定利害关系的审判人员或其他有关人员，不得参与本案的审理活动或诉讼活动的审判。

根据《民事诉讼法》的规定，适用回避的人员包括：审判人员（审判员和人民陪审员）、书记员、翻译人员、鉴定人、勘验人等。

根据《民事诉讼法》第四十四条的规定，应予回避的情形包括以下几种。第一，审判人员或其他人员是本案当事人或当事人、诉讼代理人的近亲属。第二，审判人员或其他人员与本案有利害关系。第三，与本案当事人、诉讼代理人有其他关系，可能影响对案件的公正审理（如特殊的仇嫌关系，足以影响案件的公正审理）。此外，审判人员接受当事人、诉讼代理人请客送礼，或违反规定会见当事人、诉讼代理人的，当事人有权要求他们回避。

回避可以由当事人提出申请，也可以是审判人员或其他人员主动自行提出。申请回避是否准许，由法院决定。对审判人员的回避，由法院院长决定；对其他人员的回避，由审判长决定。

③ 公开审判制度。公开审判制度是指人民法院审理民事案件，除法律规定的情况外，审判过程及结果应当向群众、社会公开（允许群众旁听、允许新闻机构进行采访报道）。2012 年修改的《民事诉讼法》还规定了裁判文书的制度，即公众可以查阅生效的裁判书和裁定书，但涉及国家秘密、商业秘密和个人隐私的内容除外。

法定不公开审理的案件包括：一是涉及国家秘密的案件，包括党的秘密、政府的秘密和军队的秘密；二是涉及个人隐私的案件；三是法律另有规定的案件。下列案件当事人申请不公开审理的，可以不公开审理，一是离婚案件；二是涉及商业秘密的案件。

无论是公开审理的案件，还是不公开审理的案件，宣判时一律公开。

④ 两审终审制度。两审终审制度是指一个民事案件经过两级人民法院审判后即告终结的制度。依两审终审制度，一般民事诉讼案件，当事人不服一审人民法院的判决、允许上诉的裁定，可上诉至二审人民法院。二审人民法院对案件所做的判决、裁定为生效判决、裁定，当事人不得再上诉。最高人民法院所做的一审判决、裁定为终审判决、裁定，当事人不得上诉。

根据《民事诉讼法》的规定，适用特别程序、督促程序、公示催告程序审理的案件，实行一审终审。

3. 民事诉讼参加人

民事诉讼参加人是指按照法律规定参加诉讼的人，包括民事诉讼当事人（原告、被告、共同诉讼人、第三人）和诉讼代理人（法定代理人、委托代理人）。

(1) 民事诉讼当事人。民事诉讼中的当事人是指因民事权利义务发生争议，以自己的名义进行诉讼，要求法院行使民事裁判权的人。

民事诉讼当事人有广义和狭义之分。狭义当事人仅指原告和被告；广义的当事人除原告和被告外，还包括共同诉讼人、诉讼中的第三人和诉讼代表人。

原告是指为维护自己或自己所管理的他人的民事权益，而以自己的名义向法院起诉，从而引起民事诉讼程序发生的人。被告是指被原告诉称侵犯原告民事权益或与原告发生民事争议，而由法院通知应诉的人。

在我国，公民、法人和其他组织都可以作为当事人，成为民事诉讼中的原告或被告。

公民作为民事主体，在与他人发生民事争议时，可以自己的名义起诉或应诉，成为原告或被告。根据“民诉法意见”，公民作为诉讼当事人的情形还包括以下内容。

① 以业主身份作为当事人。即公民成为个体工商户的，应以营业执照上登记的业主为当事人。

② 以雇主身份作为当事人。即个体工商户、农村承包经营户、合伙组织雇佣的人员在进行雇佣合同规定的生产经营活动中造成他人损害的，其雇主是当事人。

③ 以直接责任人的身份作为当事人。例如，法人或其他组织应登记而未登记即以法人或其他组织名义进行民事活动的，以直接责任人为当事人。

法人作为民事主体，在他人发生争议后，可以自己的名义起诉或应诉，成为当事人。法人作为当事人，应由其法定代表人进行诉讼。根据“民诉法意见”，法人作为诉讼当事人的情形还包括，法人工作人员因职务行为或授权行为发生诉讼时，该法人为当事人。企业法人合并的，因合并前的民事活动发生的纠纷，以合并后的企业法人为当事人。

共同诉讼是指当事人一方或双方为两人以上的诉讼。在我国的《民事诉讼法》中，共同诉讼有必要共同诉讼和普通共同诉讼两种类型。其中争议的诉讼标的是同一的共同诉讼，是必要的共同诉讼。争议的诉讼标的是同种类的共同诉讼，是普通共同诉讼。

诉讼代表人是指由人数众多的一方当事人从本方当事人中推选出来，代表他们的利益实施诉讼行为的人。

2012年修改的《民事诉讼法》规定了公益诉讼制度。民事公益诉讼是指特定的机关或有关社会团体，根据法律的授权，对违反法律法规损害社会公共利益的行为，向法院提起民事诉讼，由法院通过审判来追究违法者的法律责任进而维护社会公共利益的诉讼活动。在实践中，公益诉讼主要是针对环境污染，侵犯众多消费者合法权益等公共性违法行为而设置的诉讼制度。

【案例分析】

(1) 甲木材厂与乙家具厂签订了供应木材合同。乙家具厂所生产的家具由丙商店经销，双方也签订了供销合同。现甲厂未按合同约定向乙厂提供木材，致使乙厂无法正常生产家具，丙商店也因此销售额大幅度下降，损失严重。对丙来说，甲的对乙的违约行为给自己造成了间接损失，但它只能起诉乙而不能起诉甲。

(2) 李某的姐姐经常被姐夫打骂，但姐姐为孩子总是忍气吞声，不想提出离婚。李某气愤不已，想到法院起诉，要求法院判决姐姐和姐夫离婚。

作为民事诉讼的原告和被告，应该与案件有直接的利害关系，上述两个案例中，丙厂与甲厂没有合同关系，因此不能以甲厂为被告起诉。同样，李某与姐姐的婚姻也没有直接的利害关系，不能以自己的名义起诉。

民事诉讼中的第三人是指为了保护自己的合法权益而参加到他人正在进行的民事诉讼中的人。民事诉讼中的第三人可分为有独立请求权的第三人和无独立请求权的第三人。有独立请求权的第三人是指对当事人双方的诉讼标的主张有全部或部分权利，因而提起诉讼参加到已进行的诉讼中来的第三人。无独立请求权的第三人是指对当事人双方的诉讼标的没有独立请求权，但案件的处理结果同他有法律上的利害关系，而申请参加诉讼或者由人民法院通知他参加他人之间已开始的诉讼的第三人。

(3) 王某在木材市场与李某相识，王某欲购买木材但所带钱款不够，李某便让王某先拉回家存放，并表示价格好商量。一个月后，李某找到王某要钱，但王某却否认有购买木材的事实，只承认为其寄存，如果李某要将木材拉走，必支付运输费和寄存费用。于是李某以王某购买木材未付款为由起诉，要求王某给付货款或退还木材。在诉讼过程中，法院经调查发现，双方所争议的木材是原告在转业时，从所在部队施工用的木材中偷出来的，于是通知该部队作为有独立请求权的第三人参加诉讼。在诉讼中，第三人可以原、被告双方所争讼的木材是李某私拿部队施工用材为理由，要求将木材返还部队。

(4) 甲在某饭店就餐，在开啤酒时，啤酒瓶爆炸将其左眼炸伤。甲起诉至法院，要求饭店赔偿所受的各种损失。经有关部门鉴定，啤酒瓶存在质量问题，为此人民法院依职权通知啤酒生产厂家参加诉讼，并追加其为无独立请求权的第三人。本案中，厂家对原、被告的诉讼标的即损害赔偿，没有独立的请求权，但原诉处理结果与啤酒厂有法律上的利害关系。如果被告败诉，则必然要向啤酒厂索赔，因此原诉的处理结果对其义务有预决性，啤酒生产厂家在这一诉讼中属于无独立请求权的第三人。

(2) 民事诉讼当事人的诉讼权利与义务。作为民事诉讼的当事人，其诉讼权利主要有，使用本民族语言文字进行诉讼，委托代理人进行诉讼，提出回避申请，收集、提供证据，进行辩论，请求调解或自行和解，提起上诉，申请执行，按照有关规定查阅、复制本案的有关材料和法律文书等。诉讼义务主要有，行使诉讼权利必须正确和合法，遵守诉讼秩序，履行发生法律效力的判决书、裁定和调解书等。

(3) 民事诉讼代理人。民事诉讼代理人是指在民事诉讼中，依法律的规定，或人民法院的指定，或经当事人委托授权，以当事人的名义代为进行诉讼活动，行使当事人的诉讼权利的人。

诉讼代理人是以被代理人的名义进行诉讼的，自己并不承担人民法院就实体民事权益争议作出的判决的法律后果，因而民事诉讼代理人只是民事诉讼参加人，而不是民事诉讼当事人。

我国《民事诉讼法》所规定的诉讼代理人分为两类人，法定诉讼代理人和委托诉讼代理人。

① 法定诉讼代理人。法定诉讼代理人是指根据法律规定，代理无诉讼行为能力的当事人进行民事诉讼活动的人。法定诉讼的被代理人只限于无民事行为能力的人或限制民事行为能力的人。最高人民法院"民诉意见"中，对诉讼中无民事行为能力、限制民事行为能力人事先没有确定监护人，而有监护资格的人又协商不成的情况，规定人民法院可以在他们之间指定诉讼中的法定代理人，由于是人民法院指定的诉讼代理人，因此该被指定的代理人仍然属于法定诉讼代理人。

② 委托诉讼代理人。委托诉讼代理人是指根据当事人、法定代表人或法定代理人的委托，代为进行诉讼活动的人。

根据《民事诉讼法》第五十八条的规定，我国的委托诉讼代理人包括律师、基层法律工作者、当事人的近亲属或工作人员、当事人所在的社区、单位以及社会团体推荐的公民。2012 年修改的《民事诉讼法》删除了有关"经法院许可的其他公民可以作为委托诉讼代理人"的规定。同时，原"当事人、法定代理人可以委托 1～2 人作为诉讼代理人"的规定也被删除，因此，当事人可以委托两个以上的人作为诉讼代理人。

【阅读资料】

民事诉讼的当事人在诉讼中因所处的诉讼地位和诉讼阶段不同，有不同的称谓，在一审的普通程序和简易程序阶段称为原告和被告，二审上诉阶段称为上诉人和被上诉人，执行阶段称为申请执行人和被申请执行人。

4. 民事诉讼主管与管辖

(1) 民事诉讼主管。民事诉讼主管就是确定法院在民事诉讼中的受案范围，明确哪些纠纷属于法院民事审判权的范围，哪些纠纷不属于法院民事审判权的范围，从而解决法院和其他国家机关、社会组织在解决民事纠纷上的分工和权限问题。

根据《民事诉讼法》第三条的规定，人民法院受理公民之间、法人之间、其他组织之间以及他们相互之间因财产关系和人身关系提起的民事诉讼。适用民事诉讼法审理的案件有以下五类。

① 因民法、婚姻法、收养法、继承法等民事实体法调整的平等主体之间的财产关系和人身关系发生的民事案件，如房地产纠纷、合同纠纷案、侵害名誉权、肖像权案等。

② 因经济法、劳动法调整的社会关系发生的争议，如企业破产案。

③ 适用特别程序审理的选民资格案件和宣告公民失踪、死亡案。

④ 按照督促程序解决的债务案件。

⑤ 按照公示催告程序解决的宣告票据和有关事项无效案。

【小思考】

下列纠纷是否属于人民法院受理民事诉讼的范围？

(1) 甲、乙在合同中约定，若发生纠纷，向仲裁机构申请仲裁。后乙违约，甲认为仲裁不如法院判决可靠，于是向人民法院提起诉讼。

(2) 张某认为交警对自己的处罚不公平，没有任何法律根据。

(3) 李某认为本单位领导以权谋私，有违反党纪政纪的行为。打算向人民法院提出控告。

(2) 民事诉讼管辖。民事诉讼中的管辖是指在民事诉讼中各级人民法院之间以及同级人民法院之间受理第一审民事案件的权限和分工。它是在法院内部确定具体的某一民事案件由哪个法院行使民事审判权的一项制度。

① 级别管辖。级别管辖是指各级人民法院之间受理第一审民事案件的权限和分工。我国民事诉讼法是根据案件的性质、繁简程度和案件影响的大小来确定级别管辖的。对于性质重大、案情复杂、影响范围大的案件确定给级别高的法院管辖。在审判实务中，争议标的的金额大小也是确定级别管辖的重要依据。

《民事诉讼法》第十七条规定："基层人民法院管辖第一审民事案件，但本法另有规定的除外。"这一规定实际上把大多数民事案件都划归基层法院管辖。

《民事诉讼法》第十八条规定："中级人民法院管辖的第一审民事案件有三类：一是重大涉外案件，主要指争议标的额大，或案情复杂，或居住在国外的当事人人数众多的涉外案件；二是在本辖区内有重大影响的案件；三是最高人民法院确定由中级人民法院管辖的案件。"这类案件主要有海事、海商案件，知识产权纠纷案件，重大涉港澳台民事案件，诉讼标的金额大或诉讼单位属省、自治区直辖市以上的经济纠纷案件。

高级人民法院管辖在本辖区内有重大影响的第一审民事区案件。高级人民法院主要任务是对本辖区内中级人民法院和基层法院的审判活动进行指导和监督，审理不服中级人民法院判决、裁定的上诉案件，由高级法院管辖的一审案件数量很少。

② 地域管辖。级别管辖将民事案件在四级法院中做了分配，划定了各级法院受理第一审民事案件的权限。但除最高法院外，同一级中仍然有许多法院，还需要进行第二次分

配，将已划归同一级法院管辖的一审案件在各法院之间分配，即地域管辖。

地域管辖是指不同地区的同级人民法院之间受理第一审民事案件的权限和分工。

一般确定地域管辖的标准主要有两个，其一是诉讼当事人所在地（主要是指被告的住所地）与法院辖区之间的联系。其二是指诉讼标的、诉讼标的物或法律事实与法院辖区之间的联系。由于我国法院的辖区同行政区划是一致的，在当事人的所在地等处于某一行政区域内时，诉讼就由设在该行政区内的法院管辖。

【阅读资料】

地域管辖可分为一般地域管辖、特殊地域管辖、专属管辖、协议管辖和选择管辖，其中主要是一般地域管辖。

我国民事案件的一般地域管辖，实行“原告就被告”的原则，即对公民提起的民事诉讼，应由被告住所地人民法院管辖。被告住所地与经常居住地不一致的，由经常居住地人民法院管辖（公民的住所地是指该公民的户籍所在地，经常居住地是指公民离开住所至起诉时已经连续居住满1年的地方）。对法人或者其他组织提起的民事诉讼，由被告住所地人民法院管辖（法人或其他组织的住所地为主要办事机构所在地或主要营业地。若被告为没有办事机构的公民合伙、合伙型联营体，则由注册地法院管辖。没有注册地，几个被告又不在同一辖区的，几个被告住所地法院都有管辖权）。

作为例外，《民事诉讼法》及《民事诉讼法意见》规定，某些诉讼由原告住所地法院管辖。《民事诉讼法》规定的原告住所地法院管辖的情形包括以下四种。

第一，对不在中华人民共和国领域内居住的人提起的有关身份关系的诉讼。

第二，对下落不明或宣告失踪的人提起的有关身份关系的诉讼。

第三，对被采取强制性教育措施的人提起的诉讼。

第四，对被监禁的人提起的诉讼。

《民事诉讼法意见》规定的情形包括以下四种。

第一，被告一方被注销城镇户口的，由原告所在地法院管辖。

第二，追索赡养费案件的几个被告的住所地不在同一辖区的，可以由原告住所地法院管辖。

第三，非军人对军人提出的离婚诉讼，如果军人一方为非文职军人，由原告住所地法院管辖。

第四，夫妻一方离开住所地超过1年的，另一方起诉离婚的案件，由原告住所地法院管辖。夫妻双方离开住所地超过1年的，被告无经常居住地的，由原告居住地法院管辖。

【案例分析】

大连市民王大借用妻弟位于中山区的一处临街铺面，开了一家面包房，因资金紧张向家住中山区的朋友王二借款2万元。开业不久却发生了火灾，损失严重。王大无力重新装修，被迫停业。借款到期后，王二多次催促，王大仍无还款表示。于是王二向中山区法院起诉，要求王二还款。法院经审查得知，王大的户口和实际居住地均在沙河口区，便告知王二向沙河口区法院起诉。

本案是一般民间借款纠纷，从级别管辖看，应由中山区人民法院管辖；由于被告户籍和实际居住地均在沙河口区，根据“原告就被告”原则，应由沙河口区人民法院受理。

5. 民事诉讼中的证据及举证责任

(1) 民事证据。民事证据是指在民事诉讼中能够证明案件真实情况的各种资料。作为证据的资料必须要与证明的案件事实具有关联性，并且符合法律规定的要求，具有合法性，证据还应当是客观存在的事实，即具有客观性。证据不仅是当事人证明自己主张的证据材料，也是法院认定争议案件的事实，作出裁判的依据。只有经过质证和认证的证据，才能作为认定案件事实和裁判的根据。当事人要证明自己提出的主张，需要向法院提供相应的证据材料。依我国民事诉讼法的规定，可作为证据的材料包括以下八种类型。

① 书证。书证是指以文字、符号、图案等表示的内容来证明案件待证事实的书面材料，如合同、协议书、权利证书等。根据民事诉讼法的规定，当事人向人民法院提交书证，应提交原件，提交原件确有困难的，可以提交复印件、照片、副本、节录本等。根据“证据规定”，国家机关、社会团体依职权制作的公文书证的证明力一般大于其他书证；经过公证的书证，其证明力一般大于其他书证；无法与原件核对的复印件，不能单独作为认定案件事实的依据。

② 物证。物证是以其存在的外形、特征上、质量、性能等来证明案件待证事实的物品。向法院提交物证，应提交原件，提交原件确有困难的，可以提交复制品或照片。根据“证据规定”，物证的证明力一般大于一般意义的书证，视听资料和证人证言；无法与原物核对的复制品，不能单独作为认定案件事实的依据。

③ 视听资料。视听资料是指以声音、图像及其他视听信息来证明案件待事实的录像带、录音带等信息材料。民事诉讼法要求人民法院对视听资料，应当辨别真伪，并结合本案的其他证据，审查确定能否作为认定事实的根据。“证据规定”强调视听资料的合法性，非法获得的视听资料包括使用法律法规禁止的手段窃听、窃照所获得的视听资料，以侵害他人隐私的方式取得的视听资料等。但对于所谓“偷录、偷拍证据”的合法性，要根据具体情况加以判断，不能简单地认为一概合法或一概非法。根据“证据规定”，视听资料证明力一般小于物证、档案、鉴定意见、勘验笔录和经过公证或登记的书证；存有疑点的视听资料，不能单独作为认定案件事实的依据。

④ 电子数据。电子数据是指在计算机或计算机系统运行过程中因电子化数据等产生的证明案件事实的信息。如电子邮件(E-mail)、电子数据交换(EDI)、电子资金划拨(EFT)、电子聊天记录(E-chat)、电子公告牌记录(BBS)和电子签章(E-signature)等样式的各种证据。2012 年修改的民事诉讼法规定了电子数据可以作为证据，但相关的司法解释还有待完善。

⑤ 证人证言。证人证言是指当事人之外了解案件有关情况的人向人民法院就自己知道的案件事实所作的陈述。根据民诉法的规定，凡是知道案件情况的单位和个人都义务出庭作证，证人确有困难不能出庭的，经人民法院许可，可以提交书面证言，由法院审判人员在法庭上宣读。

对证人证言应注意以下几点。其一，证人本身不是证据，其向人民法院陈述的与案件事实有关的内容才是证据。其二，证人能力与民事行为能力没有直接关系，限制民事行为能力或无民事行为能力人都有可能成为证人，法律只规定不能正确表述意志的人，不能作证。其三，证人不存在回避问题，案件当事人之外的第三人，只要其知晓案件的有关情况，均可作为证人作证，即使其与案件的一方当事人有利害关系，因此，证人证言在有的情况下是带有倾向性的。

根据“证据规定”，证人证言证明力一般小于物证、档案、鉴定意见、勘验笔录或经过公证、登记的书证，未成年人所作的与其年龄和智力状况不相当的证言、与一方当事人或其代理人有利害关系的证人出具的证言、无正当理由未出庭作证的证人证言，不能单独作为认定案件事实的依据。

⑥ 当事人陈述。当事人陈述是指当事人就案件事实向人民法院所作的陈述。根据“证据规定”，当事人对自己的主张，只有本人陈述而不能提出其他相关证据的，其主张不予支持，但对方当事人认可的除外；在诉讼过程中，当事人在起诉书、答辩状陈述及其委托代理人的代理词中承认对己不利的事实和认可的证据，人民法院应当予以确认，但当事人反悔并有相反证据足以推翻的除外。

⑦ 鉴定结论。鉴定结论是指鉴定人运用自己的专业知识对案件中的有关专门性问题进行鉴别、分析所作出的结论。根据“证据规定”，鉴定意见的证明力一般大于一般意义的书证、视听资料和证人证言。此外，2012 年修改的《民事诉讼法》第七十九条增加了专业人员出庭制度的规定，当事人可以申请有专门知识的人出庭，就鉴定意见或专业问题提出意见。

⑧ 勘验笔录。勘验笔录是指勘验人员对被勘验的现场或物品所作的客观记录。根据“证据规定”，勘验笔录的证明力一般大于一般意义的书证、视听资料和证人证言。

(2) 举证责任。举证责任又称证明责任，是指当事人对自己提出的事实主张，有提出证据并加以证明的责任，如果当事人未能尽到上述责任，则有可能承担对其主张不利的法律后果。

① 证明责任的分配。证明责任是指诉讼当事人通过提出证据证明自己主张的有利于自己的事实，避免因待证事实处于真伪不明状态而承担不利诉讼后果。当作为裁判基础的案件事实处于真伪不明时，必然有一方要承担由此而带来的不利后果，那么这一后果应当由谁来承担呢，这就是证明责任分配所要解决的问题。而证明责任分配是法院在诉讼中按照一定规范或标准，将事实真伪不明时所要承担的不利后果在双方当事人之间进行划分。

具体某一事实应由谁举证，这是证明责任的分配问题。我国《民事诉讼法》第六十四条规定：“当事人对自己提出的主张，有责任提供证据”，即“谁主张，谁举证”原则。据此，无论原告、被告、共同诉讼人、诉讼代表人以及诉讼中的第三人，都有责任对自己的主张提供证据并加以证明。如在合同纠纷案件中，主张合同关系成立并生效的一方当事人对合同订立和生效的事实承担举证责任；主张合同关系变更、解除、终止、撤销的一方当事人对引起合同关系变动的事实承担举证责任。

在某些特殊情形下，由于案件事实的特殊性，法律在确定证明责任时，免除了由原告对主张首先进行证明的责任，而确定由被告人承担证明责任，即“举证责任倒置”。如高度危险作业致人损害的侵权诉讼，由加害人就受害人故意造成损害的事实承担举证责任；因环境污染引起的损害赔偿诉讼，由加害人就法律规定的免责事由及其行为与损害结果之间不存在因果关系承担举证责任。

② 民事诉讼的证明标准。证明标准是指法院在诉讼中认定案件的事实所要达到的证明程度，是法院判断待证事实的基准。如果证明已达到证明标准时，法院就应当以该事实作为裁判的依据。

在一般情形下，民事诉讼的证明标准是高度盖然性，即证明虽然没有达到使法官对待证事实确信只能如此的程度，但已经达到相信存在极大可能或非常可能如此的程度。这与刑事诉讼中的证明标准不同，刑事诉讼的证明标准一般要求须达到一种使法官确信或能够排除一切合理怀疑的状态。

③ 举证时限。举证时限是一种要求当事人及时实施举证行为的制度，它是指法律规定或法院指定当事人能够有效举证的期限。

2012 年修订的《民事诉讼法》第六十五条第二款规定："人民法院根据当事人的主张和案件审理情况，确定当事人提供的证据及其期限。当事人在该期限内提供证据确有困难的，可以向人民法院申请延长期限，人民法院根据当事人的申请适当延长。当事人逾期提供证据的，人民法院应当责令其说明理由；拒不说明理由或理由不成立的，人民法院根据不同情况可以不予或采纳证据但予训诫、罚款。"

举证期限的确定有两种情形：其一，当事人协商和法院指定。其二，当事人协商确定举证期限的，须经人民法院认可。法院指定的，不得少于 30 天。该 30 天的期限是针对适用一审普通程序审理民事案件时所指定的期限，法律另有规定的除外。

【案例分析】

七十岁的李某在某单位的车棚担任门卫工作。某天早晨，姜某到车棚推车时，因琐事与李某发生争执和厮打，被人劝开后姜某离去，而李某仍在车棚值班至当晚 7 点半下班回家。第二天中午，李某自述头晕到医院就诊，经做头部 CT、心电图和 B 超检查，诊断为：头晕待查、高血压病。到下午 5 时好转即回家。三日后，李某以姜某蹬伤自己腰部造成损失为由即到法院起诉，要求姜某赔偿医疗费、误工费和精神损失费等经济损失共计 2000 余元。

姜某对蹬伤李某腰部一事予以否认，李某也未提交任何有关其腰部受伤的诊断书或用药处方，而是提交了其头部 CT、心电图和 B 超检查费单据 3 张计款 227 元和出租车票 22 张计 220 元，要求姜某赔偿其损失 2000 余元。

法院经审理认为，李某诉求腰伤索赔与其提交的头部检查花费证据之间无法律和事实上的因果关系，原告李某又未向法院提交证据证明诉请腰部受伤的有关事实证据和相关花费证据，法院依法作出判决：驳回原告李某的诉讼请求。

根据《民事诉讼法》和民事证据规则，当事人应当对自己的主张提供相关的证据予以证明，否则就要承担对自己不利的法律后果。本案原告向法院诉求被告踢伤腰部，却提供 CT、心电图和 B 超检查单据，没有以自己的诉讼请求为中心，向法院提交相关的确凿证据加以证明，原告承担不利的后果。

6. 法院调解

法院调解是指在民事诉讼中,双方当事人在法院审判人员的主持和协调下,就案件争议的问题进行协商,从而解决纠纷所进行的活动。

(1) 法院调解的特点。与诉讼外的调解相比较,法院调解的特点主要有以下四点。

① 法院调解发生在诉讼过程中,对当事人产生诉讼上的约束力;诉讼外的调解发生在诉讼之外,当事人的行为无诉讼上的意义。

② 法院调解是在人民法院审判人员主持下进行的,具有审判上的意义和司法性质;而诉讼外的调解,其主持者是人民调解委员会的委员、行政机关的官员、仲裁机构的仲裁员,所进行的活动不具有审判性和司法性质。

③ 法院调解要遵循一定的法律原则和程序,比诉讼外的调解要严格规范。

④ 人民法院调解所形成的调解协议或调解书生效后与生效的判决书具有同等的法律效力。法院调解当事人达成协议并签收了送达的调解书的,诉讼结束。具有给付内容的调解书具有执行力。诉讼外调解,除仲裁机构制作的调解书对当事人具有拘束力外,在其他机构主持下达成调解协议而形成的调解书,未经法院司法确认,对当事人只有相当于合同的效力。

(2) 法院调解的效力。法院调解的效力,是指在审判人员的主持下,双方当事人平等协商达成的调解协议,经人民法院依法定程序认可后所产生的法律后果。调解协议或调解书生效后,与生效判决具有同等的法律效力。具体有以下四方面,其一,诉讼结束,当事人不得以同一事实和理由再行起诉。其二,一审的调解协议或调解书发生效力后,当事人不得上诉。其三,当事人在诉讼中争议的法律关系中的争议归于消灭,当事人之间实体上的权利义务关系依调解协议内容予以确定。其四,具有给付内容的调解书,具有强制执行力。

7. 民事审判程序

民事审判程序是指法院审理和解决民事案件的各种活动,人民法院审理民事案件的法定程序,称为民事审判程序。根据我国《民事诉讼法》的规定,民事审判程序包括,第一审普通程序、简易程序、第二审程序、特别程序、审判监督程序、督促程序、公示催告程序、企业法人破产还债程序。其中主要是第一审普通程序、第二审程序和审判监督程序。

(1) 第一审普通程序。普通程序是指人民法院审判第一审民事案件通常所适用的程序。是我国民事诉讼法规定的审判程序中最为重要,也是最为基础的一个程序。民事诉讼法中的诸多原则、制度在该程序中都有充分的体现。第一审普通程序包括以下几个基本阶段。

① 起诉和受理。起诉是指当事人为了保护自己的民事权益,向人民法院提起诉讼,请求予以法律保护的行为。民事诉讼实行"不告不理"原则,没有人起诉,人民法院不会启动诉讼程序。因此,当事人的起诉行为是一审普通程序开始的前提条件。

根据《民事诉讼法》第一百一十九条的规定,起诉要得到人民法院的受理,必须符合以下四个条件,其一,原告是与本案有直接利害关系的公民、法人和其他组织。其二,有明确的被告。其三,有具体的诉讼请求和事实、理由。其四,属于人民法院受理民事诉讼的范围和受诉人民法院管辖。

起诉的方式以书面起诉为原则，以口头起诉为例外。《民事诉讼法》第一百二十条规定，起诉应当向人民法院递交起诉状，并按照被告的人数提交起诉状副本。书写起诉状确有困难的，可以口头起诉，由人民法院记入笔录，并告知对方当事人。根据《民事诉讼法》第一百二十二条的规定，当事人起诉到人民法院的案件，在立案审查时，法院认为适宜调解的，可以先行调解，但必须以当事人自愿为前提。

受理是指人民法院经过审查，认为原告的起诉符合《民事诉讼法》规定的条件，而决定予以立案审理的行为。一般地，原告的起诉行为并不必然引起诉讼程序的开始，起诉还必须经过人民法院审查受理后，诉讼程序才真正发生。即一审普通程序的启动，必须以当事人的起诉行为与人民法院的受理行为的结合为要件。

人民法院收到诉状或者口头起诉，经审查，认为符合起诉条件的，应当在7日内立案，并通知当事人；认为不符合起诉条件的，应当在7日内裁定不予受理。原告对裁定不服的，可以提起上诉。如果人民法院在立案后，发现起诉不符合法定条件的，应当裁定驳回起诉，当事人对驳回起诉的裁定不服的，可以提起上诉。

【案例分析】

2012年11月，李先生与某房地产开发公司签署了《商品房预售合同》，购买另外一套位于通州区的房屋，房屋总价款270万余元，其中首付款为81万余元，剩余房款为189万元。2013年3月，李先生与该房地产公司及相关银行签订了《个人购房担保借款合同》，房地产公司作为该笔借款的担保人。银行向李先生发放贷款189万元，期限30年。

2014年3月8日，李先生搭乘马来西亚航空公司MH370航班由吉隆坡飞往北京，该航班至今失联。因李先生失联，其贷款未进行偿还，银行向房地产公司发出个人贷款履行保证担保责任通知书，房地产公司履行保证人的义务，代李先生清偿拖欠至今的贷款本息11万余元。

此后，房地产公司起诉，请求法院判令解除双方合同，李先生将房屋腾退交还给房地产公司，支付违约解除合同的赔偿金66万余元。

法院受理此案后，承办法官与李先生的妻子、母亲取得了联系。在得知该诉讼后，李先生的妻子、母亲情绪十分激动，哭诉李先生失联后给其生活带来巨大的痛苦，也表明诉争房屋为其唯一的住处，等李先生情况明确和赔偿完毕后可以继续偿还贷款，并提交了搭机证明。随后，承办法官又与房地产公司取得联系，希望房地产公司可以理解李先生的特殊境况，撤回起诉，等失联事件处理完毕再行起诉。但房地产公司以银行坚持让其承担担保责任并代为偿还李先生贷款为由拒绝撤诉。

由此，在调解无效的情况下，承办法官启动了诉讼程序审理本案。

经过审理，法院认为，根据马来西亚航空公司的搭机证明，李先生所乘飞机处于失联状态，李先生的法律属性处于未确定状态，现房地产公司以商品房买卖合同纠纷为由起诉李先生，但李先生法律属性不明确，根据《民事诉讼法》的规定，驳回房地产公司的起诉。所谓的法律属性不明也就是所谓的生死不明，当事人处于失踪状态，“由于不确定是否生存，事故原因不明，因此导致结果不明”。①

① http://china.findlaw.cn/info/minshang/minfa/minfaanli/1249296.html.

② 审理前的准备。审理前的准备是指人民法院受理案件以后，至开庭审理之前，为保证庭审的正常进行，由审判本案的合议庭进行的一系列诉讼活动。依照民事诉讼法及有关司法解释的规定，审理前的准备工作主要有以下七项。

第一，在法定期间内送达诉讼文书。根据《民事诉讼法》第一百二十五条和相关司法解释的规定，首先，人民法院在受理案件后应当向原告、被告送达案件受理通知书、应诉通知书及举证通知书。其次，人民法院受理案件后，应当在立案之日起 5 日内将起诉状副本发送被告。被告在收到之日起 15 日内提出答辩状。被告提出答辩状的，人民法院应当在收到之日起 5 日内将答辩状副本发送原告；经合法送达而被告不提出答辩状的，不影响人民法院审理。

第二，告知当事人诉讼权利义务及合议庭的组成。

第三，确定举证期限。

第四，组织当事人进行证据交换、整理争议焦点。

第五，审阅诉讼材料，调查收集必要的证据。

第六，追加当事人。如果人民法院经过审查，认为共同诉讼中应当参加诉讼的当事人没有参加诉讼，应当通知其参加诉讼，或由当事人向人民法院申请追加。此外，本案的处理结果如果与第三人存在法律上的利害关系，第三人可以申请参加诉讼，或由人民法院通知其参加诉讼。

第七，选择审理案件适用的程序。

③ 开庭审理及宣判。开庭审理是第一审普通程序的中心环节。在开庭审理中，要全面审查案情。一切与争议有关的事实都要在法庭上核查，未经法庭调查的事实，不能作为判决的根据。

人民法院审理民事案件，除涉及国家机密、个人隐私或者法律另有规定的以外，应当公开进行。但是，离婚案件和涉及商业秘密的案件，当事人申请不公开审理的，可以不公开审理。

开庭审理前要进行庭审准备：其一，告知当事人及其他诉讼参与人出庭日期。人民法院确定开庭日期后，一般应当在开庭 3 日前告知当事人及其他诉讼参与人，对当事人采用传票传唤出庭，对其他诉讼参与人以通知书通知其到庭。其二，发布审理公告。

依照普通程序开庭审理的案件必须严格按照法定的阶段和顺序进行。

首先，宣布开庭。

其次，法庭调查。依照《民事诉讼法》第一百三十八条规定，法庭调查按下列顺序进行，当事人陈述，证人出庭作证，出示书证、物证、视听资料和电子数据，宣读鉴定意见，宣读勘验笔录。上述规定表明，案件中所涉及的所有证据，无论是当事人提供的，还是人民法院依职权调查收集到的，都必须经过当事人的相互质证。合议庭在当事人质证的基础上，对证据的真实性、关联性、合法性及证明力加以认定，未经过庭审质证的证据材料不能作为法院裁判的根据。

再次，法庭辩论。法庭辩论应当按照法定顺序进行：原告及其诉讼代理人发言；被告及其诉讼代理人发言；第三人及其诉讼代理人发言；相互辩论。

最后，合议庭评议和宣判。法庭辩论终结后，当事人不愿调解或调解未能达成协议的，合议庭应当及时对案件进行评议。评议后，无论是公开审理还是不公开审理的案件，都必须公开宣告判决。当庭宣判的，应当在10日内向当事人发送判决书，定期宣判的，宣判后立即向当事人发送判决书。人民法院在宣告判决时，应当告知当事人上诉的权利、上诉期限和上诉的法院。

人民法院适用第一审普通程序审理的案件，应当自立案之日起6个月内审结。有特殊情况需要延长的，由本院院长批准可以延长6个月。还需要延长的，报请上级人民法院批准。根据最高人民法院"民诉意见"的规定。审结期限是从立案的次日起至裁判宣告、调解书送达之日止的期间，但公告期间、鉴定期间、审理当事人提出管辖权异议以及处理人民法院之间的管辖争议期间不应计算在内。

④ 撤诉及缺席判决。撤诉是指在人民法院受理案件之后、宣告判决之前，当事人要求撤回其提起的起诉的行为。包括申请撤诉和按撤诉处理两种情况。

申请撤诉应当符合一定的条件，其一，申请撤诉的主体必须合格。在第一审普通程序中，申请撤诉的主体包括原告、有独立请求权的第三人和提出反诉的被告，法定诉讼代理人以及经当事人特别授权的委托诉讼代理人。其二，申请撤诉必须是当事人自愿。其三，撤诉必须在法定期间内提出。其四，撤诉必须经法院审查同意。

按撤诉处理的情形是指当事人虽然没有提出撤诉申请，但其在诉讼中的一定行为已经表明他不愿意继续进行诉讼，因而，法院决定依法撤销案件不予审理的行为。根据《民事诉讼法》及有关的司法解释，按撤诉处理的情形包括：第一，原告经传票传唤，无正当理由拒不到庭。第二，原告未经法庭许可中途退庭。第三，原告应预交而未交案件受理费，人民法院应当通知其预交，通知后仍不交纳，或申请缓、减、免未获人民法院批准仍不交纳诉讼费用的，按撤诉处理。第四，无民事行为能力的原告的法定诉讼代理人，经法院传票传唤无正当理由拒不到庭的可按撤诉处理。第五，有独立请求权的第三人经法院传票传唤，无正当理由拒不到庭的，或未经法庭许可中途退庭的，可按撤诉处理。无独立请求权的第三人，无正当理由拒不到庭，或未经法庭许可中途退庭的，影响案件的审理。缺席判决是指人民法院在一方当事人无正当理由拒不参加庭审或未经许可中途退庭的情况下依法对案件所作出的判决。缺席判决适用于下列情况，第一，原告不出庭或中途退庭按撤诉处理。被告提出反诉的。第二，被告经传票传唤，无正当理由拒不到庭的，或未经法庭许可中途退庭的。第三，法院裁定不准撤诉的，原告经传票传唤，无正当理由拒不到庭的。第四，无民事行为能力人的被告的法定代理人，经传票传唤无正当理由拒不到庭的。缺席判决与对席判决具有同等的法律效力。

【阅读资料】

简易程序是简化了的第一审普通程序。它适用于基层人民法院及其派出的法庭审理事实清楚、权利义务关系明确、争议不大的简单的民事案件。

适用简易程序的案件，原告可以口头起诉，当事人双方可以同时到基层人民法院或者它的派出的法庭请求解决纠纷，并由审判员一人独任审理。审判员可用简便方式随时传唤当事人、证人。审理的进行也不受法律关于普通程序诸如开庭日期、地点通知和公告，以及法庭调查和法庭辩论程序等规定的限制，而可以根据实际情况，灵活进行。但简易程序审理作出的判决和依普通程序审理作出的判决，具有完全相同的法律效力。

人民法院适用简易程序审理案件，应当在立案之日起3个月内审结。

（2）第二审程序。第二审程序又称上诉程序，是指第二审人民法院审理上诉案件所适用的法定程序。

当事人不服地方人民法院第一审判决的，有权在判决书送达之日起15日内向上一级人民法院提起上诉。当事人不服地方人民法院第一审裁定的，有权在裁定书送达之日起10日内向上一级人民法院提起上诉。

二审法院对当事人不服一审判决提起上诉的案件，按照下列情形分别处理。

① 原判决认定事实清楚，适用法律正确的，判决驳回上诉，维持原判决。

② 原判决认定事实错误或适用法律错误，应当以判决方式依法改判、撤销或变更。如果认为原判决认定的基本事实不清的，可以查清事实后依法改判。

③ 裁定撤销原判，发回重审。如果认为有下列情形的，其一，原判决认定基本事实不清的。其二，原判决遗漏当事人的。其三，原判决严重违反法定程序的。根据司法解释的规定，违反法定程序的情形主要包括，审理本案的审判人员、书记员应当回避未回避的，未经开庭审理而作出判决的，适用于普通程序审理的案件当事人未执行传票传唤而缺席判决的。发回重审的案件，当事人不服的仍可以上诉。二审法院对当事人不服一审法院裁定提起的上诉案件，应根据不同情况作出裁定。

对于原裁定认定事实清楚、适用法律正确的，裁定驳回上诉，维持原裁定。对于第一审作出的不予受理的裁定有错误的，应在撤销原裁定的同时，指令第一审人民法院立案受理；查明第一审人民法院作出的驳回起诉裁定有错误的，应在撤销原裁定的同时，指令第一审人民法院进行受理。查明第一审人民法院作出的管辖权异议裁定有错误的，应在撤销原裁定的同时，指令第一审人民法院继续审理或移送经有管辖权的人民法院进行审理。

按照《民事诉讼法》的有关规定，法院审理不服判决的上诉案件，应当在第二审法院立案之日起3个月内审结。有特殊情况需要延长的，报请本院院长批准；第二审法院审理不服裁定的上诉案件，应当在第二审法院立案之日起30日内作出终审裁定，没有特殊情况延长的规定。

我国实行两审终审制，第二审法院即终审法院。第二审法院的裁判为终审裁判，其法律效力在于，其一，不得对裁判再行上诉。其二，不得重新起诉。当事人不得就同一诉讼标的，以同一事实和理由重新起诉。但判决不准离婚、调解和好的离婚案件及判决维持收养关系的案件、调解维持收养关系的案件除外。其三，具有强制执行的效力。

【阅读资料】

李某带女儿去大世界游乐场游玩，将一手提包存放在该游乐场的存包处。但在取包时发现放在包内的一架理光相机、一个商务通及一个小型摄像机不见了，同时发现手提包的拉链已被损坏。李某当即要求赔偿，但遭到拒绝，后向当地公安部门报案。几个月后，案件仍无任何结果，于是李某法院起诉，要求大世界游乐场赔偿损失或返还上述财物。但在开庭时，李某未能提供出相关的证据，法院遂判决原告败诉。原告不服，依法提起上诉。二审期间，当地公安机关破获一起盗窃案。在清理赃物时，根据一个商务通所储存的信息，与李某取得了联系，并由李某将商务通领回。后李某将上述情况告知二审合议庭。二审法院在当地公安机关配合下，收集到了李某财物被盗的相关性证据，由于其他物品已无法追回，故依法改判，判决被上诉人对上诉人的实际经济损失承担民事赔偿责任(保管合同中的违约责任)。

本案一审中，原告败诉原因在于未能提供相关证据支持自己的主张，即无法证明自己被盗的物品有哪些。二审中，由于盗窃案的破获，取得了自己被盗物品的证据，因而获得了赔偿。(注：《民事诉讼法》第六十四条规定，当事人因客观原因不能自行收集的证据，人民法院依职权调查收集。)

(3) 审判监督程序。审判监督程序即再审程序，是指对已经发生法律效力的判决、裁定、调解书，人民法院认为确有错误，对案件再行审理的程序。

① 基于审判监督权提起的再审。《民事诉讼法》规定，各级人民法院院长对本院已经发生法律效力的判决、裁定，调解发现确有错误，认为需要再审的，应当提交审判委员会讨论决定。最高人民法院对地方各级人民法院已经发生法律效力的判决、裁定，以及上级人民法院对下级人民法院已经发生法律效力的判决、裁定，发现确有错误的，有权提审或者指令下级人民法院再审。确有错误是指原审裁判在事实认定、法律适用和程序运行中有重大缺陷，导致裁判结果的不公正。上级人民法院对下级人民法院已经发生法律效力的判决，发现确有错误的，有权提审或者指令下级人民法院再审。

② 基于检察监督权的抗诉提起的再审。人民检察院是我国的法律监督机关。按照民诉法的规定，人民检察院有权对人民法院的民事审判活动进行法律监督，具体的监督包括：其一，上级人民检察院对下级人民法院发生法律效力的裁判，认为确有错误的，依照法定的程序和方式，提请同级人民法院进行再审，即通过抗诉行使检察监督权。其二，根据2012年修订后的民诉法规定，各级人民检察限定对同级人民法院发生法律效力的裁判，认为确有错误的，可以向同级人民法院提出检察建议，人民法院可以根据检察建议确定是否依职权启动再审。

司法实践中，人民检察院发现错误裁判启动抗诉或检察建议的途径，一是当事人向人民检察提出申请，要求人民检察院启动抗诉或检察建议；二是人民检察院依职权自行发现错误裁判从而启动检察监督。其中，主要是当事人申请。

当事人申请的情形包括：人民法院驳回再审申请；人民法院逾期未对再审申请作出裁定；再审判决裁定有明显错误。人民检察院应当在3个月内审查当事人的申请，作出是否提出抗诉或检查建议的决定。在审查过程中，人民检察院享有调查权，可以向当事人或案外人调查核实有关情况。

③ 基于诉权的申请再审。申请再审是指当事人和特定的案外人认为生效的民事裁判文书或调解书有错误，向人民法院申请对案件再次审理的诉讼行为。

根据《民事诉讼法》的规定，当事人申请再审，应当在判决、裁定发生法律效力后6个月内提出，该期间不适用中止、中断和延长的规定。但下列事由申请再审的，再审期间为知道或应当知道相应情形之日起6个月内。第一，有新的证据，足以推翻原判决、裁定的。第二，原判决、裁定认定事实的主要证据是伪造的。第三，据以作出原判决裁定的法律文书被撤销或变更的。第四，审判人员审理该案件时有贪污受贿、徇私舞弊，枉法裁判行为的。

当事人申请再审原则上应当向原审人民法院的上一级人民法院申请再审。但根据民事诉讼法的规定，对于当事人人数众多或者当事人双方为公民的案件，当事人也可以向原审人民法院申请再审。

此外民事法还规定了督促程序、公示催告程序、企业法人破产还债程序，主要适用于经济案件。

8. 民事执行程序

执行是指人民法院的执行组织依照法定程序，对发生法律效力的法律文书确定的给付内容，以国家的强制力为后盾，依法采取强制措施，迫使义务人履行义务的行为。执行程序是指保证具有执行效力的法律文书得以实施的程序。民事诉讼法规定的由法定组织和人员运用国家的强制力量，根据生效法律文书的规定，强制民事义务人履行所负义务的程序。法律文书一经生效，义务人应自觉履行。如拒不履行，权利人可申请法院强制执行。执行程序是民事诉讼程序的最后阶段。

(1) 执行机构。根据修订后的《民事诉讼法》规定，各级人民法院根据需要，都可以设立执行机构，即执行庭或执行局。其主要成员是执行员和书记员，采取重大措施时，还应有司法警察参加。

(2) 执行根据。能够据以执行的法律文书主要有以下三类：第一，人民法院制作的具有执行内容的生效的法律文书，其中包括民事判决、裁定、调解书和支付令；刑事和行政裁判中的财产部分。第二，其他机关制作的由人民法院执行的法律文书，如公证书机关依法赋予强制执行效力的债权文书，仲裁机构制作的依法由人民法院执行的仲裁裁决和调解书，以由行政机关依法作出的应由人民法院执行的行政处罚决定和行政处理决定。第三，人民法院制作的承认并执行外国法院判决、裁定或外国仲裁机构的裁决的裁定书。

(3) 执行申请和期限。当事人拒绝履行发生法律效力的民事判决、裁定的，可以由对方当事人向人民法院申请执行，也可以由审判员移送执行员执行。当事人拒绝履行调解书和其他应当由人民法院执行的法律文书的，则只能由对方当事人向人民法院申请执行。

申请执行的期限，双方或者一方当事人是公民的为1年，双方是法人或者其他组织的为6个月。上述期限，从法律文书规定的履行期间的最后一日起计算；法律文书规定分期履行的，从规定的每次履行期间的最后一日起计算。

(4) 执行措施。我国《民事诉讼法》根据不同的执行对象，规定了不同的执行措施。

① 对财产的执行措施。第一，扣押、冻结、划拨、变价被执行人的金融资产。被执行人未按执行通知履行法律文书确定的义务，人民法院有权向银行、信用社、证券公司等金融机构发出协助要求，根据不同情形扣押、冻结、划拨、变价被执行人的存款、债权、股票、基金份额等金融资产，同时应当作出裁定，并发出协助执行通知书，有关金融机构必须办理。第二，扣留、提取被执行人的收入。被执行人未按执行通知履行法律文书确定的义务，人民法院有权扣留、提取被执行人应当履行义务部分的收入，但应当保留被执行人及其所扶养家庭的生活必需费用，其中的收入主要是指公民个人的工资、奖金、劳动报酬及各种有价证券等，人民法院扣留、提取被执行人的收入应当作出裁定，并发出协助执行通知书，有关金融

机构必须办理。第三,查封、扣押、拍卖、变卖被执行人的财产。人民法院查封、扣押、拍卖、变卖被执行人财产的,应当通知被执行人或他的成年家属到场,同时公民所在的单位或财产所在地的基层组织应当派人参加;被执行人是法人或其他组织的,应当通知其法定代表人或主要负责人到场,拒不到场的,不影响执行。查封、扣押财产,必须造具清单,由在场的人签名或盖章,交被执行人一份。对不动产和有产权证照的特定的动产,有查封、扣押时还应当在相关产权部门办理查封登记手续。财产被查封、扣押后被执行人在法院指定的期间内仍拒绝履行义务的,人民法院可以按照规定将查封、扣押的财产变现,并将相应的价款交给债权人。第四,强制被执行人交付法律文书指定的财产或票证。法律文书指定交付的财物或票证,由执行员传唤双方当事人当面交付,或由执行员转交,并由被交付人签收。有关单位持有该项财物或票证的,应当根据人民法院的协助执行通知书转交。拒不交出的强制执行。

② 对行为的执行措施。第一,强制被执行人迁出房屋或退出土地。强制被执行人迁出房屋或退出土地,由院长签发公告责令被执行人在指定的期间履行,被执行人逾期不履行的,由执行员强制执行。强制执行时,被执行人是公民的,应当通知被执行人或其成年家属到场,该公民所在的单位或房屋、土地所在的基层组织应当派人参加;被执行人是法人或其他组织的,应当通知其法定代表人或主要负责人到场,拒不到场的,不影响执行。执行员应当将执行情况记入笔录,由在场的人签名或盖章。强制迁出房屋被搬出的财物,由人民法院派人运至指定的场所,交给被执行人,因拒绝接收而造成损失,由被执行人承担。第二,强制被执行人履行法律文书指定的行为。判决、裁定或其他法律文书指定的行为,如系可替代完成的作为,人民法院可以委托有关单位或他人完成,应完成行为所发生的费用,由债务人承担。拒不承担的,依照对财产执行的方式迫使其履行。若为不可替代的作为,人民法院可采取间接执行的方法,通过对被执行人罚款、拘留、强制支付延迟履行金等手段,促使其自动完成义务。若为积极作为义务,债务人因实施积极行为,违背法律文书的规定,人民法院应当消除积极行为产生的后果。

③ 保障性执行措施。第一,查询被执行人的金融资产。第二,搜查被执行人的财产。第三,强制被执行人支付迟延履行期间债务利息及迟延履行金。第四,办理财产权证照转移手续。第五,报告。第六,限制出境。第七,征信系统记录不履行义务信息。第八,媒体公布不履行义务信息。第九,限制被执行人高消费。

8.2 行政诉讼法基础知识

行政诉讼是法院应公民、法人或其他组织的请求,通过审查行政行为合法性的方式,解决特定范围内行政争议的活动。

行政诉讼法是有关行政诉讼的法律规范的总和。它是规定人民法院、诉讼当事人和其他参与人的诉讼活动程序,规范各种行政诉讼行为,调整行政诉讼关系的法律规范。

我国行政诉讼法的主要渊源是 1990 年 10 月 1 日起施行的《中华人民共和国行政诉讼法》。

1. 行政诉讼法的基本原则

行政诉讼法的基本原则是指行政诉讼法规定的，贯穿于行政诉讼的主要过程，对行政诉讼活动起支配作用的基本行为准则。行政诉讼法基本原则对行政诉讼活动有拘束力。无论是人民法院还是诉讼当事人、其他诉讼参与人都要遵循。行政诉讼法所特有的基本原则主要有下列五项。

(1) 人民法院特定主管原则。人民法院特定主管原则是指人民法院受理行政案件的权限范围，由法律加以具体规定。人民法院只能主管法律规定由其主管的那一部分行政案件，法律未规定由其主管的行政案件，人民法院不能受理。这是行政诉讼与民事诉讼、刑事诉讼的一个重要的不同点。

(2) 合法性审查原则。合法性审查原则是指人民法院审理行政案件，只对具体行政行为是否合法进行审查。至于行政机关在法律、法规规定的范围内所作出的具体行政行为是否恰当、合理，人民法院一般不予评判。实行这一原则，是根据我国宪法的规定，区分行政权和司法权的需要。依照宪法的规定，行政机关依法行使行政权，人民法院依法行使审判权。确定具体行政行为是否合法，是属于审判权的范围；而确定具体行政行为是否恰当和合理，是属于行政权的范围。行政机关在法律、法规规定的范围内作出的具体行政行为是否恰当，主要应由行政复议处理。在具体审理每一行政案件时，除非是行政机关作出的行政处罚失公正，人民法院才可以判决变更；至于行政机关在法律、法规规定的范围内作出的行政处罚重一些或者轻一些的问题，人民法院不能判决变更。

(3) 行政诉讼期间不停止行政执行原则。当事人因不服行政机关的具体行政行为而向人民法院起诉，在诉讼期间，不停止原具体行政行为的执行。实行这一原则，是维护行政机关依法行使职权，保持国家行政管理活动正常进行的需要。但是根据《行政诉讼法》第四十四条规定，有下列三种情况之一的，应停止具体行政行为的执行。第一，被告认为需要停止执行的。第二，原告申请停止执行，人民法院认为该具体行政行为的执行会造成难以弥补的损失，并且停止执行不损害社会公共利益，裁定停止执行的。第三，法律、法规规定停止执行的(如《治安管理处罚法》第一百零七条规定，被裁决拘留的人或者他的家属能够找到担保人或者按照规定交纳保证金的，在申诉和诉讼期间，原裁决暂缓执行)。

(4) 不适用调解原则。不适用调解原则是指人民法院审理行政案件，不应采用调解的办法，以双方当事人互相让步的方式结案。这是因为，行政机关的具体行政行为是一种执法行为。公民、法人或者其他组织对行政机关所作的行政处罚决定或者其他处理决定不服，向人民法院起诉后，人民法院只能在查明事实的基础上，辨明具体行政行为是合法还是违法，从而依法作出公正的判决或裁定，而不能在人民法院的主持下，由争议的双方互相让步，达成谅解，调解结案。但是，依据《行政诉讼法》第六十七条的规定，行政损害赔偿诉讼可以调解，即公民、法人或其他组织单独就行政损害赔偿问题提起诉讼的，可以对赔偿数额和方式进行调解，以有利于迅速结案。

(5) 行政损害赔偿责任原则。《行政诉讼法》第六十七条规定："公民、法人或者其他组织的合法权益受到行政机关或者行政机关工作人员作出的具体行政行为侵犯造成损害的，有权请求赔偿。"关于赔偿责任的问题，根据《行政诉讼法》第六十八条的规定，由行政机关造成损害的，由该行政机关负责赔偿。由行政机关工作人员造成损害的，由该行政机关工作人员所在的行政机关负责赔偿，在赔偿损失后，应当责令故意或者重大过失的行政机关工作人员承担部分或者全部赔偿费用。

《中华人民共和国国家赔偿法》对行政损害赔偿的范围、赔偿请求人、赔偿义务机关、赔偿程序以及赔偿方式和计算都作了具体规定。

2. 行政诉讼参加人

行政诉讼参加人是指依法参加行政诉讼活动，享有诉讼权利、承担诉讼义务的当事人和与当事人诉讼地位相似的诉讼代理人，根据我国《行政诉讼法》的规定，行政诉讼参加人包括行政诉讼当事人和行政诉讼代理人。

（1）行政诉讼当事人。行政诉讼当事人是指因发生行政纠纷，以自己的名义进行诉讼，并受人民法院裁判约束的人，包括行政诉讼的原告、被告和第三人。

① 原告。原告是指认为其合法权益受到行政机关或行政机关工作人员的具体行政行为的侵犯，依照行政诉讼法的规定向人民法院提起行政诉讼的公民、法人或其他组织。

② 被告。被告是指由原告指控其具体行政行为违法，经人民法院通知应诉的行政机关或法律法规授权的组织。行政机关因作出某种具体行政行为而被起诉，成为行政诉讼的被告，情况比较复杂。《行政诉讼法》第二十五条对于在各种情况下如何确定被告，作了如下规定，第一，公民、法人或者其他组织对于行政机关作出的具体行政行为，未经申请行政复议而直接向人民法院提起诉讼的，作出具体行政行为的行政机关是被告。第二，经过复议的案件，复议机关决定维持原具体行政行为的，作出原具体行政行为的行政机关是被告；复议机关改变原具体行政行为的，复议机关是被告。第三，两个以上行政机关作出同一具体行政行为的，共同作出具体行政行为的行政机关是共同被告。例如，工商、税务、卫生、公安等行政机关共同作出某一具体行政行为而引起行政诉讼，它们就是共同被告。第四，由法律、法规授权的组织所作的具体行政行为，该组织是被告。例如，卫生防疫机关或者食品卫生监督检验机关依照食品卫生法的授权，对违反食品卫生法的行为进行行政处罚，在发生行政诉讼时，作出处罚决定的卫生防疫机关或者仪器监督检验机关就是被告。第五，由行政机关委托的组织所作的具体行政行为，委托的行政机关是被告。例如，某村民委员会受乡人民政府的委托作出某一具体行政行为，如果引起行政诉讼，该乡人民政府是被告。第六，行政机关被撤销的，继续行使其职权的行政机关是被告。

③ 第三人。第三人是指因行政案件的处理结果与其有法律上的利害关系，而申请参加或者由人民法院通知其到正在进行的行政诉讼程序中的公民、法人或其他组织。例如，专利局确认此项专利权为某甲所有，某乙不服，提起诉讼，要求撤销专利局的这项决定。此时某甲面临着可能失去专利权的危险，即可作为第三人参加诉讼。

（2）行政诉讼代理人。行政诉讼代理人是指在行政诉讼活动中，以当事人的名义，在代理权限内，代理当事人进行诉讼活动的人。包括法定代理人、指定代理人及委托代理人。

【案例分析】

某市为解决市容脏、乱、差的问题，成立了由公安、工商、卫生、民政、城建等部门组成的市容联合检查组，统一行使各相关部门的权力。王某在临街住房外私自搭建了一间棚屋，检查组认为该建筑不仅违法且影响市容，便将其强行拆除。但在拆除过程中，工作人员将王某放在棚屋内的电冰箱和洗衣机损坏。王某认为，其私自搭建棚屋固然不对，但检查组在强行拆除棚屋的过程中不应将其放在棚屋内的合法财产损毁，故向检查组提出行政赔偿的要求，遭到拒绝。王某于是以检查组为被告提起行政赔偿诉讼。

法院认为，某市市容联合检查组系一临时设立的机构，没有行政行为的主体资格以及作为行政赔偿义务机关的资格，因此对王某的起诉不予立案。

根据我国《国家赔偿法》的有关规定，行政赔偿义务机关都是具有独立法人地位的行政主体。本案中，检查组是一个临时机构，本身不具有行政主体资格，不能作被告。具有行政主体地位的行政机关应是组成该检查组的各行政机关，这些行政机关是共同的侵权人。因此，在本案中，王某应以这些机关作为共同被告和共同的赔偿义务机关。（参见《国家赔偿法》第七条的规定）

3．行政诉讼受案范围和管辖

（1）行政诉讼受案范围。行政诉讼受案范围是指人民法院受理行政案件的权限范围，亦称人民法院对行政案件的主管范围。

根据《行政诉讼法》第十一条的规定，人民法院受理公民、法人和其他组织对下列具体行政行为不服提起的诉讼。

① 对拘留、罚款、吊销许可证和执照、责令停产停业、没收财物等行政处罚不服的。

② 对限制人身自由或者对财产的查封、扣押、冻结等行政强制措施不服的。

③ 认为行政机关侵犯法律规定的经营自主权的。

④ 认为符合法定条件申请行政机关颁发许可证和执照，行政机关拒绝颁发或者不予答复的。

⑤ 申请行政机关履行保护人身权、财产权的法定职责，行政机关拒绝履行或者不予答复的。

⑥ 认为行政机关没有依法发给抚恤金的。

⑦ 认为行政机关违法要求履行义务的。

⑧ 认为行政机关侵犯其他人身权、财产权的。

（2）除了以上八项之外，人民法院还受理法律、法规规定可以提起诉讼的其他行政案件。《行政诉讼法》第十二条规定，人民法院不受理公民、法人或者其他组织对下列事项提起的诉讼。

① 国防、外交等国家行为。

② 行政法规、规章或者行政机关制定、发布的具有普遍约束力的决定、命令。

③ 行政机关对行政机关工作人员的奖惩、任免等决定。这属于行政机关的内部行为，人民法院对于行政机关的内部行为不应进行干预。

④ 法律规定由行政机关最终裁决的具体行政行为。这里的法律是指全国人民代表大会和全国人大常委会制定的法律，不包括法规、规章和司法解释。

【案例分析】

某市公安局局长李某利用星期日公休时间，驾驶单位的一辆奥迪轿车回乡下探望母亲，途中不慎将在人行道上正常行走的张某撞成重伤。后张某以肇事人系公安局的负责人，肇事车辆为公车为由，以某市公安局为被告，向人民法院提起国家行政赔偿诉讼，要求被告赔偿人民币15万元。

本案中原告能否提起行政赔偿诉讼，主要看公安局长李某的交通肇事行为是否发生于执行公务的过程中。李某的公安局长身份表明其有执行国家行政公务的合法资格，而李某驾驶车辆属单位公车也不过只是说明该车一般用于执行公务。但所发生的交通事故过程中没有任何事实证明与李某行使职权有具体的关系。相反，李某当时正利用公车办私事，而且是在公休日期间，李某的行为是与其行使职权无关的个人行为。因此，原告不能以某市公安局为被告向法院提起行政赔偿诉讼，而只能针对李某个人提起民事诉讼。(我国《国家赔偿法》第五条规定，行政机关工作人员与行使职权无关的个人行为造成的损害，国家不承担赔偿责任。)

(3) 行政诉讼管辖。行政诉讼管辖是指人民法院之间受理第一审行政案件的职权分工。是确定各级人民法院之间以及同级人民法院之间的权限划分。行政诉讼管辖主要包括级别管辖和地域管辖。

① 级别管辖。依照《行政诉讼法》的规定，第一审行政案件原则上由基层人民法院管辖，即除了本法规定由中级人民法院、高级人民法院、最高人民法院管辖的第一审行政案件外，均由基层人民法院管辖。中级人民法院管辖下列第一审行政案件，第一，确认发明专利权的案件、海关处理的案件。第二，对国务院各部门或者省、自治区、直辖市人民政府所作的具体行政行为提起诉讼的案件。第三，本辖区内重大、复杂的案件，高级人民法院管辖本辖区内重大、复杂的第一审行政案件，最高人民法院管辖全国范围内重大、复杂的第一审行政案件。

② 地域管辖。《行政诉讼法》第十七条规定："行政案件由最初作出具体行政行为的行政机关所在地人民法院管辖。经复议的案件，复议机关改变原具体行政行为的，也可以由复议机关所在地人民法院管辖。"本条对行政案件的地域管辖作出了原则性的规定，这就是一般地域管辖。

我国《行政诉讼法》中关于移送管辖、管辖权的转移和指定管辖的规定，与民事诉讼法中关于移送管辖、管辖权的转移和指定管辖的规定大体相同。

【案例分析】

某居民区共有居民480户，1999年共发生入室盗窃案30余起，2000年1月20日县公安局决定向每户居民征收治安费100元，由居委会代收。因绝大部分居民不服县公安局的决定。遂委托居委会主任于2000年3月5日向市公民局申请行政复议。经复议，市公安局将县公安局的决定改为治安费每月每人1元的标准收取。之后仍有350户居民不服复议决定，欲向人民法院提起行政诉讼。其他居民认为掏点钱保平安也值得，居委会主任考虑到同公安局的关系，不再出面。

问题：

(1) 上述复议申请是否超过复议期限？为什么？

(2) 如何确定本案的管辖法院？

(3) 如何确定本案的当事人？人民法院对人数众多的行政诉讼如何解决？①

4. 行政诉讼证据和举证责任

(1) 行政诉讼的证据。行政诉讼证据是指在行政诉讼中用以证明案件事实情况的一切材料和事实。根据我国《行政诉讼法》第三十一条的规定，行政诉讼的证据有七种，即书证、物证、视听资料、证人证言、当事人的陈述、鉴定结论、勘验笔录、现场笔录。以上各种证据，只有经过法庭审查属实，才能作为定案的根据。

(2) 行政诉讼的举证责任。举证责任是证明主体为了使自己的诉讼主张得到法院裁判的确认，所承担的提供和运用证据支持自己的主张以避免对于己方不利的诉讼后果。《行政诉讼法》第三十二条规定："被告对作出的具体行政行为负有举证责任，应当提供作出该具体行政行为的证据和所依据的规范性文件。"因此，行政诉讼中主要由被告即行政机关一方负举证责任。

行政诉讼之所以应由被告一方负举证责任，是由行政诉讼的性质决定的。行政诉讼是为了解决行政纠纷，而行政纠纷是由行政机关的具体行政行为引起的。行政机关在作出具体行政行为时，所根据的法律、法规和有关的事实，其相对一方往往并不完全了解。一旦发生行政诉讼，行政机关就有义务对其具体行政行为的事实根据和法律根据作出具体说明。根据这一规定，行政机关在行政诉讼中如果不能提出足以证明其具体行政行为的合法性的证据，就有败诉的可能。

5. 行政诉讼程序

行政诉讼程序是指人民法院采取强制执行措施，使业已生效的行政裁判得以实现的程序。行政诉讼程序包括三个基本阶段，即起诉和受理、审理和判决、执行。

(1) 起诉和受理。起诉是指公民、法人或者其他组织认为具体行政行为侵犯其合法权益，依法请求人民法院行使国家审判权给予救济的诉讼行为。受理是指人民法院对公民、法人或其他组织的起诉进行审查，对符合法定条件的起诉决定立案审查，从而引起诉讼程序开始的职权行为。

根据《行政诉讼法》的规定，当事人起诉的程序可分为两种情况：一是先向行政机关申请复议然后起诉。二是不经申请复议而直接起诉。受理是指原告起诉后，受诉人民法院经过审查，认为符合起诉条件，决定立案审查。当事人提起行政诉讼，应当符合下列四个条件。第一，原告是认为具体行政行为侵犯其合法权益的公民、法人或者其他组织。第二，有明确的被告。第三，有具体的诉讼请求和事实根据。第四，属于人民法院受案范围和受诉人民法院管辖。

人民法院对接到当事人的起诉进行审查。第一，对于符合起诉条件的，受诉人民法院应当在收到起诉状之日起 7 日内立案，即正式受理。第二，不符合起诉条件的，受诉人民法院应当在收到起诉状之日起 7 日内作出不予受理的裁定。当事人对不予受理的裁定不服的，可以在接到裁定书之日起 10 日内向上一级人民法院提出上诉，上一级人民法院的裁定为终局裁定。第三，对起诉条件有欠缺但可以补正或者更正的，人民法院应当责令当事人

---

① http://www.qb5200.com/content/2016-01-19/326614.html.

在限期补正；起诉人补正后经审查符合法定条件，人民法院应当依法受理。第四，受诉人民法院自收到起诉状之日起7日内不能决定是否受理的，应当先予受理；受理后经审查不符合起诉条件的，裁定驳回起诉。受诉人民法院自受到起诉状之日起7日内既不立案，又不作裁定的，起诉人可以向上一级人民法院申诉或起诉，上一级人民法院认为符合受理条件的，应当予以受理，受理后可以移交或指定下级人民法院审理，也可以自行审理。

(2) 审理程序。我国行政诉讼法分别就第一审程序、第二审程序和审判监督程序作了规定。其主要内容与民事诉讼法相近。

(3) 判决。在行政诉讼判决中，一审判决分为维持判决、撤销判决、履行判决、变更判决、确认判决和驳回诉讼请求判决。其中前四种判决形式为行政诉讼法明确规定，后两种判决形式为《行政诉讼法解释》所增加的规定。二审判决包括维持原判和依法改判。此外还规定了再审判决，但所涉及的问题较为复杂。行政诉讼的裁定是指人民法院在审理行政案件过程中或执行案件的过程中，就程序问题所作出的判定。主要适用下列事项：①不予受理。②驳回起诉。③管辖异议。④终结诉讼。⑤中止诉讼。财产保全。⑥先予执行。⑦诉讼期间停止具体行政行为的执行或者驳回执行的申请等。

(4) 执行。根据《行政诉讼法》第六十五条的规定，当事人必须履行人民法院发生法律效力的判决、裁定。公民、法人或者其他组织拒绝履行人民法院发生效力的判决、裁定的，行政机关可以向第一审人民法院申请强制执行或者依法强制执行。行政机关拒绝履行人民法院发生效力的判决、裁定的，第一审人民法院可以依法行使司法执行权，采取以下的强制执行措施。①对应当归还的罚款或者应当给付的赔偿金，通知银行从该行政机关的账户内划拨。②在规定的期限内不履行的，从期满之日起，对该行政机关按日处50元至100元的罚款。③向该行政机关的上一级行政机关或者监察、人事机关提出司法建议，接受司法建议的机关，根据有关规定进行处理，并将处理情况告知人民法院。④拒不履行判决、裁定，情节严重构成犯罪的，依法追究主管人员和直接责任人员的刑事责任。

8.3 刑事诉讼法基础知识

1. 刑事诉讼法概述

刑事诉讼是指人民法院、人民检察院和公安机关在当事人及其他诉讼参与人的参加下，依照法律规定的程序，解决被追诉者刑事责任问题的活动。

刑事诉讼法是指国家制定的关于刑事诉讼活动所应遵循的原则、制度和程序的法律规范的总称。

目前，我国现行的《刑事诉讼法》的主要渊源是1996年3月17日第八届全国人民代表大会第四次会议通过，经过2012年3月14日第十一届人国人民代表大会第五次会议修正，2013年1月1日起实施的《中华人民共和国刑事诉讼法》。

2. 刑事诉讼法的基本原则

我国刑事诉讼法的基本原则是指公安机关、人民检察院和人民法院进行刑事诉讼活动必须遵循的基本准则。主要有以下七点。

(1) 侦查权、检察权和审判权由专门机关行使。《刑事诉讼法》第三条第一款规定:“对刑事案件的侦查、拘留、执行逮捕、预审,由公安机关负责。检察、批准逮捕、检察机关直接受理的案件的侦查、提起公诉,由人民检察院负责。审判由人民法院负责。除法律特别规定的以外,其他任何机关、团体和个人都无权行使这些权力。”

(2) 公、检、法三机关在刑事诉讼活动中分工负责,互相配合,互相制约。公、检、法三机关分工负责、互相配合、互相制约既是我国的宪法原则,也是我国的刑事诉讼原则。分工负责是指人民法院、人民检察院和公安机关在进行刑事诉讼时,应当严格依据法律规定的职权,各负其责,各尽其职,不允许互相取代或者互相推诿。互相配合是指人民法院、人民检察院和公安机关在进行刑事诉讼时,应当在分工负责的基础上,互相支持,协调一致,共同完成揭露犯罪、证实犯罪、惩罚犯罪、保障无罪的人不受刑事追究的任务。互相制约就是要求公、检、法三机关在刑事诉讼中,能互相约束,依据法律规定的职权对有关问题、有关决定,提出自己的主张和意见,防止可能出现的偏差和要求纠正已经出现的错误。

(3) 犯罪嫌疑人、被告人有权获得辩护的原则。《刑事诉讼法》第十一条规定:“被告人有权获得辩护,人民法院有义务保证被告人获得辩护。”此外,《刑事诉讼法》在辩护与代理一节中,根据有权获得辩护的原则,还增加了有关保障犯罪嫌疑人辩护权的规定。其一,犯罪嫌疑人、被告人在刑事诉讼中享有辩护权。其二,人民法院及公安、检察机关有义务保证犯罪嫌疑人、被告人行使辩护权。

(4) 未经人民法院依法判决不得确定有罪的原则。《刑事诉讼法》第十二条规定:“未经人民法院依法判决,对任何人都不得确定有罪。”这一原则的基本含义,一是把在刑事诉讼中确定被告人有罪的权限,专属于人民法院,只有人民法院才有权在法律上将被告人确定为犯罪人。二是人民法院确定任何人有罪,必须依照法定程序,即经过开庭审理,依法作出判决,正式宣判;如果未经依法判决,不得确定任何人有罪。

(5) 保证诉讼参与人的诉讼权利。《刑事诉讼法》第十四条规定:“人民法院、人民检察院和公安机关应当保障诉讼参与人依法享有的诉讼权利。对于不满 18 岁的未成年人犯罪的案件,在讯问和审判时,可以通知犯罪嫌疑人、被告人的法定代理人到场。诉讼参与人对于审判人员、检察人员和侦查人员侵犯公民诉讼权利和人身侮辱的行为,有权提出控告。”

(6) 对不应追究刑事责任的不予追诉。根据《刑事诉讼法》第十五条的规定,有下列情形之一的,不追究刑事责任,已经追究的,应当撤销案件,或者不起诉,或者终止审理,或者宣告无罪。第一,情节显著轻微,危害不大,不认为是犯罪的。第二,犯罪已过追诉时效期限的。第三,经特赦令免除刑罚的。第四,依照刑法告诉才处理的犯罪,没有告诉或者撤回告诉的。第五,犯罪嫌疑人、被告人死亡的。第六,其他法律规定免予追究刑事责任的。

(7) 外国人犯罪应当追究刑事责任的适用我国刑事诉讼法的原则。《刑事诉讼法》第十六条规定:“对于外国人犯罪应当追究刑事责任的,适用本法的规定。”“对于享有外交特权和豁免权的外国人犯罪应当追究刑事责任的,通过外交途径解决。”

【案例分析】

某村农民李某开着刚买回来的摩托车回村,受到同村患有间歇性精神病王某的袭击,腿被打伤，车灯被打坏。第二天李某再见到王某时又遭到了王某袭击。李某十分气愤，找来妻子和父亲将王某痛打了一顿，并捆绑起来。当晚，在李父(村长)的示意下，召集全村居民开会，商讨如何处理王某。因该村村民平时多次受到王某的侵害，会上30户居民的代表(只有2户未参加)在李某的煽动下，一致同意将王某处死，并在李某写好的"宣判书"上签字，"宣判书"上写明："全村居民一致同意处死王某，以使全村今后不再受王某的侵害，确保全村老幼平安。"李某宣读完"宣判书"后，立即同妻子和父亲一起不顾王某的呼喊和哀求，将其扔进村中的深水塘中，见王某从水中浮起来，李某又找来棍子，按住王某用力向下捅，直到王某沉入水底窒息死亡。

此案发生后，当地公安机关、检察机关经过侦查，认定李某、李父、李妻的行为已经构成故意杀人罪，并将三人依法逮捕。

我国《刑事诉讼法》第三条规定，"对刑事案件的侦查、拘留、执行逮捕、预审，由公安机关负责。检察、批准逮捕、检察机关直接受理的案件的侦查、提起公诉，由人民检察院负责。审判由人民法院负责。除法律特别规定的以外，其他任何机关、团体和个人都无权行使这些权力。"在本案中，虽然王某对袭击李某造成了其人身伤害和财产损失，但对王某的行为，应由司法机关视其情节作出处理，但李某并没有向司法机关报案，而是对王某进行痛打和捆绑，在没有经过司法机关侦查、审判的情况下，通过召集居民大会的形式，私自对王某处以死刑，既侵犯了王某的人身权利，同时也侵犯了公安司法机关的侦查权、检察权和审判权。

3. 刑事诉讼中的专门机关和诉讼参与人

(1) 刑事诉讼中的专门机关。刑事诉讼中的专门机关，是指依照法定职权进行刑事诉讼活动，并在诉讼中承担一定职能的国家机关。包括公安机关、人民检察院和人民法院。

① 公安机关。公安机关是国家的治安保卫机关，是各级人民政府的组成部分，是同级人民政府的一个职能部门，在性质上属于行政机关。与人民检察院和人民法院不同，人民检察院和人民法院由同级人大及其常委会产生并对其负责，在性质上属于司法机关。

在刑事诉讼中，公安机关的职权主要有立案权、侦查权和执行权。其主要任务是负责刑事案件的侦查。除人民检察院、国家安全部门、军队保卫部门、监狱、走私犯罪侦查的案件以外，绝大部分刑事案件都由公安机关进行侦查。

② 人民检察院。人民检察院是国家的法律监督机关，是代表国家行使检察权的专门机关。

在刑事诉讼中，人民检察院的职权主要有：第一，立案、侦查权。对于法律规定由人民检察院直接受理的贪污贿赂犯罪、国家工作人员的渎职犯罪、国家机关工作人员利用职权实施的侵犯公民民主权利犯罪以及特定的侵犯公民人身权利的犯罪案件等有权立案侦查。第二，公诉权。检察机关是国家唯一的公诉机关，代表国家行使公诉案件的控诉权。第三，诉讼监督权。如对公安机关不立案的决定认为有错误的有权要求公安机关立案；对公安机关等要求逮捕犯罪嫌疑人的申请进行审查，决定是否批准逮捕。对人民法院确有错误的裁判，有权依法提出抗诉等。

③ 人民法院。人民法院是刑事诉讼中唯一有权审理和判决有罪的专门机关。审判是

刑事诉讼的核心和最重要的阶段，只有经过人民法院审判，才能确定被告人是否有罪，应否判处刑罚及判处何种刑罚。未经人民法院判决，对任何人不得确定有罪。

(2) 刑事诉讼参与人。刑事诉讼参与人是指在刑事诉讼过程中享有一定的诉讼权利、承担一定的诉讼义务的除国家专门机关工作人员以外的人。根据《刑事诉讼法》第八十二条的规定，诉讼参与人可分为当事人和其他诉讼参与人两大类：当事人是指与案件的结局有着直接利害关系，对刑事诉讼进程发挥较大影响作用的诉讼参与人。包括以下三类。

① 被害人。

② 自诉人，是指在自诉案件中，以自己的名义直接向人民法院提起诉讼的人。

③ 犯罪嫌疑人、被告人，这是对涉嫌犯罪而受到刑事追诉的人的两种称谓。在公诉案件中，受刑事追诉者在检察机关向法院提起公诉以前，称为"犯罪嫌疑人"，在检察机关正式向法院提起公诉以后，则称为"被告人"。

其他诉讼参与人包括，法定代理人、诉讼代理人、辩护人、证人、鉴定人和翻译人员。

4. 刑事诉讼的管辖

我国刑事诉讼中的管辖是指公安机关、检察机关和审判机关等在直接受理刑事案件上的权限划分以及审判机关系统内部在审理第一审刑事案件上的权限划分。刑事诉讼的管辖可划分为立案管辖和审判管辖。

(1) 立案管辖。立案管辖是人民法院、人民检察院和公安机关受理案件的权限的划分，是解决三机关的职责分工问题。

① 公安机关直接受理的刑事案件。《刑事诉讼法》第十八条第一款规定：刑事案件的侦查由公安机关进行，法律另有规定的除外。

② 人民检察院直接受理的刑事案件。《刑事诉讼法》第十八条第二款规定：贪污贿赂犯罪，国家工作人员的渎职犯罪，国家机关工作人员利用职权实施的非法拘禁、刑讯逼供、报复陷害、非法搜查的侵犯公民人身权利的犯罪以及侵犯公民民主权利的犯罪，由人民检察院立案侦查；对于国家机关工作人员利用职权实施的其他重大的犯罪案件，需要由人民检察院直接受理的时候，经省级以上人民检察院决定，可由人民检察院立案侦查。

③ 人民法院直接受理的刑事案件。《刑事诉讼法》第十八条第三款规定：自诉案件由人民法院直接受理。自诉案件包括告诉才处理的案件、被害人有证据证明的轻微刑事案件、被害人有证据证明对被告人侵犯自己人身、财产权利的行为应当依法追究刑事责任，而公安机关或者人民检察院不予追究被告人刑事责任的案件。

(2) 审判管辖。审判管辖是指人民法院组织系统内在审判第一审刑事案件上的分工。可分为级别管辖、地区管辖和专门管辖。

① 级别管辖。级别管辖是指各级人民法院审理第一审刑事案件的权限分工，刑事诉讼法对各级人民法院管辖的第一审刑事案件，作出了明确规定。第一，基层人民法院管辖第一审普通刑事案件，但是依照本法由上级人民法院管辖的除外。第二，中级人民法院管辖危害国家安全的案件，可能判处无期徒刑、死刑的普通刑事案件和外国人犯罪的刑事案件。第三，高级人民法院管辖全省(自治区、直辖市)性的重大刑事案件。第四，最高人民法

院管辖全国性的重大刑事案件。

【案例分析】

陈希同在担任北京市市长、市委书记期间，自1991年7月至1994年11月，在对外交往中接受贵重礼物22件，价值人民币55.5万余元，没有按照规定交公，而是由个人非法占有。陈希同还指使、纵容王宝森擅自动用财政资金，在北京八大处公园和怀柔区违规建造了两座豪华别墅，供陈希同、王宝森个人享用，自1993年1月到1995年2月，陈希同经常到上述两座别墅吃住享乐。违规建造的别墅和购置设备共动用财政资金人民币3521万元。耗用服务管理费人民币242万元，吃喝挥霍公款人民币105万元。1998年6月5日，北京市人民检察院提起公诉，北京高级人民法院于7月20日不公开审理了此案，并于7月31日进行公开宣判以贪污罪判处陈希同有期徒刑13年，以玩忽职守罪判处有期徒刑4年；两罪并罚，决定执行有期徒刑16年。

《刑事诉讼法》第二十一条规定："高级人民法院管辖的第一审案件，是全省（自治区、直辖市）性的重大刑事案件。"陈希同身为北京市委主要领导，贪污、玩忽职守，给国家造成重大损失，社会影响极其恶劣，本案案情复杂，审理难度大，为了确保案件处理的公正和准确，由北京市高级人民法院进行一审是必要的，也是正确的。①

② 地区管辖。地区管辖是指不同地区的同级人民法院审理第一审刑事案件的权限分工。根据刑事诉讼法规定，按下列标准确定地区管辖。第一，刑事案件由犯罪地人民法院管辖。如果被告人居住地的人民法院审判更为适宜的，可以由被告人居住地的人民法院管辖。所谓犯罪地，包括犯罪行为实施地、犯罪结果发生地、犯罪预备地、销赃地等，通常是由主要犯罪地人民法院管辖。犯罪地难以确定或者虽已确定、但由被告人居住地人民法院审判更为适宜的，可以由被告人居住地的人民法院管辖。第二，几个同级人民法院都有管辖权的案件，由最初受理的人民法院审判；在必要的时候，可以移送主要犯罪地的人民法院审判。第三，对于管辖不明的案件，上级人民法院可以指定下级人民法院审判；上级人民法院也可以指定下级人民法院将案件移送其他人民法院审判。

【案例分析】

(1) 2011年11月3日，某村村民李某被发现吊死在自家房门后，室内无任何挣扎搏斗的痕迹，门窗也完好无损，经当地公安机关侦查，是李某的丈夫孙某所杀。孙某在城里工作，结识了同事女青年张某后，二人在城内租房开始同居。期间孙某多次要求与妻子李某离婚，被李某拒绝，并要求孙某立即与女青年张某断绝来往，否则就要到孙某的单位大闹。孙某害怕，于11月2日晚偷偷回家，叫醒妻子后进屋，后趁妻子熟睡之时，用绳子将其勒死，并伪造自杀现场后连夜回到城里第二天照常上班。

此案经犯罪地公安机关侦查终结后，犯罪地人民法院依法公开审理了此案，并判处被告人孙某死刑，剥夺政治权利终身。

《刑事诉讼法》第二十四条规定，刑事案件由犯罪地人民法院管辖。如果由被告人居住

① http://baike.baidu.com/link?url=VDP996PyiInUL5Ht77Evk7auYh-NWACwys2UYnx4ydtsK9ean6Si4rwMTL6g317xpLhu5RziKpzAPR3M79JT_K.

地人民法院审判更为适宜，可以由被告人居住地人民法院管辖。本案是由被告人犯罪地人民法院管辖。

(2) 家住A市的刘某和赵某将本市一公司的董事长劫持到B市，因未得到赎金，在B市将其杀害。后由B市公安机关将二人抓获。

此案应由A市还是B市法院管辖存在争议。

A市法院认为，此案应由B市法院管辖。因为此案被告人的犯罪行为虽始于A市，但一直持续到B市，由B市公安机关破获，并且由B市检察机关审查起诉，B市法院受理更为方便。而B市法院认为，此案应由A市法院受理，因被告人的主要犯罪行为是在A市实施的，并且2名被告人居住在A市，根据《刑事诉讼法》第二十四条规定，应由A市法院受理。后经两市共同上级法院研究，指定由B市法院受理此案。

③ 专门管辖。专门管辖是指专门人民法院与普通人民法院审理第一审刑事案件的权限分工。

如军事法院管辖的主要是现役军人和军内在编职工的犯罪。凡属专门人民法院管辖的第一审刑事案件，除最高人民法院外，地方各级人民法院均无权管辖。

5. 刑事诉讼证据和证明责任

(1) 刑事诉讼证据。刑事诉讼证据是指以法律规定的形式表现出来的能够证明案件真实情况的一切事实。根据《刑事诉讼法》第四十八条的规定有下列八种，这八种证据必须经过查证属实，才能作为定案的根据。

① 物证。物证是指能够证明案件真实情况的物品和痕迹。一般常见的物证有犯罪分子作案使用的工具、留有犯罪痕迹的物品和其他能够证明案情的物品和痕迹。

② 书证。书证以记载的内容和反映的思想来证明真实情况的书面材料或其他物质材料。常见的书证有犯罪分子进行犯罪的书面计划以及与同伙来往的电文、信件等。

书证与物证的区别主要在于，书证以内容证明案件事实，物证以物质属性和外观特征证明案件事实；二者的联系在于，物证和书证都要有实物载体，属于实物证据。如果一个物体同时具有以上两方面的作用，则既是书证，又是物证。如案发现场收集到一封信，内容与被害人死亡有关，属于书证；同时又需要鉴定是否为被害人本人所写，则为物证。

③ 证人证言。证人证言是指当事人以外的知道案件真实情况的人向公、检、法机关所作的陈述。根据《刑事诉讼法》第六十条的规定，凡是知道案件情况的人，都有作证的义务；但是生理上、精神上有缺陷或者年幼，不能辨别是非、不能正确表达的人，不能作为证人。

④ 被害人陈述。被害人陈述是指刑事被害人就其所受害的情况和其他与案件有关的情况向公安司法机关所作的陈述。

⑤ 犯罪嫌疑人、被告人的供述和辩解。犯罪嫌疑人、被告人的供述和辩解又称犯罪嫌疑人和被告人的口供，是犯罪嫌疑人和被告人向公、检、法机关供认或者否认被指控的犯罪事实所作的陈述。犯罪嫌疑人和被告人对自己是否实施了犯罪和怎样实施了犯罪，知道得最清楚，因而犯罪嫌疑人和被告人的供述和辩解对于查明案情具有重要作用。但是由于犯罪嫌疑人和被告人与案件的处理结果有直接利害关系，因而对他们的口供不能轻信，而必须认真地进行审查判断，只有经过查证核实后，才能作为定案的根据。

《刑事诉讼法》第五十三条规定了对犯罪嫌疑人、被告人的供述和辩解审查判断的原则，即重证据、重调查研究，不轻信口供。在收集口供中严禁刑讯逼供，禁止以威胁、引诱、欺骗等手段方法取得口供。采用非法手段取得的供述，不能作为定案根据。只有被告人供述，没有其他证据的，不能认定被告人有罪或处以刑罚。没有被告人供述，证据确实充分的，可以认定被告人有罪和处以刑罚。

⑥ 鉴定结论。鉴定结论又称鉴定意见，是指公、检、法机关所指派或聘请的具有专门知识或技术的人员就案件中有关的专门性问题进行鉴定后所作的书面结论。如犯罪现场留下的指纹、脚印与犯罪嫌疑人、被告人的指纹、脚印是否相同的鉴定结论等。《刑事诉讼法》第一百八十七条还规定了鉴定人出庭作证制度，第一百九十二条规定了有专门知识的人的出庭制度。

⑦ 勘验、检查笔录。勘验、检查笔录是指侦查、审判人员对与犯罪有关的场所、物品、人身、尸体进行勘验或者检查后所作的记载。勘验、检查笔录的内容多是反映物证的材料，如检验尸体受伤部位和伤口大小等，但其本身并不是物证。这种证据对于鉴别其他证据的真伪和证明案件的真实情况，具有其他证据所不能代替的重要作用。

⑧ 视听资料、电子数据。视听资料、电子数据是指用录音、录像、电子计算机或其他高科技设备所存储的信息证明案件真实情况的资料。最高人民法院《解释》第九十三条把电子数据列举为电子邮件、电子数据交换、网上聊天记录、博客、微博、短信、电子签名等。

（2）刑事诉讼中的证明责任。证明责任也称举证责任，是指进行刑事诉讼的专门机关或者当事人中应当由谁来提供证据证明案件事实和诉讼主张以及该证明主体未能有效举证时所承担的法律后果的问题。

《刑事诉讼法》第四十九条规定："公诉案件中被告人有罪的举证责任由人民检察院承担，自诉案件中被告人有罪的举证责任由自诉人承担。"具体而言，我国刑事诉讼证明责任的分担有以下三种。

① 人民检察院负有证明被告人有罪的责任，检察机关决定提起公诉的案件，必须达到犯罪事实已经查清，证据确实、充分，依法应当追究刑事责任的标准。

② 自诉案件中，自诉人应当对其控诉承担证明责任。

③ 在例外的情况下，被告人应当承担提出证据的责任。如巨额财产来源不明案件及非法持有属于国家绝密、机密文件、资料、物品罪中，犯罪嫌疑人、被告人也负有提出证据的责任。

在刑事诉讼中，犯罪嫌疑人、被告人对侦查人员的提问应当如实回答，但是没有证明自己有罪或无罪的责任。至于犯罪嫌疑人、被告人及其辩护人为了证明犯罪嫌疑人、被告人无罪、罪轻所进行的辩解，所提出的有利于犯罪嫌疑人、被告人的事实和理由等，乃是法律赋予他们的诉讼权利，而并不意味着他们负有举证责任。至于对犯罪嫌疑人、被告人及其辩护人行使辩护权所提出的事实、理由、证人、证物等的核查工作，仍应由办案机关负责，不能由被告人及其辩护人负责。

【案例分析】

1999年10月20日，某县一信用社被盗，丢失人民币3万余元。县公安机关接到报案后，立即组织力量进行侦查。经过现场勘查，办案人员在信用社门外发现有清晰自行车轮胎痕迹，于是分析犯罪分子是盗窃之后骑自行车逃跑，遂顺着自行车印进行追查。当查到村民章某家门口时，自行车印不见了，章某的母亲正在门口扫地。章家院内放着一辆自行车，自行车轮胎花纹与留在信用社外的痕迹一致。通过搜查，办案人员在章家发现现金1万余元。于是认定章某是盗窃信用社的嫌疑人，并拘留了章某。

在讯问期间，章某否认有盗窃行为并辩称留在信用社门外的自行车印是他一大早骑车进城买东西回来时留下的，因为章某的弟弟要结婚，20日这天家里请客，所以她母亲早晨打扫院子和门口，1万元钱是从亲戚那里借来准备给弟弟结婚用的，但是办案人员不听章某的辩解，也未找章某的亲戚了解，主观上认定章某态度不老实想抵赖罪行，于是对其进行刑讯逼供，用皮带抽打，章某最后不得不承认自己偷了信用社的钱，但对另外2万元钱的下落始终未交代清楚。

某县检察院以章某的口供、查获的1万元现金及自行车轮胎痕迹鉴定等证据向县基层法院起诉章某犯盗窃罪，最终章某被人民法院判处有期徒刑7年。

在执行期间，章某及其家人多次提出申诉，但均被驳回。5年后，公安机关破获了一个盗窃团伙，在交代罪行时，该团伙的组织者供出了5年前盗窃信用社3万余元现金的犯罪行为。到此，章某“盗窃信用社”一案才真相大白。

根据《刑事诉讼法》的规定，作为定案的刑事证据必须具有客观性、相关性与合法性。本案认定章某犯盗窃罪的主要证据有三个：犯罪嫌疑人章某的口供，从章家中查获的1万元现金、章某的自行车轮胎印。其中口供属于刑讯逼供得来的证据，不具有合法性，不能作为定案的证据。章家的现金和自行车轮胎印，这两个证据虽然是客观存在的，但与案件无实质性的相关性，其联系是办案人员主观想象出来的，也不能作为定案的根据。本案将不具有合法性、相关性的证据作为定案的根据，导致错案的发生，对章某的人身权利造成了极大的伤害。[①]

6. 刑事诉讼中的强制措施

刑事诉讼中的强制措施是指人民法院、人民检察院和公安机关为了保证侦查和审判工作的顺利进行，依法对犯罪嫌疑人、被告人、现行犯或重大嫌疑分子的人身自由加以限制。它不是刑事处罚，也不是行政处罚。

根据《刑事诉讼法》的规定，强制措施有五种，即拘传、取保候审、监视居住、拘留、逮捕。

(1) 拘传。拘传是公、检、法机关对未被羁押的犯罪嫌疑人、被告人依法强制其到案接受讯问的一种强制措施。拘传必须使用拘传票，并向被告人出示。根据《刑事诉讼法》的规定，一次拘传时间最长不得超过12小时，案情特别重大、复杂，需要采取拘留、逮捕措施的，拘传持续时间不得超过24小时。不得以连续传唤、拘传的形式变相拘禁犯罪嫌疑人。

(2) 取保候审。取保候审是指公、检、法机关根据需要或有关人员的申请，责令未被羁押的犯罪嫌疑人、被告人提出保证人或交纳保证金，保证犯罪嫌疑人、被告人不逃避侦查和审判、随传随到的一种强制措施。

根据《刑事诉讼法》第六十五条的规定，取保候审适用的情形有以下四点。

---

① 樊崇义. 刑事诉讼法学案例教程[M]. 北京：知识产权出版社，2001.

① 可能判处管制、拘役或独立适用附加刑的。

② 可能判处有期徒刑以上刑罚，采取取保候审不致发生社会危险的。

③ 患有严重疾病、生活不能自理，怀孕或正在哺乳自己婴儿的妇女，采取取保候审不致发生社会危险的。

④ 羁押期限届满，案件尚未办结，需要采取取保候审的。

根据《刑事诉讼法》第七十七条的规定，取保候审的期限最长不得超过12个月。

(3) 监视居住。监视居住是指公、检、法机关在刑事诉讼过程中，对于符合逮捕条件但具有法定情形的犯罪嫌疑人、被告人责令在一定期限内不得离开住处或指定的居所，并对其行动加以监视和控制的一种强制措施。

在2012年修改后的《刑事诉讼法》中，将监视居住作为逮捕的一种替代措施，规定了其适用的特殊情形。

① 患有严重疾病、生活不能自理的。

② 怀孕或正在哺乳自己婴儿的妇女。

③ 因为案件的特殊情况或办理案件的需要，采取监视居住措施更为适宜的。

④ 羁押期限届满，案件尚未办结，需要采取监视居住的。人民法院、人民检察院和公安机关对符合逮捕条件，有上述情形之一的犯罪嫌疑人、被告人，可以监视居住。此外，对符合取保候审条件，但犯罪嫌疑人、被告人不能提出保证人，也不交纳保证金的，也可以监视居住。

根据《刑事诉讼法》第七十七条的规定，监视居住最长不得超过6个月，由公安机关执行。

(4) 拘留。刑事诉讼中的拘留是指公安机关、人民检察院等侦查机关对直接受理的案件，在侦查过程中，遇有紧急情况，依法临时剥夺某些现行犯或重大嫌疑分子人身自由的一种强制措施。

我国法律规定了三种拘留：刑事拘留、行政拘留和司法拘留。有权决定采用拘留的机关一般是公安机关。人民检察院在自侦案件中，对于犯罪后企图自杀、逃跑或在逃的以及有毁灭、伪造证据或串供可能的犯罪嫌疑人也有权决定拘留，人民法院则无权决定拘留。

采取拘留强制措施的只能由公安机关执行，其他任何机关都无权适用这一强制措施。公安机关拘留人时，应当出示拘留证。拘留后，除了有碍侦查或无法通知的情况外，应当将拘留原因和羁押场所在24小时内通知被拘留人的家属或所在单位。公安机关对被拘留的人应在拘留后24小时内进行讯问，如果发现不应当拘留时，应当立即释放并发给释放证明。如果认为需要逮捕的，应当在拘留后的3日内，提请人民检察院审查批准。人民检察院接到公安机关提请批准逮捕书后的7日以内，作出批准逮捕或者不批准逮捕的决定。人民检察院不批准逮捕的，公安机关应当在接到通知后立即释放，并发给释放证明。

【案例分析】

某商业街的巡防队员深夜巡视时，发现一临街店铺有微弱的灯光，立即上前检查，发现门锁已被撬开，屋内有被翻动的痕迹。经仔细搜查，发现一人藏在桌子底下，于是立即向公安机关报案，赶来的警察从该人身上搜出了香烟三条、人民币若干。公安机关认为，该人撬门入室，正在实施盗窃行为，于是将其先行拘留。

拘留是公安机关在侦查过程中，遇有紧急情况时，对现行犯或者重大嫌疑分子，所采取的临时限制其人身自由的强制措施。适用拘留必须符合两个条件：一是对象是现行犯或者是重大嫌疑分子；二是符合法定的情形。

(5) 逮捕。逮捕是指公安机关、人民检察院和人民法院，为了防止犯罪嫌疑人或被告人实施妨碍刑事诉讼的行为，逃避侦查、起诉、审判或发生社会危险性，而依法暂时剥夺其人身自由的一种强制措施。

《刑事诉讼法》第七十九条规定了以下三种逮捕的情形。

① 对有证据证明有犯罪事实，可能判处徒刑以上刑罚的犯罪嫌疑人、被告人采取取保候审不足以防止发生社会危险性，应当予以逮捕。

② 有证据证明有犯罪事实，可能判处10年以上刑罚的；有证据证明有犯罪事实，曾经故意犯罪的；有证据证明有犯罪事实，可能判处徒刑以上刑罚，不讲真实姓名、住址或身份不明的。

③ 被取保候审、监视居住的犯罪嫌疑人，被告人违反取保候审、监视居住规定，情节严重的，可以予以逮捕。

逮捕犯罪嫌疑人、被告人，一律由公安机关执行。执行逮捕时，必须向被逮捕的人出示逮捕证，并责令被逮捕人在逮捕人在逮捕证上签名、捺指印。逮捕后，应当立即送看守所羁押。除无法通知外，应当在逮捕后24小时内，通知被逮捕人家属。对被捕人应在逮捕后的24小时内进行讯问，如果发现逮捕不当，应当立即释放并发给释放证明。

【案例分析】

某日，村民李某正在放牛，一名陌生男子走来，请李某帮忙将一包东西转交给距此十里远的县城接货人。先给100元报酬，事成后再给100元。李某答应帮忙并收下了钱。当天下午，李某将东西拆成两包分别藏在身上从小路赶往县城交货。结果被公安干警当场抓获，等候接货的人逃脱。李某被刑事拘留。讯问中犯罪嫌疑人李某始终辩解说不知道这两块东西是毒品。公安机关向人民检察院提交了批准逮捕书。人民检察院认为，虽然犯罪嫌疑人不承认其携带的是毒品，但①犯罪嫌疑人接受"陌生人"丰厚的报酬，并从小路赶往县城交给指定的人，显然应认识到该物品非一般物品；②李某将东西拆成两包分别藏在身上，他应看到了该物品的形状、颜色及透明塑料包装纸上的商标；③经查，李某已经有一年的吸毒史，所吸食的正是海洛因。因此，李某应是明知毒品而携带，有犯罪的故意。于是人民检察院对李某以涉嫌走私毒品罪批准逮捕。

本案中，有证据证明李某有犯罪的事实且可能判处徒刑以上刑罚，同时毒品犯罪社会危害性极大，采取取保候审或监视居住，尚不足以防止发生社会危险性，对李某适用逮捕符合法律规定。

7. 刑事诉讼程序

刑事诉讼程序一般分为立案、侦查、起诉、审判和执行五个阶段。但是自诉案件在立案后即可进入审判阶段，不需要经过侦查和提起公诉。

(1) 立案。刑事诉讼的立案是指公安机关、人民检察院发现犯罪事实或犯罪嫌疑人，或者公安机关、人民检察院、人民法院对于报案、控告、举报和自首的材料以及自诉人起诉的材料，按照各自的管辖范围进行审查后，决定作为刑事案件予以受理的诉讼活动。

根据《刑事诉讼法》第一百一十条的规定，立案的条件，一是认为有犯罪事实；二是需要追究刑事责任。前者为事实条件，后者为法律条件。具备这两个条件应当作出立案的决定。若认为没有犯罪事实，或者犯罪事实显著轻微，不需要追究刑事责任的，不予立案，并将不立案的原因通知控告人，控告人如果不服，可以申请复议。

(2) 侦查。侦查是指公安机关(包括国家安全机关)、人民检察院在办理案件的过程中依法进行专门调查工作和采取有关的强制性措施的诉讼活动。

侦查是公诉案件的必经程序，公诉案件只有经过侦查，才能决定是否进行起诉和审判。侦查的目的在于收集、调取犯罪嫌疑人有罪或者无罪、罪轻或罪重的证据材料。侦查活动具有法定的内容和方式，即专门的调查工作和有关的强制性措施。专门的调查工作包括：讯问犯罪嫌疑人，询问证人、被害人，勘验，检查，搜查，扣押物证、书证，鉴定，通缉等。有关强制措施包括拘传、取保候审、监视居住、拘留和逮捕等。

公安机关在侦查中，如果发现不应该追究犯罪嫌疑人刑事责任的，应当撤销案件，犯罪嫌疑人已逮捕的，应立即释放，发释放证明，并通知原批准逮捕的人民检察院。根据《刑事诉讼法》第一百六十条的规定，公安机关侦查终结的案件，应当做到犯罪事实清楚，证据确实充分，并且制作《起诉意见书》，连同案卷材料、证据，一并移送同级人民检察院审查决定。同时将案件移送情况告知犯罪嫌疑人及其辩护律师。根据《刑事诉讼法》第一百六十六条的规定，人民检察院侦查刑事案件终结后，应当作出提起公诉、不起诉或者撤销案件的决定。

(3) 起诉。起诉是指享有控诉权的国家机关和公民依法向人民法院提起诉讼，请求法院对指控的内容进行审判，以确定被告人刑事责任并依法予以刑事制裁的诉讼活动。刑事起诉可分为公诉和自诉。

① 公诉。公诉是指依法享有刑事起诉权的国家专门机关代表国家向法院提起诉讼，要求法院通过审判确定被告人犯有被指控的罪行并给予相应的刑事制裁的诉讼活动。如果是国家财产、集体财产遭受损失的，国家专门机关在提起公诉的时候，可以提起附带民事诉讼。

《刑事诉讼法》第一百七十二条规定：人民检察院认为犯罪嫌疑人犯罪事实已经查清，证据确实、充分，依法应当追究刑事责任的，应当作出起诉决定，按照审判管辖的规定，向人民法院提起公诉，并将案卷材料、证据移送人民法院。

在公诉案件中，人民检察院对公安机关侦查终结移送起诉的案件或对自行侦查终结的案件经过审查后认为犯罪嫌疑人没有犯罪事实或者具有法定的不追究刑事责任的情形，或犯罪嫌疑人犯罪情节轻微依法不需要判处刑罚或免除刑罚，或经两次补充侦查尚未达到起诉条件，而作出的不将案件移送人民法院进行审判的决定称为不起诉，不起诉是人民检察院审查案件的结果之一，具有终结诉讼的法律效力。

② 自诉。自诉是指刑事被害人及其法定代理人、近亲属等，以个人名义向法院起诉，要求保护被害人的合法权益，追究被告人刑事责任的诉讼活动。在刑事诉讼过程中，被害

人因被告人的犯罪行为而遭受物质损失的，有权提起附带民事诉讼。

根据我国《刑事诉讼法》第二百零四条的规定及有关的司法解释，自诉案件包括以下三类。

第一，告诉才处理的案件，如侮辱、诽谤案，暴力干涉婚姻自由案、虐待案、侵占案。

第二，被害人有证据证明的轻微刑事案件。如故意伤害案（轻伤案）、非法侵入住宅案、侵犯通信自由案、重婚案等。

第三，被害人有证据证明对被告人侵犯自己人身、财产权利的行为应当依法追究刑事责任，而公安机关或人民检察院不予追究被告人刑事责任的案件。

(4) 审判。刑事诉讼的审判是人民法院依法对刑事案件进行审理和作出判决与裁定的诉讼活动。我国《刑事诉讼法》对第一审程序、第二审程序、死刑复核程序和审判监督程序分别作了规定。

① 第一审程序。是人民法院审判第一审案件必须遵守的诉讼程序。刑事诉讼法对公诉案件和自诉案件的第一审程序分别作了规定。

公诉案件的第一审程序是指人民法院对人民检察院提起公诉的案件进行初次审判时应遵循的步骤和方式、方法。主要包括庭前审查、庭前准备、法庭审判等诉讼环节。

根据《刑事诉讼法》第一百八十一条的规定，人民法院对人民检察院提起公诉案件进行审查后，对于起诉书中有明确的指控犯罪事实的，应当决定开庭审判。对公诉案件是否受理，应当在7日内审查完毕。

根据《刑事诉讼法》的规定，第一审程序的法庭审判，包括相互联系的五个阶段，即开庭、法庭调查、法庭辩论、被告人最后陈述、评议和宣判。

人民法院审理公诉案件的第一审程序期限，根据规定应当在受理后2个月内宣判，至迟不得超过3个月。对于可能判处死刑的案件或者附带民事诉讼的案件，以及有《刑事诉讼法》第一百五十六条规定情形之一的，经上级人民法院批准，可以再延长3个月。因特殊情况还需要延长的，报请最高人民法院批准。

自诉案件的第一审程序，人民法院对自诉案件应当15日内审查完毕，经过审查，符合受理条件的，应当决定立案，并书面通知自诉人或代为告诉人。对犯罪事实清楚、有足够证据的案件，应当开庭审理。

自诉案件的第一审审判程序参照适用公诉案件的第一审普通程序的有关规定。符合简易程序适用条件的，可以适用简易程序审理。但自诉案件的审理期限不同于公诉案件第一审的审理期限。依据《刑事诉讼法》第二百零六条第二款的规定，人民法院审理自诉案件的期限，被告人被羁押的，与普通公诉案件第一审的审理期限相同；如果被告人未被羁押的，人民法院应当在受理后6个月内宣判。

【阅读资料】

简易程序，是指基层人民法院审理某些事实清楚、被告人承认自己所犯罪行并对起诉书指控的犯罪事实没有异议的刑事案件，所适用的比普通程序相对简化的审判程序。

根据《刑事诉讼法》第二百零八条的规定，基层人民法院管辖的案件，符合下列条件的，可以适用简易程序审判。①案件事实清楚、证据充分的；②被告人承认自己所犯罪行，对指控的犯罪事实没有异议的；③被告人对适用简易程序异议的。

根据《刑事诉讼法》第二百零九条和最高院《解释》第二百九十条的规定，具有下列情形之一的，不适用简易程序：①被告人是盲、聋、哑人；②被告人是尚未完全丧失辨认或控制自己行为能力的精神病人；③有重大社会影响的；④共同犯罪案件中部分被告人不认罪或对适用简易程序有异议的；⑤辩护人作无罪辩护的；⑥被告人认罪但经审查认为可能不构成犯罪的；⑦不宜适用简易程序审理的其他情形。

② 第二审程序。又称上诉审程序，是指上一级人民法院根据当事人的上诉或者人民检察院的抗诉，对第一审人民法院尚未发生法律效力的判决或裁定进行审判所应遵循的程序。

第二审程序并非一切刑事案件的必经程序。只有依法提出上诉或抗诉，才能发生第二审程序。对第一审判决、裁定有上诉权的人有两种：一种是案件的当事人（自诉人、被告人、附带民事诉讼的原告人）或者他们的法定代理人。另一种是征得被告人本人同意后上诉的被告人的近亲属和辩护人。对第一审判决、裁定有权提起抗诉的主体是地方各级人民检察院。根据《刑事诉讼法》第二百一十七条的规定，地方各级人民检察院认为本级人民法院第一审的判决、裁定确有错误的时候，应当向上一级人民法院提出抗诉。最高人民法院是国家的最高审判机关，它的一审判决和裁定就是终审的判决和裁定，对它既不可以上诉，也不能按照二审程序抗诉。最高人民检察院如果认为最高人民法院的裁判确有错误，只能按照审判监督程序提出抗诉。

第二审人民法院收到上诉或者抗诉书后，应当由审判员组成合议庭，对第一审判决认定的事实适用的法律进行全面审查。对上诉或者抗诉的案件经过审理后，应按下述情况分别处理。

第一，认为原判决认定事实和适用法律正确、量刑适当，提出上诉或抗诉的理由不能成立的，应当裁定驳回上诉或者抗诉，维持原判。

第二，对原判决认定事实没有错误，但是适用法律有错误或者量刑不当的，应当撤销原判进行改判。

第三，原判决认定事实不清或者证据不足的，可以在查清事实后改判，也可以撤销原判，发回原审人民法院重新审判。

第四，发现第一审人民法院违反法定诉讼程序，可能影响正确判决的，也应当撤销原判，发回原审人民法院重新审判。

根据《刑事诉讼法》第二百三十二条的规定，第二审人民法院受理上诉、抗诉的案件，应当在2个月内审结。对可能判处死刑的案件或附带民事诉讼的案件，以及经省、自治区、直辖市高级人民法院批准或决定，可以延长2个月；因特殊情况还需要延长的，报请最高人民法院批准。最高人民法院受理的上诉、抗诉案件的审理期限，由最高人民法院决定。

第二审人民法院的判决和裁定，以及最高人民法院审理第一审案件的判决和裁定，都是终审裁决和裁定。

此外，刑事诉讼法对死刑复核程序和审判监督程序也作了规定。

【案例分析】

根据下述案例，分析在刑事诉讼中，检、法三机关之间是如何分工、配合、制约的。

被告人范某,女,1999年8月15日被告人范某因其邻居赵某在其房边修建围墙而发生争执。次日,双方为此事又发生争吵。8月20日范某见赵某仍在修墙,就同其女儿、儿媳三人手持钢纤去撬赵家的围墙。赵某及其妻子和儿子出来制止,双方抢夺钢纤,在抢夺中范某和赵某等人先后跌倒。赵某跌倒后爬起来,并大骂范某,同时去找自己的鞋子,在穿鞋时又跌倒,未能爬起。后经医院抢救无效死亡。

经法医鉴定,赵某是由于本身患有心脏病,因争吵,抢夺钢纤等,精神过度紧张,诱发心脏病导致死亡,排除外来暴力打击致死。

公安机关侦查后认为,范某对被害人的死亡负有不可推卸的责任,于是以范某犯故意伤害罪向人民检察院提出了起诉意见,人民检察院经审查认为范某犯故意伤害罪的证据不足,决定将案件退回公安机关补充侦查。经补充侦查,公安机关又收集到一些证明范某推拉赵某的证据,并将案件再次移送人民检察院审查起诉,人民检察院在法定期间内向县人民法院提起公诉,指控被告人范某犯故意伤害罪。县人民法院经过审理认为被告人范某的行为虽然造成了损害的结果,但是在主观上不存在伤害的故意或者过失,赵某的死亡是由于心脏病发作而引起的,范某对此不能预见,因此不认为是犯罪,判决宣告被告人范某无罪,宣告后,人民检察院提出了抗诉,地区中级人民法院裁定,驳回抗诉,维持原判。

(5) 执行。执行是刑事诉讼的最后阶段。执行程序包括两方面的内容:一是将已经发生法律效力的判决、裁定所确定的内容付诸实施的程序;二是处理执行过程中的刑罚变更等问题。

《刑事诉讼法》规定了对已经发生法律效力的各种判决、裁定的执行。

① 死刑的执行。最高人民法院判处或核准的死刑立即执行的判决,应当由最高人民法院院长签发执行死刑的命令。由高级人民法院交付第一审人民法院执行。第一审人民法院接死刑执行的命令后,应当在7日内执行。

② 死刑缓期两年执行、无期徒刑、有期徒刑、拘役的执行。根据《刑事诉讼法》第二百五十三条的规定,被判处死缓、无期徒刑、有期徒刑的罪犯,执行机关是监狱。对被判处有期徒刑的罪犯,在被交付执行刑罚前,剩余刑期在3个月以下的,由看守所代为执行。被判处拘役的罪犯,由公安机关执行。对未成年犯应当在未成年管教所执行刑罚。未成年犯年满18周岁,剩余刑期不超过2年的,仍可以留在未成年管教所执行刑罚。

③ 管制、有期徒刑缓刑、拘役缓刑判决的执行机关是社区矫正机构。

④ 剥夺政治权利的由公安机关执行。实践中,由罪犯居住地县级公安机关指定派出所执行。

⑤ 罚金、没收财产的执行。被判处罚金的罪犯,期满不缴纳的,人民法院应当强制缴纳;如果由于遭遇不能抗拒的灾祸缴纳确实有困难的,可以裁定减少或者免除。没收财产的判决,由人民法院执行,在必要的时候可以会同公安机关执行。

⑥ 无罪判决、免除刑罚的执行。无罪或免除刑罚的判决生效后,人民法院应立即向被裁判人及有关单位宣布,并撤销对被裁判人采取的一切强制措施,对被羁押的被告人,发给

释放证明。

公诉案件的主要诉讼阶段见图 8-1。

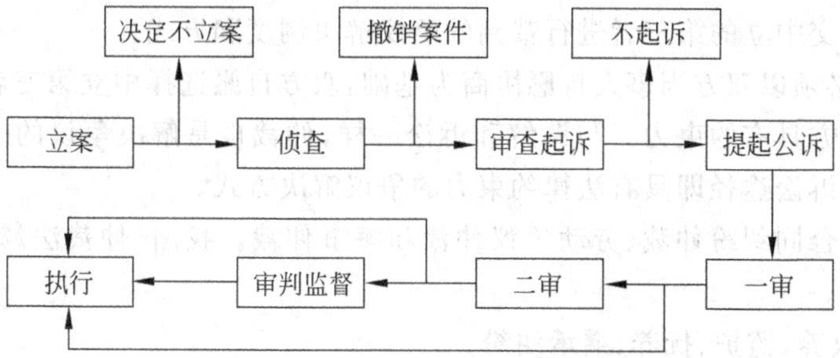

图 8-1 公诉案件的主要诉讼阶段

8.4 非诉讼途径

非诉讼途径是指受害人或者其他有关人员未通过诉讼程序而是请求国家有关行政机关或其他有关单位处理、解决纠纷，保护自身合法权益的方式。

非诉讼途径可以避免诉讼途径中的许多必经过程，为当事人节省了时间；在解决纠纷中，可以依据法律条文，也可以依据当事人不违反法律的意愿，在方法上更为灵活。

非诉讼途径主要有调解、仲裁、投诉、申诉、法律服务与法律援助等。

1. 调解

调解是指人民调解委员会在一般的民事纠纷或者一般的治安违法案件发生以后，就当事人一方或者双方提出的申请，以说服或协商的方式解决纠纷所进行的活动。

人民委员会是群众性的自治组织，在基层人民政府和基层人民法院的指导下进行工作。其建立在农村是以乡、镇为单位，在城市一般以派出所所辖区或街道为单位。

适用调解的纠纷主要有一般的民事纠纷，如邻居间因饲养动物影响生活产生的纠纷、家庭成员内部之间的矛盾等。一般的治安违法案件，如情节比较轻微的打架斗殴等。

【案例分析】

李某今年七十多岁，有两个儿子都已结婚，但全家一直都生活在一起。前不久，李某的老伴去世，李某因过度悲伤，患病瘫痪在床。这时两个儿子要求分家单过，谁都不愿赡养老人，又都想要家里的农用拖拉机、房子和承包地，为此纠纷不断，最后找到村委会。在村委会的调解下，大儿子同意赡养李某，三间房子和承包地归大儿子所有。农用拖拉机归小儿子，同时小儿子每年给李某 600 元生活费用。

问题：请问法院调解和人民调解委员会的调解有何不同？

提示：法院调解发生在民事诉讼过程中，属民事诉讼行为，它要在审判人员的主持下，遵循一定的法律原则和程序进行，所形成的调解书具有法律效力。而人民调解委员会所进行的调解没有严格的程序规范，所形成的调解协议没有拘束力，只有一定的见证力，当事人反悔的，可以就该争议问题向人民法院起诉。

2. 仲裁

仲裁是指发生争议的双方当事人，根据其在争议发生前或争议发生后所达成的协议，自愿将该争议提交中立的第三者进行裁判的争议解决制度和方式。

据此，仲裁必须以双方当事人自愿协商为基础，双方自愿选择中立第三者进行裁判，所作出的裁决对双方具有约束力。与调解和诉讼一样，仲裁也是解决争议的一种方式，但仲裁却是非经司法诉讼途径即具有法律约束力的争议解决方式。

仲裁主要有合同纠纷仲裁、劳动争议仲裁和海事仲裁。我国《仲裁法》第三条规定，下列纠纷不能仲裁。

(1) 婚姻、收养、监护、抚养、继承纠纷。

(2) 依法应当由行政机关处理的行政争议。另外，《仲裁法》第七十七条规定，劳动争议和农业承包合同纠纷的仲裁，另行规定。

我国仲裁实行的基本制度主要有：第一，协议仲裁制度。即当事人必须按照合同约定的仲裁条款或事先达成的书面仲裁协议向仲裁机构申请仲裁，没有仲裁协议，仲裁机构不予受理。第二，或裁或审制度。仲裁与诉讼是两种不同的争议解决方式。因此当事人之间发生的争议只能在仲裁或者诉讼中选择其一采用。有效的仲裁协议即可排除法院的管辖，只有在没有仲裁协议或仲裁协议无效的情况下，法院才可以行使管辖权。第三，一裁终局制度。即仲裁庭作出的仲裁裁决即为终局裁决，裁决作出后，当事人就同一纠纷再申请仲裁或者向人民法院起诉，仲裁委员会或者人民法院不予受理。当事人应当自动履行裁决，一方当事人不履行的，另一方当事人可以向法院申请执行。

【案例分析】

张某于某年年初购买了某房地产公司“茶园小区”三房二厅现货住宅一套，价格35万元。张某按约定缴纳了购房款后发现房地产公司未能按照约定办妥房产证、土地使用证等相关售房手续，遂要求退房，同时要求房地产公司赔偿因此造成的损失。房地产公司认为，未能如约办妥相关手续责任不在自己，因而拒绝张某的要求。张某于是按照购房合同约定(“因合同履行发生的争议由本地仲裁机构仲裁”)向当地仲裁委员会请求仲裁。房地产公司接到仲裁委员会的通知后，认为张某的请求超出了原合同约定的仲裁范围，遂拒绝出庭参与仲裁。

问题：

(1) 张某的请求是否属于仲裁范围?

(2) 房地产公司应如何表达自己的不同意见?

3. 投诉

投诉是指公民就民事、经济、行政等方面的违法、违纪问题，向主管机关、有关群众性组织或其他有关单位反映并要求处理和解决的行为。如服务质量投诉、行政管理问题投诉、产品质量投诉等。

甲在“五一”黄金周期间开自家车去旅游，在某景点停车时，平时应当收5元钱的停车费，工作人员却收了30元，并说这是旅游旺季价格。甲向当地旅游局进行投诉。经查，停车场提高停车价格的行为未经过有关价格部门的批准，属于乱涨价。为此，当地旅游局要求该景点停车场向甲退回多收的25元钱，并对其作出了相应的行政处罚。

4. 申诉

申诉是指公民对行政处罚或党纪、政纪处分不服，向有关机关、组织、单位提出申述理由，要求复查和裁决的行为。包括以下几种。

企业职工对行政处分不服的，如给职工警告、记过、记大过、降级、撤职、留用察看、开除等处分时，按企业职工奖惩条例规定，应允许受处分者本人进行申辩。如果对处分结果不服，可以在公布处分以后10日内，向上级领导机关提出书面申诉。

国家行政机关工作人员等对其主管部门作的行政处分决定不服的，按有关行政监察法的规定，可以向同级监察机关申诉。申诉人对同级监察机关的复审决定仍不服的，可以向上一级监察机关申请复核。

公民对治安行政处罚不服的，按治安管理处罚条例规定，在接到通知5日内，可以向上一级公安机关提出申诉，由上一级公安机关在接到申诉后5日内作出裁决。不服上一级公安机关裁决的，可以在接到通知后5日内向当地人民法院起诉。

此外，党员对党纪处分不服的，可以按党章的规定申诉；国家公务员对涉及本人的人事处理决定不服的，可以按国家公务员法的有关规定进行申诉。

5. 法律服务与法律援助

(1) 法律服务。法律服务是指律师等法律专职人员接受当事人的委托，利用自己的法律专业知识依法为当事人提供法律帮助的活动。在我国提供法律服务的机构主要有如下三类。

① 律师事务所。律师事务所是司法行政机关依法核准设立的律师执业机构。

按《律师法》第十五条的规定，律师事务所应当具备下述条件。其一，有自己的名称、住所和章程。其二，有10万元以上人民币的资产。其三，有符合律师法规定的律师。

目前我国的律师事务所有国资律师事务所、合作律师事务所和合伙律师事务所三种形式。根据《律师法》第二十五条的规定，律师可以从事下列业务。

第一，接受公民、法人和其他组织的委托，担任法律顾问。

第二，接受民事案件、行政案件当事人的委托，担任代理人，参加诉讼。

第三，接受刑事案件犯罪嫌疑人的聘请，为其提供法律咨询，代理申诉、控告，申请取保候审，接受犯罪嫌疑人、被告人的委托或者人民法院的指定，担任辩护人，接受自诉案件自诉人、公诉案件被害人或者其近亲属的委托，担任代理人，参加诉讼。

第四，代理各类诉讼案件的申诉。

第五，接受当事人的委托，参加调解、仲裁活动。

第六，接受非诉讼法律事务当事人的委托，提供法律服务。

第七，解答有关法律的询问、代写诉讼文书和有关法律事务的其他文书。

李某的弟弟开一加长大货车，在乡间公路行驶时，为躲避正在路上玩耍的几个小孩，与迎面开来的农用三轮车发生刮碰。农用车上装有一车稻草，上面坐有三个人。李某当时并未在意，但刚走出不到十里路，就被后面追来的一辆出租车截住。原来，三轮车被李某的大货车刮翻，车上坐的一人死亡，另两个人受轻伤。李某当即连人带车被交警扣下。李某家人非常担心,不知李某是否会被判刑。此时李某的家人就可以到律师事务所去咨询,律师就会根据相关的法律,耐心地给予解答,告知李某的行为是否构成犯罪。

② 公证处。公证处是国家专门设立的,依法行使国家公证职权、代表国家办理公证事务、进行公证证明活动的司法证明机构。

公证机关的职责主要是办理各类公证事务和相关的法律事务。包括以下几方面。

第一,办理公证事务,出具公证证明。如对遗嘱、收养等法律行为进行公证;对学历、出生等具有法律意义的事实或文书进行公证。

第二,提供法律服务。如代写法律文书,代当事人保管遗嘱、代办与公证有关的法律手续等。

第三,对有关社会活动进行法律监督。如对各类有奖活动、社会评比活动、社会性竞赛活动,招标,拍卖等进行公证监督,以维护公共利益和正常的经济秩序。

甲、乙打算登记结婚,为避免将来发生纠纷,双方就财产问题作了约定,房子是男方的个人财产,婚礼期间所收受的3万元礼金归女方所有。以后每月双方各拿出2000元作为家庭日常开支,其余的收入则归个人所有。为防止发生争议或反悔,双方又到公证处作了公证。

③ 法律服务所。法律服务所是基层法律工作者执业的组织。

基层法律服务所是由乡镇人民政府、街道办事处或县级司法行政机关设立的。其业务范围主要有以下几方面:担任法律顾问;代理民事、经济、行政诉讼;代理非诉讼法律事务;主持调解纠纷;进行法律咨询;代写法律文书;协助办理公证;有限制地开展见证工作。

(2) 法律援助。法律援助是指政府出资,为需要进行诉讼活动的公民承担法律服务费用,从而保障这些人的合法权益的制度,它同时也包括免收或减收部分费用,为公民提供法律帮助的内容。

我国《律师法》第四十一条规定,公民在赡养、工伤、刑事诉讼、请求国家赔偿和请求依法发给抚恤金等方面需要获得律师帮助,但是无力支付律师费用的,可以按照国家规定获得法律援助。

李某与丈夫离婚后独自抚养5岁的孩子,但孩子不幸得了重病,每月医药费近千元,李某为照顾孩子不得不辞去工作,为治病借债近10万元。李某多次要求前夫提高每月给付孩子的抚养费用,但前夫一直不予理睬,拒绝给付。李某实在没有其他办法,想通过法院解决,但又力支付律师费用,则李某就可以申请法律援助。

法律援助的一般程序如下:

① 申请人向法律援助管理机构提出申请,并填写《法律援助申请表》。

② 法律援助机构审查,对符合条件的签发《法律援助通知书》;对不符合条件的,作出不予援助的决定,并通知申请人。

③ 法律援助机构指派在《法律援助律师登记簿》上登记的律师提供法律援助。

知识小结

- 民事诉讼。民事诉讼是指在当事人和其他诉讼参与人的参加下,人民法院依照法定程序审理民事案件,解决民事争议的活动。

- 民事诉讼参加人。民事诉讼参加人包括民事诉讼当事人和民事诉讼代理人。民事诉讼当事人主要指原告和被告，同时也包括民事诉讼中的第三人。在民事诉讼中，一般适用“谁主张，谁举证”的原则。提起民事诉讼，应向有管辖权的人民法院提出。审判程序主要包括：第一审普通程序、第二审程序、审判监督程序等。对于已作出的判决或裁定，民事诉讼法还规定了相应的执行程序。
- 刑事诉讼。刑事诉讼是指为了追究犯罪嫌疑人、被告人的刑事责任而进行的诉讼活动。
- 刑事案件的管辖。刑事案件的管辖分为职能管辖和审判管辖。职能管辖中对刑事案件的侦查、拘留、执行逮捕、预审，由公安机关负责；检察、批准逮捕、检察机关直接受理的案件的侦查、提起公诉，由人民检察院负责；审判由人民法院负责。级别管辖是指各级人民法院审理第一审刑事案件的权限分工。
- 刑事诉讼程序。一般分为立案、侦查、提起公诉、审判和执行五个阶段。但是自诉案件在立案后即可进入审判阶段，不需要经过侦查和提起公诉。
- 行政诉讼。行政诉讼是人民法院为了解决行政纠纷，在当事人参加下，审理行政案件的活动。
- 行政诉讼参加人。行政诉讼参加人包括行政诉讼当事人和行政诉讼代理人。行政诉讼实行人民法院特定主管原则，即人民法院受理行政案件的权限范围，由法律加以具体规定。人民法院只能主管法律规定由其主管的那一部分行政案件，法律未规定由其主管的行政案件，人民法院不能受理。
- 行政诉讼管辖。行政诉讼管辖分为级别管辖和地域管辖。行政诉讼中主要由被告即行政机关一方负举证责任。行政诉讼程序包括三个基本阶段，起诉和受理、审理和判决、执行。

项目训练

项目名称：模拟法庭

1. 主题

按照下述背景资料，以“民事诉讼第一审程序”为主题进行模拟法庭的组建，并进行案件的模拟审判。

背景：原告唐某诉称：唐甲于 2011 年 9 月 16 日在外地出差期间猝死，未留下遗嘱。名下财产有位于北京市朝阳区东三环北路二十三号财富中心某房屋（以下简称财富中心房屋）等多处房产、银行存款、轿车等。唐甲的继承人是配偶李某某及子女唐某、唐乙。现诉至法院，请求判令：由唐某、唐乙、李某某共同依法继承唐甲的全部遗产。

被告李某某、唐乙辩称：认可李某某、唐某、唐乙作为唐甲的继承人参与继承，但登记在唐甲名下的财富中心房屋并非唐甲的财产，不应作为其遗产予以继承。虽然该房屋是以唐甲名义购买并向中国银行贷款，但根据唐甲与李某某签订的《分居协议书》，财富中心房屋属于李某某的个人财产，之所以没有变更登记至李某某名下，是因为有贷款没有还清。

这份协议书没有以离婚为前提，属于双方对婚后共同财产的安排，在唐甲去世前，双方均未对此协议反悔。因此该协议书是有效的，财富中心房屋是李某某的个人财产，不属于唐甲的遗产。对于唐甲名下的其他财产同意依法予以分割继承。[①]

2. 形式

根据上述模拟庭审素材案例，按照民事诉讼的当事人身份即时进行角色分配。

3. 要求

根据角色分工，搜集、整理、阅读有关继承法、婚姻法、民事诉讼法等方面的资料，根据民事诉讼的第一审程序做好开庭准备工作。

4. 目的

模拟庭审的目的，是要让每位学生尝试并学会从审判员的角度去看待庭审过程，在本次模拟庭审过程中，要求学生们熟练掌握庭审的程序规范无论是担任审判长、审判员，还是担任书记员、法警及当事人、代理人，都能严格按照《中华人民共和国民事诉讼法》的要求，互相配合完成庭审。

课后练习

1. 熟记下列法律知识

三个诉讼法的基本原则、民事诉讼的第一审程序、刑事诉讼中的管辖、行政诉讼中人民法院的受案范围、法律援助的条件。

2. 选择题

(1) 下列选项中(　　)属于人民法院不受理的事项。

A. 法规规定由行政机关最终裁决的具体行政行为

B. 国家制定外交政策的行为

C. 行政机关对其工作人员的免职决定

D. 即时强制

(2) 某市环保局、卫生局与水利局在联合执法过程中，发现某化工厂排污口建在行洪通道上，遂联合作出决定，对该厂罚款 2 万元并责令其限期拆除。化工厂对处罚决定不服，准备起诉，以下关于涉诉的说法正确的是(　　)。

A. 应以环保局为被告，因为处罚决定涉及了环保局的职责

B. 应以环保局、卫生局和水利局为共同被告，因是共同行为

C. 应以市环保局为被告，以卫生局和水利局为第三人

D. 应以三机关共同的上级机关为被告

---

① http://blog.sina.com.cn/s/blog_6c934a670102vfkm.html.

(3) 张兰起诉陈钢，要求解除双方之间的婚姻关系，并平均分割双方的共有财产(共有房屋四间，共有存款 10 000 元)。本案中的诉讼标的是(　　)。

A. 张兰提出的离婚请求

B. 张兰要求分得的两间房屋

C. 张兰要求分得的 5000 元钱

D. 张兰请求法院解除的其与陈钢之间的婚姻关系

(4) 个体工商户崔某从 2011 年起在某市经营一饭店，领有营业执照，2014 年因妻子生病急需用钱因而将饭店转让给赵某经营，但双方并未到工商局办理营业执照的更名手续。赵某经营过程中，致使多名顾客食物中毒，这些顾客决定向法院起诉要求赔偿损失。此案中当事人的诉讼地位应如何确定？(　　)

A. 顾客是原告，赵某是被告，崔某与本案无关

B. 顾客是原告，崔某是被告，赵某与本案无关

C. 顾客是原告，崔某与赵某是共同被告

D. 顾客是原告，赵某是被告，崔某是无独立请求权的第三人

(5) 陈辉因其存于中国工商银行 A 县支行曲塘储蓄所的 5 万元存款被人冒领，欲诉诸法院。请帮他确定本案以谁为被告。(　　)

A. 曲塘储蓄所　　B. 县支行

C. 中国工商银行总行　　D. 曲塘储蓄所及县支行

(6) 患者甲与某医院发生医疗纠纷。甲认为由于该医院误诊，导致其疾病没有及时得到治疗，造成了财产和精神上的损害，故向法院提起诉讼，要求医院承担相应的民事责任，甲提出病历和 X 光片保存在医院，只要医院出示，就可以证明其对此负有责任。请回答：原告对以下何种争议负有举证责任？(　　)

A. 损害数额

B. 甲在该医院就诊的事实

C. 医疗行为与损害事实之间是否存在因果关系的事实

D. 医生诊断时是否存在过错的事实

(7) 如果上述案件中 X 光片作为证据，则属于(　　)。

A. 物证　　B. 书证　　C. 视听资料　　D. 鉴定结论

(8) 在上述案件中，假设医院提出甲的病历等有关资料因保管不善而丢失，无法提供，则下列正确说法的是(　　)。

A. 原告不以其他证据证明医院有责任时，原告应当承担败诉的后果

B. 法院不考虑病历等有关资料的证据意义，根据其他有关证据认定事实

C. 在医院拒不提供该资料时，法院可以推定原告的相关主张成立

D. 由于资料的丢失，导致案件的主要事实不清，法院就当裁定驳回起诉

(9) 王红目睹了三个盗窃犯实施盗窃及当场被公安机关抓获的过程。事后，侦查人员找到王红取证。对此，下列说法正确的是(　　)。

A. 王红有义务作证

B. 王红有权要求对自己的姓名在整个刑事诉讼过程中保密

C. 王红有权要求公安司法机关保障自己的人身安全

D. 王红有权要求公安司法机关保障自己近亲属的安全

(10) 在我国刑事诉讼中,有权行使侦查权的机关是( )。

A. 公安机关　　B. 国家安全机关

C. 人民检察院　　D. 人民法院

3. 辨析题

(1) 犯罪嫌疑人某甲认为,自己有沉默的权利,只要在审问中始终拒绝回答问题,保持沉默,且自己的犯罪事实其他人并不知道,法院就无法给自己定罪。( )

(2) 所有的民事诉讼案都适用"谁主张谁举证"的原则。( )

(3) 对于民事案件的地域管辖一般实行"原告就被告"的原则。( )

(4) 行政案件的举证责任由被告承担。( )

4. 案例分析

案例1 甲在本市闹市区开了一家名叫"长安食府"的饭店,办理了营业执照,后因身体原因,甲将饭店交给其弟弟乙与丙经营。一日建筑公司司机丁驾驶本单位一辆装有建筑材料的货车路过饭店,因建筑材料堆放太高,将"长安食府"的牌子碰掉,正好将放在饭店门前的戊的摩托车砸坏,并将放在车筐里的掌上电脑砸坏。就损害赔偿一事,戊与乙、丙交涉,两人推说甲是业主,与己无关;而甲则推说是因为建筑公司司机丁驾驶车辆所致。于是,戊以甲为被告向法院起诉,要求赔偿给自己造成的摩托车以及掌上电脑的损失总计8000元。在诉讼进行过程中,甲与戊自行和解,答应赔偿戊的损失7000元整,不幸,戊在回家途中遇车祸身亡。

问题:

(1) 本案中戊应以谁作为被告?

(2) 本案所涉及其他人的诉讼地位如何?

(3) 本案中甲与戊的和解行为对其他人是否有效?

(4) 戊因车祸身亡后,诉讼应当如何进行?

案例2 某县人民法院一审判决被告人李某犯抢夺罪,判处有期徒刑2年。判决宣告后,县人民检察院认为该判决定性错误,李某犯了抢劫罪,遂直接向市中级人民法院递交抗诉书,提出抗诉。被告人李某未上诉。市中级人民法院经审理裁定撤销原判决,发回原审人民法院重新审理。某县人民法院再审判决李某犯抢劫罪,判处有期徒刑5年。

问题:

(1) 县人民检察院的抗诉是否合法?理由是什么?

(2) 对县人民法院再审判决,被告人李某是否可以上诉?理由是什么?

案例3 1996年4月9日晚19时45分左右,被害人杨某某称要去厕所,从呼和浩特市锡林南路千里香饭店离开,当晚21时15分后被发现因被扼颈窒息死于内蒙古第一毛纺织厂宿舍57栋平房西侧的公共厕所的女厕所内。原审被告人呼格吉勒图于当晚与其同事闫峰吃完晚饭分手后,到过该女厕所,此后返回工作单位叫上闫峰到案发女厕所内,看到杨某某死亡的状态后,呼格吉勒图与闫峰跑到附近治安岗亭报案。

呼和浩特市人民检察院指控被告人呼格吉勒图犯故意杀人罪、流氓罪一案，呼和浩特市中级人民法院于 1996 年 5 月 17 日作出〔1996〕呼刑初字第 37 号刑事判决，认定呼格吉勒图犯故意杀人罪，判处死刑，剥夺政治权利终身；犯流氓罪，判处有期徒刑五年，决定执行死刑，剥夺政治权利终身。

宣判后，呼格吉勒图以没有杀人动机，请求从轻处理等为由，提出上诉。内蒙古自治区高级人民法院于 1996 年 6 月 5 日作出〔1996〕内刑终字第 199 号刑事裁定，驳回上诉，维持原判，并根据当时有关死刑案件核准程序的规定，核准以故意杀人罪判处呼格吉勒图死刑，剥夺政治权利终身。1996 年 6 月 10 日呼格吉勒图被执行死刑。

呼格吉勒图的父亲李三仁、母亲尚爱云提出申诉。内蒙古自治区高级人民法院于 2014 年 11 月 19 日作出〔2014〕内刑监字第 00094 号再审决定，对本案进行再审。

经审理，内蒙古自治区高级人民法院认为，原审认定呼格吉勒图犯故意杀人罪、流氓罪的事实不清，证据不足，对申诉人的请求予以支持，对辩护人的辩护意见和检察机关的意见予以采纳，判决呼格吉勒图无罪。

呼格吉勒图再审改判无罪案，呼格吉勒图父母李三仁、尚爱云于 2014 年 12 月 25 日向内蒙古高院提出了国家赔偿申请，内蒙古高院于同日立案，并于 12 月 30 日依法作出国家赔偿决定，决定支付李三仁、尚爱云国家赔偿金共计 2 059 621.40 元，其中包含 100 万元的精神损害抚慰金。[①]

问题：

(1) 本案中哪个机关对呼格吉勒图的死亡承担国家赔偿责任？为什么？

(2) 呼格吉勒图的父母是否有权以自己的名义提出国家赔偿请求？

(3) 本案国家赔偿金是如何计算的？

(4) 精神损害抚慰金是如何确定的？

(5) 国家赔偿后，对当初承办呼格吉勒图案的办案人员应作出怎样的处理？

(6) 呼格吉勒图的父母获得国家赔偿后，能否再要求当初的办案人员承担民事责任？

5. 问答题

(1) 举例说明哪些民事纠纷可以由双方当事人申请仲裁，哪些不能。

(2) 举一件属于告诉才受理的刑事案件。

(3) 举例说明适用举证责任倒置的民事侵权案件。

6. 实操题

(1) 以班级为单位，到基层法院观摩普通第一审刑事、民事案件。了解第一审刑、民案件的审理程序。

(2) 根据下述背景材料，为原告书写一份起诉状，要求基本格式正确。并说明此案件的主要诉讼过程。

王某等四人是某技工学校的学生，2013 年 4 月 30 日上午原告王某、张某在数学考试中抄纸条作弊；5 月 2 日上午原告刘某、马某在电子技术、机械基础考试中抄纸条作弊。该学校于 2013 年 5 月 2 日公告开除四人学籍。又于 5 月 3 日以“某技工学校 18 号”文件对王某

① http://news.xinhuanet.com/legal/2014-12/15/c_1113638545.htm.

等四人作出责令退学、注销学籍的处分决定。该校作出的处分未报主管部门批准。四名学生不服该处分，向某区法院提起行政诉讼。

原告认为，王、张等人虽然在考试中作弊，但已向学校写出书面检查、承认错误，而被告仍作出开除学籍的处罚属处分过重，侵犯了未成年人受教育的合法权益，而且处分程序违法，请求法院判决撤销该处分，恢复学籍。

被告认为，作出该处分是学校内部的管理行为，技工学校不属于国家行政机关，原告无权提起行政诉讼。

参考文献

[1] 最高人民法院中国应用法学研究所.人民法院案例选刑事卷、民事卷、行政卷(1992—1996年合订本)[M].北京:人民法院出版社,1997.

[2] 司法考试命题研究中心.国家司法考试攻略[M].北京:中国财政经济出版社,2014.

[3] 张佩霖.中国民事法律理论与实务(中国高级律师高级公证员培训试用教材)[M].北京:法律出版社,1994.

[4] 胡锦光.行政法案例分析[M].北京:中国人民大学出版社,2010.

[5] 杨忠民.刑法学教学案例研析[M].北京:中国人民公安大学出版社,2012.

[6] 樊崇义.刑事诉讼法学[M].北京:法律出版社,2013.

[7] 韩象乾.民事诉讼法学教学案例教程[M].北京:知识产权出版社,2002.

[8] 陈桂明.法律基础知识[M].北京:北京师范大学出版社,2005.

[9] 周友苏.新公司法论[M].北京:法律出版社,2006.

[10] 王全兴.劳动法[M].北京:法律出版社,2010.

[11] 张能宝.2013年案例分析专题例解[M].北京:法律出版社,2013.

[12] 胡爱国.民法原理与实务[M].北京:中国政法大学出版社,2014.

[13] 梁慧星.物权法[M].北京:法律出版社,2010.